Social Welfare and Cultural Diversity

사회복지와
문화다양성

박화상
구제영
박미정
박현승
서정자
이평화

박영
story

머리말

    문화는 포스트모던 이후 현대사회의 이슈가 되고 있다. 특히, 글로벌화가 진행되는 가운데 문화다양성으로 인한 국제 간 분쟁은 동시다발적으로 발생되고 있다. 오늘날 문화다양성은 다른 민족이나, 국가를 이해하는 데 가장 합리적인 수단으로 대두되고 있다. 따라서, UN에서도 문화다양성선언, 문화다양성협약 등을 통해 국제사회에 문화다양성의 중요성을 알리고 있다.

    한국사회도 다문화를 통해 문화를 경험하고 있다. 결혼이주여성의 등장으로 다문화에 대한 관심을 갖고 사회복지 차원에서 다문화를 도입하기에 이르렀다. 그러나 다문화라는 용어는 결혼이주여성을 중심으로 한 일부 계층에만 한정된 용어로 사용되는 경향이 짙어졌으며, 심지어 '다문화학생' 등과 같은 비속어로 쓰이는 경우도 있다. 또한 소위 조선족이나 북한이탈주민 등은 다문화로만 설명할 수 없는 경우도 발생하고 있다.

    문화다양성은 문화에 관한 포괄적인 용어이다. 문화 간 차이는 단지 국가나 민족과 같은 거대 담론에만 존재하는 것은 아니다. 같은 범주에서도 얼마든지 문화는 다를 수 있다. 이는 이데올로기와도 연결된다. 이러한 연유로 문화라는 학문은 쉬운 과목이 절대 아니다. 1960년대 영국에서 시작된 문화연구는 20세기 난해한 학문의 하나로 손꼽힌다. 그만큼 문화이론이 어렵다는 뜻이다. 더구나 사회복지와 문화다양성의 연관성을 논한다는 것은 상당한 지식을 요한다. 따라서, 본 과목은 학습자들의 학습부담을 고려하여 쉬운 분야부터 높은 수준까지 배려하였다. 학습자 여러분은 좀 어렵다고 느끼는 부분은 지나쳐도 무방하리라 본다.

이 책은 문화이론에서부터 사례연구까지 학습자 수준에 상관없이 학습이 가능하도록 설계되었음을 밝히고자 한다.

<학습개요>

국가 간 빈번한 국제교류의 시대에 살고 있는 한국사회는 이미 세계화에 앞장서고 있다. 즉, 결혼이주여성에 국한했던 다문화시대를 지나 UN 등 국제사회는 물론 국내에도 많은 수의 외국인들이 몰려드는 문화다양성의 시대를 경험하고 있다. 따라서, 이제는 문화다양성에 초점을 맞추어 사회복지와의 접목이 필요한 시점이다. 이 책은 사회복지 측면에서 어떻게 문화다양성을 수용해야 할 것인지에 대한 학문적 욕구를 충족시켜 주고자 한다.

<학습목표>

1 국가 간 문화 비교

2. 문화다양성에 관한 이론적 성찰

3. 사회복지와 문화다양성의 연계적 탐구

4. 문화다양성 사례연구

'사회복지와 문화다양성'은 2020학년도부터 도입된 교과목으로 사회복지사 2급 선택과목에 해당한다. 공동저자들은 이 책이 출판되기까지 코로나19의 복병을 딛고 학문적 열정으로 집필했음을 밝히고자 한다. 학습자 여러분의 따뜻한 질책을 감히 기대한다. 앞으로 더욱 학문연구에 정진하여 좋은 내용으로 다시 찾아 뵐 것을 약속드린다. 끝으로 이 책의 출판을 위해 수고하신 피와이메이트 대표님과 관계자 여러분께 진심으로 감사드린다.

2023년 새해 아침에
공동저자 대표 **박화상**

목 차

  1. 북한이탈주민의 개념   154

  2. 「북한이탈주민법」의 내용   156

    1) 개요   156

    2) 내용   158

  3. 북한이탈주민의 실태분석   164

    1) 북한이탈주민 입국 동향   164

    2) 북한이탈주민 사회적응교육   169

    3) 북한이탈주민 의료지원   172

  4. 북한이탈주민의 문제점과 해결방안   174

    1) 문제점   174

    2) 해결방안   177

PART **III.**
문화다양성과 사회복지정책

Chapter **7.** 다문화가족정책   181

  1. 기본 계획의 개요   182

    1) 기본 계획 수립의 배경   182

    2) 기본 계획 실행의 성과   182

    3) 한계 및 향후과제   184

  2. 기본 계획의 방향 및 특징   185

    1) 기본 방향   185

    2) 특징   186

  3. 기본 계획의 실행   187

    1) 다문화가족 장기정착 지원   187

    2) 다문화가족 청소년의 안정적 성장과 역량 강화   192

    3) 상호존중에 기반을 둔 사회적 다문화수용성 제고   195

    4) 협력적 다문화가족 정책 운영을 위한 추진체계 강화 197

PART **IV.**
문화다양성의 현장과 실제

PART I

문화다양성의
이론적 기초

문화, 다문화,
다문화주의의 이해

✻ **학습목표**
　1. 핵심어 개념 정리
　2. 다문화주의 사례 발표
　3. 현실과의 접목

✻ **학습내용**
　1. 문화의 개념
　2. 다문화
　3. 다문화주의

✻ **개요**
　문화, 다문화, 다문화주의는 문화다양성으로 정리할 수 있다. 문화의 정의가 어렵듯이, 다문화나 다문화주의의 이론 역시 이 시대의 주요한 화두로서 난해한 학문의 하나이다. 여기에서는 문화, 다문회, 다문화주의를 학습하고자 한다.

Chapter 1
문화, 다문화, 다문화주의의 이해

1 문화의 개념

1) 문화의 개념

　문화의 어원은 라틴어의 '(밭)을 경작하다, 가꾸다' 또는 '(신체를) 훈련하다' 등을 의미하는 라틴어 colo(동사 colere, 형용사 cultus, 명사 cultura)에서 유래한 것이다. 즉, 문화는 원래의 자연을 가꾸어 만든 산물 또는 그러한 행위양식을 의미한다. 문화는 인류가 오랜 유목적 생활을 끝내고 정착적인 농경생활에 접어들었을 때 형성되기 시작했다. 주어진 동물적 생활에 만족하지 않고 각종 도구를 사용하여 자연을 변형하고 개량하여 만들어진 인간적 세계가 문화인 것이다. 문화는 세대에서 세대로 지속되고 보존되어야 의미 있는 것이기 때문에 일정한 문화적 공간이 확보되어야만 수립될 수 있다. 이렇게 자연으로부터 경계 지어진 문화는 점차 '가치적인' 의미에서도 경작된다. 인간은 사회공동체 속에서 좋은, 올바른, 아름다운, 존경받는 여러 제도, 관습, 의식, 작품 등을 가꾸고 유지시켜 나간다. 여기서 인간 자신이 경작되어야 할 필요가 생기는 것이다. 이렇게 본래 물질적인 의미에서 사용되던 colo는 이제 가치적·정신적 의미에서의 도야나 교양 등의 의미로 사용되기 시작했다. 문화는 점차 물질적인 쪽보다는 정신적인 쪽의 말로 정착되어 오늘에 이르고 있다. 따라서, 어원으로 볼 때, 문화란 자연을 그대로 두지 않고, 거기에 사람이 의식적으로 손을 대는 행위 및 그 결과물들을 지칭한다고 볼 수 있다(김보기 외, 2016: 296).

18세기 후반 프랑스에서 '문화는 자연상태이며, 교양이 없는 정신'이라는 의미가 강했고, 이성, 문명 등과 같은 계몽주의의 키워드 속에서 이차적 위치에 불과했다. 반면에, 같은 시기에 독일에서 문화 개념은 프랑스나 영국의 '문명'과 같았으나, 점차 변화하기 시작했다. 우선, 독일 고전주의 시대 작가와 철학자에게서 공통적으로 문화는 반야만, 편견에서의 해방, 세련된 매너 등 세 가지 함의를 지닌다. 그리고 민족적 우월과 연결되지 않은 상태에서 물질적·정신적 진보의 개념이 작동했다. 칸트(Immanuel Kant, 1724~1804)에 따르면, '문화'는 인위적인 것이며, 야만에 대항하는 것이었다. 루소(Jean Jacques Rousseau, 1712~1778)가 토로한 문명의 타락, 또는 문명과 자연상태의 모순, 인간과 동시에 시민을 육성하지 않으면 안 된다는 어려움이라는 문제를 칸트는 문화의 궁극적인 목표인 '완성된 공민적 조직'을 통해 해결하려 했다(권재일 외, 2010: 96−97).

문화(culture)는 사전적 의미로 볼 때, 사회의 개인이나 인간집단이 자연을 변화시켜 온 물질적·정신적 과정의 산물, 또는 인간이 사회구성원으로서 습득한 지식, 신념, 예술, 도덕, 법률, 풍습, 능력, 습관 등을 포괄하는 복합체로, 사회구성원들에 의해 습득, 공유, 전달되는 행동양식 또는 생활양식의 과정 등으로 정의할 수 있다. 그러나 실제로는 다양한 의미를 함축하고 있기 때문에 단순하게 정의하기 어려운 개념이다. 다시 말해서 인간은 본질적으로 문화적 존재이므로 인간사회의 모든 영역에서 문화를 제외하고 설명하기는 어렵다(김양미, 2020: 29).

문화의 정의는 다양하게 논의되고 있지만, 대체로 다음과 같은 정의를 기본으로 한다.

윌리암스(Raymond Williams)는 1976년 그의 저서 『키워드: 문화와 사회의 어휘(Keywords: A Vocabulary of Culture and Society)』에서, 문화는 영어 단어 중에서 가장 난해한 몇 개 단어 중의 하나"라고 하면서 문화를 넓은 의미에서 다음과 같이 정의하고 있다(Williams, 2014: 87−90).

『키워드』
(2014년 출판)

첫째, 문화는 '지적·정신적·심미적 계발의 일반적 과정'을 일컫는다. 예를 들어, 서유럽의 문화발전에 대해 이야기하면서 그중 지적이고 정신적이며 미학적인 요소들, 즉 위대한 철학자나 화가, 시인들에 대해서만 언급하게 되는데, 이는 충분히 이해할 만한 발상이다.

둘째, '한 인간이나 시대 또는 집단의 특정한 생활방식'을 가리킨다. 이 정의를 가지고 서유럽 문화의 전개를 논한다면, 지적이고 미학적인 요소만이 아니라, 교육 정도나 여가, 운동과 종교적 축제까지 포함하게 된다.

셋째, 문화는 '지적인 작품이나 실천행위, 특히 예술적인 활동을 일컫는 영어로 사용될 수 있다.'고 하였다. 즉, 이는 의미하거나, 의미를 생산하거나, 또는 의미생산의 근거가 되는 것을 그 주된 기능으로 하는 텍스트(text)나 문화적 실천행위를 말한다. 이 경우 문화는 시나 소설, 발레, 오페라 그리고 순수미술을 생각할 수 있다.

일반적으로 대중문화라고 할 때는 대개 문화의 두 번째, 세 번째 정의를 사용한다. 두 번째 의미로 '특정한 생활방식'이란 해변의 휴가나 크리스마스 축제 또는 젊은이의 하위문화를 예로 들 수 있다. 이것을 보통 '살아 있는' 문화 또는 '문화적 실천행위'라고 부른다. 세 번째 정의로 '의미를 생산하는 실천행위'란 일일연속극이나 팝 뮤직, 만화 등을 문화의 예로 들게 된다. 이들은 보통 '문화적 텍스트'라고 부른다. 오늘날 윌리암스의 이론을 대체로 받아들인다.

타일러 경(Edward Burnett Tylor)의 저서 『원시문화: 신화, 철학, 종교, 언어, 예술 및 관습의 발달 연구(*Primitive Culture: Researches Into the Development of Mythology, Philosophy, Religion, Language, Art, and Custom. Volume Ⅰ*, 1864)』에 따르면, 문화는 사회의 한 성원으로서의 인간에 의해 습득된 지식·신념·기술·도구·도덕·법·관습 및 그 밖의 능력과 습관 따위를 포함하는 '복합체(complex whole)'이다. 따라서, 문화는 음악·미술·건축물 등과 같은 예술뿐만 아니라, 인간이 믿고 준수하는 가치관, 규율, 선과 악의 관념과 언어, 종교, 그리고 물질을 이용하거나 물질적 장치를 만들고 사용하는 기술 및 능력을 포함한다. 즉, 넓은 의미에서 문화는 인간이 배워서 아는 모든 것을 포함한다.

『원시문화』
(2018년 출판)

사이드(Edward W. Said)는 1994년 그의 저서 『문화와 제국주의(Culture and Imperialism)』에서, 문화를 다음과 같이 정의하고 있다(Said, 2002: 22-24).

첫째, 문화는 마치 묘사나 커뮤니케이션이나 재현의 기술처럼 경제적·사회적·정치적 영역으로부터 비교적 독립되어 있는, 그래서 때로는 그 주 목적이 즐거움인 심미적 형태로 존재하는 모든 형태의 실천행위를 의미한다. 거기에는 물론 머나먼 지역에 대한 대중적 지식과 인종학, 사료 편찬, 문헌학, 사회학, 문학사 같은 학문 분야에 대한 지식도 포함된다.

『문화와 제국주의』
(2018년 출판)

둘째, 문화란 거의 감지할 수 없을 만큼 세련되고 고양된 요소를 포함하는 개념이다. 다시 말해서 문화란 여러 가지 정치적·이념적 명분들이 서로 뒤섞이는 일종의 극장이라고 할 수 있다.

그러므로 문화란 인간에게만 있는 생각과 행동 방식 중 사회구성원들로부터 배우고 전달받은 모든 것들, 즉 의식주, 언어, 풍습, 종교, 학문, 예술, 제도 등을 모두 포함한다.

김보기 등(2020c: 21)은 2020년 그들의 저서 『사회복지와 문화다양성』에서, 문화를 관계되는 다양한 측면에서 정의하고 있다.

『사회복지와 문화다양성』
(2020년 출판)

첫째, 신학적 접근(문화창조, 창세기 1장 28절)으로서, 문화는 땅을 가꾸고, 식물을 경작하고, 동물을 키우는 행위와 사회를 번성하게 하는 모든 활동을 말한다.

둘째, 심리학적 접근으로서, 문화는 마음을 가꾸는 것이다.

셋째, 사회학적·정치학적 접근으로서, 문화는 사회의 발전과정을 의미한다.

넷째, 이데올로기적 접근으로서 문화는 특정 집단에 의해서 공유되는 의미, 가치, 그리고 삶의 방식이다.

다섯째, 기호학적 접근으로서, 문화는 언어를 통해서 의미를 만들어내는 의미화의 실천이다.

그러므로 위의 다양한 정의 가운데 어느 것이 옳고 어느 것이 그르다고 말할 수는 없다. 각 정의들은 나름대로 타당성을 지니고 있으며, 유효하게 쓰이고 있다.

2) 문화의 특성

문화가 가진 공통된 특성들은 다음과 같다.

첫째, 문화는 인간의 산물이다. 모든 문화는 이미 존재하는 자연과 관련이 있지만, 자연 그대로가 문화는 아니다. 인간은 세상을 살아가면서 자연을 탐구하고 응용하고 활용하여 다양한 산물을 만들어내는데, 이것을 '문화'라고 한다(김보기 외, 2020c: 22).

둘째, 문화는 공유적 속성과 보편성을 가진다. 일반적으로 개인적인 취향을 문화라고 하지는 않으며, 여러 사람들이 함께 공유하는 것을 문화라고 한다. 즉, 어떤 가치관이나 규범, 관습, 사회제도, 예절, 전통 놀이, 의복, 음식 등 공동체를 이룬 사람들이 함께 인식하고 인정하며 지키고 즐기는 '한 사회의 주요한 행동양식과 상징체계'를 문화라고 한다. 이러한 문화의 '공유적 속성'은 사회구성원들이 자신의 삶과 행동을 결정하는 데 매우 중요한 영향을 끼치며, 사회공동체는 이러한 문화의 공유를 통해서 구속력과 결속력을 가짐으로써 공동체의 질서를 유지해 간다(임신웅, 2020: 25-26). 문화는 특정 개인에 고유한 것이 아닌 다수의 사회구성원이 공유하는 규칙, 규범, 가치 등을 통해 사회적 교류와 소통을 가능하게 한다는 점에서 공유성이 있다. 문화의 공유성은 그 수준과 범위에 따라 양면적인 성격을 지닌다. 어떤 문화요소는 인류사회에 공통으로 존재한다. 예를 들어, 언어, 결혼, 가족, 종교 등은 어느 사회에나 존재하는 것들이다. 이처럼 모든 인류가 문화를 공유하는 특성을 문화의 '보편성'이라고 말한다. 근친상간의 금기, 예술, 춤, 노래, 오락, 선물교환 등도 보편적인 문화형태 중 하나이다(정태석 외, 2014: 152).

셋째, 문화는 다양성을 가진다. 각 시대와 공동체마다 삶의 터전이 되는 자연환경, 가치관, 문명과 정보통신의 발달, 정치적·경제적·종교적인 요소 등에 따라 다양하고 독특한 문화를 가지고 있는데, 이를 우열(superiority and inferiority)이 아니라, 다양성(diversity)으로 이해해야 한다. 보편적 문화요소들도 구체적인 모습에서는 다양성을 띠고 있다. 예를 들어, 근친상간의 금기는 그 범위가 나라마다 다르다. 일본에서는 사촌간의 결혼이 허용되지만, 한국에서는 동성동본의 결혼을 금지하는 풍습이 오랫동안 지속되었다. 춤이나 예술의 구체적 형태도 아프리카와 유럽, 아시아가 서로 다르며, 나라마다 독특한 양식을 보여 준다. 결혼형태도 일부일처제, 일부다처제, 일처다부제 등 다양한 제도가 존재하며, 종교도 서로 다른 교리와 예식을 지니고 있다. 이처럼 문화는 인간의 보편적 특성으로 공유하는 요소들이 존재하기 마련이며, 이런 점에서 문화는 보편성을 띤다고 할 수 있다. 그렇지만 문화는 또한 다양한 시대적·지역적 맥락에서 형성되기에 그 구체적인 모습은 사회나 집단마다 다양성을 띨 수밖에 없다. 그래서 언뜻 보기에는 문화의 보편성과 다양성이 서로 모순적인 것 같지만, 추상 수준의 차이를 생각하면 결코 모순적인 것이 아니다. 문화를 이해하는 수준에 따라, 추상적이고 일반적인 수준에서 문화의 보편성에 주목할 수도 있고, 구체적이고 특수한 수준에서 문화의 다양성에 주목할 수도 있다(정태석 외, 2014: 152).

넷째, 문화는 일정한 과정을 거쳐서 변화되어 간다. 어느 한 시대에 생성된 문화는 사회구성원들에게 학습되고 공유된다. 그러는 사이에 일정한 틀을 갖추어 양식화되고, 오랜 세월을 거쳐 전통이 되기도 한다. 이러한 '일정한 과정'을 거치는 동안, 각 문화들은 약간 다른 형태로 변형되기도 하며, 쇠퇴하거나 소멸되기도 한다.

다섯째, 문화는 학습되고 축적된다. 문화는 복사하듯이 '있는 그대로' 전승되지는 않는다. 모든 문화는 다음 세대로 전승되어 가면서, 그들이 가진 새로운 삶의 방식들이 더해져서 그 내용이 점점 복잡해지고 다양해진다. 문화가 공유되는 것이라고 해서 유전적으로 물려받은 생물학적인 특징을 문화라고 하지 않는다. 문화는 인간의 상호작용을 통해 학습된 것이어야 한다. 미국에서 태어났다고 하여 영어를 체질적으로 잘할 수 있는 것은 아니다. 또 몽고지방에서 태어났다고 해서 다른 지역 사람보다 생물학적으로 수렵을 잘 할 수 있는 선천적 체질을 갖고 있는 것은 아니다. 단지, 그 사회에 맞도록 사회화를 통해 영어를 잘하게 되고, 수렵에 능하게 된 것이다. 이런 뜻에서 문화는 초유기체적이라고 할 수 있다. 인간 유기체는 문화를 창조하고 전달하는 주체임에도 불구하고, 문화는 유기체와는 전혀 다른 종류의 현상이라는 것이다. 따라서, 문화는 학습과정을 통해 한 세대에서 다음 세대로 전승되는 축적적인 특징을 가지고 있다(양춘 외, 1990: 116).

여섯째, 각 문화들이 유기적으로 통합되어 공동체의 특성을 규정짓는 독특한 문화가 된다. 이는 어느 한 공동체 안에서만 해당되는 것이 아니라, 세계 전체의 문화들이 빈번하게 접촉하며, 상호 밀접한 관련을 맺어서 시대의 특성을 규정짓는 독특한 문화가 된다. 이에 따라, 문화의 어느 한 부분에 변동이 생기면, 다른 문화에도 영향을 주어 변동이 일어난다. 여러 상이한 부분들로 구성되어 있는 문화는 하나의 복합적 총체이다. 즉, 문화를 이루고 있는 각 부분들은 통합되어 있으며 연결되어 있다. 이러한 이유로 한 부분이 변화하면 필연적으로 다른 부분도 변화하거나 수정되게 마련이다. 따라서, 문화의 한 부분이나 단편적인 몇 개의 부분만을 가지고는 전체 체계를 이해할 수 없게 된다. 한국식 온돌방생활에는 한복이 발달되고, 서양의 침대생활에는 양복이 발달되었다. 즉, 서양문물의 소개와 더불어 입식 사무실이 생기게 되고, 이에 따라 양복을 입게 되는 것 등은 주거와의 생활문화의 상호관계를 보여 주는 한 예이다(양춘 외, 1990: 115).

3) 문화의 기능

문화는 개인들에게 의식주를 포함하여 사회생활의 적응에 필요한 일련의 생활양식을 제공하고, 가치·규범·신앙 등 일련의 관념체계를 통해 사회가 필요로 하는 자아와 인성을 형성하는 기능을 한다. 이처럼 개인이 자신이 속한 사회의 문화를 습득해가는 과정을 '문화화(culturalization, enculturation)'라고 한다. 그런데 이처럼 문화를 습득해가는 과정은 동시에 인간이 자신이 태어난 사회 속에서 살아가면서 다양한 사회적 규범, 규칙, 행동양식들을 습득하는 과정, 즉 '사회화(socialization)'과정이기도 하다. 이런 점에서 문화화와 사회화는 같은 의미를 지닌다고 할 수 있다. 다만, 사회화가 사회적 상호작용의 관계와 과정에 주목한다면, 문화화는 그 내용에 주목한다(김보기 외, 2020c: 25).

일반적으로 문화는 사회의 안정적 재생산을 위해 여러 가지 기능을 수행한다(정태석 외, 2014: 144).

첫째, 구성원들의 의식주 등 생리적 욕구를 비롯한 이차적 욕구를 충족하기 위한 사회제도와 행동양식을 제공한다.

둘째, 구성원 간의 지속적 상호작용과 사회통합이 이루어질 수 있도록 일련의 보편적인 규칙·규범·가치 등을 제공한다.

그러므로 개인들은 문화가 제공하는 이러한 제도·행동양식·규칙·규범·가치에 적응하면서 자아와 인성을 형성해나가고, 나름대로 사회현상의 의미를 해석하고 상황에 대처하면서 자신의 욕구를 충족하는 방법을 습득하고 실행하게 된다.

4) 문화와 사회복지

인간은 사회 속에서 태어나 그 사회가 가지고 있는 문화를 학습하고 그 사회의 구성원으로 사회화된다. 즉, 문화와 개인은 서로가 영향을 주고받으며 변화해 가는 상호의존적 관계이다. 문화에 따라 그 사람들의 공통된 성격유형이 나타나기도 한다. 자녀의 양육방식, 가정생활의 유형, 교육방법 등이 그 문화에서 비롯되며, 인간의 성격과 행동을 이해하는 데 있어서 문화는 매우 중요하다.

사회복지실천에서 문화는 인간환경으로서 중요한 의미를 지닌다. 아울러 문화는 인간에게 중요한 환경으로 작용하면서 인간에게 그의 고유한 특성으로서 또 다른 문화를 형성한다. 예컨대, 자신이 관계하는 지역의 풍속을 따르는 것은, 그 지역이 지니는 독특한 문화를 이해하여 풍요로운 생활을 꾀하기 위함이라는 맥락에서 문화가 환경으로서 중요함을 이해할 수 있다. 문화는 인간의 의식과 삶 속에 내재함으로써 개인의 행동을 결정하는 중요한 요인임이 밝혀졌듯이, 사회복지사는 클라이언트는 물론 사회복지실천이 참여하는 자원봉사자, 후원자, 동료 사회복지사와 같은 개인을 비롯하여 가족, 집단, 조직, 지역사회와 관련하는 문화를 이해할 필요가 있다(오창순 외, 2015: 414-415).

문화가 개인의 행동과 삶 속에 내재되어 있기 때문에 사회복지사는 클라이언트나 그를 둘러싼 사회체계의 문화를 이해하지 않고서는 적절한 문제해결을 위한 방안을 제시하기 어려우므로, 사회복지실천은 문화적으로 적합한 실천을 통해 이루어져야 한다. 사회복지실천에서 접촉하게 되는 개인, 가족, 집단, 지역사회 등은 다양한 문화를 지니고 있으며, 이들의 문화는 사회복지사 자신의 문화와는 다른 문화일 수 있다. 문화는 사회의 가치, 규범, 신념체계 등이 사회구성원에게 내면화되어 많은 영향을 미친다(이근홍, 2011). 따라서, 사회복지사는 지역사회의 문화를 정확히 이해하고자신의 문화와 다른 문화에 대해서도 수용적 태도를 취할 수 있어야 한다(김향선, 2018: 349). 이때 비로소 사회복지사는 클라이언트의 문화적 특성을 클라이언트의 관점에서 이해할 수 있게 될 것이며, 문화적 차이에서 오는 윤리적 딜레마를 해결할 수 있다.

2 다문화

1) 다문화의 개념

다문화(multiculture) 개념은 이미 한국사회에서 모두가 사용할 정도로 보편적인 용어가 되었다. 오늘날 한국사회에서 '다문화'는 과거와 달리, 부정적인 인식을 먼저 생각하게 한다. 이는 한국사회가 갖고 있는 다양한 배경요인들이 무의식적으로 영향을 미치고, 무의식중에 긍정적보다는 부정적인 방향으로 흐르게 하기 때문이다. 다문화라는 용어는 문화적 다양성의 가치를 주목하고 장려하는 다문화주의에 기초를 둔 긍정적인 의미를 함의하고 있었지만, 점차 이주민과의 차별적인 의미를 저변에 두고 사용하는 의미가 되고 있다. 또한 다문화는 이주가정을 배경으로 하는 가족과 자녀들을 대상으로 적용하는 용어로 바뀌면서 당초의 의미가 축소되고 있다. 관련 서적이나 논문 등의 자료에서 대부분 '다문화아동', '다문화자녀' 등의 관용어로서 과용되고 있고, 심지어 교육현장인 학교에서 학생 이름 대신 '다문화학생'으로 호명되기도 하면서, 다문화아동과 그 가족들에게 수치심이나 모멸감을 경험하게 하는 용어로 변화하였다(김진열 외, 2019: 9−10).

그러나 다문화라는 용어는 단일문화주의에 대한 반성으로서, 그리고 그에 대비되는 개념으로서 복수의 문화, 다양한 문화를 가리킨다. 그런데 이 책에서 말하고자 하는 다문화는 세계 전체에 다양한 문화가 '존재하는' 현상을 가리키는 데 머무르지 않는다. 이미 세계에는 수천 년 전부터 다양한 문화가 존재하고 있었다. 다문화 현상은 그저 원래대로 그 자리에 같은 모습으로 존재해 왔던 것이 아니라, 서로 다른 문화가 지속적으로 '만나고', '부딪치고', '교류하고', '갈등하는' 과정에서 '생겨나는' 현상이며, 전 세계보다는 '한 사회 내'에서 나타나는 현상에 초점을 두고 있다.

다문화는 하나 이상의 복수의 문화를 말한다(이종복 외, 2014: 18). 즉, 한 나라 안에 몇 가지 문화가 공존하는 것을, 여러 문화라는 의미를 가지고 있는 다문화의 의미는 언어와 문화, 관습, 종교, 인종, 계층, 직업 등의 차이에서 발생하는 문화를 의미하기도 한다. 기존의 단일문화에 대비되는 개념으로서 동일한 혈통과 문화를 추구하던 단일문화에 다른 문화들이 통합되어 여러 문화가 공존하는 상태를 말하기도 한다(김선녀, 2013: 6).

다문화에 대한 정의는 광의와 협의로 나눌 수 있다. 광의적인 측면에서 볼 때, 다문화란 단지 인종적·민족적 차원뿐 아니라, 성별, 장애 유무, 연령, 사회적 지위 등을 기준으로도 이해할 수 있다. 문화가 인간 삶의 전 영역을 아우르는 총체적 생활양식이라면, 남성과 여성, 장애인과 비장애인, 청년과 고령자, 부자와 빈자 사이의 삶의 경험 등과는 분명한 차이가 있으며, 각각에 해당되는 문화적 지평이 존재하기 때문이다. 다문화에 대한 개념을 이런 식으로 확장해서 포괄적으로 바라보면, 한국사회는 이주민의 유입에 따른 사회구성원의 변화 경험 이전에 이미 다문화사회에서 살고 있었다. 실제로 다문화 갈등은 민족적 문화 차이보다 오히려 사회적 지위와 경제적 자원, 권력의 위계 등에서 압도적으로 더 많이 나타난다. 다문화사회를 협의적으로 정의하면, 자기와 타자의 관계가 성립되는 곳으로부터 존재하는 것으로 볼 수도 있으나, 정치철학적 관점에서 보면 한 사회 내에 존재하는 하위 사회집단 간 신념의 상대성을 똑같이 인정하고 존중해야 한다는 것을 의미한다. 따라서, 자신이 속한 집단의 문화를 넘어 타인이 경험하고 있는 특수한 문화적 특징을 이해하는 것은 사회구성원 개개인의 미시적인 측면뿐 아니라, 사회정의를 기초로 한 사회통합 차원에서도 상당히 중요한 문제이다(김양미, 2020: 40-41).

한국사회에서는 다문화의 의미를 다소 제한적으로 사용하고 있는 것이 일반적이다. 예를 들어, 한국에서는 장애인이 있는 가족, 성적 소수자가 있는 가족을 가리켜 '다문화가족'이라고 부르지는 않는다. 그와 같은 가족은 이민자의 유입에 의해 최근에 생겨난 것이 아니라, 다문화사회 이전에도 이미 존재해 왔다. 최근에 장애, 연령, 성, 계층, 성적 취향 등이 한국사회에서 부각되고 있는 맥락은 '다문화'보다는 '인권' 차원이라고 하는 것이 더 적절할 것으로 보인다. 물론 점점 더 다문화사회로의 진전이 빨라지고 깊어지는 과정에서 한국에서도 다문화가 가리키는 의미의 범주가 확대될 것으로 예상할 수는 있다. 그러나 적어도 현재의 한국적 맥락에서 다문화는 주로 다인종화, 다민족화 경향으로 인해 나타나는 문화적 현상의 다양화를 가리키는 것으로 이해할 수 있다(구정화 외, 2018: 16).

그러므로 한국사회는 이제 '다문화'를 넘어 '문화다양성'으로 진행되어야 한다. 그런 의미에서 '북한이탈'은 다문화 현상이 아니다.

2) 다문화 관점

다문화(multicultural)라는 용어는 너무나 광범위하고 다양하게 사용되고 있고, 그 대상과 범위도 사용하는 목적에 따라 달리 개념화되고 있다. 이런 이유로 '다문화'를 접두어로 사용하는 다문화사회, 다문화정책, 다문화교육 등의 개념에 대해서도 이해와 강조점이 달리 나타나고 있다. 특히, 한국사회는 다문화와 관련한 용어와 개념들이 무분별하게 사용되고 있으며, 대개 다문화는 다민족·다인종적 문화와 여러 개의 다양한 문화로 개념을 혼용한다고 지적한다. 다문화를 관점의 분류는 다음과 같다(천정웅 외, 2015: 15−18).

(1) 다문화가족과 관련된 용어로 사용

다문화의 개념을 '다문화가족'과 관련된 것으로만 생각하는 것이다. 즉, 다문화라는 개념을 다문화가족, 특히 외국인근로자나 결혼이민자와 관련된 것으로만 한정지어 사용한다. 이는 한국에서 다문화사회 형성이 이른바 다문화가족의 증가와 관련되어 있기 때문이다. 다문화가족이란 용어는 이후 계속해서 다문화대상자, 다문화학생 등으로 새로운 용어를 만들어 냈으며, 다문화는 특정 사람들을 의미하는 형용사 또는 명사로 쓰이기도 한다.

이와 같이 다문화를 이주민과 관련된 것으로, 특히 '다문화가족'과 관련된 것으로 이해함으로써, 이후 다문화사회, 다문화정책, 다문화교육 등에 대한 개념은 종종 이들과 관련된 것으로만 좁게 이해되는 경우를 초래하였다. 따라서, 다문화가족이란 용어 자체에 대해 문제를 제기하는 학자들도 있다.

이러한 시각으로 '다문화'를 바라보게 된 이유는, 다문화정책이 한국사회 전체를 대상으로 하는 문화정책이 아닌 이주민지원정책으로 축소된 것이기 때문이다. 즉, 다문화정책이 문화다양성을 전제로 해야 함에도 불구하고, 동남아나 아프리카 등지의 개발도상국 출신 결혼이주여성이나 외국인근로자를 대상으로 하기 때문이다. 이로 인해, 오늘날 한국에서 보통 다문화라는 말은 개발도상국 출신 이주민들 및 그들의 가족들과 관련된 그 무엇을 가리키는 용어가 되었고, 이주민과 관련된 다민족적 또는 다인종적인 측면을 가장 먼저 떠올리게 만들었다.

(2) 타인종 문화로 해석

다문화의 개념을 서로 다른 인종과 민족을 중심으로 구분하여 다른 나라의 문화로 해석하는 경우이다. 즉, 문화를 다양한 문화로 이해하지만, 다양성을 주로 인종이나 민족으로 구분하여 다른 민족이나 인종이 지닌 문화, 다른 나라의 문화로 이해하는 경우이다. 이러한 관점은 그동안 한국의 다문화정책이나 다문화교육이 다문화가족에서 한국문화에 편입되도록 하는 것에만 집중되어 온 것에 대한 반성을 포함하고 있다. 이는 다문화정책이나 다문화교육이 동화주의가 아닌 다문화주의를 지향해야 한다는 것을 의미한다. 즉, 소수자를 포함한 다수자 모두가 한 사회를 이루는 구성원 모두가 세계에 있는 다양한 인종과 민족, 특히 한국사회에 이주해 온 사람들과 관련된 문화에 대해 알고 서로 이해하고 소통해야 한다는 것에 강조점을 두고 있다. 따라서, 다문화정책과 교육은 이주민과 다문화가족들이 한국사회에 잘 적응하도록 한국사회의 가치관과 문화를 가르치는 것뿐만 아니라, 이들이 정체성을 가지고 한국사회에서 당당한 구성원으로 살아갈 수 있도록 이들에게 역할을 부여하는 교육, 그리고 모든 사회 구성원들이 다른 문화에 대해서 알고 이해하고 존중함으로써, 타문화에 대한 고정관념과 편견을 없애는 교육을 해야 한다는 것이다. 이 관점은 다문화교육, 국제이해교육(education for international understanding) 또는 세계교육(global education)과 연관된 관점이다. 한국국제교류재단이나 유네스코 아시아·태평양 국제이해교육원 등의 문화기관은 문화예술분야의 국제교류에 중점을 두는 기관으로, 이곳에서 사용하는 '다문화'라고 할 때, 주로 다른 나라의 문화를 의미하는 것으로 볼 수 있다.

(3) '다'의 일반적 개념으로 인식

다문화라는 개념을 이주의 현상으로 발생한 특수한 것으로 보지 않고, 일반적으로 문화의 개념 앞에 접두어 '다(multi)'를 붙여 이해하는 경우이다. 즉, 일반적으로 문화의 개념을 '인간의 특정한 생활양식'이라고 이해할 때, 다문화는 민족이나 인종에 의한 구분뿐만 아니라, 계층, 지역, 성, 직업, 연령 등으로 구분되는 다양한 문화를 지칭하는 것이다.

다문화를 바라보는 이러한 관점은 교육적인 면에서는 반편견교육, 인권교육, 평등교육, 민주시민교육 등과 관련이 있다. 다문화와 다문화사회를 하나의 지배문화가 아닌 여러 다양한 문화, 소수자문화를 인정하고 존중하는 것으로 이해한다. 이러한 관점의 다문화교육은 사회적 소수자에 대한 다수자의 편견에 주목한다.

서로 다른 시각으로 '다문화'를 바라보는 것은, 이후 다문화를 접두어로 한 용어들, 즉 다문화사회, 다문화정책, 다문화교육에 대해 서로 다른 이해를 가져온다. 한국사회에서 다문화교육은 크게 다문화가정을 대상으로 하는 교육, 국제이해교육의 범주 안에 있는 타문화이해교육, 그리고 문화적 다원주의를 강조하고 실천하기 위한 교육 등으로 이해되고 있다. 그리고 문화적 다원주의를 강조하는 교육은 다양한 문화집단의 권리를 인정하고 존중하고자 하는 문화다양성 교육의 개념과 유사하다.

위와 같이 다문화를 바라보는 세 가지 관점은 다문화교육에 대한 인식과 실행 측면에서 동시성을 띠고 있으면서도 전체적으로 흐름의 경향을 볼 때, 첫 번째 시각에서 두 번째 시각으로, 그리고 두 번째 시각에서 세 번째 시각으로 옮겨가고 있으며, 세 번째 시각은 다문화라는 용어에서 벗어나 '문화다양성'이라는 개념으로 사용되고 있다.

다문화 관점은 <표 1-1>와 같다.

| 표 1-1 | 다문화 관점

구분	이주민 관련	타문화	다양한 문화
요소	다문화가족구성원	인종, 민족, 국가	인종, 민족, 성, 계급, 나이, 계층 등
다문화	외국인근로자, 결혼이주민, 북한이탈주민과 그 가족들과 관련한 것	인종, 민족, 국가에 의해 구분된 다양한 문화	한 사회의 다양한 하위 문화적 요소를 모두 포함
다문화사회	인구구성이 다인종, 다민족화 되어 가는 것	다양한 나라의 문화가 공존하는 사회	인간이 살아가는 특정한 생활양식이 공존하는 사회
다문화주의	이주문제 해결책을 위한 접근	서로 다른 나라의 문화를 존중하며 이해	서로 다른 문화들이 공존하는 사회를 지향
다문화정책	이주민의 적응을 위한 정책	다른 인종, 민족의 문화를 존중하기 위한 장치를 마련하는 것	소수자들이 차별받지 않도록 정책을 마련하는 것

다문화교육	• 이주민들이 한국사회에 잘 적응할 수 있도록 한 국어 교육과 한국문화를 가르치는 것 • 이주민들이 자신의 문화적 정체성을 유지할 수 있도록 지원하는 것	• 다른 나라의 생활방식과 문화를 익혀 국제화 시대에 잘 적응할 수 있도록 하는 것 • 특히, 이주민들의 문화를 존중하고 이해하여 공존할 수 있도록 교육하는 것	• 반편견, 존중, 배려를 가르치며 사회정의를 실현하는 것에 중점을 둠. • 억압과 차별에 민감하며, 소수자의 문화적 권리가 보장되는 사회를 위한 교육

자료: 김보기 외(2020c: 64) 재인용.

3) 다문화와 사회복지

다문화 사회복지실천(Multicultural Social Work Practice)은 사회서비스 규정과 사회복지실천가의 원조역할과 관계가 있다. 다문화와 사회복지의 관계는 다음과 같다(이종복 외, 2014: 37-39).

(1) 원조역할과 과정

다문화 사회복지실천은 사회복지사가 적합한 문제해결기술의 목록을 다양화하는 역할을 한다. 사회복지현장을 방문한 저학년 학생들에게 있어서 사회복지사란 한 가지 원조기술만 사용하는 수동적인 자로 생각하게 될 것이다. 임상적이거나 상담적인 역할과 달리, 다문화 사회복지실천의 실제는 효과적인 사회복지실천을 위하여 내담자 대상 수업하기, 조언하기, 자문하기, 옹호하기와 같은 활동을 포함하고 있다. 따라서, 교육자, 옹호자, 사례관리자, 조직가, 지역 고유의 치료체계 수행자, 지역사회 연결자 등과 같은 역할이 실천에 있어 매우 중요하다.

(2) 개인경험과 문화적 가치의 일치

효과적인 다문화 사회복지실천은 문화적으로 다양한 내담자를 위해 그들의 인종, 문화, 민족, 성별, 성적 지향의 배경에 부합하는 개입양식을 사용하고 목표를 설정하는 것이다. 예를 들어, 개입체계, 지역사회복지 프로그램, 지역사회 옹호활동, 힘의 차이를 최소화하기, 사회정책 권한 수행활동은 특정 내담자 집단에게 효과적으로 사용될 수 있다.

(3) 개인, 집단차원에서의 생활양식의 수용

다문화 사회복지실천은 한국사회의 생활양식과 정체성이 개인, 집단, 보편적 차원으로 구성되어 있음을 인정한다. 원조에서 이러한 차원의 정체성을 인식하지 못한다면, 인간 정체성의 주요한 측면을 놓치게 되기 때문이다.

(4) 보편적·문화 특수적 전략

다문화 사회복지실천은 인종적·민족적 소수집단과 사회인구학적 집단이 다르기 때문에, 다문화 사회복지실천에 있어 문화 특수적 전략이 요구된다. 예를 들어, 아시아계 미국인은 더 직접적·활동적 접근방법에 반응하고, 아프리카계 미국인은 자기노출과정에서 신뢰할 만한 원조자를 선호한다. 제네랄(Surgeon General)은 그의 보고서 「정신건강문화, 인종, 민족성(Mental Health: Culture, Race and Ethnicity)」에서 치료적 접근방법이 소수 인종집단에게 다르게 작용한다는 것을 명시하였다.

(5) 개인주의와 집단주의의 접근에서의 균형 유지

다문화 사회복지실천은 가족, 의미 있는 타인, 지역사회, 문화에 내재된 집단주의 실재와 개인주의적 접근에 균형을 맞춤으로써 원조관계를 넓혀 나갈 수 있다. 내담자는 단순히 개인으로서가 아니라, 사회적·문화적 맥락의 산물로서의 개인으로 지각된다. 여기에서 생태학적 관점은 매우 중요하다. 미국문화에서 심리사회적 단위가 개인이라면, 문화적으로 다양한 집단은 집단주의적 성향을 가지고 있는 정체성이자 가족, 집단, 지역사회를 포함한 군집으로 정의된다.

(6) 사회정의와 사회변화의 촉진

다문화 사회복지실천은 내담자의 원조과정에서 이원적 초점을 가정한다. 예를 들어, 많은 사례에서 개별적 내담자에게 초점을 맞추고 그들을 격려하여 새로운 기능과 적합한 행동양식을 습득하는 것이 중요하다. 그러나 여성, 게이 및 레즈비언, 소수민족, 노인이 가진 문제인 경우, 종사자와 교육자 및 이웃, 학교의 정책 및 실천, 정신건강기관, 정부, 기업, 사회 안에 그들에 대한 편견, 차별, 인종차별주의, 성차별주의, 노인차별주의, 동성애 차별주의가 존재하여, 전통적 치료기능은 비효과적이고 부적절한 것으로 드러난다. 따라서, 사회복지는 내담자를 항상 개인, 집단, 가족, 지역사회, 기관, 더 큰 사회체계에서 정의해야 한다. 모든 사례에서 기준점이 되는 원칙은 사회정의이다.

(7) 다양성과 다원성을 중시

한국사회에서 합리적인 생활체계를 가로막는 불합리한 요소로서는 성·학연·지연·혈연 등에 의한 차별, 가족 및 지역이기주의, 가부장적 권위주의, 위계적 관계 등이다. 한국인의 정체성은 가족에서는 이기적 자아, 지역적 차원에서는 집단정체성, 정치공동체 차원에서는 민족정체성으로 형성된다. 즉, 혈연, 지연, 학연에 따른 차별이라는 굴레를 형성하는 데, 이들은 모두 배타적일 뿐 공공성이 부족하다.

한국인의 집단 친밀성은 권리를 누리되 공공의 책임은 지지 않으려는 탈정치적 개인을 양성하고 개인적 친분과 연줄에 따라 결정되는 전 근대적 속성, 즉 합리성과 공공성을 위협하고 있다. 한국사회는 합리주의보다 봉건적 질서와 신자유주의 질서가 교차하는 상태이므로, 현실에 대한 반성과 근대성에 대한 훈련 속에서 포스트모던의 가치로 전향해야 한다.

| 표 1-2 | 전근대, 근대, 탈근대의 사고 비교

구분	전근대	근대	탈근대
주요 속성	개인의 의무, 비합리성·절대자의 신성, 권위주의, 신비주의, 특수성, 독재주의·직관	개인의 자유, 합리성·인간의 이성, 평등주의, 객관주의·과학주의, 보편성, 민주주의 성찰	개인의 가치 주관성, 거대 담론의 거부, 억압으로부터의 해방, 불확실성·유동성, 상대성·다원주의, 낙인과 고정관념 탈피
주요 단위	연고주의의 공동체	합리적 이성의 개인, 협의체로서의 국가	다양한 주체
사회에 나타난 역작용	비합리적 연고주의, 공공성·차별의식, 권위주의와 순종주의	절차주의 무시한 결과주의의 팽배, 사대주의	계층에 따른 가치추구조건의 차등화

자료: 김보기 외(2022c: 68) 재인용.

4) 다문화가족과 다문화사회

(1) 다문화가족

'다문화가족'이란 용어는 2008년 보건복지부(현재 여성가족부)에 다문화가족과가 신설되고, 그 해 「다문화가족지원법」이 제정, 시행된 후 사용되고 있다. 「다문화지원법」이 제정된 이유는, 결혼이주여성 및 그 자녀 등으로 구성되는 다문화가족은 언어 및 문화 간 차이로 인하여 사회부적응과 가족구성원 간 갈등 및 자녀교육에 어려움을 겪고 있음에 따라, 다문화가족의 구성원이 한국사회의 구성원으로 순조롭게 통합되어 안정적인 가족생활을 영위할 수 있도록 하기 위한 가족상담·부부교육·부모교육 및 가족생활교육 등을 추진하고, 문화의 차이 등을 고려한 언어통역, 법률상담 및 행정지원 등의 전문적인 서비스를 제공하도록 하는 등 다문화가족에 대한 지원정책의 제도적인 틀을 마련하려는 것이다.

다문화가족 개념은 다양하게 규정된다. 넓은 의미로는 국민 사이의 결혼으로 구성된 가족 이외에 배우자 중 한 명이라도 한국국적 이외의 국적을 가지거나, 또는 과거에 가졌던 사람이 포함되어 있는 가족을 지칭하는 개념으로 사용된다. 그러나 좁은 의미로는 한국인과 결혼한 또는 결혼한 경험이 있는 결혼이민자가 포함된 가족을 가리킨다. 국가정책은 좁은 의미의 다문화가족 개념을 준용하고 있으며, 넓은 의미의 개념 중 가족구성원 가운데, 한국인이 포함되어 있지 않고, 외국 국적자만으로 구성된 가족은 다문화가족 지원정책 대상에서 제외되어 있다. 즉, 다문화가족 지원정책의 핵심은 다문화가족구성원을 대상으로 하는 데, 구체적으로 결혼이민자와 그 자녀, 한국인 배우자와 그 외의 가족원이 대상이 된다(김범수, 2010: 162).

법률이 말하는 다문화가족이란 「재한외국인 처우 기본법」 제2조 제3호의 결혼이민자, 「국적법」 제2조에 따라 출생 시부터 대한민국 국적을 취득한 자로 이루어진 가족, 「국적법」 제4조에 따라 귀화허가를 받은 자와 같은 법 제2조에 따라 출생 시부터 대한민국 국적을 취득한 자 등으로 이루어진 가족을 말한다. 한편, 「다문화가족지원법」의 다문화가족에 대한 사회적 지원에 관한 규정(제5조부터 제12조)은 사실혼 관계에서 출생한 자녀를 양육하고 있는 다문화가족구성원에 대해서도 준용된다(제14조). 그런데 법률 적용대상에서 사실혼 관계에 있는 부부 중 사실혼 관계에서 출생한 자녀를 양육하고 있는 가족은 지원대상이 포함되지만, 사실혼 관계에서 출생한 자녀가 아닌 자녀를 양육하는 경우에는 지원을 하지 않고 있으며, 자녀가 없는 경우에는 지원대상이 되지 않는 것이 문제라는 지적이 있다. 또한 다문화가족에 대한 사회적 지원을 규정한 법률의 내용이 대부분 '노력규정'으로 되어 있다는 점도 문제점으로 지적된다(송형주, 2015: 72-73).

다문화가족이 국제결혼을 통해서 서로 다른 인종의 상대를 만나 결합한 가정을 의미한다고 해서 법률적 용어는 아니다. 오히려 국제결혼이란 용어가 법률적으로 더 많이 쓰이지만, 단순히 결혼당사자만을 의미하고 국적이 다른 사람과의 결혼을 의미하기 때문에 그 결혼으로 인해 형성된 가족구성원을 모두 지칭하는 데는 한계가 있다. 다시 말해서 다문화가족이란 단어가 그 가족 내 구성원의 인종 간 차별성과 가정 내에서 두 개 이상의 서로 다른 문화가 만난다는 특징을 지닌다는 것이 더 적절한 표현이라고 할 수 있다(김범수, 2010: 84). 또한 다문화가족을 한국사회에서 거주하고 있는 외국인 노동자, 국제결혼이민자, 새터민(탈북자), 그 밖에 외국인 거주자, 외국인과의 사이에서 태어난 자녀들을 비차별적으로 부르는 용어로 정의되기도 한다(김범수, 2010: 63).

그러므로 다문화가족이란 국제결혼이라는 용어가 내포된 내국인 간의 결혼과 외국인과의 결혼으로 구분하는 국적에 따른 차별성 대신 한 가족 내에 다양한 문화가 공존하고 있다는 의미로 사용되고 있다(최선화, 2014: 430).

다문화가족 유형은 <표 1-3>과 같다.

|표 1-3| 다문화가족 유형

가족 분류	내용
외국인근로자가족	외국인 노동자가 한국에서 결혼한 가족 본국에서 결혼하여 형성된 가족이 국내에 이주한 가족
결혼이민자가족	한국 남성과 외국 여성의 결혼 한국 여성과 외국 남성의 결혼
새터민가족	탈북하여 이주해 온 자

자료: 최선화 외(2014: 431).

5) 다문화사회

다문화사회는 다문화의 정의를 포괄하는 사회를 말하는 것이다. 다문화사회는 사회 구조와 제도가 다문화주의를 반영하고 구체화하여야 하며, 사회구성원들이 다양한 민족과 문화가 공존하는 사회임을 인정하는 사회라고 할 수 있다. 이러한 다문화주의를 이끌어내기 위한 수단은 정치적·사회적·경제적·문화적·언어적 불평등을 시정할 수 있는 국민통합 또는 사회통합의 이데올로기로서 구체적인 일단의 정책을 유도해 낼 수 있는 지도원리여야 할 것이다. 즉, 다문화사회란 불평등의 시정을 통해 자유민주주의의 기본 원리와의 정합성(matching)을 높이면서 다양성 증대에 따른 사회적 분절성을 극복하기 위한 새로운 국민통합의 이데올로기를 가지는 사회로 정의할 수 있을 것이다(국회입법조사처, 2009: 8-9).

현재 한국사회의 다문화정책은 주류문화로 비주류문화를 동화시키려는 것으로 평가되고 있다. 한 사회 내 다양한 인종이나 민족집단들의 문화를 단일한 문화로 동화시키지 않고 서로 인정하고 존중하면서 공존하는 사회, 특정의 소수자집단이 무시되거나 차별받는 것을 방지하고, 차이에 근거한 정치적·사회적·경제적 갈등을 해소하며, 인간으로서 보편적 권리를 향유하도록 함을 목적으로 하는 사회, 소수문화를 인정하고 존중하며, 차이에서 오는 차별을 시정하여 공존을 지원하는 정부의 제도적이고 집합적인 노력을 다문화라고 정의할 수 있다.

다문화사회는 국가와 사회적으로 긍정적인 측면과 함께 부정적인 측면을 동시에 갖고 있다. 다문화사회로의 변화에 따른 긍정적 측면은, 이주민으로 노동력 공급이 증가하고, 국내산업의 인력난이 해소되며, 국내총생산량이 증가한다는 것이다(Barro et al., 1992). 해외노동인력의 유입으로 새로운 일자리가 창출되고 경제규모가 확대된다. 이민을 통한 인구증가는 조세기반을 확대하여 내수를 촉진하여 경제발전의 견인차 역할을 한다. 주류사회에 통합하기를 희망하는 이주민이 증가할수록 사회의 다양성과 개방성, 개인의 창의성이 증진된다(Florida, 2002). 다문화사회는 모든 문화를 무조건적으로 받아들이자는 것을 의미하는 것이 아니라, 문화적 차이에 따른 사회·경제적 불평등을 극복하고, 사회가 효과적으로 유지·운영되는 데 필요한 지식, 기술, 태도 등을 제공하고, 학교, 병원, 법원 등에서 이를 제도적으로 보장하고(Inglis, 2009), 모든 장벽을 제거할 때 진정한 다문화사회가 되는 것이다.

그러므로 다문화사회는 다양한 문화를 의미하며, 21세기의 새로운 문화양상으로, 다양한 문화적 배경을 가진 민족집단들이 하나의 국가 또는 지역사회에 함께 거주하므로 형성되는 사회를 의미한다. 또한 두 개 이상의 문화적 집단이 한 사회 안에 공존하여 문화적 특수성과 유사성을 동시에 경험하는 사회이다. 전지구화 현상의 세계적 추세 속에서 이민, 노동, 결혼, 유학, 방문 등 다양한 목적으로 국가 간 인구이동은 일상화되고 보편화되어 가고 있다. 한국사회도 점차 외국인근로자와 결혼이민자가 증가할 것이며, 다민족화와 다문화현상이 가속화될 것으로 전망된다(전숙자 외, 2009: 158).

한국 다문화사회의 특성은 다음과 같다(김경식 외, 2017: 61).

첫째, 경제규모의 확대와 국력의 신장으로 다문화사회가 빠르게 형성되고 있으며, 더욱이 외국인과 유학생이 급증하고 있다.

둘째, 외국인근로자 집단의 형성이다. 저출산·고령화사회로의 진전과 더불어 한국경제의 세계화는 외국 노동력의 증가로 외국인근로자 집단이 형성되었다.

셋째, 낮은 외국인력 고용이다. 중소기업 인력의 평균연령 상승과 수요의 증대에도 불구하고, 주요국 대비 낮은 외국인근로자의 비율을 보이고 있다.

넷째, 주요국과 비교하면, 다문화 여건이 여전히 저조한 수준이다. 국제경영개발원 (International Management Development, IMD) 보고서에 따르면, 국가경쟁력 지수 중 외국문화에 대한 개방도 항목은 조사대상국 중 여전히 낮은 수준을 벗어나지 못하고 있는 것으로 나타났다.

다섯째, 다문화가정이 출현하고 있지만, 국제결혼의 이혼도 급증하고 있다. 국제결혼의 급증으로 결혼이민자가 증가하고, 이에 따른 자녀 수의 증가로 인해 다문화가정이 보편화되고 있다.

여섯째, 북한이탈주민들의 유입이 늘고 있으나, 북한이탈주민의 한국사회 적응에는 상당한 시간이 소요되고 있는 것으로 나타났다. 이는 남북경제 격차 및 한국사회의 민주화 성숙으로 북한이탈주민들의 유입이 급증하고 있기 때문이다.

일곱째, 다문화에 대한 내·외국인 간 이해의 격차로 사회갈등의 격화 가능성이 증대되고 있다. 특히, 외국인에 대한 차별이 지속되고 이주 외국인에 대한 사회적 포용이 지연될 경우, 더 큰 사회적 문제를 야기하여 사회적 비용이 발생할 가능성이 높다.

한국사회는 이미 급속도로 도래하고 있는 다문화사회적 물결에 적극 대응할 수 있는 대책이 요구된다. 특히, 한국적인 상황은 급격한 경제발전과 개방화된 사회분위기 전환으로 인해 성큼 다가선 다문화사회를 인정할 수밖에 없으며, 그에 따른 즉각적이고, 지속적, 체계적인 프로그램이 필요하다. 또한 사회구성원들의 다문화사회에 대한 인식전환 역시 지속적인 교육을 통해 준비되어야 한다. 따라서, 어떻게 하면 다문화사회에 대한 이해의 격차를 줄이고 더불어 살아가는 슬기로운 공동체사회를 만들 것인가에 대한 해결방법을 찾기 위해 다문화사회에 대응할 수 있는 대응전략 수립이 절실하다. 그 내용은 다음과 같다(김경식 외, 2017: 62).

첫째, 사회통합을 향한 정책적 방향에 대한 모색이 필요하다. 현재 한국사회는 다문화사회에 대한 논의를 시작하는 단계에 서 있음에도 불구하고, 정부의 다문화사회 관련 정책은 속도만 빠르게 추진되고 있다는 문제가 제기되고 있다. 즉, 현실과 향후 전개 방향에 대한 체계적 점검이 이루어지지 않은 상황에서 피상적 모토 이상의 의미를 지니지 못한 채, '다문화사회'만이 반복적으로 공표되는 수준에 그치고 있다는 것이다.

둘째, 다문화사회 정책거버넌스 확립이 필요하다. 현재 한국사회는 이주민집단이 가시화되고 사회적 관심사로 등장했다는 점에서는 다문화사회에 진입해 있다. 하지만 이들을 사회 주체로 인정하는 경향이 현저히 제한되어 있다는 점에서 진정한 다문화사회에는 이르지 못하고 있는 실정이다. 이런 상황에서 다양한 배경을 지닌 주체들이 함께 참여하여 생산적인 사회질서를 구현해 나가기 위해서는 정부정책에서 이주민의 사회적 위상을 정립하는 것이 중요하다.

셋째, 다문화교육이 확대되어야 한다. 다문화사회의 궁극적 지향은 일상을 살아가는 시민들이 생활 속에서 대면하는 다양한 민족적·문화적 배경의 주체들과 소통하면서 생산적 시너지를 구현하는 데 있다. 이런 점에서 문화적 다양성에 대해 관심을 갖는 기본적 소양과 지식, 그리고 다양한 배경의 주체들과 대면하고 소통할 수 있는 실천적 역량 등을 갖춘 다문화적 시민성의 함양이 정책적으로 다루어져야 한다.

3 다문화주의

1) 다문화주의의 개념

다문화주의(multiculturalism)는 미국, 캐나다, 오스트레일리아 등에서 1970년대 초부터 제창되기 시작하여 1980년대에 활발한 논쟁을 벌여 정책으로서 결실을 맺었다. 조금 늦게 유럽 국가에도 다문화주의적인 견해가 도입되었다. 초기에는 다수와 소수 인종, 민족 간의 문화갈등 문제와 관련하여 사용되었으나, 장애인·소수자집단의 문제까지 확대되어 사용되면서 다양한 의미를 가지게 되었다.

다문화주의는 사회와 인종적·문화적 다양성을 설명하기 위한 용어로 한 나라 안에서 여러 문화가 공존하는 것을 의미한다(김용신, 2011: 17). 다문화에 대한 담론은 다양한 배경과 출신을 가진 사람들이 이주하면서 거주하게 된 국가들을 중심으로 형성되었다. 다문화정책은 거주국의 언어와 문화를 받아들이면서 함께 살아가기 위해 이주민 중심의 동화정책으로 발달하였다. 그러나 개별 인종과 문화적 특수성을 인정하지 않고 주류사회와 문화로 편입시키려는 다문화정책은 이주민과 원주민 사이의 갈등과 충돌이 해결되지 못하고 있다. 또한 다문화정책은 국내에 유입된 타 국가의 문화권과 인권존중 차원에서 논의가 진행되고 있기 때문에 문화다양성 논의보다 정치적인 경향이 나타났다(천정웅 외, 2015: 27).

다문화주의는 학자에 따라 다양하게 정의되고 있지만, 일반적으로 학교, 기업, 도시, 국가와 같은 조직적 수준에서 인종의 다양성을 기초로 특정 장소의 인구학적 구성에 적용되는 다양한 인종문화를 수용하는 것으로 정의할 수 있다. 넓은 의미에서의 다문화주의는 현대사회가 평등한 문화적·정치적 지위를 가진 상이한 문화집단을 끌어안을 수 있어야 한다는 믿음으로 표현되기도 한다(유네스코, 2010: 89).

다문화주의는 민족마다 다른 다양한 문화나 언어를 단일의 문화나 언어로 동화시키지 않고 공존시켜 서로 승인·존중하는 것을 목적으로 하는 사상·운동·정책을 말한다. 다문화주의는 강화된 보편주의로서 제창되었다고 볼 수 있다. 다문화주의란 넓은 의미에서 현대사회가 평등한 문화적·정치적 지위를 가진 상이한 문화집단을 끌어안을 수 있어야 한다는 믿음이다. 특히, 서구에서는 교육과 관련하여, 현대사회의 생활이 점점 더 복잡한 비서구문화 등을 정규교육과정에 더 많이 포함시키려는 취지를 지칭하기도 한다(권재일 외, 2010: 89). 즉, 종래부터의 근대 보편주의를 서유럽 중심주의에 그친 것이라고 상대화한 위에 그것을 일부로서 포함한 다양한 여러 문화의 평등한 공존을 지향하는 점에 다문화주의의 특징이 있다. 종래의 보편주의가 사적인 다의성을 허용하면서 공적 영역에서는 단일의 공통문화가 있을 수 있다는 것을 전제로 한 것에 비해, 다문화주의는 공적 영역 내에 문화의 다양성·복수성이 내포되어야 한다고 보고, 극단적인 경우에는 단일의 공통문화의 가능성을 부정하기도 한다. 극단적으로 이념화된 다문화주의는 그 논리적인 귀결로서 특정 민족의 분단이나 독립을 요구하게 된다. 즉, 제문화의 공존과 통합을 지향하는 '강화된 보편주의'로서의 다문화주의라기보다는 오히려, 제 문화의 분리나 차별을 귀결한다는 역설로서 나타나는 경우도 있다.

다문화주의는 이상적인 차원에서 상이한 국적, 체류자격, 인종, 문화적 배경, 성, 연령, 계층적 귀속감 등에 관계없이 모든 인간이 인간으로서의 보편적 권리를 향유하고 각각의 특수한 삶의 방식을 존중하며 공존할 수 있는 다원주의적인 사회, 문화, 제도, 정서적 인프라(infrastructure)를 만들기 위한 집합적 노력을 의미한다. 협의의 제도적 차원에서는 자유민주주의에 대한 광범위한 협의와 지지가 선결된 조건에서 다양한 문화적 주체들의 특수한 삶의 권리에 대한 제도적 보장을 뜻한다. 다문화주의는 정치적, 사회적, 경제적, 문화·언어적 불평등을 시정하는 일종의 국민통합, 사회통합의 이데올로기로서 구체적인 일단의 정책을 유도해내는 지도원리이다. 즉, 다문화주의는 다문화의 보장, 주류사회와 비주류사회의 상호이해 촉진, 소수집단 간의 교류, 사회전반적인 평등수준의 향상과 구조적 차별의 극복 등을 목적으로 하고, 국가, 사회, 개인수준에서 광범위한 이해와 합의를 통해 정책으로 구체화되어 실현된다(전숙자 외, 2009: 16).

다문화주의와 혼동되는 개념으로 문화적 다원주의(cultural pluralism)가 있는데, 이는 여러 집단이 고유한 문화를 유지하면서 전체 사회에 참여하는 것을 말한다. 이는 단지 여러 집단이 공존하는 것만이 아니라, 다른 집단의 문화가 지배적인 문화에서도 보유할 가치가 있다고 간주하는 것이다. 서구에서는 특히 교육과 관련하여 현대사회의 생활이 점차 복잡한 성향을 띤다는 인식 아래 여성문화, 비서구문화 등을 정규교육과정에 더 많이 포함시키려는 취지를 지칭하기도 한다(권재일 외, 2010: 90-91).

한국 다문화사회의 주요 구성원은 결혼이주가정이다. 물론 도시에 집단적으로 거주하는 외국인근로자들의 수가 증가할 것으로 전제한다면, 그들의 문화적 요구를 존중하고 배려하는 다문화주의가 대안이 될 수 있다. 그러나 농촌의 결혼이주 다문화가정에 대해서는 한국사회에 빨리 적응할 수 있도록 인권적·문화적·복지적 지원을 해 주는 동화주의의 모형이 대안이 될 수 있다(장윤수·김영필, 2016: 52).

2) 다문화주의의 유형

다문화주의는 한 국가가 처한 상황, 소수자의 종류, 이를 주장하는 이들의 사상 등에 따라 그 이론과 정책이 다를 수 있는바, 이는 주로 다문화주의의 핵심이라고 할 수 있는 다양성을 어느 정도 또는 어떻게 허용하거나 인정할 것인지에 달려있다. 곧 다양성의 인정을 현실 사회에서 어떻게 수용할 것인가이다. 현실사회는 다양하고 논자들의 생각 또한 각기 다르므로 학자에 따라 다문화주의를 다르게 유형화하고 있다. 국내외 학자들이 제시한 다문화주의 유형은 다음과 같다(서범석, 2010: 19-23).

(1) 자유주의적 다문화주의

이 유형은 공적영역에서는 자유, 평등, 개인주의, 민주주의, 능력주의, 신앙의 자유 등 보편주의적인 근대 시민적·합리적 가치와 규범, 기본적 인권이념의 준수가 강조되므로, 동화정책이나 공적영역에서의 차별행위는 금지되어 위반 시 처벌된다. 사적영역이라고 하더라도, 남녀차별이나 불평등, 인권 무시 등은 자유주의 이념과 양립할 수 없으므로 허용되지 않는다. 이와 같이 차별을 금지하고 기평등만 확보되면 점차 다수자와 소수자의 차별 및 불평등 구조는 소멸할 것으로 기대하고 있다. 따라서, 소수자의 사회참가를 위한 공용어 교육이나 사회제도에 관한 교육 등에는 적극적이나 차별받는 사람이나 소수민족 공동체에 대한 적극적인 재정적 법적 지원은 없고, 있다고 해도 지배사회에의 적응을 돕기 위한 수준에 그치고 자조노력이 기대된다.

자유주의적 다문화주의는 다문화주의를 궁극적으로는 문화융합사회로 가기 위한 일시적, 과도기적인 정책으로 간주하며, 다문화 상황을 영속적으로 보지 않는 경우가 많다. 그러나 문화의 다양성을 인정하고 멀티문화축제의 형태로써 민족무용, 민족음식, 민족축제 등 표상적인 것을 장려하는 경우가 많아 '상징적 다문화주의'라고도 한다.

(2) 조합적 다문화주의

조합적 다문화주의는 기회균등이라는 자유주의적 다문화주의에서 좀 더 나아가 결과의 평등을 지향한다. 피차별자가 현실적으로 경쟁하는 데 불리한 입장에 있다는 것을 인정하고, 소수민족의 사회참가를 촉진하기 위해 적극적인 재정적·법적 원조를 한다. 언어적·문화적으로 열세에 있는 것을 극복하기 위해 공적 영역에서도 다언어방송이나 다언어문서가 사용되고, 다언어 및 다문화교육이 행해진다. 사적 영역에서도 소수민족학교나 단체에 대한 정부의 원조가 확대되는바, 사회참가의 수단적 의미보다는 소수민족의 언어와 문화의 영속성을 보장하기 위한 것으로 인정된다. 소수민족공동체는 법인격을 부여받고 정부의 원조대상이 된다.

결과의 평등을 위해 취직이나 교육과 관련하여 적극적 차별시정조치(affirmative action)가 실시되고 소수자의 인구비례에 따른 쿼터제가 도입되기도 한다. 또한 공적 기관에서 언어에 따른 차별 또는 불이익이 발생하지 않도록 통역이나 다언어 직원의 배치를 법적으로 강제하고, 국적을 취득하지 않는 정주자에 대해서도 공무원 등용이나 지방선거에의 참여를 인정하기도 한다.

이러한 제도화의 과정은 자칫하면 사회적 갈등을 초래할 수 있기 때문에, 국민 전체에 대한 교육과 홍보활동이 매우 중요시 된다. 적극적 조치와 쿼터제는 소수민족의 입장에서는 평등과 인권보장 등의 사유로 정당화될 수 있을지라도, 다수민족의 입장에서는 역차별로 여겨 부당한 것으로 평가될 수 있기 때문이다. 이 유형에서는 민족정당의 형성이나 지역적 집단거주를 배제하지 않기 때문에 '구조적 다문화주의'라고도 한다.

(3) 급진적 다문화주의

급진적 다문화주의는 다민족 다문화사회에 살면서 주류사회의 문화, 언어, 규범, 가치, 생활양식 등을 부정하고 독자적인 생활방식이나 생활을 추구하는 것을 말한다. 결과의 평등을 추구하는 조합적 다문화주의 사회에서도 공적·사적 영역을 불문하고 언어, 문화, 생활양식 등이 실질적으로 평등하게 다루어지는 사회는 좀처럼 어렵기 때문에, 소수문화, 소수언어를 가진 집단은 불만을 가지기 쉽다. 이러한 집단이 민권운동 등을 통해 차별을 시정하여 실질적인 평등을 추구하기도 하나, 이와 달리 분리주의를 채택할 수도 있는데, 이러한 사유로 '분단적 다문화주의'라고도 한다.

대표적으로 미국에서 흑인과 원주민에 의한 격리주의 운동이다. 흑인격리주의자들은 흑인의 역사를 백인이 가르치는 것을 부정하고, 흑인에 대해서는 흑인 밖에 모른다는 시각으로 분열적이고 격리적인 소수민족집단의 형성을 주장하여 주류국민으로부터 반발을 사기도 한다.

급진적 다문화주의는 실제로 소수민족에 의한 일문화주의나 전통문화주의를 의미한다. 따라서, 국가적 독립보다는 문화적 독립을 추구하는 경향이 있다. 그러나 독자적인 문화독립은 국가형태의 독립을 추구하는 국가독립운동으로 전환될 가능성이 높다는 특징이 있다.

(4) 연방제적 다문화주의

소수민족집단을 지역적으로 구분하여 자치성을 인정하는 것을 연방제적 다문화주의라고 한다. 이는 지역마다 문화, 언어, 생활양식이 비슷하여 인종, 민족 등의 의식이 강할 경우, 각 지역이 각각의 문화, 언어, 사회관습을 독자적으로 유지토록 하는 것이다. 연방제적 다문화주의는 형식상 정치적 법적 권리가 동등하며, 연방의회 의원의 수도 인구에 비례한다. 그러나 다수결이라는 의사결정 방법이 적용되어 소수민족집단에게 불리하기 때문에 결정에 있어서 타협을 중시하는 다극공존형 민주주의(consociational democracy)가 이용되기도 한다.

1993년 벨기에는 연방제 다문화주의를 채택하여 단일국가에서 연방국가로 전환하였다. 북부의 네덜란드어 지역과 남부의 프랑스어 지역의 대립을 해소하고 국가분열을 방지하기 위해 중앙정부는 외교와 안보의 권한을 갖고 나머지는 양 지방정부에 권한을 분할한 것이다. 이처럼 연방제 다문화주의는 다양한 민족의 자립을 통해서 통합을 추구한다.

조합적 다문화주의가 혼주형 다문화사회에 있어서 각 민족 간의 불평등을 해소하고 통합하는 수단이라면, 연방제는 지역편주형 다문화사회에 있어서의 통합방법이라 할 수 있다. 또한 연방제까지는 아니더라도, 지역분권을 강화하여 불평등을 해소하고 통합을 이루려고 하는 경우도 있는데, 이러한 경우를 '지역분권적 다문화주의'라고도 한다.

(5) 다문화주의의 사회통합

다문화주의의 이상적 유형은 사회통합이다. 그 이유는 다문화사회의 최우선 과제는 사회통합이기 때문이다. 사회통합이 이루어졌을 때, 다양한 문화의 창의성과 개방성 등으로 국가발전에 기여하게 된다. 사회통합이란 서로의 차이는 인정하되 차별하지 않는 것을 전제로 한다. 통합이란 다른 것들이 서로 상호작용을 하여 '서로 응집된 전체'를 이루는 것이다. 통합은 통일과 달리 서로가 주체가 되어 서로의 정체성을 유지하는 것이다. 따라서, 사회통합이란 인종, 민족, 문화적 배경이 다른 구성원들이 서로를 차별하지 않고, 차이(다름)를 인정하며, 공동체에 대한 소속감을 갖고 공동의 비전을 공유하는 것이다. 그러기 위해서는 모든 사회구성원들에게 기회를 균등하게 부여해야 한다. 예컨대, 결혼이주여성들에게 일자리와 급여를 비롯하여 여러 복지혜택을 균등하게 제공하고, 언어교육을 체계적으로 제공하여, 본인의 의사를 표현할 수 있는 소통의 기회를 균등하게 제공해야 한다. 그뿐만 아니라, 결혼이주여성들에게 정치적 권리를 균등하게 제공해야 하는 데, 이는 곧 시민권의 부여이다. 즉, 선거권과 피선거권을 균등하게 제공함으로써 그 공동체의 당당한 시민으로 살아가도록 하는 것이다.

결국 가장 이상적인 다문화정책은 사회를 통합하여 건전하고 상생 발전하는 공동체를 이루어 나가는 것인데, 이에 대해 다문화사회 통합정책의 목적은 네 가지가 있다.
첫째, 이민자 스스로의 개인적·경제적·사회적 가능성을 실현할 수 있도록 용인한다.
둘째, 이민자에 대한 인권보호의 보장이다.
셋째, 국가의 안전에 기여할 수 있도록 소외와 배제를 축소한다.
넷째, 사회적 응집과 조화의 구축과 유지이다.

3) 다문화주의 정책 모형

현재 한국사회에서 다문화주의 정책이란 용어는 세 가지의 의미로 사용되고 있는데, 그 내용은 다음과 같다.
첫째, 외국인의 국내 이주 및 사회통합을 위한 외국인 정책이다.
둘째, 다문화가족지원과 사회통합을 위한 다문화가족지원정책으로, 흔히 통용되는 용어이다.
셋째, 이민자 대처방식 및 정책 발효로서, 차별적 배제 모형, 동화모형과 구별되는 다문화주의 모형이다.

드 하스(Hein de Haas) 등은 2003년 그들의 저서 『이주시대: 현대 세계 인구이동(*The Age of Migration: International Population Movements in the Modern World*)』에서, 다문화정책 모형을 제시하고 있다. 그 내용은 다음과 같다.

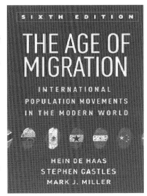

『이주시대』
(2020년 출판)

(1) 차별적 배제 모형

차별적 배제 모형(difference exclusionary model)과 동화주의 모형은 문화적인 단일성을 중시하는 모델이다. 그중에서도 차별적 배제 모형(difference exclusionary model)은 특정 국가의 국민이나 특정 직업인, 특정 기술인, 자국에 일정 정도 이상의 자본을 투자하려는 외국인 또는 이민자 등 엄격한 조건을 통과한 사람에게만 차별적으로 유입을 허가해 주는 배타적인 외국인 이민정책이다.

차별적 배제 모형의 정책을 실행하는 국가들은 장기체류를 원하거나 영주권을 취득하려는 이민자들은 받아들이지 않으며, 3D 업종처럼 자국 내에서 충당하기 어려운 업종에 한하여 단기 취업자로 한시적인 유입을 허가한다. 또한 이주민들을 정착시키기 위한 다문화 정책을 거의 실행하지 않을 뿐만 아니라, 이주민들에게 복지혜택, 국적 획득, 정치참여의 기회를 주지도 않는다.

대표적으로 스위스, 벨기에, 독일 등이 차별적 배제 모형을 실행하고 있다. 또한 1960년대 독일에서 실행했던 게스트워커(Guest Worker) 제도와 2004년 8월부터 시행된 한국의 고용허가제가 대표적인 차별적 배제 모형 정책이다. 현재 미국에서도 게스트워커 제도가 실행되고 있는데, 매년 12만 명이 게스트워커(Guest Worker) 자격을 허락받아 3개월에서 9개월 동안 머무는 한시적인 취업자로 유입되고 있다. 이들은 주로 농장과 호텔에서 전문적인 기술을 필요로 하지 않는 단순노동을 한다.

(2) 동화주의 모형 : 용광로 모형

동화주의 모형(assimilationist model)이란 이질적인 문화를 가진 이주민 또는 소수집단들이 유입되어 사회적인 구심력이 약화되면 공동체가 와해될 것을 우려하여, 이주민 또는 소수집단이 가진 문화를 주류문화에 일방적으로 흡수시키려는 사회통합정책을 말한다.

동화주의 모형을 실행하는 국가는 이주민과 소수집단의 다양성을 인정하면 불필요한 사회적 갈등이 생기는 계기가 될 것이라고 우려하여, 이주민과 소수집단의 정체성과 문화적 다양성을 고려하지 않는다. 이주민에게 자국민과 같은 국적과 시민권을 허용해 주는 대가로, 이주민의 언어, 문화, 사회적 특성 등의 정체성을 포기하도록 요구하여, 주류사회의 일원으로 편입시키려 한다. 이를 위해 주류사회의 언어와 관습 및 문화를 배우도록 권면하며, 학습기회를 준다.

1960년대까지 미국이 표방했던 '용광로(Melting Pot) 정책'이 대표적인 동화주의 모형 정책이다. 이들은 미국사회를 거대한 용광로에 비유하고, 수많은 이민자를 철광석에 비유했다. 여러 가지 철광석들이 거대한 용광로 안에서 정체성을 잃고 하나의 쇳물로 녹아버리듯이, 수많은 이민자들이 미국에 정착하려면 자기들의 정체성을 포기하고 미국사회에 동화될 것을 요구하였다.

프랑스는 초기에 외국인근로자들을 유입할 때도 동화주의정책을 실행했다. 즉, "누구나 동의할 수 있는 단일하거나 절대 보편적인 가치 및 행위의 준거 기준이 있다."는 명제를 기반으로 하는 프랑스의 공화주의 이념을 수용하는 것을 전제로, 주류사회의 구성원들과 차이를 두지 않는 동화주의 모형 정책을 실행했다.

(3) 다문화주의 모형 : 샐러드 볼 모형

다문화주의는 모든 사람의 문화다양성을 인정하여, 한 사회 내의 다양한 구성원들의 권리와 기회를 평등하게 인정하며 함께 공존하려고 하는 이념체계 및 정책이다. 이러한 '다문화주의'를 다양한 음식의 재료들이 어우러져 맛있는 하나의 샐러드가 되는 것에 비유하여 '샐러드 볼(Salad Bowl) 모형'이라고도 한다.

다문화주의는 지배문화와 종속문화를 구분하여 차별하는 것을 거부하며, 집단 간의 문화적인 차이를 의미 있게 생각하여 존중하고 보존하려 한다. 이는 국가나 민족적인 다양성뿐 아니라, 집단 내 소수자들의 다양한 문화와 권리를 인정하는 것까지도 포함한다.

(4) 이민자 적응방식 유형

베리(John W. Berry) 등은 2002년 그들의 저서 『교차 문화 심리학: 연구 및 응용(*Cross-Cultural Psychology: Research and Applications*)』에서, 이주민들이 기존 사회에 적응하는 방식에 따라 두 가지 기준을 바탕으로 네 가지 유형으로 분류하고 있다(Berry et al., 2002).

첫 번째 기준은 수용성이다. 즉, 어떤 이주민집단이 기존 사회와의 접촉이나 관계 유지에 대해 긍정적인가 또는 부정적인가로 나누는 것이다.

두 번째 기준은 정체성 유지와 관련된다. 즉, 이주민집단의 구성원들이 자신들의 정체성과 특징을 유지하는 데 적극적인가 소극적인가에 따라 적응방식을 구분하고 있다.

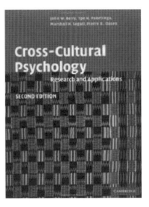

『교차 문화 심리학』
(2002년 출판)

위와 같은 기준들을 바탕으로 이주민들이 적응하는 방식을 동화(assimilation), 분리(separation), 통합(integration), 주변화(margination)로 구분하였다(Berry, 1997).

동화(assimilation)는 이주민들이 자신들이 가진 고유한 문화적 정체성과 특성을 유지하는 데 적극적이지 않으면서, 기존 문화를 수용하는 것에는 적극적인 태도를 갖는 것을 말한다.

분리(separation)는 이주민들이 기존 문화를 수용하고 접촉하는 것에는 소극적이면서, 자신들이 가진 고유한 문화적 정체성과 특성을 유지하는 것에는 강한 집착을 갖고 있는 경우이다.

통합(integration)은 이주민들이 자신들이 가진 고유한 문화적 정체성과 특성을 유지에 적극적이면서도, 기존 문화를 적극적으로 수용하고 접촉하는 경우이다.

주변화(margination)는 이주민들이 자신들이 가진 고유한 문화적 정체성과 특성을 유지하는 것에 소극적일 뿐만 아니라, 기존 문화를 수용하고 접촉하는 것에도 소극적인 경우이다.

이러한 구분을 바탕으로 기존의 주류사회(국가)가 사회의 한 부분으로 새롭게 구성된 이민자사회를 어떤 방식으로 수용하느냐 하는 문제에 대해서 '사회통합(social integration)'이라는 정책적 차원에서 논의가 이루어지고 있다, 여기에서 사회통합이란 비통합적인 상태에 있는 사회 내 집단이나 개인들이 서로 적응함으로써 단일한 집합체로 통합되어가는 과정을 말한다. 이러한 사회통합은 사회적인 갈등을 제어하고 사회적 합의를 창출하는 동시에, 사회의 내적 결속력을 높이는 기능을 담당하게 된다.

베리의 문화적 모형은 <표 1-4>와 같다.

| 표 1-4 | 베리(Berry)의 문화적응 모형

차원		고유한 문화적 정세성과 특성을 유지할 것인가?	
		예	아니오
주류사회의 기존 문화를 받아들이고, 적극적으로 관계를 유지할 것인가?	예	통합 (integration)	동화 (assimilation)
	아니오	분리 (separaation)	주변화 (margination)

자료: 임신웅(2020: 42) 재인용.

Chapter 2

문화다양성의
이해

✳ **학습목표**

　1. 문화다양성 이론 연구

　2. 각 이론 비교 연구

　3. 각 이론에 대한 사례연구

✳ **학습내용**

　1. 문화다양성의 개념

　2. 문화다양성 수용 이론

　3. 문화 평가 태도

　4. 문화 이해 관점

　5. 이데올로기 비교 관점

✳ **개요**

　문화다양성은 여러 이론들이 혼재하고 있다. 문화다양성에 대한 논쟁은 각각의 이론들이 사례를 통한 정통성을 확보하고 있어서 객관적으로 판단하기란 결코 쉽지 않다 여기에서는 문화다양성을 학습하고자 한다.

Chapter 2
문화다양성의 이해

1 문화다양성의 개념

문화다양성의 개념은 인류학 분야에서 잘 알려진 개념으로서, 여러 다양한 문화가 존재한다는 의미를 넘어 다양한 사회문화적 맥락에 따라 여러 가지 다른 뜻으로 사용되고 있다. 문화다양성은 영어로 cultural diversity 또는 multiculturalism 등으로 표기된다(이종열 외, 2013: 39 재인용). 『표준국어대사전』에 따르면, 다양성은 모양, 빛깔, 형태, 양식 따위가 여러 가지로 많은 특성이라는 의미를 지닌 명사이다. 문화 역시 의식주, 언어, 관습, 성별, 능력, 종교 등의 다양한 요소를 지니는 특성이 있다. 즉, 문화란 사회구성원들과 문화의 요소 간의 상호작용을 통하여 이루어지며 변화하는 것으로, 사회구성원에 의하여 습득, 공유, 전달되어온 행동양식과 생활양식인 의식주, 언어, 풍습, 종교, 학문, 예술, 규범 등 다양한 특성을 지닌다. 문화다양성은 이슈와 관련하여 "문화다양성 국제협약" 등의 형식으로 논의가 국제적으로 이루어지고 있지만, 아직 그 의미에 대해서는 명확한 정의가 내려져 있지 않다.

'문화다양성'이라는 용어는 1986∼1993년 GATT(General Agreement on Tariffs and Trade, 관세 및 무역에 관한 일반 협정)의 우루과이라운드(Uruguay Round) 협상을 통해 만들어진 '문화적 예외'에서 시작되었다. 이는 다양한 의미의 문화를 보호하는 것이 목적이 아니라, 문화세계화가 초래할 수 있는 위협에 대처할 수 있는 장치에 치중하고 있음을 의미하는 것으로, 문화다양성이 글로벌화 되어 가는 사회환경의 흐름 속에서 나타나게 되었다. 그러나 문화다양성은 생물의 다양성을 위해 보호정책이 필요한 것처럼 문화적 생태계도 보호되어야 할 가치이며, 소수문화가 존중받아야 함을 강조하여 문화적 예외를 뛰어 넘는 폭넓은 개념으로 정의할 수 있다(천정웅 외, 2015: 23). 따라서, 문화다양성이라는 개념은 생태학 분야의 '생물다양성'에서 비롯된 것으로 생태계 내 생명체들의 특성이 다양하듯이 인간사회는 생명다양성 개념을 넘어 문화 및 언어 다양성을 포함한다.

문화다양성의 상이한 개념적 정의에도 불구하고, 유네스코는 '문화다양성 선언'에서 문화다양성을 인류 공동의 유산이자 현재와 미래 세대를 위한 혜택으로 인식할 것을 채택하였으며, 문화다양성을 보호하기 위해 현실적으로 기능할 수 있는 규제나 제도를 마련해야 함을 강조하고자 하는 노력을 통해 2005년 '문화다양성협약'이 체결되었다. 이 협약의 3장 4조에 명시된 문화다양성은 집단과 사회의 문화가 표현되는 다양한 방식을 말하며 집단 및 사회의 내부 또는 사회 상호간에 전해지는 것으로 정의된다(이수진, 2019: 15).

세계 문화정책 네트워크(International Network on Cultural Policy, INCP)가 규정하는 문화다양성의 개념은 다음과 같다.

문화다양성이란 지구상에 공존하는 문화들의 상호작용과 다중성을 반영하며, 그 문화는 인류공통유산의 한 부분이 된다. 문화다양성은 한편으로는 현존하는 문화를 보존하고 진흥하는 것과 연관되어 있으며, 다른 한편으로는 다른 문화에 대한 개방과 연관되어 있다. 따라서, 문화다양성은 하나의 사회, 민족, 집단 등이 가지는 문화 자체의 존재와 타문화와의 접촉과 상호작용을 통해 전개되는 모든 것을 포함하는 개념으로 이해되어야 한다. 그리고 각각의 개별문화가 동등하게 존중받아야 한다는 당위성을 내포하고 있는 점에서 인간의 기본권과도 맥을 같이한다. 즉, 한 개인의 문화적 정체성, 문화적 생존권, 문화적 향유의 권리, 특히 소수자들의 문화적 권리를 보장하는 등의 정치적·사회적 맥락도 포함한다. 이런 관점에서 문화다양성은 모든 인간이 추구해야 할 보편적 가치와 진리, 그리고 특정 문화권에서 추구해 온 특수한 가치와 진리 사이를 세심하게 매개하는 개념으로서, 현실에 나타나는 복잡하고 다차원적인 정치적·사회적·문화적 상황에서 발생할 수 있는 갈등이나 투쟁 등에 유통성 있게 대응하며,

그 효력을 발휘할 수 있는 운동의 개념으로 이해하고 발전시킬 필요가 있다.

문화다양성은 민족, 성, 계급, 젠더, 종교, 장애 등에 기초한 구조적 차별과 사회경제적 구분 짓기를 줄이려는 접근이다. 한편, 다양성 그 자체의 개념은 가치중립적이며, 생물학적인 개념이다. 하지만 사회문화적 관점에서 보면, 문화다양성은 결코 가치중립적인 개념이 아니기 때문에 특수한 정치적·문화적·관계적 맥락에서 검토될 필요가 있다. 즉, 문화다양성은 문화적 특수성을 인정하고 보호하며 존중하는 동시에, 문화적 특수성에서 비롯된 가치들을 긍정하고 증진하는 것이다.

2 문화다양성 수용 이론

문화다양성을 수용하는 방식에는 다음과 같은 이론들이 있다(김진열 외, 2019: 13-18; 천정웅 외, 2015: 29-31).

1) 용광로 이론

용광로 이론(melting pot)은 금, 철, 구리 등 서로 다른 여러 금속을 용광로에 넣으면 모두 녹아 하나가 되는 것처럼 이주민들이 주류사회에 녹아들 수 있을 것이라고 보는 견해이다. 즉, 사회를 거대한 용광로로 보고, 수많은 이민자를 철광석에 비유하여 그들이 사회에 정착하는 과정에서 기존 문화에 용해된다는 이론이다. 중국은 수많은 소수민족이 있지만, 국민의 대다수인 한족중심정책을 쓰면서 소수민족 문화를 전체에 융화시키고 있는데, 이는 용광로 이론에 입각한 정책이라고 볼 수 있다. 이를 '중화'라고도 한다. 로마가 이탈리아 반도를 통일하고 나아가 지중해를 호수로 하여 대제국을 건설한 것은, 여러 인종을 통합하고 포용하였기에 가능한 것이었다. 결국 이 이론은 서로 다른 문화를 융합해서 새로운 문화를 창조하자는 것으로 문화동화주의에 포함되는 이론이다.

용광로 이론은 여러 민족이 융해되어 이루어진 미국적 정체성의 상징으로 사용되는 표현으로 18~19세기부터 정립되기 시작했다. 이 용어는 미국이 다양한 인종과 문화를 흡수하는 사회개념으로 사용되었다. 이민자는 자신의 고유한 문화적 정체성을 포기하고 주류문화에 융해되는 것으로, 소수문화의 백인주류문화로의 동화정책을 추구하며, 공교육체제는 이주민들과 그 자녀들을 미국인으로 개조하는 사회적 장치였다. 즉, 미국이라는 사회를 하나의 큰 용광로로 보고 수많은 이민자들을 철광석에 비유하여 이들이 미국사회의 정착화과정에서 주류인 앵글로색슨계 미국 신교도(White Anglo Saxon Protestants, WASP)문화에 융해되어 '뉴 아메리칸'으로 새롭게 태어난다. 이는 해외 이민자들로 하여금 미국사회로 무조건적으로 동화되어 주길 의미한다. 즉, 강제동화주의 의미를 함의하고 있다. 이러한 WASP가 정치, 경제, 사회의 지배세력으로 안정되면서 이후 많이 이민자들도 유입되었다. 하지만 이들은 WASP 토착세력에게 위협으로 느껴지면서 이민자들에게 배타정책의 실시와 동시에, 미국사회로 동화를 요구하는 정책을 실시하였다. 특히, 19세기 유럽 남부와 아일랜드에서 미국으로 이민 온 가톨릭 신자들은 WASP에게 큰 위협이 되면서 더욱 배타적이고 동화정책을 강요하는 용광로 문화정책을 사용하기도 하였다.

용광로 이론은 미국 초창기 여러 민족들을 하나로 통합하고자 하였다. 용광로 이론은 명칭에서도 알 수 있듯이, 서로 다른 문화를 하나의 문화, 하나의 새로운 문화로서 합친다는 매우 이상적 이론으로 볼 수 있다. 그 결과, 외국의 이민자들은 자신들의 다양성을 포기하고 미국의 주류문화에 융해되어 새로운 미국인으로 태어나야 했으며, 다수자와 소수자를 용광로에 함께 녹여서 과거와는 다른 새로운 문화를 만들어낸다.

그러나 다양한 배경을 가진 사람들의 개인적이고 집단적인 차이가 존재하고 차이에 의한 가치를 존중받아야 하기 때문에 용광로 이론은 더 이상 사람들의 공감을 받지 못하고 있다.

용광로 이론은 다음과 같은 문제점을 노출시켰다.

첫째, 문화다양성에서 오는 가치를 전혀 고려하지 않았다.

둘째, 문화를 단순히 물질로 치부하여 합칠 수 있다는 지나친 이상주의적 이론이었다.

셋째, 실질적으로 소수민족문화가 다수 민족문화에 흡수되도록 유도하는 동화주의 측면이 매우 강하였다.

용광로 이론은 비록 배타적으로 실시되었다 할지라도, 해외 이민자들의 다양한 문화를 수용하였다는 점에서 의미가 있다. 당시 미국 백인들과 식자층으로부터 인기가 있었지만, 일부 지식인들은 용광로라는 개념을 동원하여 강제적인 문화융화의 시도는 해외 이민자들의 자유 침해와 동시에, 미국의 건국정신과 상반되는 것임을 지적하기도 하였다. 이들은 미국문화를 용광로식의 강제 융화주의에서 문화다원주의 또는 다문화주의로 되돌리고자 하였다.

최근에는 문화다양성을 존중해 여러 문화를 하나로 용해하지 않고 각각의 정체성을 유지하려는 노력이 강하다. 따라서, 이 개념은 이제 더 이상 사용되지 않고, 대신에 '샐러드 볼'이라는 용어를 사용하고 있다.

2) 모자이크 이론

모자이크 이론(Mosaic theory)은 다양한 인종이나 상호 공존하는 가운데 결합되어 한 사회의 전체 문화를 이루는 것을 핵심으로 한다. 이 과정에서 개별적인 문화는 구성요소가 되고, 이것들이 조화되면서 하나의 통합된 전체문화를 만든다. 이러한 모습들이 다양한 여러 색깔의 조각들이 붙여져서 만들어지는 다양하고 조화로운 모자이크에 비유될 수 있다. 모자이크에서 각각의 개별 조각들은 바로 해외 이주민들의 고유한 전통적 특징과 문화를 대표하는 의미로서 전체 문화에서도 그대로 유지된다. 나아가 모자이크 이론에 따르면, 해외 이주민들은 이주하여 정착한 국가에서도 모국과 지속적으로 관계를 맺을 수 있고, 기존 문화들을 계승 및 발전할 수 있는 활동을 적극적으로 수행할 수 있고, 이주국가에서도 이들의 활동을 가능하도록 다양한 정책을 제공하고 있다. 다양한 문화를 적극적으로 수용한다는 관점에서 모자이크 이론은 다문화주의, 문화다원주의, 샐러드 볼 이론과 유사한 개념으로 사용된다.

모자이크 이론은 최초로 캐나다의 기번(John Murray Gibbon)이 1938년 그의 저서 『캐나다식 모자이크(*Canadian Mosaic*)』에서 주장하였다. 기번은 미국의 용광로 이론을 미국이 이민자들의 뿌리를 없애려고 시행한 정책이라고 비판한다. 이와 대조적으로 캐나다는 일찍이 이민자들의 문화적 특성을 인정하고 더불어 살아가는 이상적 다문화사회의 모습을 제시했다.

모자이크 이론은 1970년대 캐나다에서 이민자 뿌리를 없애려고 시행한 미국의 용광로 이론을 비판하면서 제기되었다. 하지만 다양한 조각과 여러 색상의 조각들인 이민자들이 모여 하나의 아름다운 모자이크로서 완성을 이루지만, 그것 역시 그 바탕이 되는 밑그림은 서구문화를 근본으로 하고 있다는 점에서 비판을 받았다. 모자이크 이론을 적용한 캐나다는 세계 최초로 다문화주의를 국시로 정한 국가이다. 1971년 캐나다정부는 동화주의를 포기하고, 캐나다 국가를 구성하고 있는 여러 민족들의 고유문화를 인정하고 계승한다고 하였다. 이에 1988년 다문화주의 법령을 공포하였는데, 핵심은 상호 다른 문화의 인종들이 대립 및 갈등이 아니라, 상호 인정과 공존하는 사회 풍토를 만들자는 것이다.

이러한 캐나다의 다문화주의는 '모자이크 이론'의 대표 국가라고 부르게 되었다. 캐나다는 1969년 영어와 프랑스어를 공용어로 사용하는 법을 공표하면서 프랑스문화가 북미지역의 문화와 평등한 자격을 갖게 되었다. 1981년 캐나다 연방정부는 캐나다의 인종관계를 전담하는 기구를 설치하였고, 1982년에는 인종차별을 위헌으로 규정하였다. 1988년 의회를 통과한 다문화주의 법령은 인종과 민족에 따른 편견과 차별의 장벽을 제거함으로써 문화적 표현을 보장하는 노력으로 나타났다. 다문화주의 법령의 효과는 모든 정부 부처 및 기관들의 행정 기획에 있어서 캐나다의 다인종·다민족적인 실체를 반영하는 방향으로 표출되었다.

그러나 이 모자이크 이론 역시 비난을 받게 된다. 즉, 다양한 여러 색상의 조각들인 이민자들이 모여서 하나의 아름다운 모자이크의 완성을 이루지만, 그것 역시 그 바탕이 되는 밑그림은 서구문화를 근간으로 한다는 점에서 비판을 받고 있다.

3) 샐러드 볼 이론

샐러드 볼(Salad Bowl) 이론은 샐러드를 만들 때 여러 재료를 마요네즈에 섞어 샐러드가 되지만, 물을 부어 씻으면 그 원재료가 그대로 드러나는 것을 말한다. 즉, 용광로 이론은 이주민이 현지문화와 전통에 동화되어 현지 방식을 따르라는 것이고, 샐러드 볼 이론은 이주하여 살면서 현지양식에 따르면서 그들 고유의 전통도 유지하는 방식을 말한다.

20세기 동남 유럽인의 미국 이민이 증가하자 샐러드 볼 이론이 등장하였다. 즉, 각 인종의 독특하고 다양한 개성 및 특성이 한 가지로서 용해되지 않고, 그대로 유지되면서 전체와의 조화 속에서 미국사회를 이루어 나간다는 이론이다. 이는 해외 이민자들로 하여금 미국사회 발전에 공헌할 필요가 있음을 인정하지만, 이들이 갖고 있는 자신들의 고유한 문화적 유산을 변질시키거나 사라지게 해서는 안 될 것이라는 생각이 기초를 이루고 있다. 이러한 배경은 문화다원주의 개념에 근거하고 있다.

문화다원주의는 1915년 칼렌(H. M. Kallen)이 『네이션(*Nation*)』지에 기고했던 논문 「민주주의 대 용광로」에서 처음으로 언급되었다. 칼렌은 그의 논문에서 용광로 이론의 반대와 함께 문화적 다원주의로 민주적 이상 및 가치의 유지를 주장하였다. 다원주의자들은 용광로 이론의 경우, 모든 사람들을 융화하지 못했다고 비판한다. 즉, 인디언, 흑인, 아시아인 등 유색인종들이 미국사회에서 이방인으로서 남겨져 왔음을 지적하였다. 문화다원주의 이론은 1950년대 이후 흑인인권운동 가운데 더욱 정확하게 표출한 형태로 발전되었다. 1950년대 이후의 문화다원주의는 흑인 등 소수자가 포함되고 있다는 의미에서 그 전의 다원주의와는 다른 것이며, 이를 다문화주의로의 변화로 볼 수 있다.

샐러드 볼 이론의 지지자들은 다양한 문화가 긴장, 분열, 갈등의 근원이 됨과 동시에, 풍요로움의 근원이 되는 이중성을 갖고 있음에 주목한다. 갈등은 지배적 문화로부터의 다름이 배제, 불이익, 인종차별 같은 것과 연결되어 있을 때 나타나며, 문화적 다양성이 진정한 가치를 가질 때 풍요로운 사회가 된다고 설명한다. 또한 샐러드 볼 이론 지지자들은 다원주의, 참여, 평등이 중요하다고 강조한다(김진열 외, 2019: 17-18).

미국 사회학자들은 용광로라는 개념을 시대착오적인 개념으로 비판한다. 이를 대체하는 샐러드 볼 이론은 20세기 후반에 제기된 다문화교육이론으로서 국가·민족의 경계를 허물고 이민자들이 모국문화와 언어를 유지하는 등 정체성을 지니고 공존을 목적으로 하는 경우에도 적용되었다. 특히, 다문화주의는 다양한 사회구성원들이 상호공존하고 조화로운 통합을 이루려는 샐러드 볼을 의미한다고 주장한다. 샐러드 볼 이론은 이민자들이 모국의 문화와 언어를 유지하면서도 새로운 정주국인 미국인의 일원으로 살아가도록 하는 것이다. 이 이론은 20세기 세계화에 의하여 문화적·경제적 경계가 무너지는 상황에서 이민자들 각자의 문화를 인정하고 그들의 정체성을 인정하는 의미를 담고 있다. 샐러드 볼은 사회통합을 이룬다는 비유적 표현이다.

그러나 일반적으로 샐러드는 재료를 자체 그대로 먹지 않는다. 미국 드레싱과 먹으면 미국식 샐러드가 되고, 영국 드레싱을 사용하면 영국식 샐러드가 된다. 즉, 샐러드는 각각의 정체성을 살리기보다는 어우러지는 경향이 더 강함을 의미한다.

세계는 샐러드 볼 이론을 선호하고 그런 유형으로 흘러가고 있다. 한국의 입장에서 미국의 재미교포들이 '한국의 날' 행사를 하는 것을 보면서 흐뭇하고 뿌듯한 감정을 갖는 것도 이런 유형이다.

3 문화 평가 태도

세상에 독립적인 문화는 없다고 해도 과언이 아니다. 모든 문화는 다른 문화와 접촉하게 마련이며, 세계화가 가속화 될수록 문화 간의 접촉은 더욱 빈번하게 일어난다. 이때 다른 문화를 어떠한 태도와 관점으로 이해하여 문화들 간의 관계를 설정하는가에 따라 다른 문화를 가진 사람들을 대하는 태도와 정책이 달라진다. 따라서, 개인적인 차원에서 뿐만 아니라, 국가적인 차원에서도 다른 문화를 대하는 태도가 갈수록 중요하게 여겨지고 있다(임심웅, 2020: 28). 다른 문화를 대하는 태도는 다음과 같이 구분할 수 있다. 그 내용은 같다.

1) 문화절대주의

(1) 자문화중심주의

자문화중심주의(자민족중심주의, ethnocentrism)는 자신이 속한 집단의 문화가 타문화보다 우월하다고 믿으며, 자신의 문화를 기준으로 다른 지역의 문화를 부정적인 시각으로 판단하고 폄훼하는 태도를 말한다.

15세기 이후 서구국가들은 과학기술의 발달로 마련된 장비와 무기로 장거리 세계탐험을 하면서 만나게 된 유색인종과 그 문화를 미개하고 야만적인 열등문화로 간주하면서 자신들의 문화를 기준으로 재편을 시도하였고, 이 과정에서 집단학살이나 인권유린이 자행되기도 했다. 역사적으로 특정 사회의 문화에서 자신의 문화의 우월성을 주장하면서 타 지역에도 이를 강요하는 사례는 수없이 많았으며, 심지어 전쟁으로 연결되기도 했다 아메리카 대륙 원주민 문화 말살, 독일의 유대인 및 집시 학살, 중동전쟁 및 발칸반도의 전쟁 등이 그 사례이다.

자문화중심주의는 자국문화를 가장 훌륭한 것이라고 생각하고, 자국문화와 성질을 달리하는 문화를 경시하는 태도다. 이러한 태도에는 편견적인 가치관이 포함되어 있음은 물론이다. 이러한 시각은 '서양중심주의', '백인중심주의', '기독교중심주의'와 같이 서양문화의 우월성을 주장하면서 타문화를 열등하거나 비합리적인 것으로 생각하는 경향이 있다. 자문화중심주의는 진화론적 관점에서 '계몽적 식민주의'로 이어지기도 한다. 서양제국주의자들은 비서양사회를 식민지로 만들 때, 그들이 비서양사회의 사람들을 계몽하고 구원한다고 주장한다. 또 식민지를 만들 때, 제국주의자들이 군대와 함께 신부를 보냈다는 사실은 이러한 인식을 잘 보여 준다. 그들은 신의 계시에 따라 먼저 계몽된 자신들이 식민지 사람들을 문명화해야 하는 '사명'을 띠었다고 주장했다. 하지만 이는 문화적 다양성을 부정하고 다른 문화를 편견을 갖고 보는 태도이다. 이런 태도를 보여 주는 대표적인 영화로는 영국의 조폐(R. Joffe) 감독이 1986년 제작한 "미션(*The Mission*)"이 있다(정태석 외, 2014: 149).

제2차 세계대전 종전 이전까지 문화들에 대한 태도는 주로 자문화중심주의적이었다. 따라서, 무력으로 남의 나라를 강점한 식민지 종주국들은 식민지문화를 야만문화로 보거나 저질문화로 경시하였다. 이러한 발상은 자연히 타인종 또는 타민족에 대해 부정적인 편견을 수반하였으며, 자문화중심주의자들은 그들의 문화를 전파·이식시키기 위해 노력하는 것이 다른 나라의 사람들을 돕는 길이라고 주장하였다. 그러나 자문화중심주의는 제2차 세계대전의 종료와 때를 같이하여 유아독존적인 사고방식의 결과라는 비판을 받게 되었고, 이에 대치되는 문화적 상대주의가 대두되었다(현승일, 2012: 112).

오늘날은 적어도 학문의 세계에서는 더 이상 민족중심주의적 입장을 취하는 학자는 별로 없지만, 현실세계에서는 여전히 자문화중심주의적 편견이 남아 있다.

자문화중심주의의 특징은 다음과 같다(김양미, 2020: 35-36).

① 자신의 문화권에서 일어나는 일들은 자연스럽고 정상이며, 다른 나라 사람들이 보여 주는 행동은 비적절하며 틀린 행위로 생각한다.
② 자신이 속한 집단의 습관이 세계적으로 정당하다고 인식하며, 자신이 속한 집단의 것이 다른 나라 사람들에게도 최고라고 인식한다.
③ 자신이 소속된 집단의 규범, 역할, 가치관이 항상 옳다고 생각한다.
④ 같은 집단에서는 서로 도와주고 협조하는 것이 당연하다고 본다.
⑤ 같은 집단 사람들끼리 좋아하는 것을 행한다.
⑥ 같은 집단 사람들끼리 자부심을 느낀다.
⑦ 다른 집단 사람들에게는 적대감을 느낀다.

(2) 문화제국주의

극단적인 자문화중심주의의 예로, 문화제국주의(cultural imperialism)를 들 수 있다. 문화제국주의는 정복, 경제적 침탈, 정치적 식민화 과정에서 다른 사회가 기존에 가진 문화를 미개한 것으로 평가절하하며 자신의 문화를 다른 사회에 강요하는 것으로, 피지배사회의 전통문화를 말살시키려는 것이다.

제2차 세계대전이 끝나면서 서구국가들은 식민지의 해방과 자립을 지원하면서 다른 한편으로는 종속상태를 유지해야 했기에 전보다 훨씬 교묘하고 세련된 수단이 필요했는데, 그것이 바로 문화제국주의다. 서구의 경제적 지원이 절실하게 필요했던 신생국들은 도움을 받는 과정에서 문화적 종속이 심화된다는 사실을 미처 깨닫지 못했다. 신생국 형편에서는 당장 밀가루를 받아 식량난을 해결해야 했고, 미군의 주둔을 허용해 국방비 지출을 줄일 수밖에 없는 처지였다. 그러나 밀가루를 받으면 햄버거가 따라 들어왔고, 미군의 주둔을 허용하면 영어가 널리 퍼졌다. 과거의 가시적인 침략과는 달리 눈에 보이지 않는 침투와 침탈, 이것이 문화제국주의의 특징이다.

부와 권력을 갖춘 발전된 자본주의 국가와 상대적으로 힘이 약한 저개발국가(아시아, 아프리카, 남미, 제 3세계 국가 등) 사이의 지배와 종속의 문제가 문화에도 적용된다. 발전된 자본주의 국가의 상품, 유행 등의 문화는 저개발국가로 유입되고, 지배국가의 문화에 대한 수요와 소비를 창출하고 발전시키는 종속시장이 된다. 이 과정에서 저개발국가의 고유한 문화는 외래문화, 지배국가의 문화에 의해 지배당하고 침탈되고 대체되며 도전받는다. 이 경우 다국적기업은 매우 중요한 역할을 한다.

다국적기업은 자신의 생산물을 세계경제를 통해 널리 확산시키려 하고, 이를 위해 자본주의 체제에 부합하는 이데올로기를 상품이나 문화와 함께 전파한다. 여기에 매스미디어의 영향 또한 중요하다. 문화제국주의는 강력한 커뮤니케이션을 장악하여 경제적 이익을 얻고, 이차적으로 그 나라의 고유문화를 사장시켜 문화적 지배－종속의 질서를 영구화하려고 한다. 즉, 매스미디어를 통해 신제국주의 국가의 소비, 가치, 생활 등을 호의적으로 묘사하고, 전통사회구조의 해체와 전통적 가치지향에 대한 혼란을 촉진한다.

정보화시대에 접어들면서 문화제국주의의 도구는 정보로 집중된다. 그래서 '정보제국주의'라고도 말하는 데, 미국을 비롯한 서구국가들이 중요한 국제적 정보를 장악하고,

전 세계에 포괄적인 영향력을 행사하며, 세계 여론을 좌지우지하는 현상을 가리킨다.

오늘날 자본주의 문화는 문화영역에 자본이 침투하여 다른 산업과 마찬가지로 문화도 문화산업이라는 경제적 하부구조에 의해서 상품생산과 교환과정을 통해 경제적 잉여를 창출한다. 문화소비자로서 개인은, 자신에게 대리적인 만족이나 쾌락주의적 만족을 제공하는 자본주의 대중문화를 소비하면서 탈정치화되고, 자본주의 문화체계에 자연스레 편입된다. 자본주의 문화를 통한 문화적 종속은 세계 자본주의 시장구조의 필요성에 의해 만들어진 세계시장이 최우선의 필요조건으로 하는 것이다. 문화적인 지배는 세계시장구조가 계속 지원, 발전시키게 될 영속적인 지배이며, 문화제국주의는 자본주의 문화의 현실에 대한 여실한 정의라고 할 수 있다.

(3) 문화사대주의

문화사대주의(cultural toadyism)는 다른 사회권의 문화가 자신이 속한 문화보다 우월하다고 믿고 무비판적으로 그것을 동경하거나 숭상하며, 자신의 문화에 대해서는 업신여기고 낮게 평가하는 태도나 사상을 말한다. 문화사대주의는 특정 사회의 문화를 우월한 것으로 평가하여 동경·숭상하면서 자신의 문화는 열등한 것으로 과소평가하는 태도이다. 문화사대주의는 외래문화수용 가능성 측면에서는 순기능으로 작용할 수도 있으나, 자신의 문화를 과소평가한다는 점에서 문화적인 주체성을 상실할 우려가 있다.

주체성을 가지지 못한 채 세력이 큰 나라나 세력권에 붙어 그 존립을 유지하려는 사대주의에서 파생된 용어이다. 자신이 속한 민족이나 사회 또는 국가의 문화보다 다른 사회권의 문화가 더 우월하다고 믿고 숭상하는 태도나 주의를 통틀어 일컫는 개념이다. 이에 따르는 사람일수록 주체성이 없고, 무비판적이며, 옆에서 누가 좋다고 하면 생각도 해 보지 않고 무조건 따라서, 하는 경우가 많다.

현대는 흔히 세계화의 시대, 세계통합주의(globalism)의 시대로 불린다. 또 세계화(globalization)와 지역중심주의(localism)를 결합한 글로컬리즘(glocalism)도 확산되고 있다. 더욱이 문화는 언제나 한쪽에서 다른 한 쪽으로 흐르는 속성을 가지고 있어서 다른 문화에 의해 한 문화가 없어지기도 하고, 시대에 따라 새로운 문화가 생성되기도 한다. 동시에 문화는 정체성을 유지하려는 속성도 가지고 있다. 이를 대표하는 문화가 바로 민족문화인데, 동서고금을 막론하고 한 민족이 자기민족의 문화를 빼앗기고 살아남은 예는 없다. 이처럼 문화는 민족을 구성하는 가장 중요한 요소이기 때문에, 세계 각국과 민족들은 자신의 문화를 보존하고 나아가 자신의 문화를 타국에 침투시키는 데 힘을 쏟아왔는데, 이를 문화제국주의라고 한다.

한국의 입장에서 볼 때, 문화사대주의로 흔히 거론되는 예로는, 영어 지상주의와 세계 최고의 과학문자인 한글 경시 풍조, 서구인의 체형에 맞춘 성형수술 바람, 일본 유학 연구, 일본 수입 녹차와 일본식 다도 예찬, 일본 된장의 무분별한 수입 및 애용, 서양식 인스턴트식품 위주의 식생활, 값비싼 양주와 명품에 대한 무조건적 선호 및 집착 등을 들 수 있다.

2) 문화상대주의

문화상대주의(cultural relativism)는 다양한 사회의 문화를 인정하고 각 문화를 그 사회의 고유한 환경 속에서 이해하고자 하는 자세를 말한다. 20세기 초반 서구의 문화인류학자들은 다양한 인간사회를 비교연구하면서, 각 사회의 문화는 그 사회의 생활양식을 반영하고 있으므로 서로 다른 사회의 문화를 비교할 수는 있어도 어느 문화가 다른 문화보다 더 우월하다고 말할 수는 없다. 따라서, 각 사회의 문화를 선진문화와 후진문화로 구분할 것이 아니라, 서로 상이한 표준과 체계를 가진 문화로 보아야 한다고 주장하였다.

문화상대주의에는 도덕적 상대주의와 인식적 상대주의 관점이 있다. 도덕적 상대주의는 문화적 맥락에서 가치체계에 따라 특정 행위나 사상에 대하여 옳고 그름을 판단하는 것을 말하며, 인식적 상대주의 관점은 사람들은 자신을 둘러싼 환경적 배경에 따라 세계와 사물을 상대적으로 파악한다는 것을 말한다. 문화의 상대성을 인정하는 태도는 개방적인 현대사회에서 세계문화의 다양성을 그 문화의 독특한 환경·역사·사회상황의 맥락에서 이해하고, 각 문화의 가치를 인정하고 존중하는 기준이 되기에 더욱 중요하다(김양미, 2020: 37).

문화상대주의는 민족에 따라 또는 한민족일지라도 시간과 공간에 따라 다르며, 이들 문화 간의 다른 점을 비교할 때 어느 쪽이 더 좋고 바람직한가를 말할 수 있는 객관적이고 보편타당한 기준은 없다. 이러한 견해는 구성주의의 입장과도 맥을 같이한다. 구성주의에서는 사람이 인식하거나 생각하는 것이 사회적·문화적·역사적 요소의 영향을 받는 것이므로, 자신의 현실에 대한 구성과 동떨어져서는 현실을 파악할 수 없다. 이는 현실이 하나의 객관적인 사실로서 존재하며, 이에 대해 개인차는 없다고 주장하는 경험적 긍정론자들이나 객관주의들과 대조되는 입장이다(김동진 외, 2018: 22).

구성주의에서는 다수의 진실과 현실이 있다고 보기 때문에 각각의 현실은 현실을 보는 자에 따라 구성된다고 본다. 즉, 같은 사건에 대해서도 사람에 따라 다른 의미를 부여하기 때문에, 그에 따른 반응도 다를 수밖에 없다. 이러한 맥락에서 존재하는 개념이 '다문화'이다. 이는 여러 문화가 한 사회 속에 공존한다는 의미이다. 그러나 실제로는 이 문화들이 동등하게 존재하는 것이 아니기 때문에 세력에 따라서, 주류문화와 비주류문화가 존재하게 된다. 그리고 주류문화는 다른 문화를 흡수하기도 하고, 때로는 여러 문화 간에 상호작용이 결여된 채 서로 게토(ghetto, 유대인 거주지역)처럼 고립되어 존재할 수도 있다(김동진 외, 2018: 22).

진화론자들이 주장하듯이, 일부일처제가 일부다처제나 일처다부제보다 더 진화된 문화라는 증거를 발견하기는 어렵다. 서로 다른 경험을 공유하는 집단들 또는 나라들은 서로 다른 문화, 즉 서로 다른 가치와 행위양식을 형성하게 마련이다. 예를 들어, 인도인들은 돼지고기를 먹고 소고기를 먹지 않는 반면, 유대인들은 소고기를 먹고 돼지고기를 먹지 않는다. 서양인들은 키스나 포옹을 친밀감의 표현으로 여기지만, 한국인들은 성적인 표현으로 여기면서 어색함을 느낀다. 따라서, 편견을 가지고 다른 문화를 평가하거나 비판하는 것은 올바른 태도가 아니다. 이처럼 지역이나 나라에 따라 다양한 문화가 존재할 수 있으며, 각각의 문화는 나름대로 독특한 가치를 가지고 있는데, 이러한 상대성을 인정하는 관점을 문화상대주의라고 한다(정태석 외, 2014: 149).

문화상대주의란 어느 사회의 문화라든지 그 사회의 자연환경과 사회적·경제적 맥락, 그리고 그 사회의 이해(감정이입)해야 한다는 시각이다. 그리고 각 문화에는 제 나름의 특질을 가질 수밖에 없는 필연성이 있으며, 따라서, 문화들 사이에서 우열이란 있을 수 없다는 입장을 말한다. 예를 들어, 과거 중동의 이슬람문화권에서는 일부다처제가 당연시되었는데, 일부일처제를 따르던 유럽인들은 자문화중심주의에 입각하여 이를 도덕적 타락 또는 야만적 행태로 평가하였다. 그러나 문화상대주의 입장에서는 왜 중동의 아랍인들이 일부다처제를 채용하게 되었는지 아랍 세계의 입장에서 이해하려고 노력한다. 문화상대주의자들에 따르면, 과거의 아랍세계는 고온과 사막의 척박한 자연환경으로 말미암아 정착생활을 하지 못하고, 아랍인들은 씨족단위 또는 부족단위로 무리를 지어 이곳저곳을 떠돌아다니는 유목생활이나 또는 운송교역인 대상생활을 영위하였다. 씨족 또는 부족의 결속은 강고하였으나, 민족으로서의 통합은 이룰 수가 없었고, 희소한 자원을 둘러싸고 타 씨족이나 타 부족과 마주치면 호방한 웃음과 포옹의 몸짓으로써 인사를 나누면서도 서로 의심하고 경계하며, 빈번히 치열한 전투를 벌여 피비린내 나는 살육이 많았다. 아랍의 역사는 씨족 또는 부족 간 전투의 역사였다. 그 결과로, 많은 성인남자들이 전사하였고, 성비가 크게 불균형해져서 일부다처의 결혼형태를 성행시킬 수밖에 없었다. 한 남자에 종속되는 다수의 아내들은 대개 자매들이거나 또는 고모, 조카 등과 같은 인척지간으로서, 하나의 지아비는 이들 여성의 남편이자 수호자였다. 한 남자가 유능하면 유능할수록 더 많은 수의 아내를 거느리는 것이 이러한 맥락에서는 당연시되었으며, 아내의 수는 곧 남자의 능력과 지위를 나타내 주는 상징이기도 했다(현승일, 2012: 112–113).

그러나 문화상대주의에서 주의해야 할 점은, 문화상대주의가 '무규범성'을 의미하지 않는다는 것이다. 인간의 보편적인 가치인 자유, 생명존중, 평등 등은 어느 사회에서든 중요한 인류의 보편적 가치이므로, 이러한 개념에 상대주의의 기준을 적용하는 것은 맞지 않다(김양미, 2020: 37). 한편, 문화상대주의가 관용적인 태도를 보여 주기는 하지만, 지나친 상대주의는 부정적인 결과를 낳을 수도 있다. 인권을 침해하거나, 인간에게 고통을 주는 생활관습이나 제도에 대해서도, 서로 인정하고 존중해야 하는지는 의문이다. 예를 들어, 성폭행을 당한 여성에 대해 집안의 명예를 더럽혔다며 가족들이 생매장하거나 돌팔매질로 살해하는 이슬람문화권의 '명예살인'과 같은 문화를 문화상대주의의 관점으로 용인하기는 어렵다. 문화상대주의란 모든 문화의 특수성을 인정하고 이해하자는 의미이지, 비인간적인 문화까지 용인하자는 의미는 아니기 때문이다. 따라서, 문화상대주의의 관점과 보편적 인권의 가치가 상충하는 경우에 무엇을 우선시해야 할 것인가 하는 문제는 신중히 판단할 필요가 있다(정태석 외, 2014: 149). 즉, 특정 사회의 문화를 이해할 때 극단적인 상대주의를 피하면서, 동시에 보편적인 가치를 인정하는 자세가 바람직하다.

3) 진화론적 시각

비서양사회와 접촉하기 시작한 초기 서양인들은 서양사회를 과학적이고 이성적인 사고에 기초한 계몽된 사회로, 비서양사회를 주술적이고 감정적 사고에 기초한 미개

사회로 인식하고, 서양문화가 훨씬 진화된 것이라고 생각했다. 초기의 문화인류학자인 모건(L. Morgan)과 타일러(E. B. Tylor)도 이러한 진화론적 시각을 공유하고 있었다.

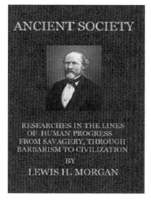

『고대사회』
(2021년 출판)

모건(Lewis Henry Morgan)은 그의 저서 『고대사회(*Ancient Society*, 1877)』에서, 인류의 발전단계를 야만·미개·문명 단계로 구분하였다. 그에 따르면, 문명단계에서는 부권제, 지역과 재산에 기반을 둔 정치사회, 일부일부제, 사유재산제 등으로 발전한다. 이러한 발전 경로를 '신분에서 계약으로'라고 한다. 타일러 역시 그의 저서 『원시문화(*Primitive Culture*, 1864)』에서 문화의 진보를 단절 없는 연속적 과정으로서 규칙적으로 반복되는 단계들로 개념화했다. 그에 따르면, 인간에게는 '심적 통일성(psychic unity)'이 있어 유사한 자극에 유사한 반응을 하기 때문에 서로 다른 문화도 유사한 진화단계를 거치게 된다.

진화론은 비서양사회의 문화를 열등한 미개문화라고 본다. 예를 들어, 프랑스의 한 동물보호단체가 한국사람들이 개고기를 먹는 행위를 야만적이라고 비난한 것은, 자민족중심주의의 전형적인 사고이다. 프랑스 사람들이 한국인의 개 식용행위를 비난하는 것은, 자신들이 개를 주로 애완용으로 기르므로 식용에 거부감을 느끼기 때문이다. 하지만 한국사회에서는 개고기를 단지 애완용으로만 생각하지 않으며, 오래전부터 개를 식용하는 관습이 있었다. 따라서, 개를 먹느냐 먹지 않느냐 하는 것은, 프랑스와 한국 간 음식문화의 차이일 뿐이지 어떤 문화가 진화되었다든가 야만적이라든가를 판가름하는 기준이 될 수 없다. 그 예로, 프랑스에서는 달팽이나 원숭이 골과 같은 각종 희귀 음식을 즐겨 먹으며, 휴가를 떠날 때 애완견을 방치하는 경우도 많다.

20세기에 들어서면서 진화론은 여러 측면에서 비판받게 되었다.

첫째, 거시적이고 광범위한 진화 도식을 일반화하는 것은 부적절하며, 근거로 제시된 자료도 빈약할 뿐만 아니라, 충분히 검증되지 않았다.

둘째, 서양 중심적 시각에서 판단하고 있어서 편견을 내포할 수 있다.

셋째, 인간의 심적 통일성을 전제로 진화를 입증하려는 것은 부적절하다.

이러한 비판을 기반으로 문화인류학적 연구는 과학적이고 객관적인 시각들을 발전시켰는데, 상대론, 비교론, 총체론이 그것들이다.

4 문화 이해 관점

어떤 문화이든지 대하는 관점에 따라서, 다르게 이해될 수 있기 때문에, 어떤 문화를 대할 때, 그 문화를 대하는 관점이 매우 중요하다. 기존에는 도무지 이해할 수 없었던 문화들도 다양한 관점에서 재해석할 때 충분히 공감이 될 수 있는 측면이 있다. 따라서, 자신이 속한 공동체의 문화뿐만이 아니라, 다른 사람들이 속한 공동체의 문화를 어떤 관점으로 이해하는지가 매우 중요하다. 이렇게 문화를 이해하는 관점을 다음과 같이 세 가지로 나눌 수 있다.

1) 총체론적 관점

총체론적 관점이란 어떤 문화를 대할 때, 그 사회의 자연환경, 정치, 경제, 문화적 요소 등과 연관하여 전체적인 맥락에서 총체적으로 이해하려는 관점이다. 인간의 문화는 다양한 요소로 구성되어 있으며, 서로 연관되어 있다. 그래서 각 문화요소를 다른 요소들과 관련지어 보지 않으면 이해하기 어려운 경우가 많다.

어떤 사회이든지 다양한 요소가 서로 밀접한 관계를 맺어가면서 전체를 이루고 있기 때문에, 어느 한 측면만 부분적으로 생각하면 편협하고 왜곡된 관점을 가질 수밖에 없다. 따라서, 어떤 문화를 대할 때는 반드시 그 사회의 역사적·지리적·환경적·정치적·경제적 배경 등 다양한 요소들과 연관하여 전체적인 맥락에서 총체론적 관점으로 이해해야 한다. 예를 들어, 대다수의 인도사람들은 힌두교를 숭배하여, 암소를 신성한 동물로 여기기 때문에 소고기를 먹지 않는다. 이러한 암소숭배를 총체론적인 관점에서 생각하면, 인도의 자연환경 및 농업조건과 밀접한 관련이 있다. 인도는 세계 경지면적의 약 12%나 되는 넓은 농경지를 가지고 있으며, 국가 노동력의 약 58% 정도가 농업에 종사하고 있다. 이러한 농업에서 암소는 농사에 필요한 수소를 낳고, 우유를 공급하며, 배설물은 땔감과 비료로도 이용된다. 따라서, 인도인들에게 암소는 생활을 이어가는 매우 소중한 기반이다. 이렇게 총체론적인 관점으로 문화를 이해할 때, 그 문화를 보다 정확하게 이해하여 수용성을 갖게 된다(임심웅, 2020: 27).

이처럼 총체론적인 시각은 특정한 문화요소에 대한 이해는 문화의 전체적인 연관

속에서 폭넓게 이해될 수 있다. 이는 또한 전체론적 시각 또는 체계론적 시각이라고 도 하는 데, 이런 시각에서 보면 비서양문화의 특정 부분만을 보고 야만적이라거나 미개하다고 판단하는 것은, 전체적인 연관성을 보지 못한 부적절한 사고의 결과라고 할 수 있다(정태석 외, 2014: 151).

2) 상대론적 관점

상대론적 관점이란 어떤 문화를 대할 때, 그 문화를 가진 사람들의 특수한 환경이 나 역사적인 특수성을 고려하여, 그 사회의 기준으로 문화를 이해하려는 관점이다. 왜 냐하면 모든 문화는 그 사회의 자연 환경 및 역사적인 상황에 대처하며 살아온 결과 이기 때문이다. 예를 들어, 한국에서 국제적인 행사가 있을 때마다 한국인들이 개고기 먹는 것을 문제 삼는 외국인들이 많았다. 이는 한국의 특수성을 이해하지 못하고, 자 기들의 문화적인 기준으로만 이 문제를 판단했기 때문이다. 즉, 본래 한국은 농경사회 였기 때문에 힘든 노동을 많이 했다. 하지만 축산업이 발달하지 못하여, 소나 닭의 가 격이 매우 비쌌다. 그래서 한꺼번에 많은 새끼를 낳는 개를 식용으로 사육하였다. 이 러한 한국의 특수성을 인정하고, 한국인들이 개고기 먹는 것을 생각한다면, 국제적으 로 문제를 삼을만한 일이 아닌 것이다. 따라서, 어떤 문화이든지 상대론적 관점으로 대해야만 편견 없이 바르게 이해할 수 있다(임심웅, 2020: 27–28).

이 관점에서는 어떤 문화가 형성된 특정 사회의 맥락 속에서 그 문화의 의미와 가 치가 이해될 수 있다고 전제한다. 따라서, 어떤 사회의 문화를 이해하기 위해서는 그 사회의 자연환경이나 사회적 상황, 역사적·문화적 배경을 고려하여 고유한 의미를 찾 으려고 노력해야 한다. 예를 들어, A종교를 가진 사람은 B종교에 대해 A종교의 관점 만 가지고 판단해서는 안 된다. 그 대신 B종교를 가진 사람들이나 사회의 다양한 배 경과 상황 속에서 B종교를 바라볼 때, 그에 대해 보다 편견 없이 정확한 이해를 할 수 있다는 것이다.

상대론적 관점에서는 각 사회의 문화가 각각의 환경에 적응하며 발전해온 것이기 때문에 다르다는 것을 인정하여야 하고, 특정 사회의 기준에 의해 일방적으로 평가되 어서는 안 된다고 본다.

3) 비교론적 관점

비교론적 관점이란 어떤 사회의 문화를 다른 문화와 동등한 위치에서 객관적으로 대조·비교하여 두 문화 간의 보편성과 특수성을 이해하려는 관점이다. 예를 들어, 모든 사회에 결혼제도가 있지만, 결혼제도의 구체적인 방식은 다양하다. 한국은 일부일처제이지만, 어떤 사회에서는 일처다부제 또는 일부다처제이다. 이는 각 사회의 종교·정치·경제 등의 특수성이 반영된 결과이다. 이처럼 모든 사회가 결혼제도라는 보편성을 가진 동시에, 각 사회마다 다양한 결혼제도의 독특성을 가지고 있다.

한국의 가족제도와 미국의 가족제도를 비교해 보자. 가족은 한국에서나 미국에서든 사회의 기본 단위라는 점에서 유사성 또는 보편성이 있지만, 구체적인 가족형태나 가족생활을 보면 차이점이 많다. 전통적으로 한국의 가족은 장자의 가계 계승과 항렬 및 나이에 따른 서열을 중요시하고, 남성의 권위를 강조한다. 이와 달리, 미국의 가족은 상대적으로 남녀가 평등하고 형제자매 간에 서열이 없으며, 부모와 자녀의 관계도 민주적인 경향이 강하다. 그런데 한국의 가족도 공업화, 도시화, 민주화, 개인주의화되면서 점차 미국의 가족과 비슷한 생활모습으로 변화하고 있다. 이처럼 한 사회의 문화적 특성을 잘 이해하려면 다른 사회의 특성들과의 유사성이나 차이를 비교해 보거나, 시대적인 변화과정을 추적해 볼 필요가 있다(정태석 외, 2014: 150−151).

결론적으로 비교론적 시각은 서로 다른 두 민족이나 지역문화 간의 유사성과 차이를 분석하여 보편성과 특수성을 밝히려는 학문적 관점이다. 이러한 비교론적 시각은 자기문화의 특징을 더 잘 이해할 수 있을 뿐만 아니라, 다른 문화에 대한 이해의 폭도 넓혀준다. 따라서, 한 사회의 문화만을 단독으로 떼어 놓고 생각하면 그 문화를 바르게 이해하기 어렵기 때문에 두 개 이상의 문화를 동등한 위치에서 서로 대조·비교하여 각 문화의 독특성과 보편성을 이해하려는 비교론적 관점이 필요하다. 이럴 때에 문화 간의 공통점과 차이점을 파악하여 자신의 문화뿐만 아니라, 다른 문화도 더 깊이 이해하고 존중하게 된다(임심웅, 2020: 28).

5 이데올로기 비교 관점

1) 다원다문화주의

다원다문화주의(Plural multiculturalism)는 상대주의 이데올로기에 바탕을 두고 있는데, 자유다문화와 다르게 자유민주질서라는 틀조차 거부하고, 상대주의적 입장을 견지하며, '어떠한' 외부문화도 존중해야 한다는 입장이다. 과격하게 나간다면, 명예살인, 강제할례와 같은 것도 문화로서 존중받아야 하며, 자유나 민주 또는 인권의 잣대로 이를 제재하는 데 부정적인 입장이다. 이를 다원다문화주의자들은 일종의 '문화제국주의'의 수단으로 나쁘게 보기도 한다. 더불어 법질서에 따라 허용될 수 없는 문제 역시도 존재하기에 이를 조율하기 매우 어렵다. 이러한 문제점으로 인하여 한국에서는 다원다문화주의 정책을 실행한 적이 없다.

2) 자유다문화주의

자유다문화주의(Liberal multiculturalism)는 '자유주의'적 질서의 범위 내에서 문화의 다양성을 인정(관용)하자는 입장이다. 다시 말해서 각 개인의 취향을 존중하듯 음식, 의복 등 각 문화마다의 특성을 존중하자는 것이다. 하지만 다원다문화주의와 다르게 개인의 자유와 기본권에 위배되는 일부 문화(명예살인, 여성할례, 식인풍습 등)를 배격한다. 자유다문화주의자들은 다원다문화주의자들의 태도를 비판하며, 명예살인, 여성할례 같이 인권 측면에서 절대로 받아들일 수 없는 제도를 타국의 문화를 존중한다고 받아들일 수는 없다고 주장한다.

이 형태의 다문화주의는 상당수의 서구 자유주의자들로부터 지지를 받고 있다. 그러나 이에 대해 반박도 만만치 않다. 일단 문화마다 자유에 대한 개념도 다르고 인정되는 범위도 다르기 때문에, 자유주의라는 개념을 못 받아들이는 문화권도 있다. 동아시아만 해도 서구와 비교하자면 자유의 범위도 다르고 터부의 범위도 다르다. 또한 전통문화가 자유주의와는 동떨어진 경우도 많다. 물론 자유주의자들은 전통 존중과 자유주의 존중 중 당연히 자유주의를 지지할 것이나 문제는 이를 모두가 받아들이려면 상당한 시간이 필요하다는 것이고, 완전히 지지부진할 수도 있다는 것이다. 한국

안에서는 사회적 합의에 따라 문화적 다양성을 선별적으로 존중할 수 있고, 그에 따라 근친결혼, 일부다처제, 대마초, 안락사 등 한국의 현 문화나 법률에 맞지 않는 제도나 문화는 거부하고 있다.

서구에서도 자유주의의 적용에는 차이가 있어서, 독일은 '나치 독일'을 연상시키는 상징에 대해 법적 제재를 가하고 있으나, 똑같이 나치에 대한 반감이 강한 미국에는 그런 법률이 없다. 자유주의적 질서라는 것 자체가 모두가 받아들일 수 있다고 보는 게 비현실적이라는 것이 자유다문화주의에 대한 비판이다.

자유다문화주의는 전 세계에서 큰 영향을 미치는 아브라함 계통의 종교, 즉 유대교, 기독교(자유주의 계통의 기독교보다는 근본주의나 강성 복음주의 계통의 기독교), 이슬람교의 교리와 상충하는 부분이 있다. 이 종교의 영향력이 상당수 인구에 영향을 미치고 있고, 그들로부터 강한 지지를 받는다는 것을 볼 때, 자유다문화주의란 그저 자유주의자들만의 희망에 지나지 않는다. 개인의 자유와 기본권이 중요하다는 건 그런 생각을 가진 자유주의자들의 지지가 큰 서구나 그런 것이고 종교인들에게 이를 인정시키는 것은 매우 어렵다.

문화다양성의
인구사회학적
실태

✳ **학습목표**

 1. 대상 파악
 2. 현황 수치 파악
 3. 통계를 통한 실태파악

✳ **학습내용**

 1. 가구
 2. 출생
 3. 다문화 사망
 4. 만 9-24세 자녀

✳ **개요**

 다문화 인구동태 통계는 우리나라 국민이 「통계법」과 「가족관계의 등록에 관한 법률」
 에 따라 신고한 출생·사망·혼인·이혼 자료와 대법원 가족관계등록자료를 활용,
 2008년 자료부터 작성하고 있다. 여기에서는 다문화 인구동태에 관한 자료들을 문화
 다양성의 인구사회학학적 실태를 분석하는 차원에서 학습하고자 한다.

Chapter 3
문화다양성의 인구사회학적 실태

다문화 인구란 「다문화가족지원법」의 정의를 준용하여 한국인과 결혼이민자 및 귀화·인지에 의한 한국국적 취득자로 이루어진 가족의 구성원을 의미한다(통계청, 2019a).

다문화 인구동태 통계는 우리나라 국민이 「통계법」과 「가족관계의 등록에 관한 법률」에 따라 신고한 출생·사망·혼인·이혼 자료와 대법원 가족관계등록자료를 활용, 2008년 자료부터 작성하고 있다.

2000년대 중반 본격적으로 추진된 한국의 다문화가족정책은 한국사회에서 다문화가족의 존재와 정책적 지원 명분을 분명히 하고, 인도적 차원의 지원을 강화하는 등 사회적 이슈로 급속히 발전하여 가족정책 및 외국인정책의 한 영역으로 자리매김 되었다. 그동안 다문화가족 관련 정책 환경은 빠른 속도로 변하였고, 변화하는 정책만큼이나 한국사회에서 다문화가족의 규모 또한 지속적으로 증가하였다.

「다문화가족지원법」이 처음 시행된 2008년 당시만 해도 외국인주민현황조사에 나타난 다문화가구 수는 14만 4천 명이었으나(당시에는 「다문화가족지원법」 상 다문화가족에 기타귀화자가 포함되지 않았으나, 이를 포함한다고 해도 168,224명으로 지난 십여 년 간 두 배 가량 증가하였음.), 2017년에는 330천 명으로 집계되어 지난 십여 년 간 두 배 이상 증가하였다. 따라서, 그동안의 증가 속도를 고려할 때, 머지않아 국내 다문화가족의 수는 백만 명에 이를 것으로 전망된다.

1 가구

1) 유형

여성가족부(2022: c)에 따르면, 「2021년 전국 다문화가족 실태조사」에서 다문화가구는 346,017가구로, 이 중 결혼이민자 가구가 82.4%(285,005 가구), 기타귀화자 가구가 14.3%로 나타났다. 여기서 모집단은 「다문화가족법」에 의한 다문화가족 외에도, 결혼이민자·귀화자 1인 가구, 출생한국인(「국적법」 제2조)으로만 이루어진 조손가구, 한부모가구 등을 포함한다. 또한 결혼이민자는 한국인과 혼인한 외국 국적자 및 혼인귀화자를 의미하며, 기타귀화자란 혼인귀화자 외의 방법으로 한국국적을 취득한 귀화자를 의미한다.

2) 거주지역

수도권(서울·경기·인천) 거주는 56.1%로 2018년(55.6%) 대비 0.5%p 증가했으며, 동지역 거주자(76.8%)가 읍·면 지역 거주자(23.2%)에 비해 3배 이상 많다.

3) 가족 구성

가족 구성은 부부＋자녀 가구 35.5%, 부부 가구 30.0%, 한부모 가구 10.9%, 1인 가구 8.3% 등이며, 부부 가구의 비중이 2018년(17.0%)대비 13.0%p 증가했다.

평균 가구원 수는 2.82명이며, 평균 자녀 수는 0.88명으로 '18년(0.95명) 대비 감소했고, 무자녀 가구가 42.0%로 5.3%p 증가했다.

다문화가구의 자녀 수는 다음과 같다.

| 그림 3-1 | 다문화가구의 자녀 수

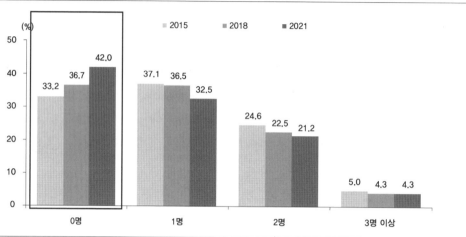

자료: 여성가족부(2022: 3).

가정생활은 부부관계의 만족도와 대화시간이 증가했고, 문화적 차이와 갈등은 감소하는 등 전반적으로 부부관계가 개선된 것으로 나타났다.

2 출생

1) 출생아 수 및 성비

2020년 다문화 출생아는 16,421명으로 전년(17,939명)보다 1,518명(−8.5%) 감소하였다. 2020년 전체 출생이 27만 2천 명으로 전년보다 10.0% 감소한 데 비해, 다문화 부모의 출생아는 8.5% 감소하여 상대적으로 감소폭이 작았다. 코로나19로 인한 혼인 건수 감소로 2021~2023년까지는 출생아 수가 적을 것으로 추산되어 상대적으로 다문화 출생아 수 역시 감소폭이 적을 것으로 보인다. 전체 출생에서 다문화 출생이 차지하는 비중은 6.0%로 전년보다 0.1%p 증가한 것으로 나타났다.

다문화 출생아 중 남아는 8,265명, 여아는 8,156명, 성비(여아 100명당 남아)는 101.3명으로, 출생기준 한국인 부모의 출생성비 105.1명보다 낮았다.

다문화 출생아 수 및 출생성비는 <표 3−1>와 같다.

| 표 3-1 | 다문화 출생아 수 및 출생성비(2018-2020)

(단위: 명, %, 여아 100명당 남아 수)

	전체*			다문화 부모[1]			출생기준 한국인 부모[2]		
	2018	2019	2020	2018	2019	2020	2018	2019	2020
출생아 수	326,822	302,676	272,337	18,079	17,939	16,421	305,450	281,674	253,226
비 중	100.0	100.0	100.0	5.5	5.9	6.0	93.5	93.1	93.0
전년 증 감	-30,949	-24,146	-30,339	-361	-140	-1,518	-30,263	-23,776	-28,448
대비 증감률	-8.7	-7.4	-10.0	-2.0	-0.8	-8.5	-9.0	-7.8	-10.1
남 아	167,686	155,416	139,362	9,191	9,194	8,265	156,822	144,722	129,763
여 아	159,136	147,260	132,975	8,888	8,745	8,156	148,628	136,952	123,463
출생성비	105.4	105.5	104.8	103.4	105.1	101.3	105.5	105.7	105.1

* 부모 국적 미상(기아, 영아사망 등) 포함
1) 다문화 부모 : 부모 중 1명이 외국인 또는 귀화자인 경우, 또는 부모 모두 귀화자인 경우
2) 출생기준 한국인 부모 : 부모 모두 출생기준 한국인인 경우
자료: 통계청(2021a: 22).

2) 유형별 출산

　다문화 유형별 출산에서 외국인 모가 차지하는 비중은 67.0%로 가장 많았고, 귀화자(19.9%), 외국인 부(13.2%) 순으로 나타났다. 외국인 모, 외국인 부, 귀화자 출산은 전년대비 각각 4.6%, 10.3%, 18.5% 감소하였다. 다문화 출산 중 외국인 모가 차지하는 비중은 전년보다 2.8%p 증가한 반면, 외국인 부 및 귀화자의 비중은 각각 0.2%p, 2.4%p 감소한 것으로 나타났다.

　다문화 출생 유형별 규모 및 비중은 <표 3-2>와 같다.

| 표 3-2 | 다문화 출생 유형별 규모 및 비중(2018-2020)

	2018	비중	2019	비중	2020	비중	전년대비	
							증감	증감률
다문화 출생	18,079	100.0	17,939	100.0	16,421	100.0	-1,518	-8.5
외국인 모[1]	11,357	62.8	11,524	64.2	10,996	67.0	-528	-4.6
외국인 부[2]	2,763	15.3	2,410	13.4	2,162	13.2	-248	-10.3
귀화자[3]	3,959	21.9	4,005	22.3	3,263	19.9	-742	-18.5

1) 외국인 모 : 출생기준 한국인 부와 외국인 모로부터의 출생
2) 외국인 부 : 외국인 부와 출생기준 한국인 모로부터의 출생
3) 귀화자 : 부와 모 중 한쪽이 귀화자 또는 부모 모두 귀화자인 경우
자료: 통계청(2021a: 24).

| 그림 3-2 | 다문화 출생 유형별 규모 및 비중(2018-2020)

자료: 통계청(2021a: 24)

다문화 출생(16,421명)은 전년대비 8.5%(1,518명) 감소했다. 즉, 전체 출생 중 다문화 출생의 비중은 6.0%로 전년대비 0.1%p 증가했다.

다문화 출생의 유형은 외국인 모(67.0%), 귀화자(19.9%), 외국인 부(13.2%) 순으로 나타났는데, 이는 전년대비 외국인 모는 2.8%p 증가, 외국인 부 및 귀화자는 각각 0.2%p, 2.4%p 감소한 것으로 나타났다.

3) 지역별 다문화 출생

지역별 다문화 출생아 수는 경기(4,685명), 서울(2,609명), 인천(1,046명) 순으로 나타났다. 전년대비 대구(−14.8%), 서울(−14.5%) 등 15개 시도의 다문화 출생은 감소하였고, 세종(7.4%), 울산(2.2%)은 증가하였다.

각 지역별로 다문화 출생이 차지하는 비중은 제주(8.5%), 전남(7.9%), 전북(7.7%) 순으로 높고, 세종(3.3%)이 낮았다.

4) 부모의 출신 국적별 출생

외국 출신 부의 국적은 중국이 7.0%로 가장 높고, 미국(4.8%), 베트남(3.6%) 순으로 나타났다. 전년대비 미국, 베트남의 등의 비중은 증가, 중국, 캐나다 등은 감소하였다.

외국 출신 모의 국적은 베트남이 38.8%로 가장 높고, 중국(17.7%), 필리핀(6.0%) 순으로 나타났다. 전년대비 베트남, 태국 등의 비중은 증가하였고, 중국과 필리핀 등의 비중은 감소하였다.

출생아 부모(父母)의 출신 국적별 비중은 다음과 같다.

| 표 3-3 | 출생아 부모의 출신 국적별 비중(2018-2020)

(단위: 명, %)

부(父)	2018	2019	2020	모(母)	2018	2019	2020
출생아 수	18,079	17,939	16,421	출생아 수	18,079	17,939	16,421
계*	100.0	100.0	100.0	계*	100.0	100.0	100.0
한국	74.5	75.4	76.4	한국	15.9	14.0	13.7
외국1)	25.5	24.6	23.6	외국1)	84.1	86.0	86.3
중국	7.6	8.0	7.0	베트남	35.6	38.2	38.8
미국	5.5	4.3	4.8	중국	20.8	19.9	17.7
베트남	2.9	3.5	3.6	필리핀	6.9	6.1	6.0
캐나다	1.7	1.4	1.3	태국	2.4	3.1	4.2
일본	1.3	1.0	1.0	일본	3.8	3.8	4.0
대만	0.8	0.7	0.6	캄보디아	4.1	4.1	4.0
캄보디아	0.3	0.5	0.6	미국	2.2	2.1	2.2
기타	5.5	5.2	4.8	기타	8.1	8.6	9.4

* 국적미상 제외
1) 귀화자는 귀화 이전 출신 국적, 외국인은 출산 당시 외국 국적으로 분류
자료: 통계청(2021a: 30).

| 그림 3-3 | 출생아 부모의 출신 국적별 비중(2020)

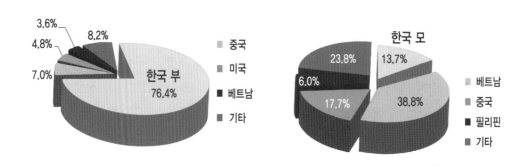

자료: 통계청(2021a: 30)

3   다문화 사망

2020년 전체 사망은 30만 5천 명으로 전년보다 3.3% 증가하였고, 다문화 사망은 다문화 사망자는 2,377명으로 전년(2,254명)보다 123명(5.5%) 증가하였다.

전체 사망에서 다문화 사망이 차지하는 비중은 0.8%로 전년과 유사하였다(배우자가 한국인인 외국인 사망자 포함).

사망자 수는 <표 3-4>와 같다.

| 표 3-4 | 사망자 수(2018~2020)

(단위: 명, %)

		전 체			다문화 가족 내 사망[1]			출생기준 한국인 가족 내 사망[2]		
		2018	2019	2020	2018	2019	2020	2018	2019	2020
계		298,978	295,314	305,207	2,202	2,254	2,377	296,776	293,060	302,830
비 중		100.0	100.0	100.0	0.7	0.8	0.8	99.3	99.2	99.2
전년	증 감	13,295	-3,664	9,893	200	52	123	13,095	-3,716	9,770
대비	증감률	4.7	-1.2	3.3	10.0	2.4	5.5	4.6	-1.3	3.3

1) 다문화 가족 내 사망 : 사망자 본인 또는 가족(부모, 배우자, 자녀)이 외국인 또는 귀화자인 경우
2) 출생기준 한국인 가족 내 사망 : 사망자 본인 및 가족 모두 출생기준 한국인인 경우
자료: 통계청(2021a: 30)

| 그림 3-4 | 다문화 사망자 수 및 전체 사망 중 다문화 비중 추이(2010-2020)

자료: 통계청(2021a: 32)

4 만 9-24세 자녀

1) 자녀 현황

청소년기에 해당하는 만 9~24세 자녀의 비중이 증가했으며, 대부분 국내에서 성장한 것으로 나타났다. 연령분포의 경우, 전체 다문화가족 자녀 중 만 9~24세는 43.9%로, 2018년 대비 8.3%p 증가했다.

다문화가구의 자녀 연령은 <그림 3-5>와 같다.

| 그림 3-5 | 다문화가구의 자녀 연령

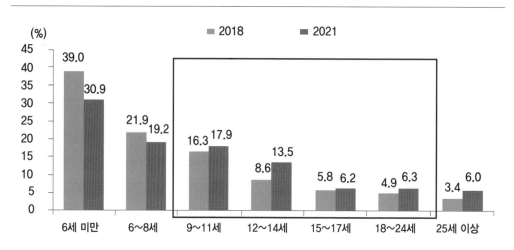

자료: 여성가족부(2022: 7)

성장배경의 경우, 만 9~24세 중 국내에서만 성장한 비율은 90.9%로, 2018년 (83.8%) 대비 증가했으며, 학습지원(3.42점), 진로상담·교육(3.31점)에 대한 서비스 수 요가 높았다.

비재학·비취업의 경우, 만 15세 이상 자녀 중 비재학·비취업 비율은 14.0%로, 2018년(10.3%) 대비 3.7%p 증가하였고, 지난 일주일 간 주된 활동은 취업준비(49.0%) 로 나타났다.

2) 가정생활

부모와의 관계만족도 및 대화시간은 2018년 대비 감소했고, 자긍심·자아존중감 등 은 하락했다.

부모와의 관계의 경우, 어머니와 관계 만족도는 3.75점, 아버지는 3.50점으로, 2018 년(어머니 3.82점, 아버지 3.59점) 대비 하락하였다.

부모와 대화시간의 경우, 아버지와 '전혀 대화하지 않는' 자녀는 10.5%로, 지속적으 로 증가('15년 7.0% → '18년 8.6%)했으며, 어머니와 대화시간도 전반적으로 감소하는 경 향이 나타났다.

이중언어의 경우, 외국 출신 부모의 모국어를 한국어만큼 잘하고 싶다는 비율은 27.3%로, 2018년(42.4%) 대비 15.1%p 감소하는 등 이중언어를 사용하는 환경 및 의지는 감소했다.

외국 출신 부모의 모국어에 대한 태도는 <그림 3-6>과 같다.

| **그림 3-6** | 외국출신 부모의 모국어에 대한 태도

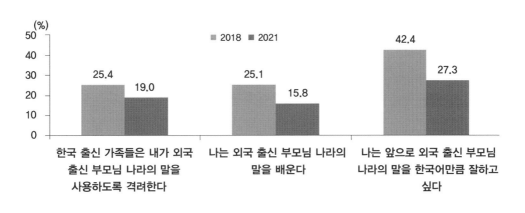

자료: 여성가족부(2022: 8)

정서의 경우, 다문화가족으로서의 자긍심은 3.38점, 자아존중감은 3.63점으로 '18년에 비해 하락했다.

* 자긍심(2018년 3.48점 → 2021년 3.38점), 자아존중감(2018년 3.87점 → '21년 3.63점)

3) 학교생활

고등교육기관에 취학하는 비율은 전체 국민에 비해 크게 낮았다.

취학률의 경우, 다문화가족 자녀의 취학률은 우리나라 학교급별 전체 국민에 비해 모두 낮은 수준이고, 고등교육기관 취학률 격차는 31.0%p로 매우 크다.

* 다문화 자녀 : 초등학교 95.3%, 중학교 95.7%, 고등학교 94.5%. 고등교육기관 40.5%

　전체 국민 : 초등학교 98.4%, 중학교 97.9%, 고등학교 96.1%. 고등교육기관 71.5%

희망교육의 경우, 만 13세 이상의 희망 교육수준은 4년제 이상 대학교 67.1% 등 전반적으로 상향되었으나, 전체 청소년*에 비해 낮은 수준이다.

　　* 다문화 자녀 : 4년제 이상 대학교 67.1%, 4년제 미만 대학교 23.3% 등

　　　전체 청소년 : 4년제 이상 대학교 80.7%, 4년제 미만 대학교 8.1% 등

학교폭력의 경우, 학교폭력을 경험한 비율은 2.3%로 2018년(8.2%)에 비해 5.9%p 감소했고, 학교폭력 피해 발생 시 '참거나 그냥 넘어간다'는 23.4%로 조사됐다.

　　* 참았다('15년 22.5% → '18년 30.4% → '21년 13.5%), 그냥 넘어갔다('15년 13.6% → '18년 18.2% → '21년 9.9%)

4) 사회생활

자녀의 차별경험은 크게 감소했고, 고민상담의 상대는 부모에서 친구·선배 등 또래의 비율이 증가했다.

차별경험의 경우, 차별경험은 2.1%로 '18년(9.2%)보다 7.1%p 감소했으며, 특히 고용주·직장동료로부터의 차별이 크게 감소한 것으로 나타났다.

다문화가족 자녀를 차별한 사람은 <그림 3-7>과 같다.

│그림 3-7│ 다문화가족 자녀를 차별한 사람

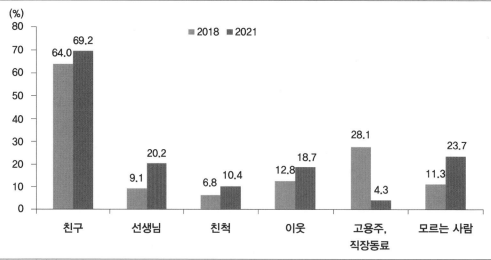

자료: 여성가족부(2022: 8)

　　고민상담의 경우, 13세 이상 자녀의 고민상담의 상대는 친구·선후배 40.2%로, 2018년에 부모님이 가장 높았던 것(부모님 38.3%, 친구·선후배 33.2%)과 다른 양상을 보였다.

　　* 13세 이상 청소년 일반(2020 통계청 사회조사) : '친구, 동료', '선후배'(44.2%), '부모님'(27.2%)

PART II

문화다양성의
대상 분석

결혼이민자와
결혼이주여성

✱ **학습목표**

　1. 결혼이주여성의 자국문화 이해

　2. 결혼이주여성의 문화 차이 논점 파악

　3. 결혼이주여성의 문화적응 방향 모색

✱ **학습내용**

　1. 결혼이민자의 개념

　2. 결혼이민자와 결혼이주여성 현황

　3. 결혼이민자·결혼이주여성의 문제점과 해결방안

✱ **개요**

　결혼이주여성은 기본적으로 한국남자와 결혼해서 이주한 외국인 여성을 가리킨다. 세계 각국에서 한국사회에 첫 발을 내딛는 외국인 결혼여성들 중에서도 한국사회보다 저개발국가 출신의 여성을 의미하는 용어로도 사용되어 오고 있다. 여기에서는 결혼이주여성에 관한 개념은 물론, 실태분석, 문제점을 학습하고자 한다.

결혼이민자와 결혼이주여성

1 결혼이민자의 개념

1) 결혼이민자의 정의

한국사회에 거주하고 있는 다양한 집단의 외국인 가운데 사회적 관심이 집중되는 집단은 결혼이민자이다. '결혼이민자'라 함은 국제결혼을 목적으로 이주해 온 외국인을 의미하며, 주로 결혼 중개를 통해 일본, 대만, 필리핀 등 아시아 국가에서 유입된 이주여성에 대한 호칭이다(최명민 외, 2015: 113). 이민자로 총칭하는 외국에서는 결혼이민자를 별도로 분류하는 예를 찾아보기 어렵다. 결혼이주여성은 국제결혼이주여성으로 불리기도 하며, 이들에 대한 정부의 지원책은 국내 남성과 결혼한 외국 여성, 그중에서도 자녀를 출산하거나, 한국국적을 취득한 결혼이주여성에 주 초점이 맞추어져 있다. 이들에 대한 호칭은, 한국인 남성과 결혼을 통해 한국에 정착하는 외국인 여성의 의미에 대해 주로 결혼이민자여성, 여성결혼이민자, 외국인 주부, 외국인 출신 주부, 국제결혼한 외국인 여성, 결혼이주여성, 다문화가정 주부와 같은 여러 가지 형태로 사용된다. 이중에서 가장 많이 사용되는 용어는 '여성 결혼이민자', '결혼이주여성', '다문화가정 주부' 등이 사용되고 있다(노사정, 2019: 18).

2010년 3월 보건복지부의 다문화가족과가 여성가족부로 이관되었다. 여기서 '다문화가족'이라 함은 주로 결혼이주여성이 소속된 가족을 의미하며, 그중에서도 결혼이민자 가족의 자녀양육 지원에 많은 관심이 치우쳐 있는 상황이다.

여성가족부 다문화가족과 업무는 다음과 같다.

여성가족부 다문화가족과 업무

1. 중앙부처 및 지방자치단체의 다문화가족 지원정책 총괄
2. 다문화가족정책위원회 실무위원회의 운영
3. 다문화가족 관련 조사·연구 및 법령의 관리·운영
4. 다문화가족지원센터의 운영 지원
5. 다문화가족의 자녀양육 지원에 관한 사항
6. 결혼이민자의 경제·사회적 자립 지원
7. 다문화가족 정책의 홍보
8. 다문화 이해 교육에 관한 사항
9. 다문화가족 종합정보 전화센터의 운영 지원
10. 국제결혼 건전화와 결혼이민자 인권보호 관련 대책의 수립·시행
11. 결혼중개업 관리에 관한 법령의 관리·운영
12. 결혼중개업 등록·신고의 관리 및 피해 예방
13. 국제결혼 예정자의 사전 준비 지원에 관한 사항

원래 다문화가족이라 함은, 외국인 노동자, 결혼이주여성, 북한이주민 등 한국사회에 새롭게 이주한 가족을 수용하고 차별대우를 받지 않도록 부르고자 사용하였으나, 2008년 3월 제정된 「다문화가족지원법」에도 다문화가족을 주로 결혼이민자 가족으로 한정하고 있다.

결혼이민자의 법제도적 정의는 <표 4-1>과 같다.

| 표 4-1 | 결혼이민자의 법제도적 정의

「다문화가족지원법」 제2조(정의)

    1. '다문화가족'이란 다음 각 목의 어느 하나에 해당하는 가족을 말한다.
    가. 「재한외국인 처우기본법」 제2조 제3호의 결혼이민자와 「국적법」 제2조에 따라 출생 시부터 대한민국 국적을 취득한 자로 이루어진 가족
    나. 「국적법」 제4조에 따라 귀화허가를 받은 자와 같은 법 제2조에 따라 출생 시부터 대한민국 국적을 취득한 자로 이루어진 가족
    2. '결혼이민자 등'이란 다문화가족의 구성원으로서 다음 각 목의 어느 하나에 해당하는 자를 말한다.
    가. 「재한외국인 처우기본법」 제2조 제3호의 결혼이민자(대한민국 국민과 혼인한 적이 있거나 혼인관계에 있는 재한외국인)
    나. 「국적법」 제4조에 따라 귀화허가를 받은 자

「재한외국인 처우기본법」 제2조 제3호

    "결혼이민자"란 대한민국 국민과 혼인한 적이 있거나 혼인관계에 있는 재한외국인을 말한다.

「국적법」 제2조(출생에 의한 국적 취득)

    ① 다음 각 호의 어느 하나에 해당하는 자는 출생과 동시에 대한민국 국적(國籍)을 취득한다.
    1. 출생 당시에 부(父)또는 모(母)가 대한민국의 국민인 자 2. 출생하기 전에 부가 사망한 경우에는 그 사망 당시에 부가 대한민국의 국민이었던 자 3. 부모가 모두 분명하지 아니한 경우나 국적이 없는 경우에는 대한민국에서 출생한 자
    ② 대한민국에서 발견된 기아(棄兒)는 대한민국에서 출생한 것으로 추정한다.

「국적법」 제4조(귀화에 의한 국적 취득)

    ① 대한민국 국적을 취득한 사실이 없는 외국인은 법무부장관의 귀화허가(歸化許可)를 받아 대한민국 국적을 취득할 수 있다.
    ② 법무부장관은 귀화허가 신청을 받으면 제5조부터 제7조까지의 귀화 요건을 갖추었는지를 심사한 후 그 요건을 갖춘 자에게만 귀화를 허가한다.
    ③ 제1항에 따라 귀화허가를 받은 자는 법무부장관이 그 허가를 한 때에 대한민국 국적을 취득한다.
    ④ 제1항과 제2항에 따른 신청절차와 심사 등에 관하여 필요한 사항은 대통령령으로 정한다.

결혼이주여성 중에는 자국의 국적을 그대로 유지하려 하거나, 국적 취득 절차가 까다로워서 한국국적 취득이 늦어지는 경우도 늘고 있다. 따라서, 자녀 없이 이혼 등 가정 해체를 경험하는 결혼이주여성의 경우 사회적 지원의 사각지대에 놓이게 되는 결과를 낳고 있다. 더욱이 최근 논의되고 있는 '사회통합 프로그램 이수제'가 실시된다면, 결혼이민자의 국적 취득이 더욱 어려워지고 가정 내 인권 침해의 문제가 더욱 심각해질 것으로 예상된다. '사회통합 프로그램 이수제'는 법무부에서 지난 2007년 9월 도입해 추진 중인 외국인 대상 필수적 기본 소양교육이다. 기존 여성가족부, 노동부 등 각 행정부처와 지방자치단체가 수행하고 있는 외국인 대상 교육을 한국어 및 한국문화, 한국사회 이해 등 5단계 과정으로 통합해 국가이수제로 운영되고 있다. 이 제도는 다민족·다문화 사회전환에 따른 사회통합이 교육목표이다.

2) 결혼이민자의 법적 지위

현행법들은 다문화가족의 형성단계에 따른 제도적 장치들로, 모두 다문화가족의 사회통합을 목적으로 하고 있다. 「출입국관리법」과 「국적법」은 결혼이민자의 출입국 및 대한민국 국적을 취득하는 과정과 자격에 관한 기준을 제시하고 있고, 「재한외국인 처우기본법」, 「다문화가족지원법」, 「결혼중개업의 관리에 관한법률」 등은 실제로 결혼이민자가 대한민국의 국민으로서 사회로부터 어떠한 보호를 받을 수 있는지, 지역사회는 이들을 어떻게 지원해야하는지에 대한 방향을 제시하고 있다. 국제결혼에 따른 병폐를 시정하고자 2007년에 제정된 「결혼중개업의 관리에 관한 법률」은 결혼이민자들이 결혼 성사과정에서 겪을 수 있는 상업성과 인신매매의 폐해를 방지하고자, 중개업 등록 의무와 처벌 규정을 마련하고, 결혼이민자의 인권보장에 대한 사회적 합의를 제시하기 위한 법률이다(송형주, 2015: 72). 이 법은 "결혼중개업을 건전하게 지도·관리하고 결혼중개업 이용자의 피해를 예방하여 그 이용자를 보호함으로써 건전한 결혼문화 형성에 이바지함을 목적으로 한다."(제1조).

결혼이민자는 입국 시 「출입국관리법」에 따라 다른 외국인과 마찬가지로 해당 지역의 출입국관리사무소에서 '외국인' 등록을 하게 되며, 일정기간 국내에 체류, 혼인생활을 유지하는 경우 한국국적 취득이 가능하다. 「출입국관리법」[별표1](외국인의 체류자격, 제12조 관련) 28의4. 결혼이민(F−6)에 따르면, 첫째, 국민의 배우자, 둘째, 국민과 혼인관계(사실상의 혼인관계를 포함한다)에서 출생한 자녀를 양육하고 있는 부 또는 모로서 법무부장관이 인정하는 사람, 셋째, 국민인 배우자와 혼인한 상태로 국내에 체류하던 중 그 배우자의 사망이나 실종, 그 밖에 자신에게 책임이 없는 사유로 정상적인 혼인관계를 유지할 수 없는 사람으로서 법무부장관이 인정하는 사람 등을 말한다.

「국적법」에 따르면, 결혼이민자는 귀화에 의한 국적 취득(동법 제4조) 중 간이 귀화 요건에 해당되며, 배우자가 대한민국의 국민인 외국인으로서, 첫째, 혼인한 상태로 2년 이상 계속하여 주소가 있는 자, 둘째, 혼인한 후 3년이 경과하고 혼인한 상태로 대한민국에 1년 이상 계속하여 주소가 있는 자, 셋째, 배우자의 사망 등 자신의 귀책사유 없이 혼인생활을 할 수 없었던 자, 넷째, 한국국적의 미성년 자녀를 양육 또는 양육 예정인 자'의 경우 귀화 허가를 받을 수 있도록 명시되어 있다. 이는 2004년 1월 개정된 내용으로 이전보다는 좀 더 결혼이민자의 혼인 상의 사유를 반영하여 국내 체류와 귀화 허가를 인정한 것이다.

2007년에 제정된 「재한외국인 처우기본법」에서는 결혼이민자의 경우 국적 취득여부와 상관없이 거주지역 내에서 '외국인'으로 취급되어 지원대상이 되고 있다. 결혼이민자의 출신국이 중국이나 러시아 등의 재외동포인 경우는 「재외동포의 출입국과 법적지위에 관한 법률」에 적용되며, 「가정폭력방지 및 피해자보호 등에 관한 법률」의 보호를 받고 있다.

결혼이민자의 법제도적 지위 관련법은 <표 4-2>와 같다.

| 표 4-2 | 결혼이민자의 법적 지위 관련법

관련법제도	해당부처 제정일자	제정 목적	주요 내용
다문화 가족지원법	보건복지 가족부 2008.3.21.	다문화가족구성원의 안정적인 가족생활을 통해 삶의 질 향상과 사회통합에 기여	다문화가족 아동·청소년의 교육현황 및 아동·청소년의 다문화가족에 대한 인식에 관한 실태 조사를 교육부장관과 협의하여 실시하고, 교육부장관 등은 그 결과를 관련 교육시책의 수립·시행 시 반영하도록 함으로써 다문화가족 자녀가 보다 안정적인 학교생활을 바탕으로 건강한 사회구성원으로 성장하는 데 기여하려는 것임.
결혼중개업의 관리에 관한 법률	보건복지 가족부 2007.12.14.	결혼중개업의 건전한 지도, 육성과 이용자 보호를 통한 건전한 결혼문화 형성	벌금액을 국민권익위원회의 권고안 및 국회사무처 법제예규의 기준인 징역 1년당 1천만 원의 비율로 개정함으로써 법정형의 편차를 조정하고 형사처벌의 공정성을 기하려는 것임.

관련법제도	해당부처 제정일자	제정 목적	주요 내용
재한외국인 처우기본법	법무부 2007.5.17.	재한외국인이 대한민국에 적응하여 개인 능력을 최대한 발휘하도록 하고 대한민국 국민과 재한외국인이 상호이해하고 존중함으로써 대한민국의 발전과 사회 통합에 기여	재한 외국인에 대한 기본적인 사항을 정해놓은 법률. 한국에 거주하고 있는 외국인의 수가 급증함에 따라 정부에서는 이들의 기본권을 지키고 관리할 종합 대책이 필요해지고, 대책을 세우기 전, 먼저 그에 따른 근거법으로 제정. 외국인에 대한 모든 정책 전반에 영향을 미치는 중요한 법률
국적법	법무부 1848.12.20.	대한민국의 국민이 되는 요건을 규정	위임입법의 원칙상 국민의 기본권에 관한 시행령 및 시행규칙은 상위 법령의 위임규정이 있어야만 규정을 둘 수 있음. 법의 명확성을 제고하기 위하여 복수국적자에 관한 사항을 대통령령에서 정할 수 있도록 위임규정을 마련하려는 것임.
출입국 관리법	법무부 2005.8.4.	대한민국에 입국하거나 대한민국으로부터 출국하는 모든 국민 및 외국인의 출입국 관리와 대한민국에 체류하는 외국인의 체류 관리 및 난민의 인정 절차 등에 관한 사항 규정	최근 체류외국인이 200만 명을 돌파하는 등 국내 체류 외국인의 증가와 더불어 국세나 관세, 지방세 등 각종 조세를 납부하지 않고 체류하는 외국인도 크게 증가하고 있어 이를 징수할 방안을 강구할 필요성이 있음. 이에 따라, 외국인의 체류질서를 관리하는 법무부가 국세청, 관세청, 지방자치단체 등으로부터 외국인의 조세체납정보를 제공 받을 수 있도록 하려는 것
가정폭력방지 및 피해자보호 등에 관한 법률	여성가족부 2016.3.2.	가정폭력을 예방하고 가정폭력의 피해자를 보호·지원함.	종전 시·도지사가 관장하던 가정폭력관련상담소 및 가정폭력 피해자보호시설의 관리업무를 시장·군수·구청장의 사무로 이관하는 한편, 국가 또는 지방자치단체가 가정폭력피해자의 치료비를 부담한 경우 중에서 가정폭력행위자가 국민기초생활보장법에 의한 수급권자인 경우 등에는 구상권 행사를 아니할 수 있도록 하여 가정폭력 피해자에 대한 치료보호제도를 활성화
재외동포의 출입국과 법적 지위에 관한 법률	법무부 2016.1.19.	재외동포의 대한민국에의 출입국과 대한민국 안에서의 법적 지위를 보장함.	「부동산 거래신고에 관한 법률」상 부동산 거래신고, 「외국인토지법」상 외국인의 토지취득 신고·허가, 「국토의 계획 및 이용에 관한 법률」상 토지거래허가 등 부동산거래 관련 인·허가 제도의 근거 법률을 일원화

관련법제도	해당부처 제정일자	제정 목적	주요 내용
재한외국인 처우기본법	법무부 2010.7.23.	재한외국인에 대한 처우 등에 관한 기본적인 사항을 정함으로써 재한외국인이 대한민국 사회에 적응하여 개인의 능력을 충분히 발휘할 수 있도록 하고, 대한민국 국민과 재한외국인이 서로를 이해하고 존중하는 사회환경을 만들어 대한민국의 발전과 사회통합에 이바지함.	현행법상 국가 및 지방자치단체는 결혼이민자의 자녀에게 교육 및 보육 지원 등을 할 수 있으나, 의료 지원에 대한 규정이 없어 결혼이민자의 자녀가 각종 질병에 노출될 위험이 있는 실정이므로, 결혼이민자의 안정적 국내 정착과 다문화가족의 복지를 위하여 결혼이민자의 자녀에게 의료지원을 할 수 있는 근거를 마련하려는 것임.

2 결혼이민자와 결혼이주여성 현황

1) 다문화 혼인

(1) 혼인 건수

2020년 다문화 혼인은 16,177건으로 전년(24,721건)보다 8,544건(−34.6%) 감소하였다. 2020년 전체 혼인은 21만 4천 건으로 전년보다 10.7% 감소한 데 비해, 다문화 혼인은 34.6% 감소하여 상대적으로 감소폭이 컸다.

전체 혼인에서 다문화 혼인이 차지하는 비중은 7.6%로 전년보다 2.7%p 감소하였다. 다문화 혼인 건수 및 전체 혼인 중 다문화 비중은 <표 4−3>과 같다.

| 표 4-3 | 다문화 혼인 건수 및 전체 혼인 중 다문화 비중(2018-2020)

(단위: 건, %)

		전체			다문화 혼인[1]			출생기준 한국인 간의 혼인[2]		
		2018	2019	2020	2018	2019	2020	2018	2019	2020
혼인 건수		257,622	239,159	213,502	23,773	24,721	16,177	233,849	214,438	197,325
(비중)		100.0	100.0	100.0	9.2	10.3	7.6	90.8	89.7	92.4
전년대비	증감	-6,833	-18,463	-25,657	1,856	948	-8,544	-8,689	-19,411	-17,113
	증감률	-2.6	-7.2	-10.7	8.5	4.0	-34.6	-3.6	-8.3	-8.0

1) 다문화 혼인 : 남녀 어느 한쪽이 외국인 또는 귀화자인 경우, 또는 남녀 모두 귀화자인 경우
2) 출생기준 한국인 간의 혼인 : 남녀 모두 출생기준 한국인인 경우
자료: 통계청(2021a: 4).

| 그림 4-1 | 다문화 혼인 건수 및 전체 혼인 중 다문화 비중(2018-2020)

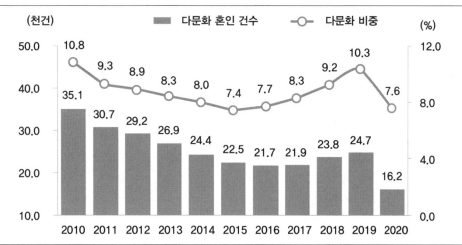

자료: 통계청(2021a: 4)

(2) 유형별 혼인

　다문화 유형별로는 외국인 아내의 혼인이 66.4%로 가장 많고, 외국인 남편(18.7%), 귀화자(14.9%) 순으로 많았다. 외국인 아내의 혼인은 전년대비 37.3% 감소하였고, 외

국인 남편은 29.0%, 귀화자는 27.3% 각각 감소하였다. 다문화 혼인 중 외국인 아내의
비중은 전년보다 2.9%p 감소한 반면, 외국인 남편의 비중은 1.5%p, 귀화자의 비중은
1.4%p 각각 증가한 것으로 나타났다

다문화 혼인 유형별 규모 및 비중은 <표 4-4>와 같다.

|표 4-4| 다문화 혼인 유형별 규모 및 비중(2018-2020)

(단위: 건, %)

	2018	비중	2019	비중	2020	비중	전년대비 증감	전년대비 증감률
다문화	23,773	100.0	24,721	100.0	16,177	100.0	-8,544	-34.6
외국인 아내[1]	15,933	67.0	17,136	69.3	10,737	66.4	-6,399	-37.3
외국인 남편[2]	4,377	18.4	4,260	17.2	3,024	18.7	-1,236	-29.0
귀화자[3]	3,463	14.6	3,325	13.5	2,416	14.9	-909	-27.3

1) 외국인 아내 : 출생기준 한국인 남자 + 외국인 여자의 혼인
2) 외국인 남편 : 외국인 남자 + 출생기준 한국인 여자의 혼인
3) 귀화자 : 남녀 모두 또는 어느 한쪽이라도 귀화자인 경우
자료: 통계청(2021a: 5)

|그림 4-2| 다문화 혼인 유형별 비중(2018-2020)

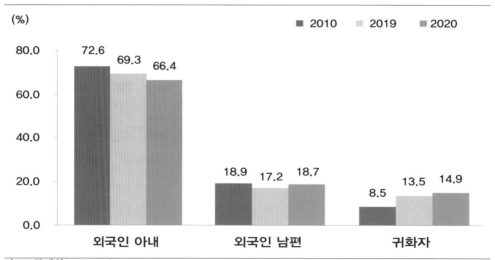

자료: 통계청(2021a: 5).

(3) 혼인 연령별

① 남편

다문화 혼인을 한 남편의 경우 45세 이상의 비중이 28.6%로 가장 많고, 30대 초반 (19.4%), 30대 후반(17.9%) 순으로 많았다. 전년대비 30대 후반 이상의 비중은 감소한 반면, 20대와 30대 초반의 비중은 증가하였다. 다문화 혼인 남편 중 출생기준 한국인 은 30대 후반 이상의 비중이 감소한 반면, 20대와 30대 초반의 비중은 증가하였다. 다문화 혼인 남편 중 외국인·귀화자는 20대 후반과 45세 이상의 비중이 감소한 반면, 나머지 연령대의 비중은 증가하였다.

남편의 혼인 연령별 비중은 <표 4-5>와 같다.

| 표 4-5 | 남편의 혼인 연령별 비중(2018-2020)

(단위: 건, %)

	전 체			다문화 혼인[1]			외국인·귀화자[2]			출생기준 한국인[3]			출생기준 한국인 간의 혼인[4]		
	2018	2019	2020	2018	2019	2020	2018	2019	2020	2018	2019	2020	2018	2019	2020
건수	257,622	239,159	213,502	23,773	24,721	16,177	6,964	6,703	4,741	16,809	18,018	11,436	233,849	214,438	197,325
계	100.0	100.0	100.0	100.0	100.0	100.0	100.0	100.0	100.0	100.0	100.0	100.0	100.0	100.0	100.0
19세 이하	0.2	0.2	0.1	0.1	0.1	0.1	0.2	0.1	0.2	0.1	0.1	0.1	0.2	0.2	0.1
20~24세	2.6	2.5	2.3	2.7	2.6	3.2	5.3	5.1	5.4	1.6	1.7	2.3	2.6	2.4	2.2
25~29세	21.4	21.0	21.9	13.6	13.0	15.2	25.0	24.2	22.7	8.9	8.9	12.0	22.2	22.0	22.4
30~34세	36.0	34.8	36.2	19.3	17.8	19.4	29.7	29.3	30.0	15.0	13.6	15.0	37.7	36.8	37.6
35~39세	19.0	19.3	18.6	19.6	19.5	17.9	15.4	16.0	16.5	21.4	20.7	18.4	18.9	19.3	18.6
40~44세	7.8	8.0	7.6	17.8	17.5	15.7	7.9	8.0	8.4	21.8	21.0	18.7	6.8	6.9	6.9
45세 이상	13.0	14.2	13.3	26.9	29.5	28.6	16.4	17.3	16.9	31.3	34.0	33.4	11.6	12.4	12.1

1) 다문화 혼인 : 남녀 어느 한쪽이 외국인 또는 귀화자인 경우, 또는 남녀 모두 귀화자인 경우
2) 외국인·귀화자 : 남자가 외국인 또는 귀화자인 경우
3) 출생기준 한국인 : 여자가 외국인 또는 귀화자인 경우로 다문화 혼인에 해당되지만, 남자는 출생기준 한국인인 경우
4) 출생기준 한국인 간의 혼인 : 남녀 모두 출생기준 한국인인 경우
자료: 통계청(2021a: 6).

| 그림 4-3 | 남편의 혼인 연령별 비중(2018-2020)

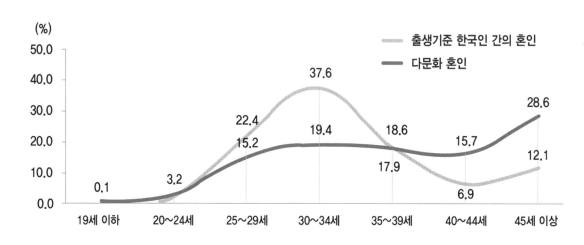

자료: 통계청(2021a: 6).

② 아내

다문화 혼인을 한 아내의 경우, 20대 후반이 26.0%로 가장 많고, 30대 초반(24.5%), 20대 초반(14.6%) 순으로 많았다. 20대 초반 이하의 비중은 감소하고, 20대 후반 이상의 비중은 증가하였다. 다문화 혼인 아내 중 출생기준 한국인은 30대 초반과 40대 초반의 비중이 증가한 반면, 나머지 연령대의 비중은 대부분 감소하였다. 외국인 또는 귀화자 아내의 혼인은 20대 초반 이하의 비중이 감소한 반면, 20대 후반 이상의 비중은 증가하였다.

아내의 혼인 연령별 비중은 <표 4-6>와 같다.

| 표 4-6 | 아내의 혼인 연령별 비중(2018-2020)

(단위: 건, %)

	전 체			다문화 혼인[1]			외국인·귀화자[2]			출생기준 한국인[3]			출생기준 한국인 간의 혼인[4]		
	2018	2019	2020	2018	2019	2020	2018	2019	2020	2018	2019	2020	2018	2019	2020
건수	257,622	239,159	213,502	23,773	24,721	16,177	19,300	20,342	13,063	4,473	4,379	3,114	233,849	214,438	197,325
계	100.0	100.0	100.0	100.0	100.0	100.0	100.0	100.0	100.0	100.0	100.0	100.0	100.0	100.0	100.0
19세 이하	1.0	1.1	0.7	6.3	6.9	4.3	7.7	8.3	5.3	0.5	0.5	0.4	0.5	0.5	0.4
20~24세	7.2	6.8	5.9	18.0	17.1	14.6	20.5	19.2	16.5	7.2	6.9	6.6	6.1	5.6	5.1
25~29세	35.1	34.2	34.8	27.6	25.8	26.0	26.8	25.0	25.3	31.3	29.8	29.0	35.9	35.1	35.5
30~34세	29.9	29.9	31.0	22.3	22.7	24.5	20.6	21.2	23.0	29.7	29.5	30.7	30.7	30.7	31.6
35~39세	12.3	12.7	12.4	11.2	11.7	12.9	10.6	10.9	12.5	14.0	15.0	14.4	12.4	12.9	12.4
40~44세	4.8	5.0	4.9	5.6	6.1	6.6	5.3	6.0	6.4	6.8	6.7	7.5	4.7	4.9	4.8
45세 이상	9.6	10.4	10.3	8.9	9.7	11.1	8.5	9.4	11.1	10.5	11.5	11.5	9.7	10.4	10.2

1) 다문화 혼인 : 남녀 어느 한쪽이 외국인 또는 귀화자인 경우, 또는 남녀 모두 귀화자인 경우
2) 외국인·귀화자 : 여자가 외국인 또는 귀화자인 경우
3) 출생기준 한국인 : 남자가 외국인 또는 귀화자인 경우로 다문화 혼인에 해당되지만, 여자는 출생기준 한국인인 경우
4) 출생기준 한국인 간의 혼인 : 남녀 모두 출생기준 한국인인 경우
자료: 통계청(2021a: 7).

| 그림 4-4 | 아내의 혼인 연령별 비중(2018-2020)

자료: 통계청(2021a: 7).

(4) 평균 혼인 연령

다문화 혼인을 한 남편의 평균 초혼 연령은 36.0세로 전년보다 0.8세 감소하였고, 아내의 평균 초혼 연령은 29.2세로 전년보다 0.8세 증가하였다. 다문화 혼인을 한 남녀 간의 평균 초혼 연령 차이는 6.8세로 전년보다 1.6세 감소하였다.

다문화 혼인을 한 남편의 평균 재혼 연령은 48.6세, 아내는 39.6세로 전년보다 남편은 유사하였고, 아내는 0.5세 증가하였다.

평균 혼인 연령은 <표 4-7>과 같다.

| 표 4-7 | 평균 혼인 연령(2018-2020)

(단위: 세)

		전 체			다문화 혼인[1]			외국인·귀화자[2]			출생기준 한국인[3]			출생기준 한국인 간의 혼인[4]		
		2018	2019	2020	2018	2019	2020	2018	2019	2020	2018	2019	2020	2018	2019	2020
초혼 연령	남편	33.1	33.4	33.2	36.4	36.8	36.0	32.6	33.1	33.0	38.0	38.3	37.3	32.9	33.0	33.0
	아내	30.4	30.6	30.8	28.3	28.4	29.2	27.4	27.4	28.4	31.3	31.7	31.6	30.6	30.8	30.9
	남녀 연령차	2.7	2.8	2.4	8.1	8.4	6.8	5.2	5.7	4.6	6.7	6.6	5.7	2.3	2.2	2.1
재혼 연령	남편	48.9	49.6	50.0	47.8	48.6	48.6	45.8	46.3	45.8	48.4	49.2	49.5	49.1	49.9	50.3
	아내	44.6	45.2	45.7	38.5	39.1	39.6	37.7	38.4	39.0	44.4	45.0	45.1	45.7	46.4	46.7
	남녀 연령차	4.3	4.4	4.3	9.3	9.5	9.0	8.1	7.9	6.8	4.0	4.2	4.4	3.4	3.5	3.6

* 연령미상 및 혼인종류 미상 제외
1) 다문화 혼인 : 남녀 어느 한쪽이 외국인 또는 귀화자인 경우, 또는 남녀 모두 귀화자인 경우
2) 외국인·귀화자 : 혼인 당사자가 외국인 또는 귀화자인 경우
3) 출생기준 한국인 : 배우자는 외국인 또는 귀화자로 다문화 혼인에 해당되지만, 혼인 당사자는 출생기준 한국인인 경우
4) 출생기준 한국인 간의 혼인 : 남녀 모두 출생기준 한국인인 경우
자료: 통계청(2021a: 7).

| 그림 4-5 | 평균 혼인 연령(2018-2020)

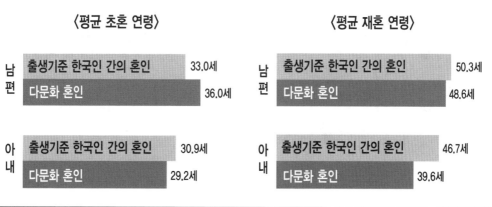

자료: 통계청(2021a: 8).

(5) 부부 연령차

다문화 혼인에서 남편 연상부부가 75.7%로 가장 많고, 아내 연상이 18.1%, 동갑이 6.2%를 차지하였다. 남편이 10세 이상 연상인 부부는 34.2%로 전년대비 7.8%p 감소하였다.

다문화 혼인은 출생기준 한국인 간의 혼인에 비해 남편 10세 이상 연상 부부의 비중이 특히 높았다.

부부 연령차별 비중은 <표 4-8>과 같다.

| 표 4-8 | 부부 연령차별 비중(2018-2020)

(단위: 건, %)

		전 체			다문화 혼인[1]			출생기준 한국인 간의 혼인[2]		
		2018	2019	2020	2018	2019	2020	2018	2019	2020
	건수	257,622	239,159	213,502	23,773	24,721	16,177	233,849	214,438	197,325
	계	100.0	100.0	100.0	100.0	100.0	100.0	100.0	100.0	100.0
남편연상	소 계	66.7	66.7	65.3	78.2	78.5	75.7	65.6	65.3	64.5
	1~2세	23.1	23.1	23.7	10.8	10.1	11.7	24.4	24.6	24.7
	3~5세	24.9	24.4	24.5	13.6	13.3	15.2	26.0	25.7	25.2
	6~9세	11.7	11.6	11.3	12.9	13.2	14.5	11.6	11.4	11.0
	10세 이상	7.0	7.6	5.9	40.9	42.0	34.2	3.6	3.6	3.6
	동갑	14.4	14.3	14.9	5.7	5.7	6.2	15.3	15.3	15.6
아내연상	소 계	18.8	19.0	19.8	16.1	15.8	18.1	19.1	19.4	19.9
	1~2세	11.6	11.6	12.3	7.4	7.1	8.3	12.1	12.1	12.6
	3~5세	5.0	5.2	5.3	5.0	5.2	5.7	5.1	5.2	5.3
	6~9세	1.7	1.7	1.7	2.5	2.4	2.6	1.6	1.6	1.6
	10세 이상	0.5	0.5	0.5	1.1	1.2	1.5	0.4	0.4	0.4

1) 다문화 혼인 : 남녀 어느 한쪽이 외국인 또는 귀화자인 경우, 또는 남녀 모두 귀화자인 경우
2) 출생기준 한국인 간의 혼인 : 남녀 모두 출생기준 한국인인 경우
자료: 통계청(2021a: 9).

| 그림 4-6 | 부부 연령차별 비중(2020)

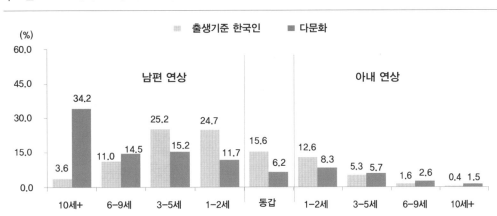

자료: 통계청(2021a: 9).

(6) 종류(초·재혼)별 혼인

다문화 혼인 중 남편과 아내 모두 초혼인 비중은 56.0%로 가장 높고, 모두 재혼 (18.7%), 아내만 재혼(14.7%), 남편만 재혼(10.7%) 순으로 높았다.

남편과 아내 모두 초혼인 비중은 전년대비 1.8%p 감소, 모두 재혼인 비중은 전년대 비 1.2%p 증가하였다.

혼인 종류별 비중은 다음과 같다.

| 표 4-9 | 혼인 종류별 비중(2018-2020)

(단위: 건, %)

	전체			다문화 혼인[1]			출생기준 한국인 간의 혼인[2]		
	2018	2019	2020	2018	2019	2020	2018	2019	2020
건수*	256,862	238,135	212,915	23,013	23,697	15,590	233,849	214,438	197,325
계	100.0	100.0	100.0	100.0	100.0	100.0	100.0	100.0	100.0
남편(초)+아내(초)	77.9	77.3	78.4	59.1	57.8	56.0	79.7	79.4	80.2
남편(초)+아내(재)	6.2	6.3	6.0	12.7	13.2	14.7	5.6	5.5	5.3
남편(재)+아내(초)	4.0	4.1	3.7	11.7	11.6	10.7	3.2	3.3	3.2
남편(재)+아내(재)	12.0	12.4	11.8	16.5	17.5	18.7	11.5	11.8	11.3

* 혼인종류 미상 제외
1) 다문화 혼인 : 남녀 어느 한쪽이 외국인 또는 귀화자인 경우, 남녀 모두 귀화자인 경우
2) 출생기준 한국인 간의 혼인 : 남녀 모두 출생기준 한국인인 경우
자료: 통계청(2021a: 10).

| 그림 4-7 | 혼인 종류별 비중(2020)

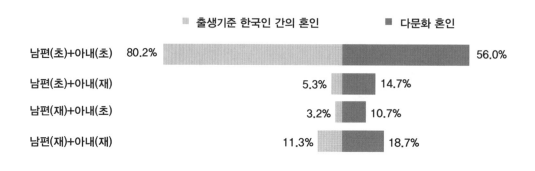

자료: 통계청(2021a: 10).

(7) 지역별 다문화 혼인

다문화 혼인 건수는 경기(4,771건), 서울(3,482건), 인천(979건) 순으로 많았다. 다문화 혼인 건수는 전년대비 모든 시도에서 감소하였다.

각 지역별로 다문화 혼인이 차지하는 비중은 충남(9.0%), 제주(8.8%) 순으로 높고, 세종(3.5%), 부산(5.6%) 순으로 낮았다.

지역별 혼인 건수 및 다문화 비중은 <표 4-10>과 같다.

| 표 4-10 | 지역별 혼인 건수 및 다문화 비중(2018-2020)

(단위: 건, %)

	전체(A)			다문화 혼인(B)					다문화 비중(B/A)		
	2018	2019	2020	2018	2019	2020	전년대비 증감	전년대비 증감률	2018	2019	2020
전국	257,622	239,159	213,502	23,773	24,721	16,177	-8,544	-34.6	9.2	10.3	7.6
서울	53,462	49,707	45,709	4,891	5,018	3,482	-1,536	-30.6	9.1	10.1	7.6
부산	15,060	14,086	12,292	1,151	1,216	694	-522	-42.9	7.6	8.6	5.6
대구	11,163	10,069	8,455	883	930	506	-424	-45.6	7.9	9.2	6.0
인천	15,198	13,731	11,798	1,487	1,488	979	-509	-34.2	9.8	10.8	8.3
광주	6,747	6,403	5,626	525	577	355	-222	-38.5	7.8	9.0	6.3
대전	7,495	6,691	6,024	548	537	341	-196	-36.5	7.3	8.0	5.7
울산	5,983	5,526	4,758	506	531	295	-236	-44.4	8.5	9.6	6.2
세종	2,058	2,061	1,867	92	116	66	-50	-43.1	4.5	5.6	3.5
경기	68,358	63,869	58,800	6,605	6,905	4,771	-2,134	-30.9	9.7	10.8	8.1
강원	7,074	6,833	5,923	574	650	416	-234	-36.0	8.1	9.5	7.0
충북	7,942	7,351	6,747	811	798	519	-279	-35.0	10.2	10.9	7.7
충남	11,123	9,987	8,605	1,185	1,176	773	-403	-34.3	10.7	11.8	9.0
전북	7,333	7,115	6,142	766	800	530	-270	-33.8	10.4	11.2	8.6
전남	7,658	7,500	6,417	809	886	519	-367	-41.4	10.6	11.8	8.1
경북	11,861	10,809	9,159	1,120	1,175	746	-429	-36.5	9.4	10.9	8.1
경남	15,280	13,901	12,100	1,299	1,385	879	-506	-36.5	8.5	10.0	7.3
제주	3,698	3,405	3,024	443	448	266	-182	-40.6	12.0	13.2	8.8

* 부부 중 국내주소지 기준 집계 (부부가 모두 국내주소인 경우 남편의 주소지 기준), 전국은 국외 포함
자료: 통계청(2021a: 12).

| 그림 4-8 | 지역별 다문화 혼인 비중(2010, 2015, 2020)

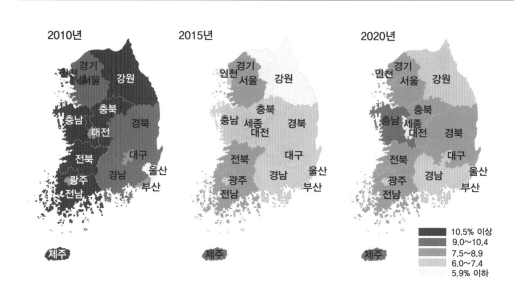

자료: 통계청(2021a: 11).

(8) 출신 국적별 혼인

다문화 혼인을 한 외국 출신의 남편 국적은 중국이 8.4%로 가장 많고, 미국(7.0%), 베트남(3.1%) 순으로 많았다. 전년대비 일본과 호주의 비중은 감소하고, 대부분 국적의 비중은 유사 또는 증가하였다.

다문화 혼인을 한 외국 출신의 아내 국적은 베트남이 23.5%로 가장 많고, 중국(21.7%), 태국(10.7%) 순으로 많았다. 전년대비 베트남과 필리핀의 비중은 감소하고, 중국과 태국의 비중은 증가하였다.

출신 국적별 혼인은 <표 4-11>와 같다.

| 표 4-11 | 출신 국적별 혼인 비중(2018-2020)

(단위: 건, %)

남편	2018	2019	2020	아내	2018	2019	2020
건수	23,773	24,721	16.177	건수	23,773	24,721	16,177
계*	100.0	100.0	100.0	계*	100.0	100.0	100.0
한국	70.7	72.9	70.7	한국	18.8	17.7	19.2
외국1)	29.3	27.1	29.3	외국1)	81.2	82.3	80.8
중국	9.4	8.2	8.4	베트남	30.0	30.4	23.5
미국	6.2	6.1	7.0	중국	21.6	20.3	21.7
베트남	2.5	2.6	3.1	태국	6.6	8.3	10.7
캐나다	1.7	1.5	1.6	일본	4.2	3.7	4.7
영국	0.8	0.8	0.9	미국	2.7	2.7	2.9
일본	1.3	1.1	0.9	필리핀	4.0	3.6	2.6
대만	0.6	0.6	0.8	캄보디아	2.5	2.5	2.4
캄보디아	0.6	0.7	0.7	러시아	1.0	1.3	1.7
프랑스	0.5	0.5	0.6	대만	1.3	1.3	1.4
호주	0.8	0.7	0.5	몽골	0.9	0.9	1.0
기타	4.8	4.4	4.9	기타	6.4	7.3	8.0

* 국적미상 제외
1) 귀화자는 귀화 이전 출신 국적, 외국인은 혼인 당시 외국 국적으로 분류
자료: 통계청(2021a: 13).

| 그림 4-9 | 출신 국적별 혼인 비중(2020)

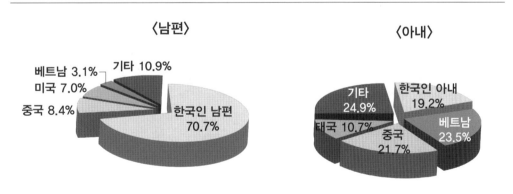

⟨남편⟩

베트남 3.1%
기타 10.9%
미국 7.0%
중국 8.4%
한국인 남편 70.7%

⟨아내⟩

기타 24.9%
한국인 아내 19.2%
태국 10.7%
베트남 23.5%
중국 21.7%

자료: 통계청(2021a: 11).

2) 다문화 이혼

(1) 이혼 건수

2020년 다문화 이혼은 8,685건으로 전년(9,868건)보다 1,183건(-12.0%) 감소하였다. 2020년 전체 이혼(10만 7천 건)이 전년보다 3.9% 감소한 데 비해, 다문화 이혼은 12.0% 감소하여 상대적으로 감소폭이 컸으며, 2012년 이후 지속적인 감소추세를 나타내고 있다.

전체 이혼에서 다문화 이혼이 차지하는 비중은 8.2%로 전년(8.9%)보다 0.7%p 감소하였다.

다문화 이혼 건수 및 전체 이혼 중 다문화 비중은 <표 4-12>과 같다.

| 표 4-12 | 다문화 이혼 건수 및 전체 이혼 중 다문화 비중(2018-2020)

(단위: 건, %)

		전체			다문화 이혼[1]			출생기준 한국인 간의 이혼[2]		
		2018	2019	2019	2018	2019	2020	2018	2019	2020
이혼 건수		108,684	110,831	106,500	10,254	9,868	8,685	98,430	100,963	97,815
	(비중)	100.0	100.0	100.0	9.4	8.9	8.2	90.6	91.1	91.8
전년 대비	증 감	2,652	2,147	-4,331	-53	-386	-1,183	2,705	2,533	-3,148
	증감률	2.5	2.0	-3.9	-0.5	-3.8	-12.0	2.8	2.6	-3.1

1) 다문화 이혼 : 남녀 어느 한쪽이 외국인 또는 귀화자인 경우, 또는 남녀 모두 귀화자인 경우
2) 출생기준 한국인 간의 이혼 : 남녀 모두 출생기준 한국인인 경우
자료: 통계청(2021a: 13).

| 그림 4-10 | 다문화 이혼 건수 및 전체 이혼 중 다문화 비중(2010-2020)

자료: 통계청(2021a: 14).

(2) 유형별 이혼

외국인 아내가 차지하는 이혼 비중이 48.1%로 가장 많고, 귀화자(36.7%), 외국인 남편(15.2%) 순으로 많았다. 외국인 남편과의 이혼은 14.1% 감소하고, 귀화자, 외국인 아내와 이혼은 각각 13.4%, 10.2% 감소하였다. 다문화 이혼 중 외국인 아내는 1.0%p 증가한 반면, 귀화자, 외국인 남편이 차지하는 비중은 각각 0.6%p, 0.4%p 감소하였다.

다문화 이혼 유형별 규모 및 비중은 <표 4-13>와 같다.

| 표 4-13 | 다문화 이혼 유형별 규모 및 비중(2018-2020)

(단위: 건, %)

	2018	비중	2019	비중	2020	비중	전년대비	
							증감	증감률
다문화	10,254	100.0	9,868	100.0	8,685	100.0	-1,183	-12.0
외국인 아내[1]	4,919	48.0	4,648	47.1	4,176	48.1	-472	-10.2
외국인 남편[2]	1,489	14.5	1,538	15.6	1,321	15.2	-217	-14.1
귀화자[3]	3,846	37.5	3,682	37.3	3,188	36.7	-494	-13.4

1) 외국인 아내 : 출생기준 한국인 남자 + 외국인 여자의 이혼
2) 외국인 남편 : 외국인 남자 + 출생기준 한국인 여자의 이혼
3) 귀화자 : 남녀 모두 또는 어느 한쪽이라도 귀화자인 경우
자료: 통계청(2021a: 15).

| 그림 4-11 | 다문화 이혼 유형별 비중(2010, 2019, 2020)

자료: 통계청(2021a: 15).

(3) 평균 이혼 연령

다문화 이혼을 한 남편의 평균 이혼 연령은 49.9세, 아내는 40.1세로, 남녀 모두 평균 이혼 연령이 지속적인 상승 추세로 나타났다. 다문화 이혼을 한 남녀 간의 평균 이혼 연령의 차이는 9.8세로, 출생기준 한국인 간의 평균 이혼 연령 차이 2.8세보다 7.0세 높았다.

평균 이론 연령은 <표 4-14>와 같다.

| 표 4-14 | 평균 이혼 연령(2018-2020)

(단위: 세)

	전체			다문화 이혼[1]			외국인·귀화자[2]			출생기준 한국인[3]			출생기준 한국인 간의 이혼[4]		
	2018	2019	2020	2018	2019	2020	2018	2019	2020	2018	2019	2020	2018	2019	2020
남편	48.3	48.7	49.4	49.4	49.7	49.9	47.9	48.1	47.6	49.9	50.2	50.7	48.2	48.6	49.3
아내	44.7	45.3	46.0	39.3	39.9	40.1	38.1	38.5	38.8	45.8	46.6	46.7	45.3	45.8	46.5

* 연령미상 제외
1) 다문화 이혼 : 남녀 어느 한쪽이 외국인 또는 귀화자인 경우, 또는 남녀 모두 귀화자인 경우
2) 외국인·귀화자 : 이혼 당사자가 외국인 또는 귀화자인 경우
3) 출생기준 한국인 : 배우자는 외국인 또는 귀화자로 다문화 이혼에 해당되지만, 이혼 당사자는 출생기준 한국인인 경우
4) 출생기준 한국인 간의 이혼 : 남녀 모두 출생기준 한국인인 경우
자료: 통계청(2021a: 16)

| 그림 4-12 | 평균 이혼 연령(2020)

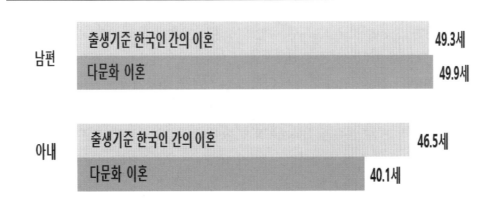

자료: 통계청(2021a: 16).

3 결혼이민자·결혼이주여성의 문제점과 해결방안

1) 문제점

결혼이주여성은 한국사회에 진입함에 있어서 많은 어려움에 처해 있다. 그 내용은 다음과 같다.

(1) 국적 취득 및 인권 문제

국적 취득 문제는 결혼이민자에 관련된 사항으로 보인다. 결혼이주여성의 경우, 최근까지 결혼 후 한국국적을 취득하는 데 오랜 시간이 걸리거나, 국적취득과정에서 비합리적인 요소들, 즉 남편의 동의를 반드시 필요로 하는 조건 등으로 인하여 많은 어려움을 경험하였다.

영주권 취득 결혼이민자 21,205명의 영주권 보유기간을 살펴보면, 5~10년 미만 기간 동안 영주권을 보유한 이들이 38.1%를 차지하고 있으며, 3~5년 미만 보유자가 23.7%, 3년 미만 보유자가 27.7%이다. 평균 영주권 보유기간은 5.4년으로, 남성 결혼이민자들(7.42년)의 영주권 보유기간이 여성 결혼이민자(4.93년)보다 길다. 출신국적별로는 대만·홍콩 출신이 평균 15.14년 동안 영주권을 보유해 가장 오랜 기간 영주권을 보유했으며, 그 다음으로는 일본 출신(7.08년)의 영주권보유기간이 긴 것으로 나타난다.

한국국적 미취득 결혼이민자의 향후 국적 또는 영주권 취득계획을 살펴보면, 54.8%는 한국국적 취득을 계획하고 있으며 21.2%는 영주권만 받을 계획이라고 응답해, 76.0%가 한국국적 또는 영주권 취득계획을 밝혔다. 반면, 한국국적 또는 영주권 취득계획이 없는 이들은 7.0%에 불과하며, 나머지 16.9%는 모르겠다고 응답했다. 2012년과 비교하면, 한국국적 취득계획이 있는 이들은 59.5%에서 54.8%로 줄어든 반면, 영주권 취득계획이 있는 이들은 14.6%에서 21.2%로 늘어나, 결혼이민자들 사이에서 국적보다는 영주권에 대한 관심이 증가하고 있는 것으로 보인다.

최근 들어 이러한 불합리한 요소들이 시정되고 법적으로 향상된 조건이 부여되고 있으나, 한국남성과 결혼하는 외국여성의 경우, 국적취득과정은 기본적 인권문제로서 정책적 배려가 지속적으로 요구되는 사안이다. 또한 결혼이주여성의 경우, 인신매매성 국제결혼 중매, 결혼 후 가정폭력 및 학대의 문제들이 빈번하게 제기되고 있는데, 이는 중대한 기본적인 인권침해로 지적될 수 있다(최영민 외, 2015: 31). 외국인근로자, 결혼이민자 가족은 1세대 인권이자 가장 보편적인 인권요소인 자유권적 침해상황도 심각하다. 그런 점에서 이들의 자유권적 기본권을 보장하기 위한 대책이 요구된다(김범수 외, 2010: 117).

　다문화사회에서 인권문제는 중요한 사회적 이슈가 되고, 또한 그와 관련된 실천활동의 중요성도 커진다. 왜냐하면 외국인 근로자, 결혼이민자와 그 자녀들은 인종이나 피부색 등에 있어서 한국사회의 소수자이며, 약자이고, 따라서, 차별받기 쉽기 때문이다. 특히, 순혈주의, 다른 인종과 민족에 대한 배타의식이 강한 한국사회에서는 외국인근로자 또는 결혼이민자 가족 등 한국사회의 소수자와 관련된 인권문제가 발생할 가능성이 농후하다(김범수 외, 2010: 102).

(2) 사회문화적 적응문제

　결혼이주여성들이 한국에서 겪는 사회문화적 적응문제는 심각한 상황에 놓이고 있다. 다음 기사는 서로 다른 문화 속에서, 그리고 의사소통이 원만하지 못하여 답답한 가슴만 치면서 가정생활을 하는 결혼이주여성의 한 단면을 보여 준다.

　　충북 옥천군에 사는 70대의 A씨는 최근 태어난 손자 머리맡에 날카로운 칼이 놓여 있는 것을 보고 소스라치게 놀랐다. 칼은 베트남에서 시집 온 며느리가 놓은 것으로 밝혀졌고, A씨는 불 같이 화를 내며 며느리를 정신이상자로 몰아붙였다. 반면, 며느리는 시어머니가 화를 내는 이유를 도저히 이해할 수 없었다. 고국 베트남에서는 나쁜 기운을 타지 않고 무탈하게 성장하도록 하는 기원을 담아 아기 머리맡에 칼을 놓는 것이 풍습이기 때문이었다. 설명을 하려 해도 말이 통하지 않으니 베트남 출신 며느리는 답답한 가슴만 칠 수밖에 없었다(연합뉴스, 2006년 4월 25일자).

　첫째, 사회적 관계형성의 어려움이 있다.

　여기서 '사회적 관계'라 함은 주로 결혼이주여성이 주변의 사람들과 맺는 관계를 의미한다고 볼 수 있다. 이민자는 이민자의 가족 및 친척 모임부터 학부모 모임, 지역 모임 등 다양한 모임에 참여한다. 특히, 결혼이주여성의 경우 자국인과의 모임이 정보교환과 상호부조의 주된 역할을 하는 것과 한국 배우자나 배우자 가족들이 자국인과의 그다지 반기지 않는 등의 이중적 특성이 있다(지은구 외, 2016: 317). 여가나 취미생활을 함께할 상대에 대해서는 결혼이주여성·귀화자 등이 남성보다 함께할 상대가 없는 비율이 높다. 혼인상태별로는 사별했거나 이혼·별거 상태에 있는 이들이 유배우자나 미혼자에 비해 여가, 취미 생활을 같이 할 상대가 없는 이들이 많다. 결혼이민자·귀화자 가운데에서도 이혼·별거, 사별 상태에 있는 이들이 자신이나 집안의 어려움 의논, 일자리 관련 의논, 자녀 교육 관련 의논뿐 아니라, 여가·취미 생활 등 여러 측면에서 공통적으로 사회적 관계가 빈약한 것으로 나타난다(여성가족부, 2016: 125). 이 연구에 따르면, 연령대가 높을수록, 교육수준이 낮을수록, 가구소득이 낮을수록 여가·취미 생활을 함께할 상대가 없는 이들이 많아 앞서 살펴본 제반 측면과 공통적인 양상이 나타난다. 출신국적별로도 여타의 측면과 유사하게 중국, 한국계 중국, 베트남, 그 외 동남아 국가 출신의 경우 여가·취미 생활을 함께할 상대 없는 경우가 많은 반면, 대만·홍콩, 미주·유럽·대양주, 일본 출신 가운데에는 그러한 경우가 비교적 적은 것으로 나타난다. 다시 말해서 한국에 정착하는 외국인은 한국의 가부장제적 가족중심주의, 지역주의, 연고주의, 지연·학연·혈연 등 폐쇄적 구조의 사회 연결망 속에서 사회에 적응은 물론 관계형성에 어려움이 있다.

둘째, 문화적 갈등 또는 문화적 배경에서 오는 억압의 문제이다.

결혼이주여성의 경우, 가부장적 권위의 남편과 시댁의 문화 간 차이에서 오는 문화갈등을 경험하고 있다. 즉, 남존여비사상, 유교적 문화, 시부모와의 관계에 대한 몰이해, 한국요리의 어려움, 관혼상제의 미숙, 종교와 가치관의 차이, 음주와 사생활의 상이 등으로 갈등이 많은 빚어질 수 있다(최선화 외, 2014: 438).

셋째, 지역사회의 문화적 대응력 미비의 문제이다.

현재 다문화가족이 다수 존재하는 지역사회의 내부 대응력 또는 조정력이 검증되지 않고 있다. 다시 말해서 부족한 지역주민의식, 문화적 접촉과 충격에 대한 공식적·제도적 대응책이 부재한 상황에서 미래 지역사회 내의 다문화적 상황이 미지수로 남게된다. 이러한 현상은 지역사회에 통합하지 못한 결혼이민자 가정과 지역사회 사이의 갈등이 드러나 사회문제의 원인으로 작용할 수 있다(지은구 외, 2016: 318).

(3) 사회통합문제

첫째, 언어소통의 어려움이 있다.

대부분 결혼이주여성들이 한국어를 습득할 기회를 갖기도 전에 출산하거나 가정의 대소사를 책임져야 하는 등 일상생활의 적응 자체에 언어로 인한 어려움을 겪고 있다. 이는 다문화가족의 자녀에 대한 언어장애로 이어진다. 어머니가 한국어를 능숙하게 하지 못하기 때문에 자녀가 발달성 언어장애를 겪고 있는 경우가 있으며, 또 자녀가 고학년으로 갈수록 아동학습상의 문제가 발생할 소지가 많다(최선화 외, 2014: 438).

둘째, 빈곤과 자녀교육의 문제이다.

결혼이주여성들은 다문화가족이기 때문에 겪는 언어적·문화적 갈등, 사회적 편견 등과 같은 문화 간 차이와 함께 빈곤문제에 동시에 노출되어 있다. 이들 다문화가족의 경제적 여건은 상대적으로 열악한 경우가 많아 어려움을 겪고 있다(전숙자 외, 2009: 168). 한국사회 내의 외국인근로자, 결혼이민자, 탈북민이 한국의 일반시민과 비교하여 평균적으로 매우 낮은 노동시장 지위, 경제적 수준의 삶을 살고 있다. 결혼이주여성은 경제활동에 참여하면서 개인적인 생활상의 문제, 가족이나 사회관계에서 어려움 등 장기적인 갈등과 적응해야하는 많은 문제 상황에 직면하게 된다. 결혼이주여성의 경제활동 참여 시 어려움은 의사소통, 장시간 노동, 저임금, 일-가정의 양립 등 다양하게 나타났다. 이로 인해 결혼이주여성은 빈곤에 시달릴 수밖에 없다(유진희, 2014: 12).

다문화가족의 가장 큰 고민 중에 하나는 2세의 교육문제다. 배타적 민족주의 성향이 남아 있는 한국사회에서 혼혈을 이유로 차별대우를 받지 않을까 하는 우려인 것이다(한윤희, 2010: 12). 혼혈학생들이 학교체제에서 또래들의 소외와 놀림을 당하거나 따돌림과 폭력의 대상이 되기도 하며, 학교부적응, 학습부진, 중도 탈락률 증가, 낮은 취업률과 진학률 등 심각한 문제가 야기되고 있다(김범수 외, 2010: 36). 최근 이주민의 많은 경우가 자녀양육과 교육에 어려움을 겪고 있는 것으로 보인다. 자녀들을 보육기관에 맡기려 해도 혹시 그곳에서 상처받는 일이 있을까봐 아이를 쉽게 맡기지도 못한다. 자녀교육문제를 전문적으로 도와주는 사람이나 단체가 소수에 그치고 있고, 이러한 문제를 하소연 할 기관도 부족하다. 한국사회의 배타의식 때문에 집안 식구로부터 배척, 주위사람들의 시선 등으로 다문화가정의 부모와 자녀들은 소외감과 정신적 긴장감, 고독과 긴장의 연속에 살아가게 된다. 아버지와 어머니의 가치관과 생활태도가 각각 다른 이중문화의 성격을 지닌 국제결혼가정으로부터 태어난 2세들은, 성장하면서 많은 갈등과 혼돈을 경험하게 된다. 따라서, 이들에 대한 교육문제는 다문화가족에게는 심각한 문제가 아닐 수 없다.

결론적으로 결혼이주여성이 우리글과 우리말에 익숙지 않아 자녀조차 성장과정에서 어려움을 겪게 되며(최명민 외, 2015: 35–36), 다문화가족의 자녀들은 부모의 국적·문화 간 차이로 정체성의 혼란을 겪고 있는 것으로 나타나고 있다. 따라서, 이들 자녀가 성장했을 때 한국사회 내에서 또 다른 차별을 받는 소외계층으로 살아갈 가능성이 있다.

2) 해결방안

결혼이주여성의 문제점에 대처하기 위한 정책적 처방을 고안하여 해결하기 위한 방안은 다음과 같다(김순양, 2013: 479–486).

첫째, 전시성, 이벤트 중심의 정책으로부터 탈피하고, 보다 장기적인 관점에서 내실 위주의 정책을 시행해야 한다.

현재 여러 종류의 이주민들 중에서 결혼이주여성이 가장 다양한 정책의 수혜를 받고 있다고 볼 수 있다. 이러한 현상은 특히 지방정부 단위로 갈수록 더욱 그러하다. 물론 여기에는 정치적 동기가 많이 작용하였다 현실적으로 농어촌지역은 약 40% 전후의 한국남성들이 외국인여성들과 결혼하고 있으며, 이는 곧 결혼이주여성 1명에 남편, 시부모 기타 가족 등을 합치면 최소한 4명 이상의 유권자들이 관련된다는 것을 의미한다. 따라서, 결혼이주여성에 대한 프로그램은 다른 이주민에 비해 과잉중복되는 경우가 많은 것이다. 그러나 문제는 현재 정부부처들이 적절한 예산도 확보하지 못한 채 저마다 다양한 프로그램들을 방만하게 운영하고 있다는 점이다. 그 결과, 다문화정책에 대한 불신을 초래하고 정책의 실현가능성을 저하시키고 있다. 따라서, 지나치게 방만한 프로그램을 개별 정부부처별로 그것도 이벤트성 행사를 중심으로 시행하는 것을 지양하고, 보다 장기적인 관점에서 정책이나 프로그램의 내실을 다지는 것이 중요하다.

둘째, 유기적이고 통합적인 정책시행체계가 구축되어야 한다.

현재 결혼이주여성에 대한 지원과 관련해 중앙정부 단위에서는 교육과학기술부,

여성가족부, 보건복지부, 문화체육관광부, 법무부, 고용노동부 등 다양한 부처들이 저마다 사업을 시행하고 있다. 지방정부 단위에서도 각급 일반행정기관이나 특별행정기관들이 제대로 된 연계나 조정체계 없이 다양한 프로그램들을 중구난방으로 운영하고 있다. 따라서, 향후 정책시행체계나 프로그램들이 보다 체계적으로 조정되고 통합되어야 하며, 공사부문 간, 중앙 및 지방정부 간, 그리고 각급 지방행정조직들 간에 보다 명확하게 기능조정이 되어야 한다.

셋째, 다문화정책과 프로그램에 대한 접근성이 제고되어야 한다.

농어촌지역의 경우, 교육 및 여가 관련 시설이 절대적으로 부족하고 관련 정보에 대한 접근기회도 크게 부족하다. 즉, 상당수의 결혼이주여성들이 정책이나 프로그램의 존재 자체를 인지하지 못하거나, 알고 있더라도 교통의 불편, 시설의 열악함 등으로 접근하지 못하거나 꺼리는 경우가 많은 것이다. 결혼이주여성을 지원하기 위한 정책이나 프로그램의 접근성을 제고하기 위해서는 생활권에 기반을 둔 교육시스템 구축, 문화 및 복지시설의 확충, 방문교육의 활성화, 정보접근성 제고를 위한 멘토링 활성화, 정보제공 방식의 다양화 등 다양한 방인들이 고안되어야 한다.

넷째, 다문화정책이나 프로그램 운영에서 획일성을 지양하고, 융통성을 제고해야 한다.

결혼이주여성을 지원하기 위한 정책이나 프로그램을 시행하는 데 결혼이주여성의 거주지역, 학력수준, 서비스 욕구, 전문성 수준, 연령, 출신국가 등의 개별적 특성을 감안하는 맞춤식이 되어야 한다.

다섯째, 생활공동체 단위의 소통을 강화한다.

현재 결혼이주여성을 위한 다양한 정책이나 프로그램들이 시행되고 있지만, 이것들이 대부분 생활구역이 아닌 행정구역을 단위로 시행되고 있어 접근성이 떨어짐은 물론, 결혼이주여성들이 공동체사회에 적응하는 데 큰 기여를 하지 못하고 있다. 따라서, 공동체 단위의 소규모 프로그램을 중점적으로 개발함으로써 결혼이주여성들의 교육, 사회적응, 여가활용, 사회적 네트워크 형성 등이 공동체를 중심으로 동시다발적으로 발생할 수 있게 해야 한다.

여섯째, 정책 및 프로그램의 통합연계성을 강화하여 시너지 효과를 거둘 수 있게 해야 한다.

즉, 현재 각 정부부처별로 분절적으로 정책이나 프로그램이 운영되고 있어 통합적 관리에서 오는 시너지 효과를 거두지 못하고 있다. 따라서, 통합 및 연계성 제고를 통한 시너지 효과를 거두기 위해서는 우선, 어떠한 정책이나 프로그램들이 서로 연관성이 높은지를 분석해야 하며, 다음에는 통합운영의 주체를 선정하고 통합운영방식을 고안해야 한다.

일곱째, 적절한 성과평가와 환류가 필요하다.

현재 각 정부부처들마다 결혼이주여성을 지원하기 위한 계획을 수립하고 이에 입각하여 다양한 정책과 프로그램들을 시행하고 있다. 그리고 상당수의 프로그램들은 사회복지관이나 종교법인 등의 민간부문에서 민간위탁방식으로 시행하고 있다. 그러나 전반적으로 직영이든 민간위탁방식이든 사업을 고안하고 시행하는 것은 잘하지만, 사업의 결과에 대한 성과평가나 이를 통한 환류는 매우 부실하다. 그 결과, 사업의 성과와 무관하게 지속되는 사업이 많으며, 사업수행과정에서 발생하는 유익한 정보를 제대로 환류하지 못하고 있다. 따라서, 결혼이주여성을 지원하기 위한 정책이나 프로그램의 경우는 성과평가를 의무적으로 시행하며, 평가결과를 등급화하여 차등적인 인센티브를 제공하며, 성과가 좋은 프로그램에 대해서는 모범사례로 선정하여 정보를 공유하는 것이 필요하다.

여덟째, 결혼이주여성에 대한 정책이나 프로그램은 상호이해를 촉진하는 방향으로 운영되어야 한다.

한국사회는 아직 다문화정책에 대한 뚜렷한 방향설정은 없지만, 현재의 세계적인 추세인 다문화주의모형을 암묵적으로는 추구하고 있다. 그런데 이런 다문화주의는 이주민들이 기존의 사회문화나 질서에 동조하게 만드는 동화주의모형과는 달리, 이주민들의 독자성을 인정하고 함께 조화할 수 방안을 모색하고자 한다. 따라서, 이러한 이념적 지향에 충실하기 위해서는 결혼이주여성에 대한 정책이나 프로그램들이 결혼이주여성만을 대상으로 하기보다는 남편, 시부모, 지역주민 등이 함께 참여하여 상호이해를 제고하는 방향으로 운영되는 것이 필요하다.

아홉째, 결혼이주여성에 대한 정책이나 프로그램은 이들의 자녀에 대한 배려를 강화해야 한다.

자녀들의 보육 및 학습능력 증진뿐만 아니라, 결혼이주여성과 자녀 간의 소통, 심리적·정서적 안정화, 직업, 병역문제 등에 상당한 비중을 두어야 한다. 현재 결혼이주여성 자녀의 교육을 지원하기 위해 출산 및 육아지원, 다솜이학교, 방과 후 학교, 교육복지우선지원사업 등 다양한 교육 프로그램들이 운영되고 있다. 그러나 이러한 프로그램들은 가정 및 학교생활 전반에서 결혼이주여성 자녀들을 전인적 인격체로 성장할 수 있게 하고, 이들이 성인이 되었을 때 직면하게 되는 대학교육, 취업, 병역 등의 문제에 대처할 수 있게 하는 데는 관심이 부족하다. 따라서, 모자간의 이러한 문제를 해소하기 위한 모자통합 프로그램들이 활성화되어야 하며, 이 과정에서 학교교사나 교육복지사 등의 적극적 역할도 필요하다. 그리고 결혼이주여성 자녀들은 외형적인 차이와 이로 인한 따돌림 등으로 심리적·정서적으로 위축되거나, 반항심을 가지게 되는 경우가 많다. 따라서, 학교교육이나 교육 프로그램에서는 학습증진에만 몰두할 것이 아니라, 결혼이주여성 자녀들의 정서적·심리적 상담의 강화, 자신감 제고, 참여 및 체험활동 장려, 환경적 역경을 극복한 사례의 개발 등의 방안들이 고안되어야 한다. 그리고 결혼이주여성 자녀들이 머지않은 장래에 직면할 대학진학, 취업, 병역 등의 문제들에 대비하여 대학진학상담 강화 및 학자금 대출, 취업교육 지원, 이중언어 습득 지원, 적성직종 개발, 병영체험활동 등 다양한 제도적·실제적 방안들에 대한 사전 보완을 서둘러야 한다.

　열 번째, 결혼이주여성의 생애주기별 서비스체계를 구축해야 한다.

　결혼이주여성의 입국과정 및 입국 이후의 생활을 일정한 단계로 구분하여 각 단계별로 적합한 정책적 처방책을 마련해야 하는 것이다. 구체적인 생애주기와 관련해서는 여러 의견이 존재하지만, 대개 결혼준비기, 가족형성기, 자녀양육기(임신·출산 포함), 자녀교육기, 가족역량강화기 등으로 구분하고 있다. 그런데 이러한 생애주기의 분류는 여성으로서 가정생활을 영위하는 데 주안점을 두는 것으로서, 결혼이주여성 자체로서의 다양한 욕구들, 즉 교육욕구, 사회문화적 적응, 직업훈련 및 취업, 언어, 건강, 사회보장, 주거 등 다양한 차원에서 발생하는 사회적 배제의 문제를 다루는 데는 한계가 있으며, 이는 별도로 보강되어야 한다.

Chapter **5**

외국인근로자

* **학습목표**
  1. 외국인근로자의 자국문화 이해
  2. 외국인근로자의 고충 파악
  3. 외국인근로자의 권익옹호방법 모색

* **학습내용**
  1. 외국인근로자의 개념
  2. 외국인근로자 현황
  3. 외국인근로자의 문제점과 해결방안

* **개요**
  외국인근로자는 일반적으로 취업을 위해 본국을 떠나 이주한 자를 의미하고 있으며, '외국인근로자', '이민근로자' 등 다양한 용어가 혼재되어 사용되고 있다. 국제법상 외국인근로자의 개념은 UN협약, ILO협약, EU협약 등에서 논의되고 있다. 이에 따르면, 외국인근로자는 국적을 가지지 않는 나라에서 유급활동에 종사하고 있거나 또는 종사할 예정인 사람으로 성, 인종, 국적, 종교, 연력, 재산 등에 따른 차별 없이 모든 외국인근로자가 협약의 적용대상임을 밝히고 있다. 여기에서는 외국인근로자에 관해서 학습하고자 한다.

Chapter 5
외국인근로자

1 외국인근로자의 개념

1) 외국인근로자의 정의

한국에 다문화 관련 대상자들이 본격적으로 유입되면서 사회적으로 관심을 가지게 된 주요 대상자 중 하나가 외국인근로자이다. 한국사회는 이들에게는 차별배제적 정책을 적용하면서 사회 안에서 동화를 추구하는 결혼이주여성과는 다른 방식으로 처우하고 있다. 이러한 특성으로 인해 외국인근로자는 다방면에서 인권침해와 차별을 경험하고 있다(조원탁 외, 2020: 271).

외국인근로자는 '일정기간 다른 나라에서 경제적 수입을 목적으로 근로에 종사하는 자'를 의미한다. 그러나 한국사회에서도 외국인근로자란 단어가 혼재되어 사용되고 있는데, 외국인노동자(foreign worker), 이민 노동자(immigrant worker), 초빙 노동자(guest worker), 단기 노동자(temporary worker), 계약 노동자(contract worker), 이방인 노동자(alien worker), 출가 노동자, 외국인근로자(국내법) 등 다양한 명칭으로 불리고 있다. 그렇지만 '일정기간 다른 나라에 가서 돈벌이하는 사람'을 가리킨다는 점에서는 동일하다. 외국인노동자, 이민 노동자, 이방인 노동자는 노동력 수입국의 입장에서 외국인근로자를 부르는 명칭이며, 송출국의 입장에서는 부적절한 용어이다. 따라서, 송출·정착·귀환이라는 이주의 전 과정을 포괄하고 있는 '이주 노동자'라는 용어가 주로 사용되고 있다(이승림, 2018: 48).

　국내법의 경우, 「외국인고용법」, 「출입국관리법」, 「재한외국인 처우기본법」 등 현행법상에서 외국인근로자에 대한 개념과 법적 지위를 규정하고 있다. 외국인근로자의 법적 용어로는 '외국인근로자'가 통상적으로 사용되고 있으며, 「외국인 고용법」 제2조에서 '외국인근로자'는 "대한민국의 국적을 가지지 아니한 사람으로서 국내에 소재하고 있는 사업 또는 사업장에서 임금을 목적으로 근로를 제공하고 있거나 제공하려는 사람"으로 정의하고 있다. 따라서, 이주 노동자는 일정하게 정하여진 기간 동안 자국을 떠나 다른 나라에 가서 경제활동을 하는 사람으로 이해된다. 국제노동기구(ILO)는 외국인근로자를 'immigrant worker'라고 정의하고 있으며, immigrant worker는 자신이 생활하고 있는 일상적인 근거지를 벗어나서 타 지역(타 국가)로 이주하여 취업한 노동자를 통칭한다.

　하지만 국내에서 통용되고 있는 '외국인근로자'라는 용어는 내국인과 외국인을 구분하여 국민이 아닌 사람을 부각한다는 점에서 이주하였다는 사실에 초점을 두어 노동력 송출국과 유입국의 입장을 포괄하는 '이주 노동자'라는 용어가 더 개방적이고 포용적인 용어라고 할 수 있다. 국제적으로도 외국인근로자라는 표현이 국적의 차이와 차별의 의미를 담고 있기 때문에 이주 노동자라는 표현을 권장하고 있는 추세이다.

　그러므로 이러한 논의를 바탕으로 여기서는 국내법을 적용하여 외국인근로자로 표기하고자 하며, 이들은 취업을 목적으로 본국에서 다른 국가로 이주한 노동자로 정의한다.

　국제법상 외국인근로자의 개념은 UN협약, ILO협약, EU협약 등에서 논의되고 있다. 이에 따르면, 외국인근로자는 국적을 가지지 않는 나라에서 유급활동에 종사하고 있거나 또는 종사할 예정인 사람으로 성, 인종, 국적, 종교, 연력, 재산 등에 따른 차별 없이 모든 외국인근로자가 협약의 적용대상임을 밝히고 있다. 외국인근로자에 대한 이러한 정의는 ILO협약과 EU협약에서도 비슷하게 나타나고 있다. 다만, 협약에 따라 불법적인 방법과 수단으로 이주한 사람에 대해서는 상이하게 규정하고 있기 때문에 외국인근로자에 포함되는 대상은 다소 차이가 있다(김홍목, 2019: 8).

국제연합(UN)에서 채택한 국제법적 지위를 갖는 각종 협약

「난민의 지위에 관한 협약(Convention Relating to the Status of Refugees)」(1951, UN)

「모든 형태의 인종차별 철폐에 관한 협약(International Convention on the Elimination of All Forms of Racial Discrimination)」(1965, UN)

「시민적·정치적 권리에 관한 국제조약(International Covenant on Civil and Political Rights)」 (1966, UN)

「경제적·사회적 및 문화적 권리에 대한 국제조약(International Covenant on Economic, Social and Cultural Rights, ICESCR)」(1966, UN)

외국인근로자의 자녀와 관련된 협약

「유엔아동권리협약(Convention on the Rights of the Child)」(1989)

「모든 외국인근로자와 그 가족의 권리보호에 관한 국제협약(International Convention on the Protection of All Migrant Workers And their Families)」(1990)

국제노동기구(ILO) 채택 협약

「결사의 자유와 단결권의 보호에 관한 협약(Convention concerning Freedom of Association and Protection of the Right to Organize)」(1948)

우리나라는 이러한 국제법과 「유엔아동권리협약」에 가입하여 이를 우리나라 국내법과 동일한 효력을 발휘하도록 하고 있으나, 아직까지 「모든 외국인근로자와 그 가족의 권리보호에 관한 국제협약」은 비준하지 않은 상태이기 때문에 이 협약의 내용은 효력이 발휘될 수 없다.

2) 한국 외국인근로자의 역사

한국사회는 급속한 고령화와 저출산 현상에 따른 생산연령인구의 감소와 연령 구성의 변화가 일어났다. 이로 인해, 생산성 저하와 저축 및 투자 감소를 초래하고 잠재성장률은 떨어지고 국가경쟁력에 큰 타격을 받을 것을 우려된다. 그 해결책의 하나로 국내 노동시장의 일손 부족을 보완하기 위해 합법적이고 선별적으로 노동력을 공급하는 제도가 고용허가제와 방문취업제의 도입이다.

'88서울올림픽을 계기로 한국의 발전이 알려지면서 조선족뿐만 아니라, 동남아시아나 중앙아시아에서 관광비자(C-3)로 입국하여 불법체류자로 취업하는 외국인근로자가 증가하였다. 정부는 인력부족을 겪는 중소기업의 요구를 수용하고자 1991년 11월에

'산업기술 연수생 제도'를 도입하였다. 그 후 여러 가지 문제점이 노출되어, 2004년 노무현 정부에서 외국인근로자를 정식으로 수용하는 고용허가제가 시행되었으며, 고용허가제 이후 국내 외국인근로자 수는 지속적으로 증가하였다(김명희, 2019: 8).

한국사회는 1997년 외환위기에서 경제위기를 벗어나기 위해 다양한 시책이 채택되었다. 그 일환으로서 선진국 거주 '재외동포'에 대한 한국투자, 고기능 노동자의 유치를 주 목적으로, 1999년 한국 내에서의 경제활동에 대한 규제를 완화하는 내용의 「재외동포의 출입국과 법적 지위에 관한 법률(재외동포법)」을 제정하였다.

2002년에는 '취업관리제도'를 도입, 재외동포 가운데 중국 조선족이나 CIS지역의 고려인이라고 하는 한국계 외국인에 대하여 6종류의 서비스업에서 최장 3년간 취업을 허가하였다. 인력부족이 극심한 업종에 저임금 노동력을 보충하는 것이 정책적 의도였지만, 2004년 고용허가제가 실시되면서 폐지되었고 고용허가제에 통폐합되었다.

2007년에는 한국계 외국인의 취업을 우대하는 내용의 '방문취업제'가 시행되었다. 방문취업제(특례고용허가제)는 중국 및 CIS지역 만 25세 이상의 일정한 요건을 갖춘 동포들에 대해 5년간 유효한 복수사증을 발급(H-2)하고, 사증 유효기간 범위 내에서 자유로운 출입국을 허용하여 한민족 네트워크를 강화하고 고국과 동포사회의 호혜발전에 기여하기 위한 제도이다.

2013년 3월 23일 시행된 「고려인동포 합법적 체류자격 취득 및 정착지원을 위한 특별법」에 따르면, 동법 제1조는 "고려인 동포의 합법적인 체류자격 취득을 지원하고 고려인동포의 권익 증진과 생활 안정을 도모함을 목적으로 한다."라고 규정하고 있다.

외국인근로자에 대한 견해는 크게 두 개로 나뉘고 있는데, 우선 국내인력이 기피하는 3D업종에서 부족한 인력을 메울 수 있다는 긍정적인 여론이 존재하는 반면, 저임금으로 국내 노동시장의 질서를 파괴하고 있다는 부정적인 시각도 존재한다. 하지만 인구절벽·고령화 등으로 생산인구의 감소가 불가피한 상황에서 '외국인근로자에 대한 효과적인 활용방안'이 필요할 뿐만 아니라, 그들의 방치는 복지차원에서 더 큰 사회적 비용의 부담이 커질 수 있기 때문이다.

3) 외국인근로자 관련 제도

(1) 고용허가제

고용허가제(employment permit system, EPS)는 외국인근로자에게 고용조건에 있어서 국내 노동자와 동등한 대우를 보장해 주는 제도로서, 외국인력을 고용하려는 사업자가 직종과 목적 등을 제시할 경우, 정부(노동부장관)가 그 타당성을 검토하여 허가여부를 결정하는 외국인력 도입정책이다. 대부분의 유럽국가와 미국에서 시행되고 있으며, 2003년 8월 16일 법률 제6967호로 「외국인근로자의 고용 등에 관한 법률」이 제정되어 2004년 8월부터 시행되고 있다(주진우, 2018: 13).

고용허가제는 국내에서 인력을 구하지 못하는 기업이 정부로부터 외국인 고용을 허가 받아, 합법적으로 외국인을 노동자 신분으로 고용할 수 있는 제도이다. 외국 인력의 합법적, 투명한 고용관리체계를 마련하여 국내의 인력 부족을 해소하는 것이 목적이다. 합법적인 외국인력 고용제도가 마련되어 있지 않아 편법으로 활용하거나 불법체류자를 고용하는 일을 방지할 수 있는 기회가 되었다. 고용허가제는 국내인력이 부족한 사업체에 적정 수준의 근로자를 도입하여 활용하는 동시에, 국내 노동자의 기회가 침해되지 않도록 하는 것이 중요하다. 그리고 외국인근로자의 도입을 잘 이용하여 송출 비리를 방지하며, 국내 취업 외국인근로자는 내국인 노동자와 동일한 조건으로 보호하는 원칙이다(김상진, 2008: 7).

고용허가제는 심각한 인력부족을 겪고 있는 제조업이나 3D업종 부문의 사업체들에 대해 해외의 노동력을 공급하려는 취지에서 도입된 제도이다. 외국인근로자를 고용하려는 300인 미만의 중소기업에서 내국인 노동자를 고용할 수 없음을 입증하고 필요 직종과 목적을 제시하는 경우, 정부는 그 타당성을 검토하여 허가 여부를 결정한다. 한국과 인력도입 양해각서를 체결한 나라로부터 국내로 취업하려는 신청자들 중에서 사업주가 선정한 외국인근로자들은 정부로부터 고용허가서와 취업비자(E-9)를 발급받아 근무할 수 있다.

고용허가를 받은 사용자는 국외에서 직접 모집하거나 대통령령이 정한 공공단체 또는 비영리법인을 통해 모집할 수 있으며, 외국인근로자는 송출국의 국가기관 또는 그 국가가 인정하는 기관을 통해야 한다. 사용자는 1년 이내의 기간을 정하여 노동허가를 받은 외국인근로자와 고용계약을 체결하게 되는데, 계약을 체결할 때, 임금·근로시간·휴일·휴가 등 근로조건에 관한 사항과 동거를 위한 가족동반금지에 관한 사항 등이 포함된다.

이 제도에 따르면, 외국인근로자는 1년마다 사업주와 고용계약을 갱신하도록 하며, 최대 5년 이내의 고용을 유지할 수 있다. 사업주는 외국인근로자를 대상으로 임금·근로시간·휴일 등의 고용조건에 대한 근로계약을 체결해야 하며, 근로조건이나 노동관계법·사회보험의 적용에서 내국인 노동자와 부당한 차별을 할 수 없다. 대부분의 유럽국가에 시행되고 있는 노동허가제의 경우에는 외국인근로자의 자유로운 직장이동을 허용하는 반면, 우리나라의 고용허가제는 외국인근로자들이 정해진 기간 동안 지정된 사업체에서만 일할 수 있는 것으로 규제하고 있다

이 제도는 사업자에게 허가권을 행사함으로써 외국인근로자에 대한 초과수요를 사전에 통제할 수 있으며, 사업자가 내국인 노동자를 고용할 수 없음을 입증하여야만 외국인근로자를 고용할 수 있게 되므로, 내국인 노동자의 고용기회가 보장되며, 외국인근로자의 고용에 따른 근로조건 악화를 방지할 수 있다. 또한 고용을 허가할 때 근로조건을 준수할 수 있는 사업자인가를 확인할 수 있어 무자격사업자의 외국인근로자 고용을 사전에 차단할 수 있다는 점에서 외국인근로자의 권익을 충실하게 보호할 수 있다.

(2) 외국인근로자의 유형

국내 외국인근로자의 유형은 비전문취업(E-9), 방문취업(H-2), 전문인력취업(E-1~E-7, C-4), 미등록 외국인근로자로 크게 4가지로 구분된다. 이 중에서 고용허가제로 유입되는 외국인근로자는 비전문취업(E-9)과 방문취업(H-2)에 해당되며, 한국정부와 노동력 송출에 관한 양해각서(MOU)를 체결한 국가에서 인력을 수급 받고 있다. 그 내용은 다음과 같다.

① 비전문취업(E-9)

현재 인도네시아, 태국, 라오스 등 16개 국가에서 송출되고 있으며, 취업이 가능한 업종은 중소제조업, 농·축산업, 어업, 건설업, 일부 서비스업 등과 같이 국내에서 인력 수급이 어려운 직종에 한정된다. 또한 이들의 취업은 정주화 방지를 위해 3년으로 제한되며, 사용자의 재고용 시 1년 10개월이 연장되어 최장 4년 10개월까지 체류가

가능하다.

② 방문취업(H-2)

중국이나 독립국가연합(구소련, CIS)지역 재외동포들의 자유로운 고국 방문과 체류 상의 편의를 도모하기 위해 도입되었다. 방문취업(H-2)으로 유입된 동포들은 고용허 가제 내에서도 특례 적용을 받기 때문에 취업이 가능한 업종이 폭넓고, 사업장 변경 이 자유로우며, 한국어 소통이 가능하다는 점에서 비전문취업(E-9)과는 다른 조건을 가지고 있다.

③ 전문인력취업

비자 체계상 단기취업(C-4)을 비롯해서 교수, 회화지도, 연구, 기술지도, 전문직업, 예술흥행, 특정활동 분야(E-1~E-7)에 연수 또는 취업하려는 전문적인 기술과 능력 을 가진 인력을 대상으로 한다. 각 분야에 따라 최소 2년에서 최대 5년 동안 체류 가 능하며, 비자 발급에 필요한 요건과 활동범위가 상이하다.

④ 미등록 외국인근로자

체류기간 초과, 지정된 사업장 무단이탈, 밀입국 등 다양한 이유로 인해 불법체류, 불법취업 상태가 된 외국인근로자를 뜻한다. 이들은 국내에 체류할 수 있는 법적 자 격이 없다는 신분상 제약 때문에 정부지원의 사각지대에 놓여있으며, 합법체류 외국 인근로자에 비해서 처우가 열악하다.

이국인근로자의 유형은 <그림 5-1>과 같다.

| 그림 5-1 | 외국인근로자의 유형

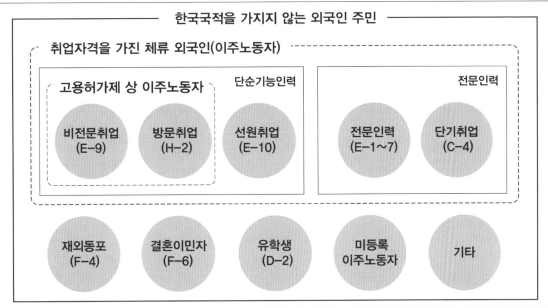

자료: 김보기 외(2020c: 231).

2 외국인근로자 현황

1) 상주인구

(1) 성별·국적별

통계청(2021b: 4)의 「2021년 이민자 체류실태 및 고용조사 결과」에 따르면, 2021년 5월 기준 15세 이상 국내 상주 외국인은 133만 2천 명으로 전년과 동일한 것으로 나타났다.

남자는 74만 1천 명(55.6%)으로 1만 명(−1.3%) 감소하고, 여자는 59만 1천 명(44.4%)으로 1만 명(1.7%) 증가하였다.

국적별로 한국계중국(2만 1천 명, 4.3%), 베트남(4천 명, 2.1%) 등에서 증가하고, 기타 아시아(−2만 6천 명, −6.2%) 등에서 감소하였다.

성별·국적별 외국인 상주인구는 <표 5−1>과 같다.

| 표 5-1 | 성별·국적별 외국인 상주인구

(단위: 천 명, %)

	상주인구	아시아	한국계 중국	중국	베트남	기타 아시아	아시아 이외
2020. 5. (구성비)	1,331.8 (100.0)	1,200.6 (90.1)	490.5 (36.8)	127.7 (9.6)	172.0 (12.9)	410.4 (30.8)	131.2 (9.9)
남자 (구성비)	750.7 (100.0)	682.2 (90.9)	257.8 (34.3)	48.5 (6.5)	84.8 (11.3)	291.1 (38.8)	68.5 (9.1)
여자 (구성비)	581.1 (100.0)	518.4 (89.2)	232.6 (40.0)	79.2 (13.6)	87.2 (15.0)	119.4 (20.5)	62.7 (10.8)
2021. 5. (구성비)	1,331.8 (100.0)	1,198.6 (90.0)	511.4 (38.4)	126.7 (9.5)	175.6 (13.2)	384.9 (28.9)	133.1 (10.0)
남자 (구성비)	740.6 (100.0)	672.2 (90.8)	272.9 (36.8)	47.8 (6.5)	85.5 (11.5)	266.1 (35.9)	68.4 (9.2)
여자 (구성비)	591.2 (100.0)	526.4 (89.0)	238.6 (40.4)	79.0 (13.4)	90.1 (15.2)	118.8 (20.1)	64.8 (11.0)
전년대비증감	0.0	-2.0	20.9	-1.0	3.6	-25.5	1.9
증감률	0.0	-0.2	4.3	-0.8	2.1	-6.2	1.4

자료: 통계청(2021b: 4).

(2) 체류자격별

체류자격별로 재외동포(4만 4천 명, 13.1%), 영주(1만 4천 명, 11.8%), 유학생(6천 명, 4.7%), 결혼이민(6천 명, 4.5%) 등에서 증가하였다. 방문취업(-3만 8천 명, -23.5%), 비전문취업(-3만 6천 명, -14.1%)에서 감소하였다.

체류자격별 외국인 상주인구는 <표 5-2>와 같다.

| 표 5-2 | 체류자격별 외국인 상주인구

(단위: 천 명, %)

	상주 인구	비전문 취업 (E-9)	방문 취업 (H-2)	전문 인력 (E-1 ~E-7)	유학생 (D-2, D-4-1·7)	재외 동포 (F-4)	영주 (F-5)	결혼 이민 (F-6)	기타
2020. 5.	1,331.8	252.1	160.5	39.8	137.0	335.9	114.8	121.5	170.2
2021. 5. (구성비)	1,331.8 (100.0)	216.6 (16.3)	122.8 (9.2)	40.0 (3.0)	143.4 (10.8)	380.0 (28.5)	128.4 (9.6)	127.0 (9.5)	173.5 (13.0)
전년대 비증감	0.0	-35.5	-37.7	0.2	6.4	44.1	13.6	5.5	3.3
증감률	0.0	-14.1	-23.5	0.5	4.7	13.1	11.8	4.5	1.9

자료: 통계청(2021b: 5)

(3) 연령대별

연령대별로 60세 이상(1만 4천 명, 9.2%), 50대(1만 3천 명, 6.4%) 등에서 증가하고, 20대 이하(-3만 4천 명, -8.9%)에서 감소하였다.

거주지역별 외국인 상주인구는 <표 5-3>과 같다.

| 표 5-3 | 거주지역별 외국인 상주인구

(단위: 천 명, %)

	상주 인구	서울	인천	경기	부산 울산 경남	대전 충남 충북 세종	대구 경북	광주 전남 전북	강원 제주
2020. 5.	1,331.8	304.0	77.5	464.5	135.5	141.4	82.5	87.9	38.6
2021. 5. (구성비)	1,331.8 (100.0)	298.4 (22.4)	79.1 (5.9)	472.6 (35.5)	130.4 (9.8)	143.3 (10.8)	82.4 (6.2)	87.3 (6.6)	38.3 (2.9)
전년대비증감	0.0	-5.6	1.6	8.1	-5.1	1.9	-0.1	-0.6	-0.3
증감률	0.0	-1.8	2.1	1.7	-3.8	1.3	-0.1	-0.7	-0.8

자료: 통계청(2021b: 5).

(4) 귀하허가자

2021년 5월 상주인구 기준, 15세 이상 최근 5년 이내 귀화허가자는 4만 9천 명이며, 귀화 이전 국적별로 한국계중국(5.3%)에서 증가하고, 베트남(−0.5%)에서 감소하였다. 성별·국적별 귀화허가자 상주인구는 <표 5−4>와 같다.

|표 5-4| 성별·국적별 귀화허가자 상주인구

(단위: 천 명, %)

	상주인구	아시아	한국계 중국	중국	베트남	기타 아시아	아시아 이외
2020. 5. (구성비)	48.6 (100.0)	48.0 (98.8)	17.0 (35.0)	5.2 (10.7)	18.3 (37.7)	7.4 (15.2)	0.6 (1.2)
남자	8.7	8.6	5.9	1.3	0.2	1.1	0.1
여자	39.9	39.4	11.1	3.9	18.1	6.3	0.4
2021. 5. (구성비)	49.4 (100.0)	48.8 (98.8)	17.9 (36.2)	5.2 (10.5)	18.2 (36.8)	7.4 (15.0)	0.6 (1.2)
남자	9.4	9.2	6.2	1.4	0.3	1.2	0.2
여자	40.0	39.6	11.7	3.8	17.8	6.2	0.5
전년대비증감	0.8	0.8	0.9	0.0	−0.1	0.0	0.0
증감률	1.6	1.7	5.3	0.0	−0.5	0.0	0.0

자료: 통계청(2021b: 6).

2) 고용

(1) 외국인

① 경제활동인구

외국인 경제활동인구는 91만 명으로 전년대비 8천 명(−0.9%) 감소하고, 경제활동 참가율은 68.3%로 전년대비 0.6%p 하락하였다.

② 취업자

외국인 취업자는 85만 5천 명으로 전년대비 7천 명(0.9%) 증가하고, 고용률은 64.2%로 전년대비 0.5%p 상승하였다.

③ 실업자

외국인 실업자는 5만 4천 명으로 전년대비 1만 5천 명(−21.9%) 감소하고, 실업률은 6.0%로 전년대비 1.6%p 하락하였다.

(2) 귀화허가자

① 경제활동인구

귀화허가자 경제활동인구는 3만 3천 명으로 전년대비 2천 명(7.1%) 증가하고, 경제활동참가율은 67.4%로 전년대비 3.4%p 상승하였다.

② 취업자

귀화허가자 취업자는 3만 1천 명으로 전년대비 3천 명(9.4%) 증가하고, 고용률은 63.6%로 전년대비 4.5%p 상승하였다.

③ 실업자

귀화허가자 실업자는 2천 명으로 전년대비 16.7% 감소하고, 실업률은 6.0%로 전년대비 1.7%p 하락하였다.

주요 고용지표는 <표 5-5>와 같다.

| 표 5-5 | 주요 고용지표

(단위: 천 명, %, %p)

		상주인구	경제활동인구	취업자	실업자	비경제활동인구	경제활동참가율	고용률	실업률
외국인	2020. 5.	1,331.8	917.4	847.9	69.5	414.4	68.9	63.7	7.6
	2021. 5.	1,331.8	909.6	855.3	54.3	422.2	68.3	64.2	6.0
	전년대비증감	0.0	-7.8	7.4	-15.2	7.8	-0.6	0.5	-1.6
	증감률	0.0	-0.9	0.9	-21.9	1.9	-	-	-
귀화허가자	2020. 5.	48.6	31.1	28.7	2.4	17.4	64.0	59.1	7.7
	2021. 5.	49.4	33.3	31.4	2.0	16.1	67.4	63.6	6.0
	전년대비증감	0.8	2.2	2.7	-0.4	-1.3	3.4	4.5	-1.7
	증감률	1.6	7.1	9.4	-16.7	-7.5	-	-	-
경제활동인구조사	2020. 5.	44,756	28,209	26,930	1,278	16,578	63.0	60.2	4.5
	2021. 5.	45,049	28,698	27,550	1,148	16,351	63.7	61.2	4.0

※ 경제활동인구조사: 2021년 5월 고용동향(2021. 6. 9. 공표, 통계청)에서 발췌

자료: 통계청(2021b: 7).

3) 취업자

(1) 국적

① 외국인

국적별 취업자는 전년대비 한국계중국(2만 명, 6.1%), 베트남(7천 명, 8.8%)에서 증가하고, 기타아시아(−1만 8천 명, −5.8%) 등에서 감소하였다.

② 귀화허가자

귀화전 국적별 취업자는 전년대비 한국계중국(8.5%), 베트남(6.4%) 등에서 증가하고, 아시아 이외(−33.3%)에서 감소하였다.

국적별 취업자는 <표 5−6>과 같다.

|표 5-6| 국적별 취업자

(단위: 천 명, %)

		전체 취업자	아시아	한국계 중국	중국	베트남	기타 아시아	아시아 이외
외국인	2020. 5.	847.9	764.3	321.1	43.9	84.5	314.8	83.6
	2021. 5. (구성비)	855.3 (100.0)	773.0 (90.4)	340.6 (39.8)	43.9 (5.1)	91.9 (10.7)	296.6 (34.7)	82.3 (9.6)
	전년대비증감	7.4	8.7	19.5	0.0	7.4	−18.2	−1.3
	증감률	0.9	1.1	6.1	0.0	8.8	−5.8	−1.6
귀화 허가자	2020. 5.	28.7	28.5	10.6	2.7	11.0	4.1	0.3
	2021. 5. (구성비)	31.4 (100.0)	31.1 (99.0)	11.5 (36.6)	3.0 (9.6)	11.7 (37.3)	4.8 (15.3)	0.2 (0.6)
	전년대비증감	2.7	2.6	0.9	0.3	0.7	0.7	−0.1
	증감률	9.4	9.1	8.5	11.1	6.4	17.1	−33.3

자료: 통계청(2021b: 8).

(2) 체류자격

외국인 체류자격별 취업자는 전년대비 재외동포(3만 2천 명, 15.5%) 등에서 증가하고, 비전문취업(-3만 5천 명, -14.0%) 등에서 감소하였다.

취업자 중 가장 많은 비중을 차지하는 체류자격은 2020년 비전문취업(29.6%)이며, 2021년은 재외동포(27.7%)로 나타났다.

체류자격별 취업자는 <표 5-7>과 같다.

│표 5-7│ 체류자격별 취업자

(단위: 천 명, %)

	전체 취업자	비전문 취업 (E-9)	방문 취업 (H-2)	전문 인력 (E-1 ~E-7)	유학생 (D-2, D-4-1·7)	재외 동포 (F-4)	영주 (F-5)	결혼 이민 (F-6)	기타
2020. 5. (구성비)	847.9 (100.0)	251.1 (29.6)	117.2 (13.8)	38.7 (4.6)	27.2 (3.2)	205.1 (24.2)	79.7 (9.4)	61.9 (7.3)	66.9 (7.9)
2021. 5. (구성비)	855.3 (100.0)	216.0 (25.3)	93.7 (11.0)	39.4 (4.6)	34.1 (4.0)	236.8 (27.7)	89.4 (10.5)	64.3 (7.5)	81.7 (9.6)
남자	573.4	197.4	62.4	23.9	18.1	141.8	47.1	20.8	62.0
여자	281.9	18.5	31.3	15.6	16.0	95.0	42.2	43.5	19.7
전년대비 증감	7.4	-35.1	-23.5	0.7	6.9	31.7	9.7	2.4	14.8
증감률	0.9	-14.0	-20.1	1.8	25.4	15.5	12.2	3.9	22.1

자료: 통계청(2021b: 8).

(3) 연령

① 외국인

연령대별 취업자는 전년대비 40대(1만 4천 명, 9.2%), 50대(1만 2천 명, 8.9%) 등에서 증가하고, 20대 이하(-2만 5천 명, -11.5%)에서 감소하였다.

② 귀화허가자

연령대별 취업자는 전년대비 30대(1천 명, 11.5%), 40대(16.0%) 등에서 증가하고, 20대 이하(-6.5%)에서 감소하였다.

연령대별 취업자는 <표 5-8>과 같다.

| 표 5-8 | 연령대별 취업자

(단위: 천 명, %)

		전체 취업자	15~29세	30~39세	40~49세	50~59세	60세 이상
외국인	2020. 5.	847.9	214.1	281.3	149.2	137.0	66.3
	2021. 5. (구성비)	855.3 (100.0)	189.4 (22.1)	283.4 (33.1)	163.0 (19.1)	149.2 (17.4)	70.3 (8.2)
	전년대비증감	7.4	-24.7	2.1	13.8	12.2	4.0
	증감률	0.9	-11.5	0.7	9.2	8.9	6.0
귀화 허가자	2020. 5.	28.7	6.2	12.2	5.0	3.5	1.9
	2021. 5. (구성비)	31.4 (100.0)	5.8 (18.5)	13.6 (43.3)	5.8 (18.5)	4.0 (12.7)	2.1 (6.7)
	전년대비증감	2.7	-0.4	1.4	0.8	0.5	0.2
	증감률	9.4	-6.5	11.5	16.0	14.3	10.5

자료: 통계청(2021b: 9).

(4) 산업

① 외국인

산업별 취업자는 전년대비 건설업(1만 7천 명, 19.4%) 등에서 증가하고, 광제조업(-9천 명, -2.4%) 등에서 감소하였다.

② 귀화허가자

산업별 취업자는 전년대비 광제조업(2천 명, 13.6%)에서 증가하였다.

산업별 취업자는 <표 5-9>와 같다.

| 표 5-9 | 산업별 취업자

(단위: 천 명, %)

		전체 취업자	농림어업	광· 제조업	건설업	도소매· 음식·숙박	전기·운수· 통신·금융	사업·개인· 공공서비스
외 국 인	2020. 5.	847.9	56.9	379.6	85.5	164.4	19.2	142.3
	2021. 5. (구성비)	855.3 (100.0)	61.0 (7.1)	370.4 (43.3)	102.1 (11.9)	161.6 (18.9)	20.7 (2.4)	139.6 (16.3)
	전년대비증감	7.4	4.1	-9.2	16.6	-2.8	1.5	-2.7
	증감률	0.9	7.2	-2.4	19.4	-1.7	7.8	-1.9
귀 화 허 가 자	2020. 5.	28.7	1.1	11.0	2.2	8.4	1.0	5.1
	2021. 5. (구성비)	31.4 (100.0)	1.0 (3.2)	12.5 (39.8)	2.5 (8.0)	8.5 (27.1)	1.3 (4.1)	5.5 (17.5)
	전년대비증감	2.7	-0.1	1.5	0.3	0.1	0.3	0.4
	증감률	9.4	-9.1	13.6	13.6	1.2	30.0	7.8

자료: 통계청(2021b: 9).

(5) 종사상 지위

① 외국인

종사상 지위별 취업자는 전년대비 임시·일용근로자(2만 7천 명, 9.4%) 등에서 증가하고, 상용근로자(-1만 9천 명, -3.8%) 등에서 감소하였다.

② 귀화허가자

종사상 지위별 취업자는 전년대비 상용근로자(2천 명, 12.7%), 임시·일용근로자(3.6%) 등에서 증가하였다.

종사상 직업별 취업자는 <표 5-10>과 같다.

| 표 5-10 | 종사상 지위별 취업자

(단위: 천 명, %)

		전체 취업자	임금 근로자	상용 근로자	임시· 일용 근로자	비임금 근로자	고용원 있는 자영업자	고용원 없는 자영업자	무급가족 종사자
외 국 인	2020. 5.	847.9	803.7	515.1	288.6	44.2	12.7	24.2	7.3
	2021. 5. (구성비)	855.3 (100.0)	811.3 (94.9)	495.7 (58.0)	315.6 (36.9)	44.0 (5.1)	12.4 (1.4)	24.7 (2.9)	6.8 (0.8)
	전년대비 증감	7.4	7.6	-19.4	27.0	-0.2	-0.3	0.5	-0.5
	증감률	0.9	0.9	-3.8	9.4	-0.5	-2.4	2.1	-6.8
귀 화 허 가 자	2020. 5.	28.7	24.6	13.4	11.2	4.1	1.1	2.0	1.0
	2021. 5. (구성비)	31.4 (100.0)	26.7 (85.0)	15.1 (48.1)	11.6 (36.9)	4.6 (14.6)	1.2 (3.8)	2.4 (7.6)	1.1 (3.5)
	전년대비 증감	2.7	2.1	1.7	0.4	0.5	0.1	0.4	0.1
	증감률	9.4	8.5	12.7	3.6	12.2	9.1	20.0	10.0

자료: 통계청(2021b: 10).

(6) 취업시간

① 외국인

취업시간대별 취업자는 전년대비 50~60시간 미만(3만 7천 명, 29.5%) 등에서 증가하고, 일시휴직(−1만 5천 명, −74.7%), 40~50시간 미만(−1만 1천 명, −2.4%) 등에서 감소하였다.

② 귀화허가자

취업시간대별 취업자는 전년대비 40~50시간 미만(2천 명, 16.2%)에서 증가하였다.

취업시간대별 취업자는 <표 5−11>과 같다.

| 표 5-11 | 취업시간대별 취업자

(단위: 천 명, %)

		전체 취업자	일시 휴직	20시간 미만	20~30 시간 미만	30~40 시간 미만	40~50 시간 미만	50~60 시간 미만	60시간 이상
외국인	2020. 5.	847.9	19.8	36.4	46.3	57.9	465.9	123.9	97.7
	2021. 5. (구성비)	855.3 (100.0)	5.0 (0.6)	33.0 (3.9)	44.1 (5.2)	57.4 (6.7)	454.6 (53.2)	160.4 (18.8)	100.9 (11.8)
	전년대비증감	7.4	-14.8	-3.4	-2.2	-0.5	-11.3	36.5	3.2
	증감률	0.9	-74.7	-9.3	-4.8	-0.9	-2.4	29.5	3.3
귀화 허가자	2020. 5.	28.7	1.2	1.8	2.1	2.9	14.8	3.0	2.9
	2021. 5. (구성비)	31.4 (100.0)	0.2 (0.6)	1.8 (5.7)	2.4 (7.6)	3.4 (10.8)	17.2 (54.8)	3.3 (10.5)	3.1 (9.9)
	전년대비증감	2.7	-1.0	0.0	0.3	0.5	2.4	0.3	0.2
	증감률	9.4	-83.3	0.0	14.3	17.2	16.2	10.0	6.9

자료: 통계청(2021b: 10).

(7) 사업체 종사자 규모

① 외국인

업체 종사자 규모별 취업자는 전년대비 4명 이하(9천 명, 4.6%) 등에서 증가하고, 10~29명(-1만 명, -4.1%) 등에서 감소하였다.

② 귀화허가자

사업체 종사자 규모별 취업자는 4명 이하(8.8%), 30~49명(33.3%), 50~299명(12.2%) 등에서 증가하였다.]

사업체 종사자 규모별 취업자는 <표 5-12>와 같다.

| 표 5-12 | 사업체 종사자 규모별 취업자

(단위: 천 명, %)

		전체 취업자	4명 이하	5~9명	10~29명	30~49명	50~299명	300명 이상
외국인	2020. 5.	847.9	193.2	153.9	239.5	84.4	149.8	27.1
	2021. 5. (구성비)	855.3 (100.0)	202.1 (23.6)	159.6 (18.7)	229.8 (26.9)	86.4 (10.1)	151.6 (17.7)	25.8 (3.0)
	전년대비증감	7.4	8.9	5.7	−9.7	2.0	1.8	−1.3
	증감률	0.9	4.6	3.7	−4.1	2.4	1.2	−4.8
귀화 허가자	2020. 5.	28.7	9.1	4.6	7.0	2.1	4.9	1.0
	2021. 5. (구성비)	31.4 (100.0)	9.9 (31.5)	5.1 (16.2)	7.1 (22.6)	2.8 (8.9)	5.5 (17.5)	1.0 (3.2)
	전년대비증감	2.7	0.8	0.5	0.1	0.7	0.6	0.0
	증감률	9.4	8.8	10.9	1.4	33.3	12.2	0.0

자료: 통계청(2021b: 11).

(8) 근무지역

① 외국인

근무지역별 취업자는 전년대비 경기(7천 명, 2.2%) 등에서 증가하고, 부산·울산·경남(−5천 명, −5.2%) 등에서 감소하였다.

② 귀화허가자

근무지역별 취업자는 전년대비 경기(1천 명, 12.6%)에서 증가하였다.

| 표 5-13 | 근무지역별 취업자

(단위: 천 명, %)

		전체 취업자	서울	인천	경기	부산 울산 경남	대전 충남 충북 세종	대구 경북	광주 전남 전북	강원 제주
외국인	2020. 5.	847.9	148.6	46.2	322.9	91.5	103.7	52.2	56.0	26.9
	2021. 5. (구성비)	855.3 (100.0)	146.1 (17.1)	49.1 (5.7)	330.0 (38.6)	86.7 (10.1)	106.3 (12.4)	55.1 (6.4)	55.8 (6.5)	26.0 (3.0)
	전년대비증감	7.4	-2.5	2.9	7.1	-4.8	2.6	2.9	-0.2	-0.9
	증감률	0.9	-1.7	6.3	2.2	-5.2	2.5	5.6	-0.4	-3.3
귀화 허가자	2020. 5.	28.7	5.5	1.8	8.7	3.1	3.1	2.2	3.0	1.3
	2021. 5. (구성비)	31.4 (100.0)	6.0 (19.1)	2.1 (6.7)	9.8 (31.2)	3.4 (10.8)	3.3 (10.5)	2.4 (7.6)	2.8 (8.9)	1.5 (4.8)
	전년대비증감	2.7	0.5	0.3	1.1	0.3	0.2	0.2	-0.2	0.2
	증감률	9.4	9.1	16.7	12.6	9.7	6.5	9.1	-6.7	15.4

자료: 통계청(2021b: 11).

4) 임금근로자

외국인 임금근로자는 81만 1천 명으로 전년대비 8천 명(0.9%) 증가하고, 귀화허가자는 2만 7천 명으로 2천 명(8.5%) 증가하였다.

(1) 월평균 임금수준

① 외국인

임금수준별로 전년대비 300만 원 이상(4만 6천 명, 34.7%), 200~300만 원 미만(1만 3천 명, 3.1%)에서 증가하고, 100~200만 원 미만(-4만 9천 명, -21.9%) 등에서 감소하였다.

② 귀화허가자

임금수준별로 전년대비 300만 원 이상(2천 명, 55.6%), 200~300만 원 미만(1천 명, 14.3%) 등에서 증가하였다.

월평균 임금수준별 임금근로자는 <표 5-14>와 같다.

| 표 5-14 | 월평균 임금수준별 임금근로자

(단위: 천 명, %)

		전체 임금근로자	100만 원 미만	100~200만 원 미만	200~300만 원 미만	300만 원 이상
외국인	2020. 5. (구성비)	803.7 (100.0)	38.2 (4.8)	223.1 (27.8)	410.8 (51.1)	131.7 (16.4)
	2021. 5. (구성비)	811.3 (100.0)	36.0 (4.4)	174.2 (21.5)	423.7 (52.2)	177.4 (21.9)
	전년대비증감	7.6	-2.2	-48.9	12.9	45.7
	증감률	0.9	-5.8	-21.9	3.1	34.7
귀화 허가자	2020. 5. (구성비)	24.6 (100.0)	2.5 (10.2)	11.8 (48.0)	7.7 (31.3)	2.7 (11.0)
	2021. 5. (구성비)	26.7 (100.0)	2.7 (10.1)	11.0 (41.2)	8.8 (33.0)	4.2 (15.7)
	전년대비증감	2.1	0.2	-0.8	1.1	1.5
	증감률	8.5	8.0	-6.8	14.3	55.6

자료: 통계청(2021b: 13.

(2) 고용보험 및 산재보험 가입 여부

① 외국인

임금근로자 중 고용보험 가입자는 55.8%로 전년대비 1.5%p 증가하고, 산재보험 가입자는 67.9%로 0.2%p 감소하였다.

② 귀화허가자

임금근로자 중 고용보험 가입자는 69.3%로 전년대비 3.4%p 증가하고, 산재보험 가입자는 67.8%로 2.4%p 증가하였다.

고용보험 및 산재보험 가입 여부별 임금근로자는 <표 5-15>와 같다.

| 표 5-15 | 고용보험 및 산재보험 가입 여부별 임금근로자

(단위: 천 명, %, %p)

		전체 임금근로자		고용보험			산재보험		
				가입	미가입	모르겠음	가입	미가입	모르겠음
외국인	2020. 5.	803.7	(100.0)	(54.3)	(37.2)	(8.5)	(68.1)	(23.1)	(8.8)
	2021. 5.	811.3	(100.0)	(55.8)	(37.8)	(6.4)	(67.9)	(25.2)	(6.9)
	전년대비증감	7.6	–	(1.5)	(0.6)	(−2.1)	(−0.2)	(2.1)	(−1.9)
귀화허가자	2020. 5.	24.6	(100.0)	(65.9)	(30.1)	(4.1)	(65.4)	(28.9)	(5.7)
	2021. 5.	26.7	(100.0)	(69.3)	(28.5)	(2.6)	(67.8)	(28.1)	(4.1)
	전년대비증감	2.1	–	(3.4)	(−1.6)	(−1.5)	(2.4)	(−0.8)	(−1.6)

자료: 통계청(2021b: 14).

(3) 입국 전 취업경험 여부 및 처음 임금을 받은 시기

① 외국인

한국 입국 전 취업경험이 있는 임금근로자는 50.5%이며, 한국에서 처음 임금을 받은 시기는 6년 이상(22.8%), 3~6년 미만(13.1%), 1~3년 미만(12.1%) 순으로 많았다.

② 귀화허가자

한국 입국 전 취업경험이 있는 임금근로자는 43.1%, 취업경험이 없는 임금근로자는 56.9%로 나타났다.

입국 전 취업경험 여부 및 처음 임금을 받은 시기별 임금근로자는 <표 5-16>과 같다.

| 표 5-16 | 입국 전 취업경험 여부 및 처음 임금을 받은 시기별 임금근로자

(단위: 천 명, %)

		전체 임금 근로자	취업 경험 있음	한국에서 처음 임금을 받은 시기				취업경험 없음
				1년 이내	1~3년 미만	3~6년 미만	6년 이상	
외국인	2019. 5.	825.4	428.0	44.4	109.2	105.6	168.8	397.4
	(구성비)	(100.0)	(51.9)	(5.4)	(13.2)	(12.8)	(20.5)	(48.1)
	2021. 5.	811.3	409.9	20.4	98.3	105.9	185.3	401.5
	(구성비)	(100.0)	(50.5)	(2.5)	(12.1)	(13.1)	(22.8)	(49.5)
귀화 허가자	2019. 5.	27.0	11.7	0.5	1.7	2.2	7.3	15.3
	(구성비)	(100.0)	(43.3)	(1.9)	(6.3)	(8.1)	(27.0)	(56.7)
	2021. 5.	26.7	11.5	0.6	1.6	2.0	7.3	15.2
	(구성비)	(100.0)	(43.1)	(2.2)	(6.0)	(7.5)	(27.3)	(56.9)

자료: 통계청(2021b: 14.

(4) 전반적인 직장만족도

① 외국인

임금근로자의 전반적인 직장 만족도는 약간 만족(38.9%), 보통(35.6%), 매우 만족(21.2%), 약간 불만족(3.9%), 매우 불만족(0.4%) 순으로 나타났다.

② 귀화허가자

임금근로자의 전반적인 직장 만족도는 약간 만족(41.6%), 보통(38.6%), 매우 만족(16.1%), 약간 불만족(3.7%), 매우 불만족(0.4%) 순으로 나타났다.

직장만족도별 임금근로자는 <표 5-17>과 같다.

| 표 5-17 | 직장만족도별 임금근로자

(단위: %)

	전체 임금 근로자	외국인					귀화허가자				
		매우 만족	약간 만족	보통	약간 불만족	매우 불만족	매우 만족	약간 만족	보통	약간 불만족	매우 불만족
2019.5.	(100.0)	(24.5)	(38.4)	(31.3)	(5.1)	(0.7)	(17.8)	(41.5)	(35.6)	(4.8)	(0.4*)
2021.5.	(100.0)	(21.2)	(38.9)	(35.6)	(3.9)	(0.4)	(16.1)	(41.6)	(38.6)	(3.7)	(0.4*)

자료: 통계청(2021b: 15).

(5) 한국인 근로자와 비교(근로시간, 임금, 업무량)

① 외국인

임금근로자는 비슷한 일을 하는 한국인과 근로시간(75.3%), 임금(64.6%), 업무량 (76.0%)에 대해 '한국인과 비슷하다'가 가장 많았다.

② 귀화허가자

임금근로자는 근로시간(82.4%), 임금(75.3%), 업무량(83.5%)에 대해 '한국인과 비슷하다'가 가장 많았다.

한국인 근로자와 비교별 임금근로자는 <표 5-18>과 같다.

| 표 5-18 | 한국인 근로자와 비교별 임금근로자

(단위: %)

		전체 임금 근로자	외국인/귀화허가자					
			매우 많음	약간 많음	비슷	약간 적음	매우 적음	모르겠음
근로 시간	2019.5.	(100.0)	(2.4)	(13.8)	(75.7)	(4.0)	(0.8)	(3.3)
			(2.2)	(9.3)	(81.5)	(4.1)	(0.7*)	(2.2)
	2021.5.	(100.0)	(3.6)	(13.0)	(75.3)	(4.2)	(0.8)	(3.1)
			(3.0)	(7.5)	(82.4)	(3.7)	(1.1)	(2.2)
임금	2019.5.	(100.0)	(2.2)	(6.6)	(62.4)	(18.6)	(2.9)	(7.3)
			(1.5)	(5.2)	(76.3)	(11.9)	(2.2)	(3.0)
	2021.5.	(100.0)	(2.2)	(7.0)	(64.6)	(16.5)	(3.0)	(6.7)
			(1.5)	(4.9)	(75.3)	(12.7)	(2.2)	(3.4)
업무량	2019.5.	(100.0)	(2.4)	(14.4)	(76.0)	(3.1)	(0.6)	(3.6)
			(1.9)	(9.3)	(83.0)	(3.0)	(0.4*)	(2.6)
	2021.5.	(100.0)	(3.2)	(14.3)	(76.0)	(2.8)	(0.5)	(3.2)
			(2.2)	(9.0)	(83.5)	(2.2)	(0.7*)	(1.9)

자료: 통계청(2021b: 15).

(6) 입국 전·후 보수차이

① 외국인

입국 전·후 보수 차이는 입국 후 보수가 더 많음(73.9%), 비슷함(18.4%), 입국 전 보수가 더 많음(7.8%) 순으로 나타났다.

입국 후 보수가 더 많은 경우 보수의 배율은 3~5배 미만(26.1%), 2~3배 미만(25.8%), 5배 이상(17.4%) 순으로 많았다.

② 귀화허가자

입국 전·후 보수 차이는 입국 후 보수가 더 많음(78.6%), 비슷함(14.3%), 입국 전 보수가 더 많음(7.1%) 순으로 나타났다.

③ 입국 후 보수가 더 많은 경우 보수의 배율은 5배 이상(28.6%), 2~3배 미만(23.8%), 3~5배 미만(21.4%) 순으로 많았다.

입국 전·후 보수차이별 임금근로자는 <표 5-19>와 같다.

| 표 5-19 | 입국 전·후 보수차이별 임금근로자

(단위: 천 명, %)

		전체	입국 후 보수가 더 많음	입국 전후 보수차이					비슷	입국 전 보수가 더 많음
				1배 초과~ 1.5배 미만	1.5~2배 미만	2~3배 미만	3~5배 미만	5배 이상		
외국인	2019. 5.	259.2 (100.0)	(78.8)	(1.4)	(5.1)	(25.7)	(25.8)	(20.9)	(14.7)	(6.4)
	2021. 5.	224.5 (100.0)	(73.9)	(0.7*)	(3.9)	(25.8)	(26.1)	(17.4)	(18.4)	(7.8)
귀화 허가자	2019. 5.	4.4 (100.0)	(77.3)	(0.0*)	(4.5*)	(27.3)	(25.0)	(20.5)	(18.2)	(6.8)
	2021. 5.	4.2 (100.0)	(78.6)	(0.0*)	(4.8*)	(23.8)	(21.4)	(28.6)	(14.3)	(7.1)

※ 한국에서 첫 임금 또는 보수를 6년 이내(2015년 6월 이후)에 받은 경우만 조사
자료: 통계청(2021b: 16).

3 외국인근로자의 문제점과 해결방안

1) 문제점

외국인근로자들이 한국사회에서 겪는 애로점은 다음과 같다(김경식 외, 2019: 41-45; 최명민 외, 2015: 186-188).

(1) 법제도적 문제

외국인근로자들에게 현재 적용되고 있는 고용허가제는 3년간의 취업을 보장하며, 이 기간 동안에는 국내 근로자와 같은 노동 3권을 부여받고 사회보험 등의 가입이 가능한 근로자 신분을 가진다. 그러나 3년간의 근로기간이 끝나면 재고용 확인서를 받을 경우에만 출국하였다가 1개월 후 재입국하여 다시 2년간 연장 후 재취업이 가능하다. 그러나 이러한 경우에도 1년 단위로 갱신해야 한다. 이 제도의 기본 원칙은 3년 단기체류 정책을 고수하는 것이며, 외국인 노동자들의 입장에서는 재고용을 위해 많은 비용을 새로이 부담해야 하는 문제가 생긴다. 또한 외국인근로자들은 가족 동반을 불허하고 있어 자녀의 교육 및 의료와 관련한 많은 문제들이 발생하고 있다. 외국인 노동자들과 그 가족은 기본적으로 인종차별을 금지하고 외국인의 권리를 보장해 주도록 하는 국제법에 의해 보호받게 되어 있다.

정부에서는 불법체류 외국인근로자 자녀들의 경우에도 학교교육의 혜택을 받도록 하기 위해 '초·중등학교 교육법 시행령'을 개정하여 최소한의 의무교육을 제공하도록 하였다. 그러나 미등록 외국인근로자와 불법체류 외국인근로자의 거주지 불안정, 경제적 어려움, 신분노출 등의 이유로 자녀를 정규학교에 보내지 않는 경우가 많다.

현재 추정되는 외국인근로자가정 자녀 가운데, 재학 중인 아동의 수는 약 1/6에 불과한 것으로 알려져 있다. 또한 이 규정은 외국인근로자가정 자녀의 초등학교 입학에는 유효하지만, 중·고등학교 입학에는 유효하지 못해 학교 밖의 외국인근로자가정의 자녀들에 대한 관심이 필요하다. 교회를 중심으로 하여 초등교육과정을 가르치는 곳이 늘어나고 있으나, 주로 학원이나 공장에 다니면서 학업을 하는 경우가 대부분이어서 이들이 정규교육과정을 이수할 수 있는 대안이 필요하다.

체류기간 만료 후에도 한국에 계속 체류를 희망하는 외국인은 88.2%이며, 희망하는 체류 연장방법은 체류기간 연장(53.6%), 영주자격 취득(14.6%), 한국국적 취득(11.1%) 순으로 많았다.

계속 체류 희망 여부 및 체류 연장방법은 <표 5-20>과 같다.

| 표 5-20 | 계속 체류 희망 여부 및 체류 연장방법

(단위: 천 명, %)

	전체		계속 체류 희망	체류 연장 방법					계속 체류 희망하지 않음
				체류기간 연장	체류자격 변경	영주자격 취득	한국국적 취득	기타	
2020. 5.	1,217.0	(100.0)	(86.5)	(54.5)	(7.0)	(14.3)	(10.3)	(0.4)	(13.5)
2021. 5.	1,203.4	(100.0)	(88.2)	(53.6)	(8.7)	(14.6)	(11.1)	(0.2)	(11.8)

※ 영주 체류자격을 제외한 외국인만 조사
자료: 통계청(2021b: 31).

(2) 일상생활에서의 문제

언어와 한국 물정에 서툰 이들이 민·형사상의 문제가 발생하였을 때의 불이익 때문에 외국인 노동자인권센터에 법적 문제로 자주 상담이 접수되고 있다. 가장 큰 문제는 민·형사 문제발생 시 권리보장을 제대로 받지 못한다는 점이다. 불법체류자의 경우는 그 정도가 더욱 심하여 때로는 자신이 피해자이면서 가해자로 둔갑하거나 쌍방과실로 되기도 한다. 더 큰 문제는 일단 형사상 문제가 발생하여 경찰에 연행되는 불법체류자는 설사 자신이 피해자임이 입증된다 하더라도, 강제출국이 된다. 이 때문에 불법체류자들은 사기, 폭행, 사고 등을 당해도 제대로 자신의 권리를 주장하지 못한다. 때로 외국인근로자 인권단체에서 이들의 불이익을 해소해 주고자 적극 노력하여도 정작 당사자가 거부하는 경우도 적지 않은 실정이다.

(3) 취업현장에서의 문제

많은 외국인근로자들이 작업장 내에서 폭행과 폭언에 시달리고 있다. 폭행은 외국인근로자들에 대한 동정적인 여론에 힘입어 예전보다는 많이 줄어들었으나, 여전히 사업주, 관리자, 동료 한국인 노동자 등에 의한 폭행 사례가 끊이지 않고 있다. 폭언과 비속어 사용 등이 많은 공장에서 일상적으로 일어나고 있는데, 이는 특별히 외국인근로자에 대해서만이 아니라, 거친 현장문화에서 기인한 바가 크다. 그러나 폭언과 비속어를 듣는 외국인근로자들이 받는 심리적 상처는 결코 작지 않다.

이직 희망 여부 및 이직 희망 이유는 <표 5-21>과 같다.

|표 5-21|　이직 희망 여부 및 이직 희망 이유

(단위: %)

		방문취업		재외동포	
		2018. 5.	2021. 5.	2018. 5.	2021. 5.
전체		(100.0)	(100.0)	(100.0)	(100.0)
이직 희망함		(14.5)	(12.5)	(16.3)	(11.9)
이직 희망 이유	임금이 낮아서	(30.1)	(25.7)	(33.6)	(38.3)
	일이 힘들거나 위험해서	(25.9)	(23.8)	(28.3)	(23.3)
	숙소 또는 작업 환경이 안 좋아서	(2.8*)	–	(3.2*)	(1.3*)
	본국 출신 친구 등 아는 사람과 함께 일하고 싶어서	(2.3*)	(2.0*)	(2.1*)	(0.4*)
	직장에 특별한 불만은 없지만, 더 좋은 일자리가 생겨서	(15.3)	(17.8)	(8.8)	(13.3)
	기타	(23.6)	(30.7)	(24.0)	(23.8)
이직 희망하지 않음		(85.5)	(87.5)	(83.7)	(88.2)

자료: 통계청(2021b: 38).

(4) 사회적 인식 문제

한국사회에서 외국인근로자들과 불법체류자들에 대한 인식은 차별적 시각을 가지는 경우가 아직도 상당 부분 존재한다. 한국사회의 이주근로자에 대한 차별을 기업가에 의한 경제적 차별, 한국인 근로자에 의한 사회적 차별, 정부에 의한 사회적 차별로 '삼종의 인종주의'라고 표현하였다. 저임금 노동을 위해 입국했다는 이유, 3D업종에 대한 천시 경향, 그리고 단일민족의 지배적 헤게모니로 인해 이들을 한국사회의 새로운 저층계급으로 분류하고 있으며, 비인권적인 대우와 질시의 시선을 보내고 있다. 최근에는 한국 내 경제적 어려움으로 불법체류자들과 외국인근로자들이 한국인의 일자리를 빼앗아간다는 시선까지 생겨 외국인근로자와 그 가족들을 바라보는 시선은 더욱 부정적이었다. 특히, 아시아 등지에서 온 외국인근로자를 바라보는 시각은 그 자녀에게도 그대로 적용되어 외국인근로자가정이 한국사회에 정주하는 데 큰 장애요인이 되고 있다.

(5) 노동, 의료 등 인권적 문제

2004년 외국인 고용허가제로 바뀌면서 외국인 노동자들에 대한 근로조건이나 임금체납문제 등이 많이 개선되고 의료나 산재보험을 받을 수도 있게 되었지만, 이는 합법적 외국인 노동자들의 경우이며, 불법체류자의 경우 여전히 어려운 처지에 놓여 있다. 또한 열악한 근무조건으로 인한 보건의료문제가 심각한 상태이다. 최근 외국인 노동자들의 건강실태를 보고한 연구결과를 살펴보면, 이들 가운데, 다수가 근무여건이 열악한 중소기업에 근무해 적절한 건강과 안전에 대한 교육을 받지 못해 산업재해에 반복적으로 노출되고 있는 것으로 나타났다. 남성 근로자들의 경우, 대부분 불법체류자가 많아 위험한 기계를 다루거나 근육계 손상을 입는 경우가 많으며, 여성들은 독극물에 노출되는 위험한 상황에서 일하고 있다. 힘든 노동과 식사문제, 수면 부족 등으로 인해 설사, 감기, 충치, 외로움 등의 건강문제를 호소하고 있다.

(6) 자녀양육 및 교육

외국인근로자의 경우, 한국에서 자녀를 출산하게 되면 자녀의 출생신고는 자국대사관이나 영사관에 하도록 되어 있으며, 현재 「국적법」상 무국적자가 된다. 자녀가 무국적자로 되면 공공서비스기관이나 교육기관에 아이를 맡기거나 입학시킬 수 없어서 자녀를 양육하거나 교육하는 데 어려울 수밖에 없다. 이들 자녀는 초등학교 입학은 가능하나 중등학교의 경우 학교장의 재량에 달려 있어서 외국인근로자가정의 부모들은 자녀의 입학을 허락해 줄 학교를 찾는 데 많은 시간을 소비하고 있다.

대부분의 외국인근로자가정이 경제적 소득이 낮고 주거환경이 열악하여 가정의 교육기능도 취약한 경우가 많으며, 또래 아동들에 비해 기초학습능력이 낮은 편이다. 미취학아동의 경우에도 보육시설에 보내지 못해 가정에서 방치되거나, 학령기 아동의 경우에도 부모의 손길을 충분히 받지 못하고 무분별한 대중문화에의 노출로 인해 학업집중도가 떨어지기도 한다. 학령기 자녀를 둔 외국인 노동자 부모들은 자녀가 학교에 안정적으로 정착하도록 하기 위해 한국어 교육, 한국 친구 사귀기, 숙제 및 교과

공부, 시험 준비 도움, 나이에 맞는 학년 배치를 원하고 있다. 자녀가 한국 학교에 다니게 되면 한국 친구 사귀는 것을 가장 많이 원했다.

지난 1년간 교육 또는 훈련 경험 여부 및 목적(복수응답)은 <표 5-22>와 같다.

| 표 5-22 | 지난 1년간 자녀교육에서 어려웠던 사항(복수응답)

(단위: %)

		알림장 챙기기	숙제 지도	학교생활 부적응	성적문제 학습부진	정서, 행동 어려움	기타	어려움 없었음
외국인	2019. 5.	(15.6)	(19.8)	(4.4)	(6.3)	(4.4)	(7.4)	(65.0)
	2021. 5.	(12.6)	(18.8)	(4.9)	(7.5)	(3.5)	(6.1)	(65.7)
귀화 허가자	2019. 5.	(17.8)	(30.2)	(4.3)	(6.4)	(5.3)	(6.4)	(55.5)
	2021. 5.	(14.5)	(28.4)	(3.5)	(7.6)	(4.2)	(5.5)	(57.4)

자료: 통계청(2021b: 28).

2) 해결방안

(1) 외국인근로자 제도의 방향

외국인근로자가 한국사회에 안정적인 적응을 할 수 있도록 지원하기 위해 관련 정책을 재정비하고 필요한 서비스를 제공해야 한다. 외국인근로자를 위해 지원되어야 하는 제도 및 정책적 대책을 살펴보고자 한다. 그 내용은 다음과 같다(김혜영 외, 2021: 290-292).

첫째, 선발 이민 국가들의 시행착오를 답습하지 말아야 한다. 문화다양성에 맞는 모형으로 정책 목표를 선택하여 이주정책을 실천하고, 캐나다의 '신속한 입국 시스템'과 같은 일반 외국인근로자 선발체계의 과감한 개선이 필요하다.

둘째, 고용허가제에서 노동허가제로의 전환이 필요하다.

셋째, 각국의 이민전담 조직을 살펴보고, 한국 실정에 맞는 이주 관련정책을 통합하여야 한다. 더불어 이를 전담하여 집행할 수 있는 기관을 신설하는 것이 필요하다.

넷째, 외국인근로자 사회보장제도의 취지와 현실에 부합하는 개선이 필요하다. 4대 보험 개선안으로는 건강보험의 사각지대가 생기지 않게 사업장 변경기간에 의무가입과 장기요양보험 징수의 원천 금지가 필요하다. 또한 외국인근로자 지원 근거 논란 방지와 확대를 위한 고용보험 의무가입, 산재보험 적용 범위 확대, 국민연금 적용 배제나 미납부 실태조사와 처벌 강화도 필요하다. 외국인근로자 전용보험 개선안으로는 귀국비용보험을 개선하거나 폐지하고, 출국만기보험 요율을 현실화하여야 한다. 그리고 보증보험의 보장한도를 확대하고, 상해보험을 보다 실효성 있는 제도로 전환하여야 한다.

(2) 외국인근로자 실천의 방향

① 외국인근로자 주거 환경 개선

외국인근로자들의 인권을 보호하고, 주관적 삶의 질을 향상시키기 위해 고용허가제를 기초로 하여, 외국인근로자 고용허가 시 최소한의 주거기준을 충족할 수 있도록「근로기준법」이 개정되어야 한다. 현재「외국인고용법」에는 주거에 대한 규정이 없기 때문에 컨테이너나 비닐하우스에서 생활하는 외국인근로자들이 꾸준히 증가될 것으로 예상된다.

② 외국인근로자의 정서적 지지와 삶의 질 개선

외국인복지센터, 다문화가족지원센터, 종교단체 및 외국인노동자쉼터 등에서의 자조모임을 통해 타국 및 자국 국가 출신의 노동자들과 유대관계를 맺고 정서적 지지를 경험한다면, 외국인근로자들의 주관적 삶의 질이 증진될 수 있을 것이다. 또한 언어소통의 어려움과 문화적 차이를 경험하는 외국인근로자의 고충을 상담해 주고, 한국생활에 적응할 수 있는 실질적인 도움이 되는 사회적 지지원이 중요하다. 따라서, 효과적인 상담을 받을 수 있도록 외국인복지센터의 전문상담사 및 사회복지사와의 연계망을 확보한다면 그들의 주관적 삶의 질이 중대될 수 있을 것이다.

③ 외국인복지센터의 확대

현재 일부 지방자치단체가 자체적으로 조례를 만들어서 외국인근로자를 위해 외국인복지센터를 운영하는 등의 노력을 하고 있다. 외국인복지센터는 교육, 상담, 문화, 여가, 의료 등을 외국인근로자 대상으로 실시하고 있고, 외국인 대상자의 프로그램 참여 및 만족도가 높은 편이지만, 외국인 근로자를 대상으로 한 전국 단위의 복지센터는 없는 현실이다. 따라서, 경기도 내에서 운영되고 있는 외국인복지센터가 전국 단위의 사업으로 확대되어야 한다.

북한이탈주민

Chapter 6
북한이탈주민

1 북한이탈주민의 개념

'북한이탈주민'이란 용어는 「북한이탈주민의 보호 및 정착지원에 관한 법률」(북한이탈주민법)에서 정하고 있는 공식화된 법률 용어로, 제2조에 "북한이탈주민이란 군사분계선 이북지역(이하 '북한'이라 한다.)에 주소, 직계가족, 배우자, 직장 등을 두고 있는 사람으로서 북한을 벗어난 후 외국 국적을 취득하지 아니한 사람"을 말한다. 정부는 1997년 「북한이탈주민의 보호 및 정착지원에 관한 법률」 제정 이후, '북한이탈주민'이라는 용어를 공식적으로 표기·사용하고 있다. 또한 정부 내에서는 '북한이탈주민'을 줄여 '탈북민'이라는 용어를 사용하고 있다. 2004년부터 사회적 합의를 거쳐 채택, 사용해 왔던 '새터민'이라는 용어도 이를 자연스럽게 정착될 수 있도록 하기 위해 노력을 기울여 왔으나, 이에 대한 논쟁과 쟁점이 불거지고 사회적 반대 여론이 심화되면서, 2008년부터는 더 이상 정부 내에서는 새터민이라는 용어를 사용하지 않고 있다.

통일부(2019: 8)에 따르면, 북한이탈주민들은 다문화가족이 아니라고 유권해석한다. 즉, 「헌법」 제3조는 "대한민국의 영토는 한반도와 그 부속도서로 한다."라고 규정하고 있다. 이 규정에 따라 북한은 대한민국의 영토이며, 북한이탈주민은 민족공동체의 일원이자 「헌법」이 규정한 대한민국 국민으로 「재한외국인 처우 기본법」에 따라 지원을 받는 결혼이민자 및 귀화자 등 다문화가족과는 근본적으로 구분되어야 한다. 북한이탈주민들이 상이한 문화와 체제 아래 생활하였다는 점에서 다문화적 성격을 일부 가지고 있지만, 남북한 통합이라는 관점에서 볼 때 본질적으로 다문화가족이라고 보기어렵다. 특히, 북한이탈주민은 남북한이 통일되면 고향으로 되돌아가 통일한국을 건설하는 데에 있어 선도역할을 할 통일자원이다. 따라서, 다문화라는 측면보다는 문화다양성에 초점을 두고 북한이탈주민을 정의해야 한다.

굶주림의 생존문제에 직면한 북한주민은 외부세계에 대한 갈망과 동경으로 탈북을시도하는 움직임이 가속화되고 있다. 탈북 경로를 살펴보면, 간혹 서해를 통하여 제3국을 거치지 않고 넘어오는 경우도 있으며, 중국을 통하여 은신하다가 남한으로 입국하는 경우, 북한으로 되돌아가는 경우도 있다. 한국 입국을 위해 해당국 대사관의 도움을 요청하는 경우, 제3국 중 러시아, 일본, 몽골, 태국, 미얀마, 등의 제3국을 통하여 대한민국으로 입국하는 경우가 있다. 북한이탈주민 대부분은 주로 중국을 거쳐 태국, 몽골, 캄보디아, 베트남 등의 루트를 거쳐 탈북하였다. 지금은 신변의 안전담보를위해 외교공관을 이용하거나 중국에서 주민등록증을 발급받아 여행비자로 입국하는경우도 있고, 국내외 탈북지원단체들의 도움을 받는 경우도 있다.

탈북 원인은 시기별로 다양하게 나타나고 있다. 우선, 1990년대 중반부터 경제상황악화로 인한 '고난의 행군 시기'가 시작되면서 북한의 장기간의 식량난과 자연재해, 2009년 화폐개혁실패, 경제파산과 북한정부의 신뢰붕괴와 불만이 가장 큰 원인이었다. 북한식 사회주의 경제정책인 중앙배급체제는 끊어져 많은 아사자가 속출하였으며, 식량문제의 해결로 대여식량까지 출연하게 되었다. 북한에서의 대여식량은 낟알이 아닌 칡뿌리나 옥수수송치, 소나무 껍질, 등을 일컫는 말로서, 고난의 행군시기에는 대여식량으로 사회주의를 지키려는 운동이 전국적으로 벌어졌고, 조선중앙 TV를 통해방영되기도 하였다. 학생들을 가르치는 교사들도 배급을 주지 않아 학부형들이 십시일반으로 쌀을 모아 집에 날라다 주기도 하였고, 대부분 학생들은 학교에 가는 것이아니라, 부모님들 따라 산에 가서 나무를 하고 산나물을 캐고 온밤 음식을 함께 만들어 장마당으로 향하는 경우가 많았다. 사람의 생명을 다루는 의사들 역시 수술하다가전기가 끊겨 초를 비상대기시키거나, 필요한 약은 장마당에서 구매하라고 권고하기도했고, 의사들이 병원의 비상약들을 불법처방으로 장마당에 팔아 의사들의 생계유지에이용하였다. 북한당국도 자력갱생이라는 구호만 되풀이할 뿐 대책이 없었고, 남자들은출근도장을 찍고 장마당으로 나가거나 지방을 다니면서 생계유지를 할 수밖에 없었다. 이 시기에는 생존을 위한 탈북이었다.

최근 한국으로 넘어오는 북한이탈주민은 여성의 비율이 눈에 띄게 높아지고 있다. 이는 북한 여성들은 가족의 생계를 도맡아 책임을 지고 있지만, 북한의 경제난이 심화되고 가시화되면서 경제활동을 위해서이다. 또한 장마당에서 중국에 대한 정보를 많이 받을 수 있는 사람이 여성이기도 하며, 중국에서의 은신이 비교적 용이하기 때문이다(장명숙, 2020: 6).

2 「북한이탈주민법」의 내용

1) 개요

「북한이탈주민의 보호 및 정착지원에 관한 법률」(북한이탈주민법)은 군사분계선 이북지역에서 벗어나 대한민국의 보호를 받으려는 군사분계선 이북지역의 주민이 정치, 경제, 사회, 문화 등 모든 생활 영역에서 신속히 적응·정착하는 데 필요한 보호 및 지원에 관한 사항을 규정한 법이다. 즉, 군사분계선 이북지역에서 벗어나 대한민국의 보호를 받으려는 군사분계선 이북지역의 주민이 정치, 경제, 사회, 문화 등 모든 생활 영역에서 신속히 적응·정착하는 데 필요한 보호 및 지원에 관한 사항을 규정한 법이다. 여기서 '북한이탈주민'이란 군사분계선 이북지역(북한)에 주소, 직계가족, 배우자, 직장 등을 두고 있는 사람으로서 북한을 벗어난 후 외국 국적을 취득하지 않은 사람을 말한다. 이 법에 따르면, 통일부장관은 북한이탈주민 보호 및 정착지원협의회의 심의를 거쳐 보호대상자의 보호 및 정착지원에 관한 기본 계획을 3년마다 수립·시행해야 한다.

보호대상자에 대한 보호 및 지원 기준은 나이, 성별, 세대 구성, 학력, 경력, 자활능력, 건강 상태 및 재산 등을 고려하여 합리적으로 정하여야 한다. 보호대상자를 정착지원시설에서 보호하는 기간은 1년 이내로 하고, 거주지에서 보호하는 기간은 5년으로 한다. 다만, 특별한 사유가 있는 경우에는 북한이탈주민 보호 및 정착지원협의회의 심의를 거쳐 그 기간을 단축하거나 연장할 수 있다. 북한이탈주민 정책의 협의·조정 등을 위해 통일부에 북한이탈주민 보호 및 정착지원협의회를 둔다.

북한이탈주민으로서 이 법에 따른 보호를 받으려는 사람은 재외공관이나 그 밖의 행정기관의 장에게 보호를 직접 신청해야 하며, 통일부 장관은 통보를 받으면 협의회의 심의를 거쳐 보호 여부를 결정한다. 다만, 국가안전보장에 현저한 영향을 줄 우려가 있는 사람에 대해서는 국가정보원장이 그 보호 여부를 결정하고, 그 결과를 지체 없이 통일부장관과 보호신청자에게 통보하거나 알려야 한다. 한편, 보호 여부를 결정할 때 다음 중 어느 하나에 해당하는 사람은 보호대상자로 결정하지 않을 수 있다.

① 항공기 납치, 마약거래, 테러, 집단살해 등 국제형사범죄자
② 살인 등 중대한 비정치적 범죄자
③ 위장탈출 혐의자
④ 국내 입국 후 3년이 지나서 보호신청한 사람
⑤ 그 밖에 국가안전보장·질서유지·공공복리에 대한 중대한 위해 발생 우려, 보호신청자의 경제적 능력 및 해외체류 여건 등을 고려해 보호대상자로 정하는 것이 부적당하거나 보호 필요성이 현저히 부족하다고 대통령령으로 정하는 사람

통일부장관은 보호대상자에 대한 보호 및 정착지원을 위해 정착지원시설을 설치·운영하며, 해당 시설을 설치·운영하는 기관의 장은 보호대상자가 거주지로 전출할 때까지 정착지원시설에서 보호해야 한다. 여기에 무연고청소년(보호대상자로서 직계존속을 동반하지 아니한 만 24세 이하의 무연고 아동·청소년)의 보호를 위해 무연고청소년의 보호자를 선정할 수 있다. 또 보호대상자가 대한민국에 정착하는 데 필요한 기본 교육을 실시해야 하며, 직업훈련을 희망하는 보호대상자 또는 보호대상자이었던 사람에 대해 직업훈련을 실시할 수 있다. 아울러 보호대상자가 정착지원시설로부터 그의 거주지로 전입한 후 대통령령으로 정하는 바에 따라 최초로 취업한 날부터 3년간 취업보호를 실시한다. 다만, 사회적 취약계층, 장기근속자 등 취업보호 기간을 연장할 필요가 있는 경우로서 대통령령으로 정하는 사유에 해당하는 경우에는 1년의 범위에서 취업보호기간을 연장할 수 있다.

2) 내용

제1조(목적) 이 법은 군사분계선 이북지역에서 벗어나 대한민국의 보호를 받으려는 군사분계선 이북지역의 주민이 정치, 경제, 사회, 문화 등 모든 생활 영역에서 신속히 적응·정착하는 데 필요한 보호 및 지원에 관한 사항을 규정함을 목적으로 한다.

제2조(정의) 이 법에서 사용하는 용어의 뜻은 다음과 같다.

1. "북한이탈주민"이란 군사분계선 이북지역(이하 "북한"이라 한다)에 주소, 직계가족, 배우자, 직장 등을 두고 있는 사람으로서 북한을 벗어난 후 외국 국적을 취득하지 아니한 사람을 말한다.

2. "보호대상자"란 이 법에 따라 보호 및 지원을 받는 북한이탈주민을 말한다.

3. "정착지원시설"이란 보호대상자의 보호 및 정착지원을 위하여 제10조 제1항에 따라 설치·운영하는 시설을 말한다.

4. "보호금품"이란 이 법에 따라 보호대상자에게 지급하거나 빌려주는 금전 또는 물품을 말한다.

제3조(적용범위) 이 법은 대한민국의 보호를 받으려는 의사를 표시한 북한이탈주민에 대하여 적용한다.

제4조(기본원칙) ① 대한민국은 보호대상자를 인도주의에 입각하여 특별히 보호한다.

② 대한민국은 외국에 체류하고 있는 북한이탈주민의 보호 및 지원 등을 위하여 외교적 노력을 다하여야 한다.

③ 보호대상자는 대한민국의 자유민주적 법질서에 적응하여 건강하고 문화적인 생활을 할 수 있도록 노력하여야 한다.

④ 통일부장관은 북한이탈주민에 대한 보호 및 지원 등을 위하여 북한이탈주민의 실태를 파악하고, 그 결과를 정책에 반영하여야 한다.

제4조의3(기본 계획 및 시행계획) ① 통일부장관은 제6조에 따른 북한이탈주민 보호 및 정착지원협의회의 심의를 거쳐 보호대상자의 보호 및 정착지원에 관한 기본 계획(이하 "기본 계획"이라 한다)을 3년마다 수립·시행하여야 한다.

② 기본 계획에는 다음 각 호의 사항이 포함되어야 한다.

1. 보호대상자의 보호 및 정착에 필요한 교육에 관한 사항

2. 보호대상자의 직업훈련, 고용촉진 및 고용유지에 관한 사항

3. 보호대상자에 대한 정착지원시설의 설치·운영 및 주거지원에 관한 사항

4. 보호대상자에 대한 의료지원 및 생활보호 등에 관한 사항

5. 보호대상자의 사회통합 및 인식개선에 관한 사항

6. 그 밖에 보호대상자의 보호, 정착지원 및 고용촉진 등을 위하여 통일부장관이 필요하다고 인정하는 사항

③ 통일부장관은 관계 중앙행정기관의 장과 협의하여 기본 계획에 따른 연도별 시행계획(이하 "시행계획"이라 한다)을 수립·시행하여야 한다.

④ 통일부장관은 기본 계획 및 시행계획을 수립하고자 할 경우에 제22조제3항에 따른 실태조사의 결과를 반영하여야 한다.

⑤ 통일부장관은 시행계획의 추진성과를 매년 정기적으로 분석하고 그 결과를 기본계획과 시행계획에 반영하여야 한다.

⑥ 통일부장관은 제5항에 따른 추진성과를 분석하기 위하여 관계 중앙행정기관의 장 또는 지방자치단체의 장에게 관련 자료의 제출을 요청할 수 있다. 이 경우 관계 중앙행정기관의 장 또는 지방자치단체의 장은 특별한 사유가 없으면 이에 협조하여야 한다.

제5조(보호기준 등) ① 보호대상자에 대한 보호 및 지원 기준은 나이, 성별, 세대구성, 학력, 경력, 자활 능력, 건강 상태 및 재산 등을 고려하여 합리적으로 정하여야 한다.

② 이 법에 따른 보호 및 정착지원은 원칙적으로 개인을 단위로 하되, 필요하다고 인정하는 경우에는 대통령령으로 정하는 바에 따라 세대를 단위로 할 수 있다.

③ 보호대상자를 정착지원시설에서 보호하는 기간은 1년 이내로 하고, 거주지에서 보호하는 기간은 5년으로 한다. 다만, 특별한 사유가 있는 경우에는 제6조에 따른 북한이탈주민 보호 및 정착지원협의회의 심의를 거쳐 그 기간을 단축하거나 연장할 수 있다.

제6조(북한이탈주민 보호 및 정착지원협의회) ① 북한이탈주민에 관한 정책을 협의·조정하고 보호대상자의 보호 및 정착지원에 관한 다음 각 호의 사항을 심의하기 위하여 통일부에 북한이탈주민 보호 및 정착지원협의회(이하 "협의회"라 한다)를 둔다.

  1. 제5조 제3항 단서에 따른 보호 및 정착지원 기간의 단축 또는 연장에 관한 사항

  1의2. 제4조의3에 따른 기본 계획 및 시행계획의 수립·시행에 관한 사항

  2. 제8조 제1항 본문에 따른 보호 여부의 결정에 관한 사항

  3. 제17조의2 제2항에 따른 취업보호의 중지 또는 종료에 관한 사항

  3의2. 제22조의2 제3항 단서에 따른 거주지에서의 신변보호기간 연장에 관한 사항

  4. 제27조 제1항에 따른 보호 및 정착지원의 중지 또는 종료에 관한 사항

  5. 제32조 제2항 전단에 따른 시정 등의 조치에 관한 사항

  6. 그 밖에 보호대상자의 보호 및 정착지원에 관하여 대통령령으로 정하는 사항

  ② 협의회는 위원장 1명을 포함한 25명 이내의 위원으로 구성한다.

  ③ 위원장은 통일부차관이 되며, 협의회의 업무를 총괄한다.

  ④ 제1항부터 제3항까지에서 규정한 사항 외에 협의회의 구성 및 운영에 필요한 사항은 대통령령으로 정한다.

제9조(보호 결정의 기준) ① 제8조제1항 본문에 따라 보호 여부를 결정할 때 다음 각 호의 어느 하나에 해당하는 사람은 보호대상자로 결정하지 아니할 수 있다.

  1. 항공기 납치, 마약거래, 테러, 집단살해 등 국제형사범죄자

  2. 살인 등 중대한 비정치적 범죄자

  3. 위장탈출 혐의자

  4. 삭제

  5. 국내 입국 후 3년이 지나서 보호신청한 사람

  6. 그 밖에 국가안전보장·질서유지·공공복리에 대한 중대한 위해 발생 우려, 보호신청자의 경제적 능력 및 해외체류 여건 등을 고려하여 보호대상자로 정하는 것이 부적당하거나 보호 필요성이 현저히 부족하다고 대통령령으로 정하는 사람

  ② 제1항 제5호의 경우 북한이탈주민에게 대통령령으로 정하는 부득이한 사정이 있는 경우에는 그러하지 아니하다.

  ③ 통일부장관은 북한이탈주민으로서 제1항 각 호의 어느 하나에 해당하여 보호대

상자로 결정되지 아니한 사람에게는 필요한 경우 다음 각 호의 어느 하나에 해당하는 보호 및 지원을 할 수 있다.

1. 제11조·제13조·제14조·제16조·제17조의3·제19조·제19조의2·제20조(이 조 제1항 제5호에 해당하여 보호대상자로 결정되지 아니한 경우만 해당한다)·제22조 및 제26조의2에 따른 보호 및 특례

2. 그 밖에 사회정착에 필요하다고 대통령령으로 정하는 보호 및 지원

④ 제3항에 따른 보호 및 지원에 관하여 필요한 사항은 대통령령으로 정한다.

제10조(정착지원시설의 설치) ① 통일부장관은 보호대상자에 대한 보호 및 정착지원을 위하여 정착지원시설을 설치·운영한다. 다만, 제8조 제1항 단서에 따라 국가정보원장이 보호하기로 결정한 사람을 위하여는 국가정보원장이 별도의 정착지원시설을 설치·운영할 수 있다.

② 통일부장관 또는 국가정보원장은 제1항에 따라 정착지원시설을 설치하는 경우 보호대상자의 건강하고 쾌적한 생활과 적응활동이 이루어질 수 있도록 숙박시설과 그 밖의 필요한 시설을 갖추어야 한다.

③ 정착지원시설의 종류 및 관리·운영 등에 필요한 사항은 대통령령으로 정한다.

제14조(자격 인정) ① 보호대상자는 관계 법령에서 정하는 바에 따라 북한이나 외국에서 취득한 자격에 상응하는 자격 또는 그 자격의 일부를 인정받을 수 있다.

② 통일부장관은 자격 인정 신청자에게 대통령령으로 정하는 바에 따라 자격 인정을 위하여 필요한 보수교육 또는 재교육을 실시할 수 있다.

③ 제1항 및 제2항을 시행하기 위하여 필요한 경우 대통령령으로 정하는 바에 따라 자격 인정 여부를 심사하기 위한 위원회를 둘 수 있다.

제15조(사회적응교육 등) ① 통일부장관은 보호대상자가 대한민국에 정착하는 데 필요한 기본교육을 실시하여야 한다.

② 제1항에 따른 기본교육에는 다음 각 호의 내용을 포함하여야 한다.

1. 정치·경제·사회·문화 등 우리 사회 각 분야의 이해 증진을 위한 교육

2. 「양성평등기본법」 제30조에 따른 성폭력·가정폭력·성매매 범죄의 예방 및 성희

롱 방지를 위한 성평등 관점에서의 통합교육

　3. 정서안정 및 건강증진을 위한 교육

　4. 진로지도 및 직업탐색을 위한 교육

　5. 초기 정착지원제도 안내를 위한 교육

　③ 통일부장관은 제1항의 기본교육 외에 보호대상자에게 거주지에서 별도의 적응교육을 추가로 실시할 수 있다.

　④ 통일부장관은 제1항에 따른 기본교육 및 제3항에 따른 적응교육 등 업무의 일부를 대통령령으로 정하는 바에 따라 관계 전문기관·단체 또는 시설에 위탁할 수 있다.

　⑤ 제1항 및 제3항에 따른 교육에 필요한 사항은 대통령령으로 정한다.

제16조(직업훈련) ① 통일부장관은 직업훈련을 희망하는 보호대상자 또는 보호대상자이었던 사람(이하 "보호대상자등"이라 한다)에 대하여 직업훈련을 실시할 수 있다.

　② 제1항에 따른 직업훈련을 받으려는 보호대상자등은 직업훈련신청서를 통일부장관에게 제출하여야 한다.

　③ 통일부장관은 제2항에 따른 신청서를 제출한 보호대상자등에 대하여 정착지원시설 내 교육훈련시설에서 직업훈련을 실시하거나 고용노동부장관, 중소벤처기업부장관, 지방자치단체의 장(이하 "고용노동부장관등"이라 한다)에게 보호대상자등이 「근로자직업능력 개발법」에 따른 직업능력개발훈련을 실시하는 기관(「중소기업진흥에 관한 법률」 제57조제1항에 따른 연수실시기관을 포함한다. 이하 같다)에서 직업훈련을 받을 수 있도록 협조를 요청할 수 있다. 이 경우 협조요청을 받은 고용노동부장관등은 특별한 사유가 없으면 이에 따라야 한다.

　④ 제3항에 따라 고용노동부장관등이 보호대상자등에 대한 직업훈련을 실시한 경우에는 그 결과를 통일부장관에게 통보하여야 한다.

　⑤ 제1항에 따른 직업훈련의 실시기간은 대상자의 직무능력 등을 고려하여 3개월 이상이 되도록 노력하여야 한다. ＜개정 2021. 4. 20.＞

　⑥ 그 밖에 직업훈련에 필요한 사항은 대통령령으로 정한다. ＜신설 2021. 4. 20.＞

제17조(취업보호 등) ① 통일부장관은 보호대상자가 정착지원시설로부터 그의 거주지로 전입한 후 대통령령으로 정하는 바에 따라 최초로 취업한 날부터 3년간 취업보호를 실시한다. 다만, 사회적 취약계층, 장기근속자 등 취업보호 기간을 연장할 필요가 있는 경우로서 대통령령으로 정하는 사유에 해당하는 경우에는 1년의 범위에서 취업보호 기간을 연장할 수 있다.

② 제1항에 따른 취업보호 기간은 실제 취업일수를 기준으로 하여 정한다.

③ 통일부장관은 제1항에 따른 보호대상자(이하 "취업보호대상자"라 한다)를 고용한 사업주에 대하여는 대통령령으로 정하는 바에 따라 그 취업보호대상자 임금의 2분의 1의 범위에서 고용지원금을 지급할 수 있다.

④ 사업주가 취업보호대상자를 고용할 때에는 그 취업보호대상자가 북한을 벗어나기 전의 직위, 담당 직무 및 경력 등을 고려하여야 한다.

⑤ 삭제 <2019. 1. 15.>

⑥ 통일부장관은 대통령령으로 정하는 바에 따라 보호대상자의 취업을 알선할 수 있다. 이 경우 통일부장관은 고용노동부장관등과 협의하여 보호대상자의 직업훈련 분야와 북한에서의 경력 등을 고려하여야 한다.

제21조(정착금 등의 지급) ① 통일부장관은 보호대상자의 정착 여건 및 생계유지 능력 등을 고려하여 정착금이나 그에 상응하는 가액의 물품(이하 "정착금품"이라 한다)을 지급할 수 있다. 이 경우 정착금품의 2분의 1을 초과하지 아니하는 범위에서 감액할 수 있다. <개정 2019. 1. 15.>

② 통일부장관은 보호대상자가 제공한 정보나 가지고 온 장비(재화를 포함한다)의 활용 가치에 따라 등급을 정하여 보로금(報勞金)을 지급할 수 있다.

③ 제1항 및 제2항에 따른 정착금품과 보로금의 지급 및 감액 기준, 절차 등에 관한 사항은 대통령령으로 정한다.

④ 제1항에 따른 정착금은 양도하거나 담보로 제공할 수 없고, 압류할 수 없다.

제22조의3(전문상담사제도 운영) ① 통일부장관은 거주지에 전입한 북한이탈주민에 대한 정신건강 검사 등 전문적 상담서비스를 제공할 수 있는 북한이탈주민 전문상담사제도를 운영할 수 있다.

② 통일부장관은 제1항에 따른 전문상담사의 자질 향상을 위한 보수교육을 실시할 수 있다.

③ 제1항 및 제2항에 따른 전문상담사의 운영방법 및 절차 등에 관한 사항은 통일부령으로 정한다.

3 북한이탈주민의 실태분석

1) 북한이탈주민 입국 동향

(1) 입국인원

「2022 통일백서」
(2022년 출판)

북한이탈주민은 1990년대 중반, 북한의 식량사정 악화를 계기로 꾸준히 증가하기 시작하였으며, 1999년 100명, 2002년 1,000명을 넘어선 이래 2006년에는 2,000명을 초과하였다. 2007년 2월 북한이탈주민 총 입국자 수가 1만 명을 넘어섰고, 2010년 11월에는 2만 명을 넘어섰다. 1998년도까지 국내 입국자는 947명에 불과했으나, 지속적으로 증가하여 이후 3년간(1999~2001) 1,043명 입국하였다. 2005년 이후 지속적으로 증가 추세를 유지하다 2012년 이후부터 입국인원 감소 추세, 2017년도는 1,127명 입국하였다.

통일부(2022: 158)에 따르면, 2021년 한 해 국내 입국 북한이탈주민은 63명으로 2020년(229명)에 비해 72.5% 감소했다. 이는 코로나19의 영향이 절대적이었다. 2021년 12월 말까지 국내에 들어온 북한이탈주민 누적인원은 총 3만 3,815명이다. 이 중 여성 입국자는 2만 4,340명으로 전체 입국자의 72% 수준이다. 연령별 현황은 입국 당시 30대가 28.7%(9,702명)로 가장 높으며, 20~30대가 전체의 57.1%(19,292명)를 차지한다. 북한에서의 직업은 무직·부양자가 44.9%(15,167명), 노동자가 39.6%(13,369명)로 2개의 직업군이 전체의 84.5%(28,536명)를 차지하고 있다.

북한에서의 학력은 중·고등학교 학력이 69.4%(23,447명)로 가장 높고, 전문대 10.4%(3,529명), 대학 이상 6.9%(2,332명)이다.

출신지역은 함경북도 58.7%(19,837명), 양강도 17.8%(6,005명), 함경남도 8.5%(2,880명) 순으로, 함경도와 양강도 출신 비율이 높다.

(2) 2000년 이후 북한이탈주민의 국내입국 급증 원인

탈북자들이 평균 4~5년의 해외체류 중 북송 위험 등 정착에 한계를 느끼는 상황에서 보다 나은 삶을 찾아 한국으로 입국하려는 시도가 증대한 데 큰 이유가 있다. 또한 제3국 내 한국공관에 들어간 탈북자들에 대한 한국정부 당국의 지원 및 한국에 기입 국한 가족의 입국지원 활동 증가도 영향을 미치는 것으로 보인다.

(3) 여성 입국비율 증가

여성의 입국비율은 1989년 이전에는 7%에 불과하였으나, 1997년 35%, 2000년 42% 등 꾸준한 증가 추세를 보이다가, 2002년을 기점으로 남성비율을 넘어섰다.

(4) 북한이탈주민 향후 전망

한국정부는 외국에 체류하고 있는 북한이탈주민이 한국행을 희망하는 경우, 인도주의와 동포애 차원에서 전원 수용한다는 원칙하에 국내법과 UN난민협약 등 국제법에 부합되게 이들을 보호·수용하고 있다.

최근 북한이탈주민 입국 현황은 <그림 6-1>과 같다.

| 그림 6-1 | 북한이탈주민 입국인원 연도별 현황

(단위 : 명)

구분 \ 연도	~1998	1999~2001	2002	2003	2004	2005	2006	2007	2008	2009	2010
남성	831	565	510	474	626	424	515	573	608	662	591
여성	116	478	632	811	1,272	960	1,513	1,981	2,195	2,252	1,811
합계	947	1,043	1,142	1,285	1,898	1,384	2,028	2,554	2,803	2,914	2,402
여성 비율	12%	46%	55%	63%	67%	69%	75%	78%	78%	77%	75%

	2011	2012	2013	2014	2015	2016	2017	2018	2019	2020	2021	계
남성	795	404	369	305	251	302	188	168	202	72	40	9,475
여성	1,911	1,098	1,145	1,092	1,024	1,116	939	969	845	157	23	24,340
합계	2,706	1,502	2013	1,397	1,275	1,418	1,127	1,137	1,047	229	63	33,815
여성 비율	71%	73%	76%	78%	80%	79%	83%	85%	81%	69%	37%	72%

※ 북한이탈주민 입국인원은 보호센터 입소 기준으로 집계

자료: 통일부(2022: 287).

| 그림 6-2 | 북한이탈주민 입국자 수 추이

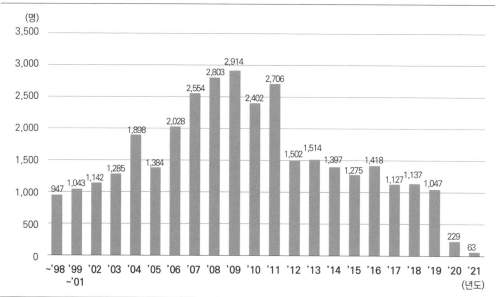

자료: 통일부(2022: 287).

| 그림 6-3 | 북한이탈주민 입국인원 누계

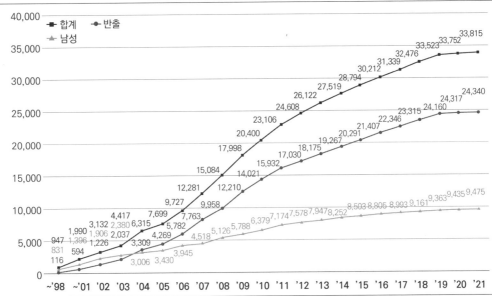

자료: 통일부(2022: 288).

| 그림 6-4 | 입국 당시 연령(2021)

구분	0-9세	10-19세	20-29세	30-39세	40-49세	50-59세	60세 이상	계
남	651	1,703	2,623	2,154	1,390	583	352	9,456
여	646	2,105	6,967	7,548	4,603	1,457	995	24,321
합계	1,297	3,808	9,590	9,702	5,993	2,040	1,347	33,777
비율	3.8%	11.3%	28.4%	28.7%	17.7%	6.0%	4.0%	100%

※ 최근 입국하여 보호시설에 있는 인원은 제외

자료: 통일부(2022: 288).

| 그림 6-5 | 직업별 입국자 현황(2021)

구분	관리직	군인	노동자	무직 부양	봉사 분야	예술 체육	전문직	아동· 학생 등	계
남	411	719	4,161	3,215	92	84	232	542	9,456
여	140	161	9,208	11,952	1,451	221	526	662	24,321
합계	551	880	13,369	15,167	1,543	305	758	1,204	33,777
비율	1.6%	2.6%	39.6%	44.9%	4.6%	0.9%	2.2%	3.6%	100%

※ 최근 입국하여 보호시설에 있는 인원은 제외

자료: 통일부(2022: 288).

| 그림 6-6 | 출신지역별 입국자 현황(2021)

구분	강원	남포	양강	자강	평남	평북	평양
남	223	75	1,555	76	458	337	468
여	375	89	4,450	163	655	507	338
합계	598	164	6,005	239	1,113	884	806
비율	1.8%	0.5%	17.8%	0.7%	3.3%	2.6%	2.4%

구분	함남	함북	황남	황북	개성	기타 (불상등)	계
남	776	4,849	270	185	46	98	9,456
여	2,104	14,988	230	284	33	132	24,321
합계	2,880	19,837	473	469	79	230	33,777
비율	8.5%	58.7%	1.4%	1.4%	0.2%	0.7%	100%

※ 최근 입국하여 보호시설에 있는 인원은 제외

자료: 통일부(2022: 288).

2) 북한이탈주민 사회적응교육

(1) 사회적응교육 프로그램 운영

2021년에는 전 세계적 코로나19 확산 등으로 인해 한 해 동안 하나원을 수료한 북한이탈주민은 87명으로 지난해 538명에 비해 급감하였다. 국내에 입국한 북한이탈주민은 하나원에 입소하여 우리 사회의 구성원이 되기 위한 기본적 사회적응교육을 받는다. 이 교육은 정서안정 및 건강증진, 우리 사회의 이해 증진, 진로지도 및 직업탐색, 초기 정착지원 안내 등 정규 프로그램과 언어, 운전 등 자율참여형 보충 프로그램으로 구성된다.

하나원 개원 23주년 기념식
(2022.7.8.)

사회적응교육 프로그램 수료 현황은 <그림 6-7>과 같다.

| 그림 6-7 | 사회적응교육 프로그램 수료 현황(2021)

(단위 : 명)

구분	1월	2월	3월	4월	5월	6월	7월	8월	9월	10월	11월	12월	계
수료	14	2	18	1	10	-	16	12	-	-	2	12	87
남	11	1	3	-	1	-	5	11	-	-	1	8	41
여	3	1	15	1	9	-	11	1	-	-	1	4	46

자료: 통일부(2022: 158).

2021년에는 북한이탈주민 전문가 및 수료한 북한이탈주민과 교육생 의견을 수렴하여 하나원 교육에 적극 반영하였다. 또한 '참여형·맞춤형·실용적 교육'과 수료한 북한이탈주민들을 대상으로 한 '애프터서비스 프로그램'을 운영하여 우리 사회에 조기에 안정적으로 정착할 수 있도록 하였다. 개편된 사회적응교육 프로그램은 5개 영역 12주 400시간의 정규 프로그램과 371시간의 자율참여형 보충 프로그램 등으로 운영되었다. 아울러, 수료 교육생을 하나원으로 초청하여 과목별 심화교육을 실시하였다.

사회적응교육 정규 프로그램은 <그림 6-8>과 같다.

| 그림 6-8 | 사회적응교육 정규 프로그램

정서안정 및 건강증진 (28시간)	성평등 관점 통합교육 (17시간)	진로지도 및 직업탐색 (204시간)
• 마음나눔, 마음돌봄 • 마약중독 예방, 결핵예방 • 건강관리법, 체육활동	• 여성인권과 양성평등 • 성폭력·성매매 예방교육	• 적성검사, 진로지도 • 기초직업적응훈련 • 정보화 교육
	12주 400시간	
• 시장경제 적응, 언어 적응교육 • 소비생활, 사회보장제도 • 현장체험, 인권 이해		• 정착지원 제도 • 신변보호담당관 안내 • 설문 및 교육평가
우리 사회 이해 증진 (106시간)		초기 정착지원 (45시간)

자료: 통일부(2022: 160).

(2) 우리 사회 이해 교육

우리말 교육포스터
(통일부 홈페이지, 2022)

하나원은 교육생들의 우리 사회에 대한 이해를 돕기 위해 민주시민, 시장경제 적응, 언어 적응, 사회 이해 프로그램 등을 운영하고, 우리 사회 구성원으로서 생활하는 데 필요한 준법, 소비생활, 사회보장제도, 사기 피해 예방, 인권, 폭력 예방 등의 다양한 교육을 실시하였다. 특히, 여성인권 및 양성평등 교육은 「양성평등기본법」에서 규정하고 있는 성폭력·성매매 예방교육과 통합하여 실시하고 있다.

북한이탈주민의 교육 수요가 많은 언어적응교육은 '언어 적응의 기본, 어휘·표현 학습', '남한 사람과 호흡하기', '표준화법 학습', '사회진출의 장애 극복, 발음·억양 교정'으로 구분하고, 각 주제별로 기초·심화과정과 연계하여 운영하고 있다. 특히, 북한식 말하기, 북한식 발음과 억양 다듬기를 희망하는 탈북교육생을 위해 하나원 내에 「우리말 상담실」과 「우리말 어학실」을 설치하여 1:1 언어코칭을 실시하였다. 또한, 주입식 교육에서 자기주도 학습으로의 변화 모색을 위해 부교재 『언어생활, 고유어·한자어』를 발간하여 교육생 스스로 학습 할 수 있는 환경을 제공하였다. 아울러, 수료 북한이탈주민을 위한 '2021 찾아가는 우리말 교실'을 기획하고 대학생반과 직장인반을 대상으로 '어문규정의 이해', 영유아모반을 대상으로 '책 읽어 주는 엄마입니다'를 각각 운영하였다.

(3) 직업교육관 운영 및 진로지도

하나원은 북한이탈주민의 직업능력을 신장하고 경제적 자립과 정착을 돕기 위해 직업교육관을 운영하고 있다. 2020년 6월 24일 개관한 직업교육관은 4층 규모로 국가 기술자격시험장(CBT실), 직종별 강의실과 실습실, 교육생들의 자율학습과 취업정보 검색을 위한 취업상담실(Job Cafe) 등으로 구성되어 있다. 하나원 직업교육을 통해 북한이탈주민의 희망직종 선호도 조사, 직업전문가 자문 등을 반영하여 22개 훈련직종을 선정하고 이에 대한 직종 설명, 진로상담, 기초직업훈련, 취업설계 프로그램 등 다양한 교육과정을 편성하여 맞춤형 진로지도를 실시하고 있다.

정보화 교육과정
(통일부 홈페이지, 2022)

하나원 입소 초기에 개인별 흥미와 적성을 파악하기 위하여 직업심리검사를 실시하고, 그 결과를 바탕으로 주기적 진로상담을 통해 교육생이 선택한 직종을 '자격 취득반'과 '직종 심화반'으로 분리하여 집중교육을 실시하고 있다. 이와 함께 북한이탈주민의 실질적 직업능력 함양을 위해 한국산업인력공단과 협의하여 하나원 교육과정 중 10개 종목(한식, 양식, 중식, 일식, 헤어, 네일아트, 메이크업, 제과, 제빵, 피부미용) 국가기술자격 취득을 지원하고 있다. 2021년에는 기초 교육생을 대상으로 한식, 피부미용, 헤어, 정보기술(ITQ) 한글 과정 등을 운영하였다. 하나원 수료 교육생의 취업역량 강화를 위한 초청 심화교육으로 한식조리, 제빵, 네일아트, ITQ(한글, 엑셀) 4개 과정을 운영하였다. 이 중 3개 과정(한식조리, 제빵, ITQ)의 수료생 29명 중 28명(97%)이 자격증을 취득하였다.

직업에 대한 교육생의 이해를 돕기 위해 주 교재 『진로와 직업』, 부교재 『취업가이드』와 22개 직종에 대한 『기초 직업훈련 용어 해설집』을 제작하여 교육생들에게 배포하였다. 아울러, 북한이탈주민 직업훈련 관련 자문회의, 외부강사 워크숍 등을 개최하여 북한이탈주민에게 적합하고 취업에 용이한 직업훈련 직종을 개발하고 직업교육관의 효율적 운영방향에 대한 의견을 폭넓게 수렴하였다. 「하나원 요양보호사교육원」도 지정절차가 완료되어 향후 요양보호사 교육을 실시할 예정이다.

3) 북한이탈주민 의료지원

(1) 하나의원 운영

하나원은 북한이탈주민의 건강관리를 위해 하나의원을 운영하고 있다. 하나의원은 1차 의료기관으로 의사, 간호사 등 25명의 의료전문 인력을 배치하여 북한이탈주민의 입국 초기 건강관리를 담당하고 있다. 안성 본원에서는 가정의학과·치과·한방과·산부인과·소아청소년과·정신건강의학과 등 6개 진료과목을, 화천 분소에서는 내과·치과·한방과·정신과 등 4개 진료과목을 운영하고 있다.

2021년 하나의원은 원내 의료서비스 제고를 위해 가정의학과 의사 1명을 채용하고 산부인과 진료실을 확장하여 탈의실과 대기실 공간을 추가 설치하였으며, 여성건강센터를 개소하는 등 진료인프라를 확충하고 건강증진 및 의료지원을 위해 다양한 사업을 추진하였다.

첫 번째는 원내에서 생활하는 동안 교육생 맞춤형 건강증진 프로그램을 운영하였다. 입소 교육생 대상 인바디 검사(InBody, 체성분 검사)를 실시하여 체중, 비만도, 골격근량 측정 및 혈압, 혈당, 총 콜레스테롤 등 기본 검사를 바탕으로 개인별 식습관 관리 및 운동처방을 실시하였다.

두 번째는 수료 이후에도 만성질환자 등 건강관리 대상자들에게 수료생 대상 건강지원 사례관리 사업을 실시하였다. 건강관리 대상자는 수료 후 1년 동안 하나의원 의료진이 매월 정기적으로 건강관리 모니터링을 실시하고 전국 하나센터 및 협력병원과 의료지원 체계를 구축하여 정착 초기에 건강을 회복 할 수 있도록 관리를 강화하였다.

세 번째는 2021년에도 북한이탈주민의 의료지원 및 이해 증진을 위해 민관협력 사업을 총 3개 기관과 추진하였다. 국민대학교 테크노디자인 전문대학원과 임산부 및 가임기 여성을 위한 맞춤형 임신·출산 정보 제공 리플렛을 개발·제작하여 전국 하나센터에 제공하였다. 이화여자대학교 간호대학과는 북한이탈주민의 건강에 대한 이해 증진을 위해 하나의원 실습교육을 추진하였다. 국립암센터와는 진료 경험을 바탕으로 소통 사례집인 『진료실에서 만난 북한이탈주민』을 공동 발간(12.15.) 하여 협력병원에 배포하였다.

이외에도 북한이탈주민 건강 특성을 고려한 리플렛 5종(결핵, 병원 이용안내, 건강관리 10대 수칙, 구강보건, 여성 건강)을 개발하여 보건교육 자료로 활용하고 있다.

(2) 마음건강센터 운영

하나원의 마음건강지원은 북한이탈주민의 심리적 어려움을 돕기 위해 정신과 진료, 개인 및 집단상담, 심리·정서안정 교육프로그램 등의 형태로 운영되고 있다. 이는 하나원 입소 후 모든 교육생에게 북한이탈주민용 간이 심리상태 검사(BPSI‒NKR)와 개별상담을 통해 하나원 입소 초기에 심리적 안정을 찾을 수 있도록 돕는다. 교육생들이 하나원에서 생활하는 동안 마음의 고충을 해결하고 교육과정에 집중할 수 있도록 주기적인 심리치료를 제공하고 있다. 또한 정서안정 교육프로그램을 운영하여 교육생들이 일상생활 안에서 스스로 마음관리를 할 수 있도록 '자가 마음 관리법'을 소개하고 익히도록 돕고 있다.

하나원 수료 후에도 지속적으로 마음건강지원이 필요한 대상자에 대해서는 지역사회의 의료기관 또는 심리상담센터에서 정신건강의학과 진료 및 심리상담이 이루어질 수 있도록 전국 25개 지역사회의 하나센터 전문상담사와 연계하고 있으며, 이를 위해 남북하나재단과도 협력하고 있다.

2021년에 새롭게 시행한 사업은 총 3개 분야이다.

첫째, 환경개선 분야에 있어서 마음건강센터 이전을 통해 각 방의 기능을 충분히 살린 개인 치료실 4곳(정신과 진료실 1, 심리상담실 3)과 집단활동실 3곳(집단상담실, 모래놀이치료실, 놀이치료실)을 마련(7.13.) 하였다.

둘째, 연구분야는 2020년 연구용역으로 개발된 '북한이탈주민을 위한 보고 듣고 말하기' 자살예방교육 프로그램을 활용하여 총 4회에 걸쳐 내·외부 자살예방강사 51명을 배출하였다. 이는 지역사회 북한이탈주민의 정신건강과 심리지원을 위한 사회안전망 구축을 강화하는 데 기여하였다. 또한, 2008년 개발 이후 사용해 온 「북한이탈주민용 간이 심리상태 검사(BPSI‒NKR)」 도구를 현 상황에 맞게 개정하였다. 하나원은 환경 변화에 맞게 북한이탈주민의 마음건강 위기도와 안녕감을 통합적으로 측정할 수 있는 「북한이탈주민용 심리상태 검사(MHI-NKR)」 도구를 새로 개발하였다. 이는 2022년부터 실무에 활용할 예정이다.

마음건강 수칙 달력
(통일부 홈페이지, 2022)

셋째, 협업 분야로 「대한명상의학회」와 마음건강지원협약을 체결(8.11.)한 후, 지역사회 북한이탈주민들을 초청하여 '마음건강 명상 프로그램'을 운영함으로써 일상생활 속 명상기법을 익혀 스스로 마음관리를 지속할 수 있도록 도왔다.

또한 협업기관인 국립정신건강센터와 함께 '북한이탈주민을 위한 마음건강 수칙(12개)'을 마련하여 '2022년 탁상형 달력'으로 제작 후 전국 25개 하나센터와 유관기관을 통해 지역사회 북한이탈주민들에게 배포함으로써 일상생활 중에 마음건강관리를 실천할 수 있도록 지원하였다.

4 북한이탈주민의 문제점과 해결방안

1) 문제점

(1) 일반적 특성에 나타난 문제점

수천 년을 단일민족으로 살아온 남북한은 70년 분단으로 완전히 단절되어 극단적인 대치상태로 이질화되었으며, 북한에서 고질화된 여러 가지 사회심리적 특징들은 남한 사회 정착에 커다란 걸림돌이 되고 있다. 북한이탈주민의 특성은 다음과 같다(김보기 외, 2020c, 261-262).

첫째, 북한이탈주민들은 사회주의 체제와 정치조직 속에서 국가의 결정지시를 따르면서 살아왔기 때문에, 스스로 해결책을 찾기보다 의존도가 높고 국가가 해결해 주길 바라는 경우가 있다(이지영, 2020: 34).

둘째, 북한이탈주민들은 유교적이며 권위주의적 태도와 직선적이고 경직된 사고방식으로 대인관계에서 의사소통이 어려우며, 순수성과 가치지향성을 강조하다가 철저하게 개인주의적인 자본주의 사회에서 혼란과 내적 불만을 가지는 경우가 있다(윤안진, 2007: 130).

셋째, 북한이탈주민들은 북에 두고 온 가족에 대한 죄책감과 혼자라는 외로움, 차별과 편견으로 느끼는 자아정체성의 혼란, 험난한 탈북과정에 생존을 위해 선택할 수밖에 없었던 타국생활과, 배우자와 자식문제 등으로 자신의 과거를 숨기고 싶어 하는 경우가 있다. 일부 북한이탈주민들은 탈북과정에 체포나 검거로 인한 불안감으로 불가피하게 거짓말로 변명을 하면서 탈북에 성공하였고, 빈주먹으로 남한에 입국했지만, 남한사람들과 경쟁하기에는 경제력이나 유용한 기술도 없다(김철용, 2019: 74-75).

넷째, 일부 북한이탈주민들은 자금관리능력이 부족하여 여러 가지 유혹에 쉽게 넘어가 사기를 당하는 경우가 많다.

북한이탈주민들은 사회주의 집단주의 체제에서 단련된 용감성과 강의성, 성실성과 책임성, 규율성과 충실성, 조직성과 인내성, 낙천성과 단결성이 강하며, 노래와 춤을 좋아하고 인정과 동정심이 많으며, 모성애와 가정에 대한 애착과 같은 긍정적인 특징을 가지고 있다. 그러나 일부 북한이탈주민들은 자본주의·개인주의 체제에서 독이 되는 공격성과 의존성이 많으며, 경계심과 허영심, 자격지심과 거짓말, 시기 질투와 상대적 박탈감, 외로움과 불안감, 열등감과 피해의식과 망상, 고소고발 등의 부정적인 특징도 나타내고 있다.

| 표 6-1 | 북한이탈주민의 사회심리적 특성

긍정적 특성	부정적 특성
용감성, 강의성, 성실성, 책임성, 규율성, 충실성, 조직성, 인내성, 낙천성, 단결성, 노래 춤 즐김, 인정동정심, 모성애, 가정에 대한 애착	공격성, 의존성, 경계심, 허영심, 강박증, 자격지심, 거짓말, 시기질투, 상대적 박탈감, 외로움, 불안감, 열등감, 피해의식과 망상, 고소고발

자료: 이지영(2020: 35).

(2) 정체성 혼란

북한이탈주민은 남한에서 생활하면서 자신이 누구인가, 자신의 가치관이 올바른 것인가 또는 그 이전에 어떤 가치관을 지녀야 하는가에 대하여 매우 불안정하고 갈등하는 모습을 보인다. 북한이주민의 가치관 및 정체성 혼란은 남한생활에 익숙해지지 않은 정착 초기에 많이 경험하게 되는데, 이들의 양가감정적 태도가 대표적인 것이 될 수 있다. 예를 들어, 자본주의 사회에서의 돈에 대한 가치를 부정하면서도 돈의 효용성을 인정할 수밖에 없는 현실에서의 갈등, 남북한 관계에 관한 이야기에서 자신이 남한사람과 북한사람 중 어느 쪽의 입장에 있어야 하는지 혼란스러워 하는 점, 탈북민이라는 딱지를 떼고 남한사회 속으로 융화되기를 바라면서도 공적·사적인 경제적 지원을 여전히 받고 싶은 생각의 공존, 북한의 가족에 대한 죄책감과 함께, 동시에 남한에서 새로 출발을 하고 싶은 마음이 공존하고 있다. 이러한 양가감정은 북한이탈주민 청소년들에게도 마찬가지여서 남한 청소년 문화에 섞이려는 욕구가 강렬하면서도 북한과 비교되는 남한 청소년문화의 단점에 대한 부정적인 인식을 가지는 것, 특례적 교육혜택을 받는 것에 대한 낙인을 두려워하면서도 그 혜택으로 대학 진학의 가능성을 높일 수 있는 현실 사이에서 갈등하고 있다.

(3) 북한이탈주민 직업적응 한계

북한이탈주민들의 수십 년간 폐쇄된 북한생활과 탈북과정에서 겪은 환경적 요인들은 사회심리적으로 남한 정착과정에서 많은 어려움을 발생시킨다(Schwartz, 1994: 85-119).

북한이탈주민들은 평등주의를 주장하는 집단주의 체제에서 살았기 때문에 개인주의·자본주의 사회에서의 차별과 편견, 사회부적응, 극심한 스트레스와 빠른 경제력의 와해 등으로 직업문화충돌을 경험하게 된다(조인수, 2018: 111). 또한 남한사회의 새로운 환경을 환상적으로 받아들이고 허황한 꿈을 꾸다가 문화충돌과정에 많은 시행착오를 겪으면서 차츰 적응해 나가는 과정을 겪게 된다. 남한사회의 부정적인 부분을 경험하거나 사회생활과 직장생활에서 문화적 스트레스를 받게 되고, 그를 극복하기 위한 치료를 받거나 이겨내는 적응과정을 거친다. 북한이탈주민들이 남한사회 주요 구성원으로 경제적 적응을 이뤄내기 위해서는 직업능력과 관련된 기술을 익히는데 많은 시간과 노력을 투자해야 하며, 남한사회에서 요구하는 직업교육과 훈련을 바탕으로 직업인으로서 새로운 적응을 이뤄내야 한다(김현아, 2007: 63-83).

2) 해결방안

북한이탈주민의 문제점에 대한 해결방안은 다음과 같다(김혜영 외, 2021: 315-318).

(1) 북한이탈주민 제도의 방향

① '보호'와 '지원'의 분리

현행 「북한이탈주민법」은 '보호'와 '지원'이라는 목적을 동시에 담고 있다. 군사분계선을 넘어 온 북한 출신에 대한 '보호'와 남한사회에 정착하여 살아가는 북한이주민에 대한 '지원'의 법률이 혼재되어 정책의 대상, 목적, 방법이 왜곡되는 문제가 있다. 합동조사, 신변보호 등이 필요한 보호대상자에 대한 국가안보적 접근, 교육, 정착지원 등이 필요한 이주민에 대한 복지적 접근이 법률과 전달체계에서 명료하게 구분되어 다루어질 필요가 있다.

② 시민으로의 지위 변화

일단 북한이탈주민이 되면 영원히 북한이탈주민이어야 하는 것처럼 느껴지게 하는 것이 현재의 지원제도이다. 북한이탈주민이 남한사회에 입국하면 동등한 시민의 지위를 가짐에도 불구하고, 북한이탈주민만을 따로 분리하여 대상화하고 관리하는 것은 계속되고 있다. 이는 몇 십 년 동안 그냥 북한에서 넘어온 북한사람으로 남아 있으라는 뜻으로 충분히 오해될 수 있다 북한이탈주민이 보통의 남한시민으로 살아가기 위해서는 북한이탈주민을 벗어나 지역사회의 일반적 서비스를 필요에 따라 선택할 수 있는 시민으로의 권리와 책임을 다하도록 지원의 관점을 전환해야 한다.

③ 욕구에 맞는 지원체계 로드맵

현행 북한이탈주민 지원체계는 법정보호기간 5년 이내와 그 이후로 이분화 되어 있다. 법정보호기간 이내에는 신변보호부터 고용까지 집중적인 지원체계가 발동하면서 촘촘한 사회안전망이 작동되지만, 그 이후에는 정책 대상에서 소외되며 불안정한 삶에 처하게 되는 것이 현실이다. 특히, 여성들은 남한사회에 견고한 사회적 지지망 없이 결혼과 출산으로 이어지는 고용단절의 문제에 더 큰 곤란함을 겪는다. 따라서, 연속적이고 통합적인 지원체계가 필요하다. 사회적 지지망을 확대하여 사회보장서비스에 대한 권리를 실질적으로 접근 가능하도록 하며, 사회통합을 위한 지역사회 인식개선과 정보제공, 교육훈련 등의 접근이 동시에 고려되어야 한다.

(2) 북한이탈주민 실천의 방향

① 쌍방향 교류 체험 강화

그동안 북한이탈주민을 위한 사회복지실천은 일방적인 교육 중심의 프로그램을 통해 북한이탈주민이 남한사회에 적응하는 데 필요한 정보와 역량을 강화하는 데 초점을 두어 왔다. 그러나 이제는 일반 시민들과 쌍방향으로 주고받는 북한이탈주민들의 교류역량을 강화하는 것으로 초점을 전환해야 한다. 북한이탈주민은 남한사회 속에서 자신의 강점을 인식하고, 부족한 점을 배워 가는 자연스러운 과정을 경험한다. 남한주민도 북한이탈주민의 강점을 지역사회 안에서 이해하고 인정할 수 있는 기회를 통해 이들을 자신들의 마을의 주민들 가운데서 동일한 주민으로 이해하게 되는 것이다. 이를 위해서는 북한이탈주민이 받은 정보와 교육의 내용이 실제 지역사회에서 생활하면서 조정되고 응용되는 과정을 비판적으로 공유할 수 있는 활동이 필요하다.

② 지역사회와의 접촉면 확장

그동안 북한이탈주민을 위한 사회통합접근은 북한이탈주민 중심으로 관심 있는 남한 시민이 결합되는 형태가 대부분이었다. 이에 남한시민의 다양한 활동에 북한이탈주민이 참여하여 지역사회와의 접촉면을 확장하는 접근을 지향해야 한다. 북한이탈주민의 정착지원을 위한 지역사회기관들의 역할도 다양해지고 확대되어야 한다. 예컨대, 하나센터 등 북한이탈주민 전문서비스 기관들은 정착 초기의 북한이탈주민의 욕구에 맞는 사례관리 중심의 프로그램들을 운영하고, 지역사회와의 연계 프로그램을 확장하여 운영할 수 있다. 이때 연계 프로그램에서 핵심은 지역사회와 기관들이 북한과 북한이탈주민에 대한 민감성을 향상시킬 수 있도록 정보를 제공해야 한다.

③ 가족 기반 사례관리

북한이탈주민가족 안에 부와 모, 북한 출생 자녀, 제3국 출생 자녀, 남한 출생 자녀가 생활하고 있는 경우가 많다. 원칙적으로 개인을 대상으로 하는 북한이탈주민 지원정책에서 이들 가족구성원들의 서비스 지위는 서로 다르다. 따라서, 제도적 한계점을 보완하고, 실질적으로 안정된 가족생활 유지를 돕기 위해서는 생활공동체인 '가족(가구)'의 욕구에 기반을 둔 실천이 더욱 강화되어야 한다. 북한이탈주민 가족관계의 회복과 안정에 기반을 둔 사례관리는 북한이탈주민이 사회통합을 이루는 과정에서 중요한 접근방법이 될 것이다.

PART Ⅲ

문화다양성과
사회복지정책

Chapter 7

다문화가족정책

다문화가족정책

1 기본 계획의 개요

1) 기본 계획 수립의 배경

「다문화가족지원법」 제3조의2는 "여성가족부장관은 다문화가족 지원을 위하여 5년마다 다문화가족정책에 관한 기본 계획을 수립하여야 한다."라고 규정하고 있다. 이에 따라, 여성가족부는 5년마다 「다문화가족정책 기본 계획」을 수립하고 있다. 이 기본 계획은 다문화가족정책의 기본 방향과 발전시책을 말하며, 이는 법정계획이다. 최초 2008년부터 시작하였으며, 현재 「제3차 다문화가족정책 기본 계획(2018~22)을 시행 중이다. 이 정책은 2018년 2월 12일 다문화가족정책위원회(위원장: 국무총리)에서 심의·확정하였다.

2) 기본 계획 실행의 성과

(1) 다문화가족 지원을 위한 정책 추진기반 구축

① 「다문화가족지원법」을 제정(2008)하여 다문화가족의 안정적 생활지원을 위한 정책의 법적근거를 마련하였다. 법 개정(2011)을 통해 다문화가족 범위를 "출생 시

한국인＋결혼이민자(또는 귀화자)"에서 "인지 또는 귀화 한국인＋결혼이민자(또는 귀화자)"까지 확장하였다.

② 「제1·2차 다문화가족지원정책 기본 계획」을 통해 종합적·장기적 정책방향을 수립하고, 「전국 다문화가족 실태조사(2009, 2012, 2015)」를 통해 기초 통계자료 구축하였다.

③ 다문화가족정책위원회를 구성·운영하여 다문화가족 관련 정책 총괄, 부처 간 유사·중복 사업 조정 등 정책 추진의 효율성을 제고하였다. 즉, 「다문화가족정책 개선방안(2014)」, 「결혼이민자 취업지원방안(2014)」, 「다문화가족 자녀지원 종합대책(2016.3)」 등 관계부처 합동 대책 수립 및 사업 조정을 추진하였다.

(2) 국제결혼 피해예방을 위한 법 제도 마련

① 「결혼중개업의 관리에 관한 법률」을 제정(2007)하여 결혼중개업의 신고·등록제 도입, 사기결혼 피해 예방 등의 관리를 강화하였다.

② 결혼상대국과 협의체(중국, 필리핀 등 7개국)를 구성하고 불법중개행위에 대한 공조수사 및 불법소지업체 단속 강화 등으로 국제결혼으로 인한 피해를 감소시켰다. 즉, 피해상담건수가 2014년 603건, 2015년 431건, 2016년 376건으로 감소하는 추세이다.

(3) 다문화가족 정착지원을 위한 맞춤형 서비스 확대

① 다문화가족지원센터에서 한국어교육, 상담, 가족통합교육 등을 제공하여 다문화가족의 한국사회 안정적 정착을 지원하였다. 즉, 혼인지속기간이 2012년 8.8년이었으나, 2015년 9.8년으로 증가하는 추세이다.

② 직업훈련, 취업지원, 봉사단 운영 등을 통해 결혼이주여성의 사회적·경제적 참여가 활성화되고 있다. 결혼이민자 고용률은 2012년 47.4%, 2015년 50.7%, 2016년 52.3%으로 증가하였고, 월가구소득은 300만 원 이상이 2012) 26.0%에서 2015년 37.8%로 증가하는 추세이다.

③ 다문화가족 학령기 자녀 및 중도입국자녀 지원을 통해 취학률 향상, 학업중단율 감소 등 학교생활 적응도가 향상되고 있다. 다문화가족 자녀의 취학률은 향상(초등 98%, 중등 94%, 고등 90%)되고 있으며, 차별을 경험한 비율도 감소(2012년 14%→2015년 9%)하고 있다.

(4) 다문화 수용성 제고

① 대상별 다문화 이해교육 실시, 다문화 인식개선 캠페인 등을 통해 우리 사회의 다문화 수용성 제고 도모하고 있다. 다문화수용성 지수는 2012년 51.17점에서 '15년 53.95점으로 소폭 상승하였다.

② 학계·현장전문가 등이 참여하는 다문화가족포럼을 개최하여 다문화가족정책에 대한 공감대를 형성하고 있다. 2013~2016년 다문화가족포럼 8회, 학술대회 6회 개최하였다.

3) 한계 및 향후과제

(1) 초기 적응 중심의 정책에서 장기정착화에 따른 정책으로 재편 필요

① 장기정착 비율이 높아지고 있으나, 다문화가족 정책은 결혼이민자·귀화자의 초기 적응지원 중심으로 운영할 필요가 있다. 정착주기의 장기화로 다양한 가족유형(한부모 등)이 발생함에 따라 안정된 가족생활을 도모할 수 있는 지원의 강화가 필요하다. 또한 다문화가정폭력에 대응한 결혼이민자의 인권방안이 필요하다. 여성가족부 등 (2019)은 '결혼이주여성 인권보호대책'을 마련하고 시행 중이다.

② 다문화가족 자녀의 경우, 청소년기 비율이 높아짐에 따라 영·유아, 취약계층 자녀 중심 정책에서 청소년기 자녀의 성장 및 글로벌 인재로 육성하기 위한 정책 강화가 필요하다. 또한, 성장 배경이 상이한 중도입국 청소년에 대한 지원도 강화할 필요가 있다.

(2) 중장기 관점에서 다문화수용성 제고 방안 마련·시행 필요

① 지속적인 정책적 노력에도 불구하고, 한국사회의 다문화 수용성 개선은 미진한 상황이다.

② 교육, 홍보 등을 통해 개별 구성원의 인식과 태도 변화에 주력하였으나, 향후 법 ·제도 등 사회문화적 차원에서 중장기적으로 접근할 필요가 있다.

2 기본 계획의 방향 및 특징

1) 기본 방향

"모두가 존중받는 차별 없는 다문화 사회 구현", "다문화가족의 사회적·경제적 참여 확대", "다문화가족 자녀의 건강한 성장 도모"의 3대 목표 아래, 5개 대과제, 17개 중과제 및 70개 소과제로 구성되어 있다. 여기에는 법무부, 교육부 등 17개 중앙행정 기관 및 기관이 참여하고 있다.

| 그림 7-1 | 비전, 목표 및 정책과제

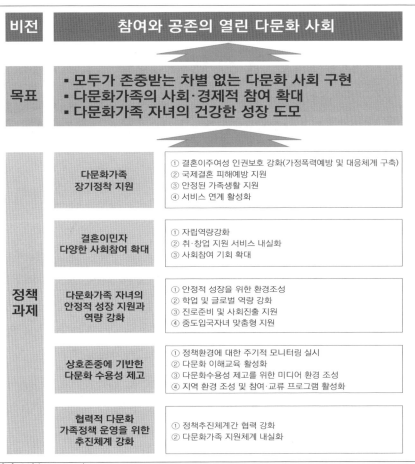

자료: 여성가족부(2019b: 3)

2) 특징

(1) '도입 및 성장기'에서 '정착기'로 패러다임이 변화하는 추세를 고려하여 제3차 기본 계획을 수립하여 추진하고 있다.

기본 계획의 패러다임 변화는 <그림 7-2>와 같다.

| 그림 7-2 | 기본 계획의 패러다임 변화

	도입 및 성장기	정착기
국제 결혼	증가 후 안정화	감소 추세
다문화 가족	지속 증가	안정화 및 장기정착 비율 증가
결혼 이민자	초기적응 및 사회진출 활성화	사회진출 욕구증대 및 경제·사회적 참여 강화
자녀	출생 및 초기 성장	학령기(청소년기) 비율 상승
가족 유형	가족생활 갈등 발생 및해체증대 가능성 증가	한부모 등 가족형태 다양화
사회적 수용성	관심형성 및 부정적 태도 확산 우려	다소 개선되고 있으나 지속적 개선 노력 필요

자료: 여성가족부(2019b: 11)

(2) 결혼이민자의 정착주기가 장기화되고 다양한 가족유형이 발생함에 따라 안정된 가족생활을 도모할 수 있는 지원을 강화하고 있다. 즉, 결혼이주여성의 인권보호를 위해 가정폭력 관련 긴급상담, 전문상담 및 주거시설을 확대 운영하는 등 가정폭력 피해 대응체계를 강화하고 있다. 또한 가족관계 증진을 위한 프로그램을 다양화 하고, 한부모가족과 관련된 제도(근로장려금 자격)를 개선하고 지원한다.

(3) 다문화가족 자녀가 학령기에 본격 진입함에 따라 학업 글로벌 역량, 사회진출을 위한 지원을 강화하고 있다. 즉, 정책적 관심의 대상이 되고 있는 중도입국자녀에 대한 지원을 지속적으로 추진하고 있다.

(4) 결혼이주여성의 초기 적응지원을 지속하고, 취업지원 서비스를 내실화한다.

(5) 다문화 수용성 제고를 위해 일반국민 대상 찾아가는 다문화 이해 교육을 강화한다.

| 그림 7-3 | 기본 계획 비교

구 분	그간의 정책	3차 기본계획('18~'22)
국제결혼	· 결혼이민관 파견 후 중지 · (女현지사전교육) 대면 · (男국제결혼안내프로그램)	· 결혼이민관 파견 추진 · 교육방식 다변화(전화, 우편 등) · 시수 확대 및 인권·상호 존중교육
가정폭력피해 이주여성 지원	· (상담소) 없음 · (보호시설) 운영, 외국인등록해야 입소가능 · (퇴소 후) 임대주택 지원 · (자립지원금) 없음	· 종합상담소(상담, 법률, 의료, 치유, 통역 등) 　신규 설치 추진 · 확대추진, 외국인 등록여부 무관하게 입소 가능 · 확대추진 · 신설추진
다문화가족	· 가족관계 프로그램 운영 · 다문화가족이 직접 정책과정에 참여하는 　'다문화가족 참여회의' 운영(5개 권역 대표) · 한국국적 배우자가 있어야 근로·자녀 　장려금 신청	· 가족관계 증진 프로그램 다양화, 사례관리 사업 　및 정착단계별 지원 패키지 확대 · 다문화가족 참여회의 지역 대표성 확대(16개 　시도 대표) · 한국국적 자녀를 양육하는 한부모 외국인에 　대해서도 근로·자녀 장려금 지원 가능
다문화가족 자녀	· 한국어 능력 향상, 학교생활 초기적응 　지원(예비학교 확대, 기초학력 향상 지원 　등) 중심	· 청소년 성장지원 사업(자녀성장지원 프로그램 　이중언어 인재 양성 사업, 글로벌 브릿지 사업 　등) 중점 추진 · 성장배경이 특수한 중도입국자녀 지원 　강화(레인보우스쿨 확대 및 운영 방식 다양화, 　취업사관학교 운영·훈련과정 확대)
다문화 수용성	· 대상별(공무원, 경찰, 종사자 등) 다문화 　교육 실시 중점	· 일반국민 대상 찾아가는 다문화 이해교육 활 　성화 및 부처간 이해교육 협업체계 강화 · 지역사회 다문화 우수 프로그램 발굴 및 포상, 　사회적 공감대 형성 프로그램 확산
정책 추진체계	· 다문화가족정책위원회를 통한 총괄·조정 　기능 강화	· 위원회 간(다문화가족정책위원회 – 외국인정 　책위원회) 연계 강화 · 다문화가족지원센터 내실화(처우개선, 지역 여 　건별 통합 추진, 서비스 역량 제고)

자료: 여성가족부(2019b: 11)

3 기본 계획의 실행

1) 다문화가족 장기정착 지원

다문화가족의 장기정착화에 따라 처할 수 있는 다양한 상황에 대응하여 가족관계 프로그램을 강화하는 등 안정된 가족생활을 지원하고, 가정폭력 대응체계를 구축하여 인권보호를 강화한다.

(1) 결혼이주여성 인권 강화(가정폭력 예방 및 대응체계 구축)

① 폭력상황에 대한 초기대응체계 상시 가동(여성가족부, 경찰청)한다. '다누리 콜센터'를 통해 폭력피해 이주여성 대상 긴급상담 지원, 긴급피난처 제공 및 쉼터 연계, 해피콜 등 사후관리 강화한다. 지역센터는 인근 경찰서 간 핫라인(hot line) 체제를 유지한다.

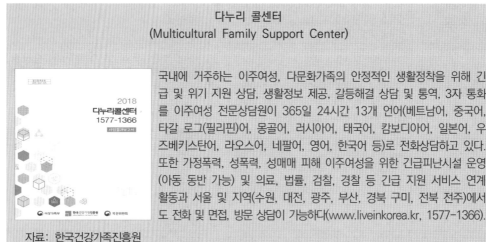

다누리 콜센터
(Multicultural Family Support Center)

국내에 거주하는 이주여성, 다문화가족의 안정적인 생활정착을 위해 긴급 및 위기 지원 상담, 생활정보 제공, 갈등해결 상담 및 통역, 3자 통화를 이주여성 전문상담원이 365일 24시간 13개 언어(베트남어, 중국어, 타갈 로그(필리핀)어, 몽골어, 러시아어, 태국어, 캄보디아어, 일본어, 우즈베키스탄어, 라오스어, 네팔어, 영어, 한국어 등)로 전화상담하고 있다. 또한 가정폭력, 성폭력, 성매매 피해 이주여성을 위한 긴급피난시설 운영(아동 동반 가능) 및 의료, 법률, 검찰, 경찰 등 긴급 지원 서비스 연계 활동과 서울 및 지역(수원, 대전, 광주, 부산, 경북 구미, 전북 전주)에서도 전화 및 면접, 방문 상담이 가능하다(www.liveinkorea.kr, 1577-1366).

자료: 한국건강가족진흥원
홈페이지(2020).

② 폭력피해 이주여성을 위한 전문상담 체계 구축(여성가족부)

결혼이민자 다수 거주지역 중심으로 폭력피해 이주여성의 복합적 문제를 원스톱(상담, 법률, 체류상담 등)으로 지원하는 '전문상담소'를 신설(5개소)한다. 상담소를 이주여성 등 대상별로 특화하여 운영할 수 있도록 「가정폭력방지법」을 개정 및 시행(2018)하고 있다. 결혼이주여성 등의 접근성이 높은 다문화가족지원센터·NGO 등을 '외국인 도움센터'로 지정·확대, 피해 상담창구로 활용하여 폭력피해 초기대응체계 상시 가동(경찰청)한다. 외국인 도움센터는 경찰기관을 방문하지 않고 범죄 및 피해신고를 할 수 있도록 체류외국인에 대한 편안한 접근채널로 운영되고 있다.

③ 폭력피해 이주여성을 위한 주거지원 확대 및 자립기반을 조성한다. 폭력피해 이주여성 보호시설(상담, 의료, 법률, 치료회복지원 등)을 확대 운영한다. 또한 폭력피해 이주여성은 외국인 등록여부와 상관없이 보호시설 입소를 허용하도록 제도를 개선한다.

시설퇴소 후 자립지원금 지원 검토 및 임대주택 주거지원을 확대한다. 구체적으로, 폭력피해 이주여성 보호시설 32개소(쉼터 28개소, 그룹홈 3개소, 자활지원센터 1개소) 운영 등을 통해 이주여성과 동반아동 보호 및 주거지원을 하고 있다.

④ 폭력피해 이주여성 지원 종사자의 역량을 강화한다. 이주여성 지원 관련 종사자 교육, 관련 기관 연계 및 긴급조치 등에 관한 교육 강화, 소진 예방 프로그램 확대한다. 또한 방문지도사, 멘토링 사업 등 다문화가족지원체계 내에서 폭력 의심사례 등에 대한 모니터링을 강화한다.

(2) 국제결혼 피해예방 지원

① 국제결혼 피해 예방 프로그램(현지사전교육, 국제결혼안내프로그램) 운영방식을 다양화하는 한편, 내용을 보완한다. 입국 전 현지 사전교육을 통하여 국내생활에 필요한 정보 및 상담서비스를 제공하고, 교육참여가 어려운 경우 다양한 방식(전화, 우편 등)으로 상담지원한다. 또한 국제결혼 안내프로그램 교육시수를 확대하고, 인권 상호존중 교육을 추가한다.

② 국제결혼이민관 파견을 추진한다. 각종 불법 결혼중개·인권침해 실태 감시 및 예방을 위해 베트남 등 결혼이민자 다수 국가에 국제결혼이민관 파견을 추진한다. 국제결혼이민관을 통한 불법결혼중개업체 적발, 현지 관리감독 등 인권침해 예방을 강화한다. 재외공관 불법성 결혼중개업체 고발 통보는 2017년 0건에서 2018년 29건으로 증가하였다.

③ 국제결혼중개업체 관리·감독을 강화한다. 한국소비자원·국제결혼 피해상담전화(02-333-1311, 한국건강가정진흥원 소속) 등에서 접수된 중개업체 피해사례를 분석하여 민원 다수 발생업체에 대한 수시점검을 강화한다.

④ 기관 간 협업을 통한 국제결혼피해자 지원을 실시한다. 다누리콜센터는 피해상담, 소비자원은 피해구제, 법률구조공단은 법률적 지원을 실시한다.

국제결혼 피해상담전화

① 국제결혼 피해자 본인 및 가족
② 국제결혼 희망자
③ 국제결혼 및 다문화 관련기관
전화상담 과정
① 국제결혼피해상담전화 최초 상담접수
② 내담자의 욕구 파악, 피해구제 내용 분류(국제결혼 중개업 관련 피해/배우자 관련 피해/기타)
③ 전문가 자문(한국 소비자원, 대한법률구조공단, 한국가정법률상담소, 경찰서, 출입국관리사무소 등)

자료: 한국건강가족진흥원 홈페이지(2020).

〈피해사례〉
한국건강가정진흥원이 운영하는 국제결혼 피해 상담 전화에는 배우자의 가출·이혼 요구와 관련한 상담 요청이 가장 많았던 것으로 나타났다.

「2018년 국제결혼 피해 상담 전화 사업 결과 보고서」에 따르면, 지난해 국제결혼 피해 상담전화(☎ 02-333-1311)에 접수된 전체 상담(632건·유형별 중복 포함) 가운데 배우자 가출·이혼 요구 상담이 24.5%(155건)로 가장 많았다. 다음으로는 결혼중개업소의 소개·중개계약 미이행이 9.2%(58건)를 차지했고, 상대방의 정보 부실·허위제공이 5.06%(32건)로 뒤를 이었다. 상담의뢰인 대다수인 81%는 한국인 배우자와 결혼이민자를 포함한 결혼당사자(487명)였다. 이외 가족이 상담을 신청한 경우가 9.6%(61건), 관련 기관이 5.4%(34건), 이웃 등 기타 지인이 4%(25건)를 각각 차지했다.

전체 상담건수를 외국인 배우자 출신국별로 보면, 베트남이 61.7%(390건)로 가장 많았다. 이어 중국 7.5%(47건), 필리핀 4%(25건), 캄보디아 3%(19건) 순으로 집계됐다.

한국건강가정진흥원은 국제결혼 피해에 대한 전문적인 상담을 지원하고자 평일 오전 9시부터 오후 6시까지 전화 상담을 통해 국제결혼 사전 피해 예방 정보, 피해구제기관 관련 정보 안내 등을 제공하고 있다.

(3) 안정된 가족생활 지원

① 결혼이주여성의 정서적 안정 및 자립역량 강화를 위한 사례관리사업의 내실화를 추진한다. 다문화가족이 취약·위기 상황에 적극 대응할 수 있도록 사례관리사업 확대 운영, 담당인력 확충 검토 및 전문성 강화를 실시한다. 희망복지지원단 등 공공단위 사례관리 체계와의 연계를 강화한다. 다문화가족의 복잡하고 다양한 문제해결을 위한 위기 다문화가족, 복합적 요구를 가진 다문화가족 대상 사례관리 지원을 확대한다(사례관리사 주 4일제→주 5일제 전환 및 106명→140명 확대).

② 가족관계 증진을 위한 프로그램 다양화 및 상담체계를 강화한다. 3대가 함께하는 프로그램 운영 등 가족참여 프로그램 다양화, 다문화가족 상담 관련 지역 전문가

풀을 마련한다. 초기 부부대상 상호 이해프로그램 및 중기 이후 부부관계 증진 프로그램을 운영한다.

③ 한부모가족의 자녀양육을 지원한다. 비양육자의 양육비 이행 강화조치 마련 및 양육비 지원을 단계적으로 확대한다. 한국국적 자녀를 양육하는 외국 국적 한부모에 대해서도 근로자녀장려금을 지원한다(과거에는 한국국적 배우자가 있어야 근로자녀장려금 신청 가능).

④ 다문화 한부모가족의 주거안정을 위한 제도개선을 실시한다. 한국국적의 자녀를 양육하는 국적 미취득 결혼이민자에 대해 다문화가족 특별분양 자격을 부여한다. 현행 국민주택 특별공급의 경우, 배우자와 3년 이상 같은 주소지에 거주한 다문화가족만을 대상으로 자격을 제한하고 있다. 즉, 한국국적을 미취득한 상태로 한국국적의 자녀를 홀로 양육중인 다문화 한부모가족의 경우 또한 '한부모가족'에 해당, 국민주택 특별공급 대상자에 포함한다. 주거복지센터 및 다문화가족지원센터에서 분양조건에 대한 홍보 등 정보안내를 강화한다.

⑤ 다문화가족의 생활안전 대응역량을 강화한다. 소방서, 가스안전공사 등과 연계하여 다문화가족 대상 안전교육 실시한다. 원어민 119생활안전교육 강사 양성·파견, 강의 콘텐츠 개발 및 보급한다. 결혼이민자 맞춤형 '운전면허 교실' 운영 및 '외국인 도움센터' 확대한다.

⑥ 119시스템 내 비언어(문자, 이미지 등)적 신고체계를 마련한다. 문자, 이미지, 사진 등을 활용한 119시스템 정착 및 홍보한다. 119 신고앱 및 U−119 안심콜 등록사이트의 다국어 서비스를 실시한다.

(4) 서비스 연계 활성화

① 신규 입국자 정보 공유 및 다문화가족지원서비스 안내를 활성화한다. 이민자 조기적응프로그램 수료자 등 결혼이주여성 관련 정보를 여성가족부(다문화가족지원센터)와 공유, 다문화가족지원센터를 통한 서비스 안내를 실시한다. 외국인과 혼인·전입 신고할 경우, 담당공무원이 다문화가족지원서비스를 안내한다.

② 다문화가족의 한국사회 적응지원을 위한 정보제공 기능을 강화한다. 현장 모니터링을 통해 다누리 포털에 실생활에 관련된 정보를 지속적으로 업데이트한다. 결혼이민자 실생활에 필요한 심층정보를 다양화하여 한국생활가이드북(Rainbow+) 제작

및 배포한다.

③ 결혼이민자의 정서적 안정 및 정착지원을 위한 멘토링 프로그램을 강화한다. 결혼이민자와의 정기적인 멘토링 프로그램, 중장기 거주 결혼이민자와 내국인과의 멘토링 프로그램 등 확대 운영한다.

④ 결혼이민자 자립 역량 강화를 위한 자립지원 패키지 프로그램 확대 추진 및 내실화한다. 결혼이민자 자립지원패키지는 결혼이민자가 미래설계, 세부계획 수립 등을 통해 자립역량을 강화할 수 있도록 지원하는 것을 말한다.

2) 다문화가족 청소년의 안정적 성장과 역량 강화

증가추세에 있는 다문화가족 청소년의 안정적 성장을 위한 환경조성 및 학업·글로벌 역량강화를 지원하고, 중도입국청소년의 조기 적응 및 정착을 지원한다.

(1) 안정적 성장을 위한 환경 조성

① 다문화가족 자녀성장지원 프로그램(다재다능) 확산시킨다. 다재다능 프로그램을 다문화가족지원센터의 기본 사업으로 추진, 다양한 운영모형을 개발한다. 다재다능프로그램은 다문화가족 자녀의 사회성 및 리더십 개발을 위한 프로그램(부모–자녀관계 향상, 사회성 발달, 진로코치 등)을 말한다. 다문화가족 자녀 성장 지원 프로그램(다재다능)을 확대하고 있다(2018년 152개소 → 2019년 183개소로 확대).

② 청소년기 자녀 및 부모 상담지원을 강화한다. 진로 및 진학 등 청소년기 고민해소를 위한 상담 및 자녀교육, 의사소통 등 해결을 위한 부모상담을 지원한다. 다문화학생의 특성을 고려한 상담이 이루어질 수 있도록 전문상담교사(학교 및 Wee센터 배치) 대상 다문화 이해 연수를 실시한다(2회, 200여명).

③ 외국어, 예체능 등 다양한 양질의 특기적성교육 프로그램을 지원한다. 청소년수련관, 지역사회 다문화청소년 유관기관 등에서 주관기관의 특성에 맞게 다양하게 추진한다.

④ 자녀 발달주기별 부모교육 및 정보제공을 강화한다. 자녀양육 지원, 가족상담 등을 위한 찾아가는 부모교육서비스를 제공한다. 다문화가족 학부모를 위한 학교생활 안내, 진로·진학 정보 영상콘텐츠 개발 및 보급한다.

⑤ 지역사회 청소년 통합지원체계(CYS – Net)를 통해 위기 다문화 청소년에 대한 맞춤형 서비스를 지원한다.

(2) 학업 및 글로벌 역량 강화 지원

① 이중언어 인재양성사업을 내실화한다. 이중언어 인재 DB 등록자 수 확대 및 활용도 제고, 이중언어 인재진출 가능 분야·직종 등 정보제공 자료집을 제작한다. 예를 들어, 이중언어 환경조성사업 확대(이중언어코치 2018년 120명 → 2019년 150명로 확대), 이중언어교재 전자책 개발 및 전국이중언어말하기대회 개최를 통해 이중언어 학습동기를 고취하고 재능개발을 지원한다.

② 기초학습능력 강화 프로그램 운영을 확대한다. 다문화 학생의 학교생활적응 및 기초학습을 지원하기 위해 대학생 멘토링(4,000여 명)을 지원한다. 지역아동센터 중앙지원단과 협업하여 전국 지역아동센터와 멘토링 연계를 추진한다. 언어발달 및 문해력 향상 지원을 위해 교과내용 중 주요 개념 및 어휘를 담은 교과보조교재 개발 및 보급한다. 지리적 여건으로 센터 이용이 어려운 다문화가족 대상 방문교육서비스 강화한다.

③ 언어, 수·과학 등 특화된 분야의 다문화학생의 재능을 개발하기 위한 글로벌브릿지사업을 추진한다. 글로벌브릿지(Global Bridge)사업이란 다문화학생의 잠재능력을 개발하고 글로벌 인재로 육성하기 위해 4개 분야에 대한 특별 교육 프로그램을 말한다.

④ 국제교류 프로그램(청소년 국가 간 교류 및 해외자원봉사단 등) 참여를 활성화한다. 글로벌 청년인재 양성의 일환으로 추진하는 청년 대상 봉사단 프로그램 추진 시 다문화청소년 참여기회 확대한다. 이중언어 재능이 있는 다문화청소년 참여기회를 확대하고 KOICA 드림봉사단 선발 시 다문화 청소년 가산점을 부여한다(2019년부터 다문화가족 대상 가산점[3점/100점] 부여 예정).

(3) 진로준비 및 사회진출 지원

① 다문화 청소년의 진로의식고취 및 진로직업체험 기회를 확대한다. 진로체험지원센터 중에서 권역별로 다문화청소년 거점 센터를 지정·운영하고, 다문화학생 중심 진로체험처를 지속 발굴·확대한다. 현재 전국 17개 시·도에 220개 진로체험지원센터 설치·운영 중이다.

② 학교에 진로 지도 및 상담 등을 위한 진로활동실을 확충하도록 유도한다. 다문화 청소년을 포함한 학교 내 학생들이 이용할 수 있는 진로활동실 구축을 시도 교육청에 권장한다.

③ 차세대 전문인력 양성 및 청년인턴 활성화한다. 이중언어 능력과 특정분야 전문성을 갖춘 청년층 대상으로 차세대 무역전문인력(다문화 무역인)을 양성한다. 한국국제협력단(Korea International Cooperation Agency, KOICA) 영프로페셔널 선발 시 다문화 청년 가산점 부여한다.

④ 직업교육훈련기관(다문화 청소년 특화 폴리텍 다솜학교) 운영 지원 및 우수사례를 발굴한다.

(4) 중도입국자녀 맞춤형 지원 확대

① 중도입국자녀 대상 한국어교육 운영의 내실화 및 질적 수준을 제고한다. '한국어 교육과정(KSL)' 개정에 따른 교재개발과 교원연수를 실시한다. '다문화예비학교' 사업을 '다문화교육정책학교'로 통합하고, 한국어학급((구)예비학교)를 확대한다(2018년 162학급 → 2019년 165학급으로 확대). 중도입국청소년 지원사업 내 한국어능력시험(TOPIK) 대비반을 포함하고 운영한다.

② 중도입국자녀의 조기적응을 돕는 레인보우스쿨 확대 및 운영방식의 다양화를 꾀한다. 온라인 교육과정 개설, 근로활동에 참여하는 중도입국청소년을 대상으로 야간 및 주말과정 운영 등 참여기회를 확대한다. 한국사회 초기적응을 지원하는 '레인보우스쿨(Rainbow School, 수용자 맞춤 체험학교)' 과정의 운영을 확대한다(2018년 23개소 → 2019년 24개소로 확대).

③ 중도입국자녀의 심리적·정서적 안정 지원을 위한 프로그램을 운영한다(3,400건 목표). 중도입국자녀의 특성을 고려한 전문적 상담 및 사례관리, 대인관계 향상을 위한 집단상담 프로그램 및 통합캠프를 운영한다.

④ 중도입국자녀의 공교육 진입지원을 위한 학력심의위원회의 운영을 활성화한다. 학력증빙이 어려운 중도입국 청소년의 편입학 지원 및 학력심의위원회의 활성화를 꾀한다.

⑤ 학교생활 조기적응을 위한 다문화 예비학교 확대 및 내실화한다. 특별학급인 한국어(KSL) 교육과정 운영학급을 다수 운영하는 예비학교에 대한 지원을 강화한다. 사

각지대 해소를 위해 '찾아가는 예비학교' 운영, 사후 학교적응 모니터링을 실시한다.

⑥ 학교 밖 중도입국 청소년 등 교육기회 사각지대에 놓이기 쉬운 다문화청소년을 위한 내일이룸학교 운영(2017년 9개소) 및 훈련과정을 확대한다.

3) 상호존중에 기반을 둔 사회적 다문화수용성 제고

다문화사회의 모든 구성원에게 요구되는 자질로써 상호존중에 기반을 둔 다문화이해 교육 확대 및 수용성 제고를 위한 미디어 환경을 조성한다.

(1) 인권 및 다양성이 존중되는 사회환경 조성

① 차별적 법·제도 이슈 발굴 및 개선한다. 지역주민 모니터링단 운영(다문화가족 참여회의, 지자체 다문화가족지원협의회 내 운영 등)을 통한 차별적 제도 이슈 발굴 및 지속·개선을 추진한다.

② 다문화 수용성 조사 및 다문화가족 실태조사를 통해 정책현황에 대한 주기적 모니터링 및 환류를 추진한다. 인권 및 다양성이 존중되는 사회환경을 조성한다.

(2) 다문화 이해교육 활성화

① 부처 간 다문화이해교육의 협업 체계를 강화한다. 부처별 다문화 관련 교육(다문화 이해교육, 문화다양성교육, 세계시민교육 등) 콘텐츠 및 전문강사의 연계를 강화한다.

② 유아교육 및 공교육 기관의 다문화 이해교육을 강화한다. 누리과정 및 초중등 교육과정에 다문화 교육내용 반영, 확대한다. 어린이집 교원(원장, 보육교사)에 대한 다문화 이해교육을 강화한다.

③ 교원의 다문화 역량 제고 및 학교현장의 다문화교육 활성화를 지원한다. 예비교원의 다문화 교육역량을 강화할 수 있도록 관련 내용을 교직과목에 반영하도록 권고한다. 다문화 중점 학교의 운영 내실화를 통해 일반학교에 적용 가능한 다문화교육 모델 개발 및 공유한다. 교원연수, 교사연구회 지원 등을 통해 교원의 다문화교육 역량강화, 다문화교육 관련 우수사례 공유 및 확산시킨다.

④ 일반국민 대상 찾아가는 다문화 이해교육을 활성화한다. 기업·학교·단체 등에 다문화 이해교육 강사를 파견하여 실시하는 찾아가는 다문화 이해교육을 확대한다. 온

라인 다문화 이해교육 운영, 대상(경찰, 군인 등)별 특성에 맞는 교육콘텐츠를 개발한다.

⑤ 대민 서비스 제공자에 대한 다문화 이해교육을 강화한다. 다문화가족 대상 서비스를 제공하는 공무원 등의 업무 특성을 반영한 다문화 이해교육 프로그램 개발 및 강사 양성, 교육 활성화를 꾀한다. 다문화 장병의 군복무 적응 지원을 위해 다문화 전문강사 양성 추진 및 부대 내 다문화 이해교육을 확대한다.

(3) 수용성 제고를 위한 미디어 환경 조성

① 방송통신심의위원회 심의 기능을 강화한다. 「방송심의규정」 제29조에 의거하여, 인권 및 문화다양성 관점에서 차별적 요소를 시정하기 위한 심의기능을 강화한다.

② 다문화 수용성 제고를 위한 미디어 콘텐츠 개발 및 가이드라인을 제공한다. 다문화 방송 프로그램(EBS)을 제작·지원하고, 콘텐츠 제작지원 시 반차별 인권관점에서 제작을 유도하는 가이드라인을 제공한다.

③ 미디어 모니터링단 운영 및 개선사례를 발굴한다. 대중매체 모니터링 및 개선 필요사항 발굴, 방송통신심의위원회에 개선 필요사항을 심의 요청한다.

④ 다문화 수용성 제고를 위한 홍보사업을 다각화한다. 언론 및 민간단체와 함께 다문화 인식개선 홍보 및 활동 전개, 공모프로그램 및 캠페인을 추진한다.

(4) 지역환경 조성 및 참여·교류 프로그램 활성화

① 지역사회 다문화프로그램 발굴 및 확산시킨다. 지역사회 다문화 우수 프로그램 발굴 포상, 지역 자율성에 기반을 둔 지역사회 프로그램을 발굴 및 확산시킨다.

② 다문화 공존을 위한 사회적 공감대 형성 프로그램을 발굴, 운영한다. 이주민－선주민 교류를 지원하는 프로그램(예, 이주배경청소년 통합캠프, 무지개다리사업 등)을 발굴 및 운영한다. 쌍방향 교류체험 프로그램(다문화꾸러미 등) 개발 및 운영한다. 농촌지역 내 다문화 공존을 위한 지원 프로그램 개발 및 운영한다(다문화-비다문화 청소년 융화지원 프로그램 등).

③ 문화시설(도서관, 박물관 등) 내에서 다문화 프로그램을 확대한다. 즉, 도서관 다문화 관련 프로그램, 박물관 내 이주민 문화 체험시설 등 조성 및 전시, 미술관 내 제3세계 전시회 등 다문화 작품의 전시를 확대한다.

4) 협력적 다문화가족 정책 운영을 위한 추진체계 강화

부처 간, 주요 상대국과의 협력체계를 지속하고 서비스 전달체계를 내실화한다.

(1) 정책추진체계 간 협력 강화

① 위원회 협력 및 기본 계획의 연계를 강화한다. 다문화가족정책위원회 – 외국인정책위원회 합동운영 추진, 정책방향 및 기본 계획 등 연계 등에 대한 간사부처 간 협력 강화한다. 다문화가족정책 기본 계획 시행계획 점검 및 환류체계를 구축한다.

② 지자체 다문화가족정책 추진의 역량을 강화한다. 다문화가족 정책협의회 및 다문화 가족정책 포럼 운영 등을 통해 지역단위에서 정책개선 및 모범사례 발굴·공유한다. 우수 특화사업 발굴 확대, 일회성 시혜성 사업의 지양을 유도한다.

③ 지역다문화교육지원센터 활성화 및 지역 내 유관기관과의 연계를 강화한다. 지역다문화교육지원센터, 다문화가족지원센터, 청소년상담복지센터 등 지역 내 다양한 유관기관과의 연계를 강화한다. 또한 상담서비스, 강사인력, 학부모교육 등 협력이 필요한 영역을 적극적으로 발굴하여 긴밀히 협력할 수 있도록 체계를 구축한다.

④ 주요 결혼상대국과의 협력채널을 지속·운영한다. 국가 간 정보교환 및 제도개선 필요사항 발굴·개선을 지속·추진한다.

(2) 다문화가족 지원체계 내실화

① 지역별 다문화가족 수요를 반영한 지원체계의 운영을 추진한다. 지역특화 다문화가족 서비스 및 사업 개발 활성화, 서비스 운영에 대한 자율권 부여를 추진한다. 지역 여건, 지자체·종사자 의견 수렴 등을 통해 건강가정지원센터·다문화가족지원센터의 통합을 추진한다.

② 다문화가족지원센터의 서비스 역량을 제고한다. 기관 운영 전반에 대한 컨설팅, 평가지표 개선 및 개발, 역량개발사업 등 점검 및 개편을 추진한다. 종사자 처우개선 및 근로 안정성 제고를 추진한다. 기본사업 및 특화사업 재편방안 마련 검토, 실적시스템의 이용자 친화성을 강화한다.

Chapter **8**

사회적 배제와
사회통합

학습목표

   1. 사회적 배제의 대상

   2. 사회통합의 필요성

   3. 사례연구

✽ **학습내용**

   1. 사회적 배제와 외국인 이주민

   2. 사회통합과 외국인 이주민

✽ **개요**

   일반적으로 사회현상, 즉 정치·경제·사회·문화 등 모든 분야에서 발생하는 배제형태를 말한다. 배제에는 각 분야별로 사회적 배제가 발생할 수 있다. 사회통합은 지역 갈등, 진보와 보수간 이념 갈등, 세대, 소득과 부의 양극화로 인한 계층 갈등에 대해 통로를 만들어 수렴하고, 해소하여 건전한 사회를 유지하는 일을 뜻한다. 여기에서는 외국인 이주민에 대한 사회적 배제와 사회통합을 학습하고자 한다.

사회적 배제와 사회통합

1 사회적 배제와 외국인 이주민

1) 사회적 배제의 일반적 이해

(1) 사회적 배제의 개념

배제(exclusion)는 사회학적 측면에서 '사회적 배제(social exclusion)'라고 일컫는다. 일반적으로 사회현상, 즉 정치·경제·사회·문화 등 모든 분야에서 발생하는 배제형태를 말한다(이척희, 2020: 126). 따라서, 배제에는 각 분야별로 사회적 배제가 발생할 수 있다. 예를 들어, 정치적 참여의 봉쇄를 강조할 때 정치적 배제, 경제적 이익으로부터 차별을 받을 때 경제적 배제, 사회적 소외로부터 오는 사회관계적 배제, 문화적 혜택을 누리지 못하는 경우에 문화적 배제가 발생할 수 있다. 여기에서 보듯이 배제의 개념은 '어떤 것'으로부터의 배제를 의미한다. 대개의 '통상적'이거나 바람직하다'고 여겨지는 '사회활동에 참여하는 것으로부터 배제된다'는 것을 의미한다. 배제라는 개념은 '사회적 위험의 총체성'의 성격을 가진다(김수진, 2019: 15). 따라서, 기존의 빈곤(poverty)이나 불평등(inequality)의 개념으로부터의 확장이라는 협의의 개념을 시작으로 사회통합을 저해하고 인간의 기본권까지 관련된 광의의 개념으로 매우 다양하게 사용된다.

사회적 배제는 사회문제의 하나로서 나타난 개념이라고 할 수 있다. 사회적 배제에 대해 최초로 연구한 학자는 베버(Max Weber, 1864-1920)이다. 베버는 사회적 배제를 하나의 사회적 폐쇄(social closure)의 형태로 파악했다. 즉, 어느 특정 집단이 자신의 우월한 지위나 특권을 유지하기 위해 다른 집단을 희생시키려는 시도라고 이해하였다 (Burchardt et. al., 2002: 1-2). 그러나 이러한 사회적 배제현상에 대한 연구는 분석적 차원으로 발전하지 못하다가, 1960년대에 들어서면서, 프랑스 드골(Charles De Gaulle) 대통령 당시 경제기획성의 책임자였던 마세(Pierre Masse)에 의해서 최초로 공식적인 사용이 시작하였다. 그는 사회적 배제에 대해 사회보험제도의 사각지대에서 머무르고 있는 사람으로, 즉 국가의 행정대상에서 제외된 사람들을 일컫기 위한 개념으로서 '사회적 배제'를 사용하였다(문진영, 2004: 257).

　유럽연합(EU)도 1970년대 들어, 특히 빈곤으로 인한 사회적 배제현상에 대해 관심을 갖기 시작하였다(김태수, 2009: 58). 르느와르(René Lenoir)는 사회적 배제에 관한 인식의 지평확장을 한 이후, 현실세계에서 사회적 배제를 극복하기 위한 정책을 모색하기 시작하였다(심창학, 2001: 189-191). 르느와르가 사회적 배제의 핵심에 '사회부적응(social misfit)'이 있다고 정리한 이후, 유럽은 '빈곤을 넘어서서 사회적으로 배제되는 현상'을 학문적으로 연구뿐만 아니라, 정책적 대안에 대해 적극적인 모색을 하기 시작하였다(Sen, 2000: 1-2). 즉, 르느와르는 '사회적 배제된 자(les esxlus)'라고 범주화하면서 빈곤에 대해 새로운 접근을 시도하였다. 1980년대에는 사회적 배제의 개념이 유럽 전역에서 더욱 빈번하게 사용되었는데, 사회적 배제의 논의를 근로빈곤계층과 장기실업자를 둘러싼 신빈곤 개념현상에 대한 논쟁으로 구체화하였다(김순양, 2013: 41). 특히, 1980년대 이후 사회적 배제의 개념이 현실정책과 연계되는 데는 유럽연합의 역할이 컸다. 즉, 1980년대 중반 이후, EU는 단일 유럽시장을 구축하기 위해서는 사회적 통합이 절실함을 깨닫고, 이를 위한 방안으로 사회적 배제의 극복을 핵심정책으로 채택하였다. EU는 회원국의 빈곤과 불평등문제가 유럽통합의 걸림돌이라고 인식하고, 이에 대처하기 위한 다양한 정책적 대응책들을 모색하게 되었다. 구체적으로 '유럽사회헌장(European Social Chapter)'은 1989년 사회적 배제의 개념을 처음 공식적으로 사용하였다. 그리하여 유럽공동체 내부에서 단일한 시장을 성립시키기 위해서는 사회적 통합이 필요하다는 지적이 제기되었고, 사회적 배제가 핵심적 정책 개념으로 제시되었으며, 이후 유럽연합은 회원국들 간 빈곤과 불평등 문제가 유럽 통합의 가장 큰 장애라고 인식하면서 사회적 협약을 통해 사회적 배제를 철폐하기 위한 공동의 노력을 하자고 합의하였다.

　　사회적 배제는 1990년경에 이르러서 기존의 빈곤과 불평 등을 대체하는 사회정책의 대표적 용어로 자리 잡게 되었다(강현정, 2009: 6). 즉, 르느와르는 빈곤을 넘어서는 체계적 배제로 사회적 배제로 개념화하면서 이 개념의 저작권을 가질 정도가 되었다. 따라서, 이 개념 자체는 처음에 사회학자들이 불평등(inequality)을 초래하는 새로운 원인을 지적하기 위해 사용한 것이며, 현재도 불평등에 관한 여러 가지 사회조사에 활용되고 있다. 오늘날 사회적 배제 담론은 빈곤과 불평등을 동일선상에서 이해하고 있는 등 다양한 논의가 이루어지는 가운데 사회적 배제의 개념은 점차 넓은 범위에서 그 해석이 이루어지기 시작하여 현재와 같은 개념에 이르렀다.

　　기든스(Giddens, 2021: 450)에 따르면, 사회적 배제(social exclusion)는 개인들이 사회에 포괄적으로 참여하는 길이 막혀 있는 상황을 말한다. 그에 따르면, 교육시설은 낙후되었고, 고용기회가 거의 없는 빈민주거지역에 사는 사람들은 결과적으로 대부분의 사람들에게는 보다 더 윤택하게 삶을 영위할 수 있는 기회조차 얻지 못할 것이다. 또한 사회적 배제라는 개념은 사회적 포섭(social inclusion)이라고 하는 정반대의 의미도 함축하는 것으로서, 주변화 된 집단(marginalized groups)을 사회적으로 포섭하는 노력은 현대 정치 아젠다에서 중요한 부분을 차지하고 있다. 하지만 시도되는 방식은 사회마다 다양하게 모습을 보여 주고 있다.

　　사회적 배제의 개념은 다양한 의미를 함축하고 있다. 사회적 배제의 개념을 감안할 때, 기든스(Giddens, 2021: 451)가 "사회적 배제라는 개념에 대해 개인의 책임성에 의문을 제기한다고 볼 수 있다."라고 주장은 유의미하다. 다시 말해서 무엇보다도 배제라는 단어는 누군가가 또는 무엇인가가 누군가에 의해 철저히 외면되었다는 의미를 지니고 있다. 개인들이 스스로 통제할 수 없는 결정에 의해 배제당하는 사례는 분명히 존재한다. 예를 들어, 은행은 특정 지역에 거주하는 사람들에게 당좌계정을 트거나 신용카드를 발부하는 일을 거부하기도 한다. 일시적으로 해고당한 사람들은 나이 때문에 더 이상 일자리를 구할 수 없을지도 모른다.

　　결론적으로 사회적 배제는 단순한 물질적 결핍상태를 의미하는 빈곤 개념과는 달리, 역동성, 다차원성, 사회적 관계성 등의 속성을 가지는 것으로서, 빈곤 그 자체보다는 빈곤화과정에 초점을 맞춘다. 그리고 소득에서의 궁핍함을 넘어 다차원에서의 사회적 불이익으로 확대하여 해석하고 대상범위를 개인에서 가족과 지역사회로 확대하며, 사회통합을 위한 참여와 권한 부여 등을 실천과제로 제시한다. 따라서, 사회적 배제에 대한 극복이나 완화는 사회복지실천의 중요한 방향을 제시한다.

(2) 사회복지와 사회적 배제의 상관성

사회적 배제의 논의는 빈곤에 관한 논의에 비해 다양한 사회적 박탈과 박탈에 동태적 이해를 제공한다는 면에서 전통적 복지 논의를 확장하는 계기가 되고 있다. 물론 사회적 배제에 있어서 서구 선진국들의 논의는 크게 다르지 않다. 즉, 블레어(Tony Blair)에 따르면, 사회적 배제는 개인이나 지역에서 실업 및 저숙련 노동, 불량 주택, 가족 붕괴, 높은 범죄 환경, 열악한 건강상태 등과 같이 서로 관련된 문제들의 조합으로 고통 받을 때 발생되는 것을 지칭한다(신광영, 2010: 18 재인용). 즉, 다양한 사회문제로 인하여 고통 받을 때 사회적 배제는 나타난다고 파악하고 있기 때문에, 사회적 배제는 사회에서 발생하는 사회문제의 해결을 통하여 해결될 수 있다. 이러한 견해는 이미 널리 알려져 오래된 사회문제에 대해 새로운 용어를 사용한 것이다.

그럼에도 불구하고, 사회적 배제는 전후 서구 유럽의 복지정책 전환을 의미하는 새로운 핵심어로 인식되고 있는 있는데, 그 이유는 복지가 물질적 차원을 넘어 다양한 차원에서 복지에 대한 논의를 가능하게 하기 때문이다. 드한(De Haan)은 이에 대해 "사회적 배제 개념이 분석과 정책을 위해서 구체적인 맥락의 틀을 제공할 수 있다." (신광영, 2010: 18 재인용)고 주장한다. 즉, 저소득이나 빈곤 등의 사회현상은 사회적 배제의 결과물이라는 점에서 공적 부조를 통해 저소득층을 적정 소득으로 증대시키거나 또는 빈곤을 제거하는 것에만 있는 것이 아니라, 사회적 배제를 제거하거나 약화시키는 것이 중요하다. 복지정책을 통하여 재화의 부족을 충족시켜 주는 것은 소극적 복지이다. 사회적 배제로 인한 최종적 결과에 대해 국가가 개입함으로써 개입의 효과가 가시적으로 나타날 수 있지만, 사회적 배제로 고통 받는 사람들에게 사회적인 통합을 가져오지는 못한다. 이에 반해, 적극적 복지는 사회적 배제 그 자체를 약화시키거나 또는 제거하는 복지정책이라고 할 수 있다. 흔히 이것은 부정적 결과를 예방하기 위하여 실시되는 정책이기 때문에 복지정책이라고 불리지 않았던 국가정책이다. 교육정책, 노동시장정책, 그리고 조세정책 등은 일반적으로 복지정책으로는 인식되지 못했다. 빈곤과 박탈이 발생하는 것을 방지하기 위해서 국가정책에서 제도적으로 개입한다는 것은, 사후적으로 이루어지는 치유를 목적으로 하는 소극적 복지정책보다 더 적극적인 예방적이고 성장 가능한 복지정책이라는 점에서 적극적 복지정책이다.

한국사회의 노인문제 현상에 대해 사회적 배제의 관점으로 봐야 할 이유는 다음과 같다(배지연 외, 2006: 11).

첫째, 사회적 배제는 노인문제 해결을 위한 다양한 시각의 하나로 논의할 가치가 충분하다고 여겨진다.

둘째, 사회적 배제에서 볼 때, 노인문제는 배제 결과의 한 현상이므로 연구가치가 매우 높다.

강현정(2009: 7)은 복합적인 노인문제를 사회적 배제의 특성 측면에서 다음과 같이 주장한다.

첫째, 다차원성(multi-dimension)이다(김순양, 2013: 45). 노인의 사회적 배제는 단순히 노년기 역할상실 또는 은퇴, 빈곤이라는 사회적 상태만을 의미하지 않으며, 이를 포함한 사회적인 상호작용의 과정, 즉 은퇴로 인하여 발생한 소득 감소 및 빈곤으로 인한 다른 문제들의 발생 등과 같은 파생적 상호작용에서 나타나며, 사회적·개인적 차원 등에서 발생하기 때문에, 그러한 이유로 다차원적인 면에서 접근해야만 한다.

둘째, 상대성(relativity)이다. 노인의 주위를 둘러싸고 있는 타인의 행위가 노인들에게 영향을 미쳐 노인 집단 내 또는 다른 계층 사이에서 배제나 비배제로 되기 때문에, 사회적 배제는 상대적이 된다.

셋째, 작인(agency)이다. 노인이 사회적 배제를 경험할 수 있게 하는 힘이 있다는 뜻이다. 이는 노인 개인의 문제가 아닌 사회적인 힘이다.

결론적으로 노인의 사회적 배제는 어느 분야에서만 경험한다고 볼 수 없으며, 정치·경제·사회 등 복합적인 영역 내 사회적 배제에 노출될 수 있다. 각 영역들은 독립된 영역이 아닌 상호유기적인 관련성을 가진다고 볼 수 있으며, 다양한 차원의 사회적 배제 연구가 필요하다.

(3) 사회적 배제의 유형분석

배제는 그 근본개념을 바탕으로 해서 사회적 배제의 하위영역에 한 다양한 주장이 존재하고 있다. 또한 하위영역 구성들은, 예를 들어 가구의 경제적 곤란, 기본적 욕구 충족의 어려움, 지속적 소비의 어려움, 열악한 주거환경, 나쁜 건강상태, 친구 및 친지 등 주위로부터 소외, 직업 및 주요 활동에서의 불만족 등을 사회적 배제의 구성요소로 하고 있다(김미영, 2013: 18).

사회적 배제는 네 가지 차원으로 분류한다(Giddens, 2021: 543−544).

첫째, 빈곤(poverty) 또는 적절한 소득과 자원(adequate income and resources)에서의 배제이다. 그에 따르면, 빈곤(poverty)은 개인으로서 극복하기 어려운 빈곤조건들을 창출하 사회적 과정(social processes)을 강조한다. 따라서, 빈곤은 사회적 불평등의 측면이다. 사회적 배제는 빈곤의 개념을 포함하는 더욱 포괄적 개념이 된다.

둘째, 노동시장(labour market)의 배제다. 그에 따르면, 개인에게 노동은 유효적절한 소득을 제공해 줄 뿐 아니라, 사회참여의 핵심적 방법이기도 하기 때문에 매우 중요성을 띤다. 따라서, 노동시장에서의 배제는 다른 사회적 배제, 즉 빈곤이나 서비스에서의 배제, 그리고 사회적 관계에서의 배제를 초래할 수 있다.

셋째, 서비스(service)의 배제이다. 기초적인 서비스 접근에서 차단되는 것이다. 이것은 가정에서 전기 또는 수도가 끊기는 것을 말하는 것일 수도 있고, 사회적인 면에서 교통이나 쇼핑, 그리고 금융서비스를 이용하지 못하는 것일 수도 있다. 또한 서비스로부터의 배제는 개인이 서비스를 이용할 수 없는 개인적인 차원의 문제일 수도 있으며, 공동체 전체가 서비스를 이용하기 어려운 집단적 차원의 문제일 수 있다. 기든스에 따르면, 인구의 약 25%가 2−3개 정도의 기초적인 서비스의 이용을 못하고, 인구의 50% 가량만이 공공 서비스와 민간 서비스를 도한 모든 서비스를 이용할 수 있는 경우도 있었다.

넷째, 사회적 관계에서의 배제(exclusion from social relations)이다.

이는 일상적인 사회활동에 참여하지 못하거나, 도움이 필요할 때 실질적이고 정서적이고 도움을 받지 못하거나, 시민적 활동에 참여하지 못하는 경우 등이 있다. 따라서, 기든스는 사회적 배제에 있어서 경제적, 사회적 관계의 배제 측면을 강조하고 있는데, 사회적 배제를 사회문제의 측면에서 이해하고 있다.

2) 한국인의 이주민에 대한 일반적인 태도

외국인에 대한 한국인의 일반적인 태도는 다음과 같다(김병조 외, 2015: 64-66).

우선, 사회적 소수자(사회문제)와 외국인 이주민(이주민문제) 간 태도 비교를 통해 분석해 보면, 일반적 사회문제와 외국인 이주민문제에 대한 심각성 인식비교를 통해 외국인 이주민문제에 대한 심각성 인식수준을 파악할 수 있다. 그 후 사회적 소수자에 대한 일종의 감정적 태도로서의 사회적 거리감 정도와 그들의 정치적·사회적 행동에 대한 행동적 태도로서의 용인 정도를 외국인 이주민에 대한 정도와 비교함으로써 외국인 이주민에 대한 감정적·행동적 수용수준을 알 수 있다.

첫째, 한국인은 환경문제, 고령화문제, 소득양극화, 종교 갈등, 이혼율 증가, 청년실업, 저출산문제 등 다른 사회문제에 비해 상대적으로 국제결혼 증가, 외국인근로자 증가는 그 심각성의 정도를 낮게 인식하고 있음을 알 수 있다. 그중 국제결혼 증가문제에 대해서는 연령이 높을수록, 교육수준이 낮을수록, 소득이 낮을수록 심각성이 크다고 인식하고 있는 것으로 나타났다.

둘째, 한국인은 외국인 이주민에 대해서 마약 상습복용자나 범죄 경력자, 동성애자보다 사회적 거리감이 적고, 장애인이나 타종교인보다는 크다. 한국인이 외국인 이주민에게 장애인이나 타종교인보다 더 친밀감을 느끼고 있다는 점은 눈여겨볼 만한 점이다. 이주민을 이웃으로 두고 싶지 않은 정도를 인구사회학적 변수별로 살펴보면, 연령이 높을수록 외국인을 이웃으로 두고 싶지 않다는 응답이 높았던 것은 비교적 예상 가능한 결과이다. 그에 반해, 지역규모별로 보면 오히려 대도시에서, 그리고 지역별로 보면 대표적인 대도시인 서울이나 부산·울산·경남에서 외국인과 이웃하고 싶지 않다는 응답이 크게 높았던 것은 일견 놀랍다. 범죄경력자와 이웃하고 싶지 않다는 응답에서도 비슷한 경향을 볼 수 있는데, 아마 그것은 실제 외국인을 접하는 경험이 많아서일 수도 있고, 또는 도시 중산층 이상의 보수적 성향을 보여 주는 것일 수도 있다

셋째, 한국인들은 외국인근로자, 종교적 극단주의자, 반정부주의자, 동성애자, 인종주의자 등의 사회적 편견 대상자들의 공개집회에 대해 평균적으로 허용 불가에 더 기울어지는 의식을 가지고 있으나, 그중에서 외국인 노동자의 공개집회를 가장 크게 용인하고 있다. 다른 사회적 편견 대상자들보다는 외국인 노동자에 대해 상대적으로 더 큰 용인도를 가지고 있다는 것이다. 여기에서 하나 더 눈여겨볼 만한 것은, 외국인 노

동자 다음으로 정치적 용인도가 높은 집단이 인종주의자이며, 인종주의자의 용인도가 동성애자보다 상대적으로 더 높다는 점이다. 우리 사회는 아직 동성애자보다는 인종주의자에 대해 더 정치적으로 용인하고 있음을 알 수 있는 대목이다. 인구사회학적 변수별 외국인 노동자의 공개집회에 대한 용인도는 교육수준이 높을수록 크며, 직업별로는 전문관리직과 학생이 가장 크고 생산직과 자영업·자영농이 가장 적다. 이는 국제결혼문제에 대한 심각성이나 외국인 노동자·이주민에 대한 사회적 거리감이 적은 집단이 외국인 노동자에 대한 공개집회에 대한 용인에 대해서도 다른 집단보다 상대적으로 더 큰 용인도를 보여 준다는 것을 알 수 있게 해 준다.

3) 사회적 배제의 사례

이주라는 생활사건은 개인이 경험한 바 없는 새로운 사회에의 적응과 통합이라는 과제를 남긴다. 이주민의 삶을 사회적 배제의 관점에서 살펴야 할 이유를 논의하고 이주민의 사례적 배제의 사려들은 다음과 같다(최혜지, 2019: 30-35).

이주민문제의 골자는 선주민보다 낮은 사회적·정치적·경제적 지위에 있다. 경제적 자원과 사회적 기회의 불평등은 이주민이 사회적 자원을 분배하는 의사결정체계로부터 소외된 결과이다. 이주민을 향한 편견과 왜곡된 고정관념은 경제적 자원과 사회적 기회의 부당한 분배를 정당화하는 이념으로 작동하여, 권리주체로서 이주민의 동등성을 부정한다. 이와 같은 구조화된 차별로 인해 이주민의 시민적 권리는 다양한 방식으로 제약되곤 한다.

이주민의 사회경제적 불평등과 사회적 차별이 소거된 이상적 상태는 사회통합으로 개념화된다. 사회통합은 다문화 시대 국가발전의 동력이며, 지속가능한 사회구성의 기본 과제이다. 대표적인 사회적 약자인 이주민의 주류사회 내 편입은 사회통합의 중심 과제이며, 다문화시대에 이주민에 대한 사회적 포용은 다문화 시대 사회통합의 열쇠이다.

그런데 이주민에 대한 차별과 사회적 배제는 이주민 삶의 질을 저하하고 사회구성원 간 불평등을 심화하여 사회안정과 통합을 위협하므로 이주민의 구조적 차별을 근절하고 자기발전의 동등한 기회가 보장되어야 한다. 이와 같이 원인으로서의 사회적 차별과 결과로서의 불평등, 그리고 지향하는 이상으로서 사회통합을 관통하는 주제는 사회적 배제이다. 즉, 사회적 배제는 민족적 소수자의 불리한 처지의 주요 원인이며, 기제이고 또한 결과이다.

사회적 배제의 다차원적 특성은 이주민의 문제를 경제적 요소로 축소해 고찰하는 오류를 극복하게 한다. 사회적 배제는 이주민의 불평등을 사회, 문화, 정치 등 삶의 다양한 차원에서 포괄적으로 조명하는 강점을 갖는다. 또한 사회적 배제는 개인이 사회적으로 배제되는 경로에 집중함으로써 이주민의 사회통합을 저해하는 사회구조적 요인들을 파악하게 한다. 이와 같이 이주민이 경험하는 삶을 사회적 배제의 관점으로 조명함으로써 이주민의 불평등을 주류사회로부터 격리되고 소외되는 다차원적 기제를 통해 설명할 수 있다.

4) 대상자별 사회적 배제

사회적 배제의 유형에는 다양한 분류가 있을 수 있으나, 여기에서는 기든스를 중심으로 논의된 사회문화적 배제, 경제적 배제, 주거배제에 대하여 논의하고자 한다. 문화다양성의 대상자별 사회적 배제는 다음과 같다(최혜지, 2019: 91-104 ; 김순양, 2013: 99-314 ; 김태수, 2009: 124-125).

(1) 결혼이주여성

결혼이주여성들은 다양한 정부 차원의 지원에도 불구하고, 그들의 상당수가 여전히 사회적 배제를 경험하고 있다. 그 내용은 다음과 같다.

① 사회문화적 배제

결혼이주여성들은 결혼을 통해서 한국에 입국함과 동시에, 출신국과는 상이한 사회문화적 환경하에서 생활하게 된다. 물론 중국, 베트남, 일본 등과 같은 일부 국가들은 한국과 유교적 전통을 공유하기도 하지만, 그렇다고 이들 국가 역시 한국과 사회문화적 속성이 동일한 것은 아니다. 따라서, 결혼이주여성의 대부분이 한국에 대한 정보와 지식이 부족한 이주 초창기에는 한국의 사회문화에 적응하는 데 어려움을 겪고 있다. 한국의 사회문화적 토양 역시 그동안의 단일민족 전통하에서 이질적인 것에 대한 배타적인 성향이 강하며, 오랫동안 누적되어 온 권위주의적인 사회문화적 특성으로 인하여 우리보다 경제적으로 낙후된 국가들로부터 유입된 결혼이주여성에 대해서는 차별적인 성향이 강하다. 즉, 이질적인 것에 대한 배타적 성향과 자신보다 열등한 것에 대한 차별적 성향은 결혼이주여성들을 사회문화적으로 배제시키는 데 중요한 요인으로 작용하고 있는 것이다.

정책적인 측면에서도 그동안 결혼이주여성에 대한 다양한 지원에도 불구하고, 전달체계의 파편화, 연계 및 조정체계의 부실, 프로그램의 적실성 부족 등 다양한 원인들로 인하여 제대로 성과를 발휘하지 못하고 있다.

물론 결혼이주여성의 이러한 사회문화적 배제의 원인이 한국사회에만 있는 것은 아니며, 결혼이주여성 본인에게도 적지 않은 귀책사유가 있다. 대부분의 결혼이주여성들은 한국의 사회문화 및 가족제도 등에 대한 충분한 사전 지식과 정보를 가지지 못한 상태에서 단기간에 결혼을 성사하는 경우가 대부분이다. 그리고 대부분의 결혼이주여성들이 한국어에 대한 이해도가 낮은 상태에 있는데, 이는 이들이 한국의 사회문화에 적응하는 데 중요한 장애요인이 된다. 따라서, 이러한 복합적인 원인들로 인하여 많은 결혼이주여성들이 한국의 사회문화에 제대로 적응하지 못하고 있으며, 이는 이들로 하여금 가족생활이나 공동체생활 등에서도 어려움을 초래하게 한다. 그 결과, 결혼이주여성의 경우는 지역사회에 적극적으로 참여한다거나, 한국의 이웃들과 적극적으로 어울리지 못하며, 사회적 네트워크의 취약성으로 인하여 어려운 일이 생기더라도 동향의 지인들에게 의존하는 성향이 강한 것이다.

② 경제적 배제

대부분의 결혼이주여성들은 한국보다 경제적 수준이 낮은 국가 출신들이며, 이들의 주요 결혼이주의 동기는 경제적인 이유 때문이다. 실제로 이들과 결혼한 한국남편들의 상당수가 처가에 일정액의 생활비를 매달 송금하는 경우가 적지 않다. 따라서, 결혼이주여성에게 경제문제는 매우 중요하며, 이들의 경제적 만족도가 곧 이들의 한국생활에 대한 민족도의 상당부분을 결정한다고 보아도 무리는 아니다. 그러나 실제로는 결혼이주여성의 대부분이 경제적으로 빈곤상태에 직면해 있으며, 한국사회에 대한 전반적인 이해부족과 언어상의 제약으로 인하여 적절한 경제적 권한을 행사하지 못하고 있다. 즉, 경제적 배제상태에 직면해 있는 것이다.

이처럼 결혼이주여성의 대다수는 경제적인 빈곤상태에 처해 있는데, 더구나 대부분의 결혼이주여성들은 이러한 빈곤에 더해서 재산권의 행사로부터도 배제되어 있다. 한국의 가부장주의적 가족관계 속에서 대부분의 재산은 남편의 명의로 소유되고 관리

된다. 게다가 결혼이주여성의 가구소득이 대부분 불안정한 상태에 있으며, 결혼이주여성들 자신이 정상적인 직업을 가지지 못하는 경우가 많기 때문에 결혼이주여성들이 자신의 몫을 확보하기도 쉽지 않다. 물론 가족들도 결혼이주여성들이 한국의 경제생활에 숙달되어 있지 못한 상황에서 이들에게 재산관리를 맡기기를 꺼린다.

③ 주거배제

주거상태는 소득수준에 크게 의존한다. 즉, 거주지역에 따라 다소차이는 있을 수 있지만, 대체로 소득수준이 높을수록 주거상태가 양호하다. 그러나 결혼이주여성의 경우는 전술하였듯이, 대체로 가구소득수준이 한국인부부 가정에 비해서 낮다. 그리고 이들의 거주지역도 대체로 도시 외곽이나 농어촌지역인 경우가 많다. 따라서, 대부분의 결혼이주여성들은 주거상태가 열악한 상황에 처해 있다. 이것이 특히 문제가 되는 것은, 주거상태가 결혼이주여성들의 생활만족도에도 영향을 미치지만, 자녀들의 교육환경과도 밀접한 관련성이 있다는 점이다. 대체로 주거환경이 열악한 지역일수록 교육환경이 열악한 경우가 많으며, 이는 자녀들의 교육성취도에 부정적인 영향을 미치게 된다.

결론적으로 결혼이주여성의 대다수가 자신의 집을 소유하지 못하고 전·월세로 생활하는 비율이 높으면, 잦은 이사 등으로 생활의 안정을 찾기가 어렵게 된다. 따라서, 이는 다시 한국사회 적응을 어렵게 할 것이다.

(2) 외국인근로자

외국인근로자는 1990년대 이래 이른바 3D업종을 중심으로 구인난이 심각해지면서 본격적으로 유입되기 시작하였다. 이들은 대부분이 중국이나 동남아시아 등 우리보다 경제적으로 낙후된 국가출신들로서, 초기에는 산업연수생제도로 입국 하였으나, 불법체류자가 증가함에 따라 이들의 인권문제 등이 심각한 사회적 이슈가 되었다. 현재 외국인근로자들은 작업현장에서 노동권이 침해당하고 있음은 물론, 사회생활 전반에서 차별을 받는 경우가 많고, 한국사회에 적응하는 데 어려움을 겪고 있다. 외국인근로자에 대한 사회적 배제는 다음과 같다.

① 사회문화적 배제

외국인근로자의 주된 입국 동기는 경제적인 면에 있지만, 이들이 한국에 거주하고 있는 동안에는 한국의 사회문화적 환경에 접촉하지 않을 수 없다. 따라서, 이들이 한국의 사회문화에 잘 적응하게 하는 것은, 이들이 직장 바깥에서의 행복한 삶을 누리는 데 필요한 것임은 물론, 이들이 한국인들의 사회적 특성을 잘 이해함으로써 직장 내에서의 동료관계를 원만하게 하는 데도 큰 영향을 미치게 된다. 그리고 이들이 한국의 사회문화에 잘 적응하게 되는 것은, 궁극적으로 이들의 노동인권 침해를 스스로 방지하고 구제하는 데도 영향을 미치게 된다. 따라서, 다문화사회로의 변화에 대응하기 위해 어느 국가든 이주민들의 사회문화적 적응을 촉진하기 위한 다양한 정책들을 시행하고 있는 것이다.

그러나 현실적으로는 대부분의 외국인근로자들이 한국의 사회문화에 대한 이해도가 부족하며, 그 결과 사회문화적 배제를 경험하고 있다. 물론 이들의 사회문화적 배제는 이들로 하여금 한국사회에 대해 부정적 인식을 갖게 하며, 여러 면에서 불이익을 겪게 한다. 구체적으로 이들이 한국에서 사회문화적 배제에 직면하게 되는 이유들을 보면, 우선 외국인근로자들의 한국어 구사능력이 낮으며, 따라서 한국의 사회문화를 이해하거나, 한국인들과 교류를 하기가 어렵다 이들이 한국어에 대한 이해도가 낮은 것은, 근본적으로 이들이 영구체류를 목적으로 하는 것이 아니라, 3년 이내의 기간으로 방문을 하는 것이기 때문에 한국어를 배워야겠다는 의지가 부족하기 때문이다. 이들은 대체로 작업장에서 필요한 기본 용어 정도를 이해하는 데 만족하고 있으며, 체계적으로 한국어를 습득하고 이를 통하여 한국의 사회문화를 잘 이해하려는 의욕은 부족하다. 그리고 고용허가제하에서는 외국인근로자를 고용하고자 하는 사업주가 신체조건, 학력 등과 더불어 한국어능력을 충족하는 적격자를 직접 선발할 수 있게 하고 있지만, 한국어를 제대로 구사할 줄 아는 인력이 드물기 때문에 한국어 구사가 가능한 인력을 채용하는 것이 현실적으로 어렵다. 한국어자격시험의 경우도 극히 초보적인 단계의 것이다. 입국 이후에 행하는 취업교육과정에서도 한국어를 수강하게 하고 있으나, 20시간 전후의 교육시간 내에 한국문화 이해, 관계 법령, 산업안전보건, 기초기능 등도 동시에 수강해야 하기 때문에 이를 통하여 한국어능력을 제고하기는 어렵다.

외국인근로자들의 의식주생활, 종교 가치관 차이 등도 이들의 한국의 사회문화에 대한 적응을 어렵게 한다. 예를 들어, 동남아지역으로 부 터 이주한 외국인근로자들이 손으로 음식을 먹는 것에 대해서 한국사람들이 불결하게 생각한다거나, 종교상의 이유로 특정 음식을 먹지 못하는 것을 비난하거나, 술을 억지로 마시게 하거나, 특정 종교를 강요하는 등의 행위 등은 외국인근로자들로 하여금 한국의 사회문화에 대한 접축을 꺼리게 하는 요인으로 작용할 수 있다.

외국인근로자들의 경우, 상당수가 한국인들과 적극적으로 교류하고 사회적 연결망을 형성하기보다는, 주로 같은 국가출신들과 어울리는 경향이 있는데, 이 역시 이들의 사회문화적 적응을 저해하는 것이다. 물론 이는 이들이 한국어능력이 부족하고, 한국인으로부터 차별대우를 받는 것이 싫어서일 수도 있지만, 결과적으로는 이들의 한국의 사회문화에 대한 이해를 지체시킨다. 따라서, 이들이 휴일을 이용하여 한국의 사회문화를 이해하기 위한 시설을 방문한다거나, 여행을 하는 등의 여가생활을 하기는 어려울 것으로 보인다.

외국인근로자들의 사회문화적 적응을 저해하는 데는 무엇보다도 외국인에 대한 한국인들의 인식 및 한국사회의 배타성이 큰 영향을 미친다. 한국사회의 경우, 오랫동안 단일민족국가를 형성하여 왔기 때문에 이질적인 것에 대한 배타성이 매우 강하다. 그리고 이러한 배타주의는 한국사회의 고질적 병폐인 권위주의 성향과 결합되어, 대부분이 경제적으로 빈곤한 국가에서 입국한 외국인근로자에 대해서는 차별적 성향을 보이게 되는 경우가 많다. 따라서, 외국인근로자를 공동체성원으로서 포용하려는 자세가 부족하다.

② 경제적 배제

외국인근로자들이 국내에 입국하는 주된 동기는 경제적인 이유이다. 이는 기본적으로 한국에서의 임금수준이 본국에서보다 훨씬 높다는 것을 전제로 하는 것이다. 실제로 외국인근로자의 임금수준은 근래 들어서 지속적으로 상승하여, 사업주의 입장에서는 외국인근로자를 고용하는 것이 큰 메리트가 없다고 할 정도가 되고 있다. 즉, 외국인근로자를 고용할 경우, 임금 외에도 숙식비 추가 지급, 외국인근로자 전용보험의 의무가입 등으로 인한 부대비용으로 인해 내국인 고용과 별로 차이가 없다. 따라서, 외국인근로자를 고용하는 것이 국내에서 필요한 인력을 구하지 못한 상태에서 불가피한 조치이며, 경제적인 측면에서는 큰 도움이 되지 않는다는 것이다.

그러나 이러한 사업주들의 평가에도 불구하고, 다른 실증적 조사들에 의하면 외국인근로자, 특히 일반 외국인근로자들은 여전히 내국인근로자에 비해서 임금수준이 크게 낮은 상태이며, 빠르게 상승하는 국내 물가수준 등을 감안하면, 이들이 현재의 임금수준에서 경제적으로 적절한 수준의 생활을 영위하기는 쉽지 않을 것으로 본다. 더구나 외국인근로자들의 대다수는 국내로 입국하는 과정에서 소개비 등의 명목으로 적지 않은 금전지출을 하였기 때문에, 3년이라는 짧은 기간 동안에 이러한 비용을 모두 상쇄하고 적절한 수준의 저축을 하기는 쉽지 않을 것으로 보인다.

③ 주거배제

외국인근로자들의 임금수준은 높지 못한 편이며, 더구나 임금체불문제도 심각하다. 그리고 이들의 주된 입국 동기는 3년이라는 짧은 기간 동안의 힘든 노동을 통하여 적절한 수준의 금전을 마련하여 본국으로 돌아가는 것이다. 따라서, 외국인근로자들은 낮은 수준의 임금에도 불구하고, 저축을 하거나 본국으로 송금을 함으로써 자신의 목표를 달성하고자 한다. 더구나 이들은 한국의 높은 물가수준하에서 기본적인 생활은 유지해야 한다. 따라서, 대부분의 외국인근로자들은 주거에 많은 지출을 하기가 어려운 형편에 있으며, 그 결과 이들의 주거환경은 상당히 열악할 것으로 예측된다.

(3) 북한이탈주민

북한주민들의 상당수는 한국사회에 정착하는 데 어려움을 겪고 있으며, 전반적인 사회적 배제 직면하고 있다. 이들의 사회적 배제를 구체적으로 살펴보면 다음과 같다.

① 사회문화적 배제

남북한 간에는 정치이념이나 경제체제의 측면에서 근본적인 차이가 있음은 물론, 오랜 분단의 결과로 인하여 비록 같은 민족이지만, 사회문화적으로도 이질성의 정도가 매우 높다. 특히, 북한사회는 오랫동안 폐쇄체제를 유지해 온 관계로 한국과의 사회문화적인 이질성 정도는 상상하는 것 이상으로 크다. 이러한 사회문화적 배제의 문제는 북한이탈주민들의 자본주의 생활방식에 대한 이해 부족, 언어적 이질성, 집단주의 사고로 인한 경직성, 사회연결망의 부재와 인간관계의 제한, 사회적 편견의 존재 등 다양한 이유로 인하여 더욱 가중되고 있다. 따라서, 북한이탈주민의 한국사회 조기 정착을 위한 공공 및 민간 부문의 다양한 지원과 노력에도 불구하고, 북한이탈주민들의 대다수는 남한의 사회문화에 적응하는 데 큰 어려움을 겪고 있다.

북한이탈주민들의 한국사회에서의 적응에 어려움을 겪는 이유들로서, 한국사회에 대한 예비지식과 정보의 부족, 대인관계 형성의 문제, 문화적 충격, 남한사람들의 무관심과 경멸, 전문지식 결여로 인한 열등감과 사회적 지위의 하락(북한에서와 비교하여) 등을 들고 있다.

② 경제적 배제

북한이탈주민들이 북한을 탈출하는 주요 동기는, 1990년대 중반 이후부터 북한의 경제난 및 식량난과 더불어 경제적인 이유 때문이다. 따라서, 이들은 한국에 입국하게 되면 경제적으로 보다 나은 생활을 영위할 것으로 기대하고 있다. 그리고 이에 부응하여 한국정부는 북한이탈주민들이 입국 초기에 경제적으로 잘 정착할 수 있도록 다양한 지원체계를 구비하고 있는데, 대표적인 것이 정착지원금이다. 정착지원금은 북한이탈주민들이 입국 및 사회적응의 초기단계에서 기초적인 생계를 유지할 수 있도록 일정금액을 지급해 주는 제도로서, 북한이탈주민의 자립과 자활을 촉진하기 위하여 기본금은 점차 축소하고 장려금을 확대하는 방향으로 제도를 운영하고 있다. 현재 정착지원금은 정착기본금 외에, 개개인의 자활노력 및 사정에 따라 지급하는 정착장려금과 정착가산금으로 구성된다. 귀중한 정보나 장비를 가지고 입국한 북한이탈주민에게는 추가보상이 지급될 수 있다.

북한이탈주민은 북한에서의 경제적 빈곤으로부터 탈피하기 위해 한국으로 입국하였으며, 입국 이후에는 이들의 경제적 안정을 도모하기 위해서 다양한 지원책들이 제공되고 있지만, 이들은 여전히 빈곤상태를 벗어나지 못하고 있다 그 이유는 한국사회의 사회문화적 배타성과 차별, 실업, 저임금과 고용불안정, 정책의 허점, 북한이탈주민 측면의 문제점 등이 복합적으로 작용하고 있다.

통일부(2022)는 「북한이탈주민 취약계층 조사」를 실시한 결과, 북한이탈주민의 25%가 그들의 주요 문제로 '생계'인 것으로 나타났다.

③ 주거배제

북한이탈주민들이 12주 동안의 하나원 교육을 수료하면, 거주희망지역의 공공임대주택 사정을 고려하고 본인의 의사를 최대한 반영하여 거주지역이 결정된다. 거주희망지역의 주택물량이 부족할 경우에는 차순위지역으로 배정한다. 거주지에 전입을 하면, LH나 각 지방자치단체에서 건립한 공공임대주택을 알선하고 주거지원금을 지원하는 데, 주거지원금은 가족구성원의 수에 따라 차등적으로 지급한다.

그러나 정부의 무상주택지원에도 불구하고, 대부분의 북한이탈주민들은 주거와 관련하여 상당한 어려움에 직면해 있다. 무엇보다 북한이탈주민의 대다수가 입국 이후 상당한 시간이 경과하여도 영구임대주택을 벗어나지 못하고 있으며, 그 결과 이들의 주거와 관련한 교육 및 문화 환경의 개선이 어렵다. 더구나 해당지역 주민들이 북한이탈주민들이 자신들의 거주지역으로 대거 이주하는 것을 꺼리는 것도 북한이탈주민들의 주거배제를 촉진하는 요인이다. 대부분의 해당지역 주민들은 북한이탈주민들이 자신의 거주지역에 집단이주하게 되면 지역공동체가 슬럼화되며, 궁극적으로 집값이 하락할 것이라고 본다. 또한 해당지역 교육의 질도 떨어질 것으로 우려한다. 지역주민들의 이러한 사고는 북한이탈주민들이 자신의 거주지역에서 이웃주민들과 교류하는 것을 저해하며, 궁극적으로는 북한이탈주민의 사회적응을 저해하는 요인으로 작용하게 한다.

이러한 요인 등이 복합적으로 작용하여 북한이탈주민들의 주거지역이 수도권으로 집중되고 있다. 즉, 북한이탈주민들은 인구가 밀집되어 있는 수도권에서 거주해야 경제적 기회가 보다 많을 것이며, 자녀들도 보다 양질의 교육을 받을 수 있는 것으로 생각하고 있다. 더구나 북한이탈주민들은 대부분이 정부가 지원하는 공공임대주택에 거주하고 있기 때문에 실제로는 주거비가 훨씬 더 비싼 수도권지역에 거주하더라도, 이러한 주거비 차이가 큰 부담으로 작용하지 않는 경우가 많다. 이 점에서 북한이탈주민에 대한 현재와 같은 주거비 지원방식이 이들의 수도권 집중을 더욱 가속화시킨다는 비판이 제기되기도 한다.

종합적인 상황을 고려할 때, 거주지를 옮기는 가장 큰 이유가 취업 및 교육 문제임을 알 수 있으며, 왜 북한이탈주민들이 높은 물가고 등에도 불구하고, 수도권으로 유입되고 있는지를 이해할 수 있다. 북한이탈주민들의 이러한 수도권 집중현상이 당분간 바뀔 가능성은 별로 없어 보인다. 따라서, 북한이탈주민들은 주거배제에서 자유로울 수 없는 형편이다.

2 사회통합과 외국인 이주민

1) 사회통합의 일반적 이해

현대사회는 정치·경제·사회·문화 등 여러 영역에서 다양한 사회갈등이 발생함으로써 사회통합의 논의가 확대되고 있다. 사회통합은 이질적이고 다양한 사람들로 이루어지는 사회구성원이 정체성을 갖도록 통합하는 일이다. 통합이 이루어지지 않으면, 갈등과 대립이 폭동과 소요로 나타나게 된다.

사회통합의 정의는 사회과학 분야에서 다양하게 존재한다. 대표적 사회통합 개념 정의에는 록우드(David Lockwood)의 구성원 간 평화유지, 하버마스(Jürgen Habermas)의 사회규범 등에 대한 원활한 의사소통, 기든스(Anthony Giddens)의 집단 간 호혜적인 상호작용 등이 있다.

20세기 말부터 사회통합의 개념은 국제사회를 중심으로 활발하게 논의되고, 사회정의와 사회복지의 관점에서 재해석되었다. 국제연합(UN)은 1994년 사회통합을 핵심적 의제로 다루면서 국가와 사회는 개인이나 집단에 대하여 배제가 아닌 포용으로 정의·복지·자유를 제공하며, 해체가 아닌 조화와 유대로 사회질서를 유지하는 것이라고 정의한다. 또한 유럽연합(EU)은 양극화 격차를 최소화하기 위한 복지를 보장할 수 있는 역량이라고 정의하고 있다.

현대 문명사회는 국민 생활을 저해하는 대립적 갈등을 조정·해결하려면 각각의 영역에서 사회통합 역할이 다음과 같이 강조된다(박동욱, 2022: 8). 첫째, 사회복지국가 헌법의 이념 및 가치 추구를 통한 사회통합, 둘째, 사회정의 실현 정치를 통한 사회통합, 셋째, 사회적 약자를 포용하는 헌법재판을 통한 사회통합, 넷째, 세대 간 갈등 조정·해소를 위한 국민연금의 헌법적 의무를 통한 사회통합 등의 역할이 수반되어야 한다.

지금 우리나라는 코로나19 팬데믹(pandemic)으로 인해 국가가 사회구성원들의 사회통합을 위해 필연적으로 개입해야 할 절박한 상황을 맞이하고 있다. 4차 산업혁명에서 가장 약한 고리인 고용시장과 21세기 전 지구적인 코로나19 팬데믹은 사회적 약자를 포함한 다수의 국민에게 심각한 불안감과 위기감을 불러오고 있다. 즉, 지금 우리 사회를 최고로 지배하는 주된 의식은 코로나19로 인한 삶에 대한 불안(anxiety)일 것이다. 국가에 의해 강제되는 코로나19의 예방과 퇴치를 위한 사회적 거리두기는 개인의 표준적 삶을 정상궤도에서 탈선시켰다. 특히, 소상공인을 비롯하여 개인화(individualization)시대를 살아가는 프리랜서, 비정규직 노동자 등 사회적 약자들은 코로나19에 의한 새로운 사회규범과 제도에서 보호받지 못함으로써 사회적 불안과 갈등의 진원이 되고 있다. 이러한 시대적 상황에 비추어 포스트 코로나19(Post−COVID19)는 필연적으로 고용 비대칭형 경제성장이 예상되며, 이에 따른 사회·경제적 양극화는 심각한 사회갈등을 유발할 것은 명약관화하다.

사회통합은 지역 갈등, 진보와 보수간 이념 갈등, 세대, 소득과 부의 양극화로 인한 계층 갈등에 대해 통로를 만들어 수렴하고, 해소하여 건전한 사회를 유지하는 일을 뜻하며, 다음과 같은 방법이 있다(박찬욱, 2013: 61-93).

① 민주주의의 지속적인 발전을 통한 사회 통합력 신장

② 권력분산, 견제와 균형을 보장하기 위한 제도

③ 정부의 청렴성, 민의대응성 및 효율성을 높임.

④ 시민참여 거버넌스 도입 확산

⑤ 사회지도층의 공정사회 만들기 운동 주도

⑥ 정당개혁, 국회 운영 쇄신

사회통합은 국가의 중요한 역할 가운데 하나이다. 국가의 사회통합 의무는 헌법의 기본 원리에 포섭된다. 사회통합을 위한 국가의 의무는 다양하다. 그중 몇 가지 중요한 역할을 살펴보면 다음과 같다(박동욱, 2022: 10).

첫째, 국가는 사회통합을 위해 헌법이 지향하는 법치국가 원리와 문화국가 원리에서 파생된 구체적 법률을 통해 가장 기본적인 의무인 사회구성원을 보호하여야 한다.

둘째, 국가는 민주적 기본질서의 이념과 가치에 직결되는 자유·평등·복지 등과 관련된 사회통합에 개입하고, 필요한 예산을 집행함으로써 개인과 사회의 동질성을 확보하고 연대성을 형성하여야 한다.

셋째, 국가는 헌법에서 규정한 경제질서 범주 내에서 사회구성원들이 인간다운 삶을 영위할 수 있는 경제활동을 보장하고 노사구성원 간의 갈등과 분열에 개입하여 상호의존성의 강화를 통한 사회통합을 도모하여야 한다.

넷째, 국가는 과잉금지원칙을 행정행위나 공권력의 행사에서 철저히 준수함으로써 사회구성원들과의 관계에서 갈등 야기를 사전적으로 예방하여 사회통합 역할은 수행하여야 한다.

다섯째, 국가는 사회국가 원리에 의해 공정으로서의 배분적 정의를 실천하고 사회적 약자의 보호를 통하여 세대 간 사회통합을 실행하여야 한다.

2) 외국인 이주민의 사회통합 이해

세계화가 급속히 진행됨에 따라 상품뿐 아니라, 사람과 문화까지도 국경을 넘나드는 추세가 가속되고 있어서 인종·종교·문화갈등과 대립을 방지하고, 문화다양성을 보호하며, 증진시키는 일이 필요하다. 세계는 빈부격차의 확대, 종교 분쟁 등 문화다양성을 위협하는 일에 직면해 있어서, 소통하고 문화다양성을 인정하여 이런 세계화로 인한 문화발전이 정체할 위험으로부터 해결하는 일이다.

미국이나 캐나다는 국가 출범 초기부터 다양한 인종과 문화가 뒤섞여 형성되었다. 유럽에서도 여러 문화가 유입되어 형성된 국가인 네덜란드, 영국, 프랑스와 독일 등에서는, 이주 집단 간 상이점을 해소하고, 평등한 노동, 고용, 교육을 통한 기본적인 자질을 키워주는 조치를 통해 경제적 사회통합 개선계획을 추진하고 있다.

우리나라에서는 1990년대 이후 이주 노동자들의 유입과 2000년대 이후 국제결혼에 따른 결혼이주여성 증가, 그리고 북한 경제난으로 인한 북한이탈주민이 지속적으로 증가하고 있다.

3) 사회통합정책

(1) 이주민 관련 법제도

다문화사회는 다양한 배경과 인종의 사람들로 구성된다. 다문화가족의 수가 증가됨에 따라 정책이나 다양한 사회적 프로그램의 필요에 따라 정부 각 부처는 사회통합을 위한 각종 정책이나 행사를 진행해 오고 있다. 그러나 특히 사회통합이라는 명분 아래, 다문화가족들이 국내에서 적응하는 것을 돕고 지원하기 위해 여러 가지 정책과 교육 프로그램을 진행해 왔으나, 이에 대한 문제점이 드러나고 있다. 각 부처 소관 법률들은 정책목적이 각 행정관리 정책에 산발적이고 일시적이라는 비판이 있다. 국내에 거주하는 외국인은 계속 증가하고 있다. 이러한 상황에서 국가는 다문화사회를 세계화시대의 경쟁력 증진과 선진화 기회를 제공해야 한다. 이를 위해 체계적인 통합정책을 일관성 있게 추진해야 하는 데 이를 뒷받침하는 법률적 보완이 필요하다.

한국은 이주 유형에 따라 차별적인 정책이 시행되고 있다. 「출입국관리법」, 「국적법」, 「재외동포의 출입국과 법적 지위에 관한 법률」 등의 법률에 의해 이주민을 분류하고 있다.

2006년 4월에는 대통령 직속으로 12개의 정부부처가 '여성결혼이민자 가족의 사회통합 지원대책'을 발표했다. 2007년 7월에는 「재한외국인 처우기본법」, 2008년 3월에는 「다문화가족지원법」이 시행되었다.

(2) 문화다양성의 대상자별 정책

한국사회에 나타난 이주민에 대한 정책은 다음과 같다(배경임 외, 2022: 101-104).

① 외국인근로자

한국은 1987년 이후 외국인근로자의 송출국 위치에서 외국인근로자 유입국으로 전환되었다. 국내 노동력 부족 해결을 목적으로 1991년 해외투자업체 연수제도를 시행하였고, 1992년 외국인근로자에 대한 출입국관리법에 의해 잠정적 입국을 허용하였다. 부득이한 사유로 유효한 여권이나 사증소지 등 입국허가 요건을 갖추지 못한 외국인에 대해 입국허가 여부가 결정될 동안 주거제한 등의 조건을 붙여 잠정적으로 증가시키는 계기가 되었다.

2003년 「외국인 근로자의 고용 등에 관한 법률」이 제정된 이후, 외국인근로자들의 취업활동이 가능한 체류자격에 해당되는 사증발급 시 국내 고용환경이 고려되도록 하는 사안과 외국인의 체류자격 및 체류상한기간 재조정이 있었는데, 이를 계기로 외국인근로자의 유입이 본격화되었다.

2004년 고용허가제 도입은 외국인근로자의 유입을 가속화시키고 있다. 고용허가제는 외국인근로자를 노동자로 인정하고 노동권을 보장하는 제도로, 최장 근로기간을 5년 미만으로 설정하고 있다. 그럼에도 불구하고, 외국인근로자들에게는 정주불허의 원칙을 유지하면서 고용허가제를 통해 합법적인 지위를 보장하고 있다. 이들은 주로 단기계약으로 입국하며, 정해진 직종에만 취업이 가능하고, 사업자 변경 및 가족재결합이 불가하다. 일반귀화나 특별귀화 요건을 충족하지 못한 경우, 이주민의 영주체류자격을 인정하지 않으나, "대한민국에 공로가 있는 자나 특정 분야에서 탁월한 능력을 소유하여 대한민국에 보탬이 될 수 있는 자"는 특별귀화요건으로 인정하며, 교육수준이나 전문적 기술을 보유한 외국인들의 한국 유입은 환영하고 있다는 점에서 차별적으로 수용하고 있다는 것을 알 수 있다.

② 결혼이민자

결혼이민의 다수를 차지하고 있는 결혼이주여성의 경우, 그 체류자격은 2011년부터 거주(F-2)에서 결혼이민(F-6) 자격이 신설되었으며, 한국국민의 배우자로 영주권 신청자격에서 2년이면 신청할 수 있는 조건이 주어지고 있다. 결혼이주여성은 결혼이민자 중 다수를 차지하고 있다. 결혼이주여성은 결혼이민비자를 발급받는다. 이 비자는 "대한민국 국민의 배우자나 국민과 혼인관계에서 출생한 자녀를 양육하고 있는 부 또는 모로서 법무부 장관이 인정한 사람"에 한해 발급된다. 또한 "대한민국 국민의 배우자와 혼인한 상태로 국내에 체류하던 중 그 배우자의 사망이나 실종, 그 밖에 자신에게 책임이 없는 사유로 정상적인 혼인 관계를 유지할 수 없는 사람으로서 법무부 장관이 인정한 사람"도 이에 해당한다. 외국인이 국제결혼으로 한국에 거주하기 위해서는 한국인 배우자의 조청이 필요하다.

결혼이주여성은 다음의 절차에 따라 귀화할 수 있다.

결혼이민비자로 입국하여 거주한 지 2년이 지나면 귀화 신청이 가능하다. 한국 거주기간이 2년 이상만 되면 신청자격이 주어지므로 결혼이주여성의 한국생활에 안정성을 보장한다는 긍정적 측면이 있다. 그러나 일반적인 귀화의 요건을 충족해야 한다는 점에서 여전히 높은 장벽이다. 그 예로, "생계유지 능력이 있어야 한다."는 조항이 있는데, 3천만 원에 달하는 재산현황을 서류로 제출하거나, 재직하고 있는 직장의 재직증명서 등을 제출해야 하는 조항이다. 이와 관계하여 국적법은 지속적으로 개정되고 있다. 예를 들어, 1997년 개정된 내용을 보면, 종전의 부계혈통주의가 부모양계주의로 전환(부 또는 모 어느 한편이 대한민국 국적자면 그 자녀에게 국적을 부여함.)되었다. 그리고 2004년에는 "국민인 배우자와 혼인한 상태로 대한민국에 주소를 두고 있던 중 그 배우자가 사망·실종되거나 자신의 귀책사유 없이 혼인생활을 계속할 수 없는 경우 또는 혼인에 의해 출생한 미성년자녀의 양육 등의 필요가 있는 경우에는 외국인 배우자의 인권보장과 아동보호 차원에서 국적 취득을 허용"하는 방향으로 국적법이 개정되기도 했다. 이는 혼인상태 지속 여부에 따른 불안정하고 종속적인 결혼이주여성의 법적 지위를 개선한 것이다.

③ 재외동포

구소련 지역의 고려인들과 중국의 조선족 동포들은 「재외동포의 출입국과 법적 지위에 관한 법률」, 「외국인 근로자의 고용 등에 관한 법률」, 「국적법」에 연관되어 있으며, 재외동포 및 영주권자 유형과 방문취업제 대상자의 유형이 뒤섞인 상태로 그 신분과 지위가 불안정하다. 1999년 제정된 「재외동포의 출입국과 법적 지위에 관한 법률」은 재외동포에 대한 법적 우대를 규정하는 것으로, 중국, 소련 등에 거주하는 해외동포, 즉 현실적으로 가장 법적인 보호를 받아야 할 대상이 적용대상에서 제외됨으로써 많은 비판에 직면하기도 했다. 이 법률은 불법체류 외국인의 대부분을 중국동포가 차지하게 되는 상황을 초래하기도 했다. 이후 2004년 동 법률이 개정되어 드디어 200만 명의 중국동포, 50만 명 CIS(구소련, Commonwealth of Independent States, 독립국가연합) 지역 동포가 그 대상에 포함되었다.

(3) 차별금지 관련

'이민자통합정책지수(MIPEX)'는 이민자 사회통합정책에 대한 평가에서 활용할 수 있는 지표이다. 지표에는 세 범주가 중요한 기준인데, 인종·민족, 종교·신념, 국적이다. 한국은 국가인권위원회를 2001년에 설립하고 이주민을 포함한 소수자들의 인권보호를 위해 노력하고 있다. 위원회의 활동범위는 피해자의 진정이 없는 경우에도 인권침해나 차별행위가 있다고 믿을 만한 상당한 근거가 있다고 인정할 때는 직권으로 조사할 수 있어 넓은 편이다. 2007년 12월 차별금지 사유에 "인종, 피부색, 출신민족"이 포함된 「차별금지법안」이 국무회의를 통과했지만, 발의조차 되지 못하고 폐기되었다. 2009년에는 「인종차별금지법안」 관련 공청회(국가인권위원회 주최)가 개최되었으나, 법안이 상정되지 못했다.

외국인근로자의 경우, 「노동법」상 근로자의 지위가 보장되고 차별받지 않도록 기본적인 법 제도의 정비는 이루어졌다고 볼 수 있으나, 「출입국관리법」상 불법체류자인 까닭에 열악한 노동환경과 차별을 배제하기에는 한계가 있다.

(4) 이주민의 정치참여

한국은 이주민들에게 지방선거 선거권을 허용하고 있다. 이주민의 권리인정 측면에 있어서 다른 나라와 비교할 때 선진국가에 속하지만, 이주민들에게 정당가입이 허용되지 않고, 정치활동을 할 수 없게 한 것은 모순되는 상황이다. 참정권 인정과 정치참여 현황을 보면, 2005년 「공직선거법」 개정을 통해 지방자치단체장 선거와 지방의원 선거에서 "영주권 취득일로부터 3년이 경과한 19세 이상의 외국인"으로서 자치단체 내에서 외국인으로 등록되어 있는 모든 사람에게 선거권을 부여하였다. 그리고 교육감을 뽑는 선거 역시도 영주권 취득일 후 3년이 경과한 18세 이상의 외국인은 선거권이 있다. 또한 주민투표, 주민소송, 주민소환제도에 외국인의 참여를 모두 보장하고 있다. 이러한 선거권 보장으로 전국동시지방선거에서는 지역에 따라 이주민의 영향력이 상당하여 한국사회에 또 하나의 논쟁거리가 되고 있다.

외국인 선거권에 관한 사회적 합의사항을 보면, 국정선거와 지방선거를 구분하고 있으며, 선거권과 피선거권을 구분하고 있다. 그렇기 때문에 외국인에게는 정당가입이 허락되지 않고, 정치자금 기부도 금지된다. 또한 합리적인 이유 없이 피선거권을 인정하지 않는 점과, 대한민국 국민이 아닌 사람은 선거운동을 할 수 없는 것은 문제점으로 지적되고 있다. 정치활동의 자유가 없는 이주민은 자신들의 이익을 대변하는 정치적 단체를 결성할 수 없다. 다만, 정주할 자격이 주어지는 영주권자에 한해 지방의회 선거권만 주어진다.

4) 문화다양성과 사회통합

문화다양성의 관점에서 본 사회통합은 다음과 같다(배경임 외, 2022: 92-94).

(1) 세계시민주의적 관점의 사회통합

전 지구적인 인구이동으로 인해 세계 각국의 국가가 지향하고 있는 사회통합은 주민들이 정주국으로 통합되는 것을 목적으로 하고 있다. 다문화사회에서 주민과 정주민의 사회통합은 국가발전의 중요한 요인으로 인식되기 때문이다. 사회통합은 한 주류의 사람들과 소수의 사람들이 하나의 우산 아래 모여서 사회적 안에서 발생될 수 있는 갈등을 최소화하는 과정이다. 따라서, 사회통합은 주류의 집단과 소수의 집단 간의 평등 보장, 구조적 차별 극복, 이해와 교류 등 상호 존중을 위한 노력이 전제되어야 가능하다.

한국사회에서의 사회통합은 이민자에게만 초점이 맞추어져 있는 단방향적 사회통합의 관점이 우세하다. 한국사회의 사회통합에 대한 이해는 "이민자는 소득, 건강, 노동, 정치 등 다양한 영역별 삶의 차원에서 인간으로서의 절대적 자원과 정주민과의 상대적 차원 모두에서 어떠한 이유로도 차별과 불평등을 받지 않아야 한다."는 시혜적 입장이 주를 형성하고 있다. 사회통합의 완성은 이주민과 정주민 전부에게 해당되는 문화다양성의 정체성 협상과정을 통해 형성되는 다문화 생활세계이다. 곧 이주민과 정주민이 동등한 책임과 권리, 관계 속에서 상호작용을 통해 다문화사회 공간을 만들어 세계시민주의적 관점으로 사회통합을 이루어 나가야 한다.

(2) 문화다양성의 공존을 위한 정주민과 이주민의 관계

다문화사회의 정주민은 이주민의 유입으로 인해 가치관의 혼란, 노동시장에서의 경쟁 등을 경험하면서 이주민이 정주민들의 문화와 생활양식이 존중받을 것을 기대함과 동시에, 이주민 정착방안을 마련하고자 한다. 반면에, 이주민은 자신들의 문화적 고유성과 가치를 인정받고 보존하며 정주민들과 동등한 자격과 능력을 부여받음으로써 주류사회(mainstream society)에 진입하고자 한다. 따라서, 서로 다른 이해관계 속에서 일어나는 다양한 문화의 정체성 협상과정은 문화다양성을 인정해야 하고 공평해야 한다. 또한 다수의 정주민과 소수의 이주민 사이의 문화다양성의 공존으로 새로운 다문화 생활세계를 형성하기 위한 기반으로서 사회통합이 매우 중요하며 필요하다.

이러한 상황 속에서 한국사회의 사회통합은 차별과 편견으로부터의 탈피, 기존 단일민족 신화를 넘어서 문화다양성에 기초한 정체성 협상과정을 통해 다문화사회 공간을 새롭게 창출해 나가야 한다.

(3) 사회통합의 다양한 층위

사회통합을 세 가지 층위로 분류한다.

첫째, 사회적 포용(social inclusion)으로 빈곤과 실업을 포함한 사회적 위험으로부터 국민을 보호하는 것이다.

둘째, 사회적 융합(social integration)으로 동등한 기회와 권리를 모든 사람에게 제공함으로써 통합적 목표를 지향하는 것이다.

셋째, 사회적 응집(social cohesion)으로 공동체 구성원이 공동의 비전을 공유하고, 공동체에 대한 소속감을 가지며, 다양한 배경을 가진 구성원이 긍정적이고 강력한 관계를 발전시켜 나가도록 하는 것이다.

사회통합은 이러한 세 가지 층위를 포괄하는 의미로서 어떠한 특정 틀에 모든 사회구성원을 조정하려는 노력이 아니라, 다양한 개인들을 한 공동체가 수용하려는 노력을 의미한다. 정주민과 이주민을 이분법적으로 경계 지어 '단선적인 동화과정'을 강조하는 것이 아니라, 이주민이 가지고 있는 문화의 고유성과 특수성을 인정하고 동등한 문화적 정체성 협상 과정을 통해 새로운 다문화사회를 형성하는 데 토대를 마련하는 것이다.

문화다양성의
법제도

✳ **학습목표**

    1. 사회복지 관련법의 기초 이해

    2. 외국인 관련 조항 숙지

    3. 문제점 및 개선방안 연구

✳ **학습내용**

    1. 다문화가족지원법

    2. 출입국관리법

    3. 외국인근로자의 고용 등에 관한 법률

    4. 결혼중개업법의 관리에 관한 법률

✳ **개요**

    문화다양성의 법제적 측면을 위해 사회복지 관련법들 중 가장 기본이 되는 다문화가족지원법」, 「결혼중개업의 관리에 관한 법률」, 「출입국관리법」, 「외국인근로자의 고용 등에 관한 법률」 등에 대해, 개별법의 입법 제정 이유와 목적 그리고 주요 내용 등을 이해할 필요가 있다. 여기에서는 문화다양성 관련법을 학습하고자 한다.

문화다양성의 법제도

1 다문화가족지원법

1) 개요

「다문화가족지원법」은 다문화가족구성원이 안정적인 가족생활을 영위하고 사회구성원으로서의 역할과 책임을 다할 수 있도록 함으로써, 이들의 삶의 질 향상과 사회통합에 이바지함을 목적으로 하는 법안이다. 「다문화가족지원법」은 다문화가족구성원이 안정적인 가족생활을 영위하고 사회구성원으로서의 역할과 책임을 다할 수 있도록 함으로써, 이들의 삶의 질 향상과 사회통합에 이바지함을 목적으로 하는 법안이다.

여성가족부장관은 다문화가족 지원을 위해 5년마다 다문화가족정책에 관한 기본 계획을 수립해야 하며, 다문화가족의 현황 및 실태를 파악하고 다문화가족 지원을 위한 정책수립에 활용하기 위해 3년마다 그 실태조사를 실시하고 결과를 공표하여야 한다. 여기에 다문화가족의 삶의 질 향상과 사회통합에 관한 중요 사항을 심의·조정하기 위하여 국무총리 소속으로 다문화가족정책위원회를 둔다.

국가와 지방자치단체는 결혼이민자 등이 대한민국에서 생활하는 데 필요한 기본적 정보를 제공하고, 사회적응교육과 직업교육·훈련 및 언어소통 능력 향상을 위한 한국어교육 등을 받을 수 있도록 필요한 지원을 할 수 있다. 또 다문화가족 내 가정폭력을 예방하기 위하여 노력해야 하며, 가정폭력으로 피해를 입은 결혼이민자 등을 보호·지원할 수 있다. 아울러 결혼이민자 등이 건강하게 생활할 수 있도록 영양·건강에 대한 교육, 산전·산후 도우미 파견, 건강검진 등의 의료서비스를 지원할 수 있으며, 의료서비스 제공 시 외국어 통역 서비스를 제공할 수 있다. 이 밖에 다문화가족구성원인 아동·청소년이 학교생활에 신속히 적응할 수 있도록 교육지원대책을 마련해야 하고, 그 구성원의 언어발달을 위하여 한국어 및 결혼이민자 등인 부 또는 모의 모국어 교육을 위한 교재지원 및 학습지원 등 언어능력 제고를 위하여 필요한 지원을 할 수 있다.

국가와 지자체는 다문화가족지원센터를 설치·운영하는 데, 지원센터는 ① 다문화가족을 위한 교육·상담 등 지원사업의 실시, ② 결혼이민자 등에 대한 한국어교육, ③ 다문화가족 지원서비스 정보제공 및 홍보, ④ 다문화가족 지원 관련 기관·단체와의 서비스 연계, ⑤ 일자리에 관한 정보 제공 및 일자리의 알선, ⑥ 다문화가족을 위한 통역·번역 지원사업, ⑦ 다문화가족 내 가정폭력 방지 및 피해자 연계 지원 등의 업무를 수행한다. 지원센터에는 다문화가족에 대한 교육·상담 등의 업무를 수행하기 위해 관련 분야에 대한 학식과 경험을 가진 전문인력을 두어야 한다. 특히 국가 또는 지자체는 다문화가족지원 및 다문화 이해교육 등의 사업 추진에 필요한 전문인력을 양성하는 데 노력해야 하며, 여가부 장관은 대학이나 연구소 등 적절한 인력과 시설 등을 갖춘 기관이나 단체를 전문인력 양성기관으로 지정하여 관리할 수 있다.

2) 주요 내용

제1조(목적) 이 법은 다문화가족구성원이 안정적인 가족생활을 영위하고 사회구성원으로서의 역할과 책임을 다할 수 있도록 함으로써 이들의 삶의 질 향상과 사회통합에 이바지함을 목적으로 한다.

제2조(정의) 이 법에서 사용하는 용어의 뜻은 다음과 같다.

1. "다문화가족"이란 다음 각 목의 어느 하나에 해당하는 가족을 말한다.

가. 「재한외국인 처우 기본법」 제2조 제3호의 결혼이민자와 「국적법」 제2조부터 제4조까지의 규정에 따라 대한민국 국적을 취득한 자로 이루어진 가족

나. 「국적법」 제3조 및 제4조에 따라 대한민국 국적을 취득한 자와 같은 법 제2조부터 제4조까지의 규정에 따라 대한민국 국적을 취득한 자로 이루어진 가족

2. "결혼이민자등"이란 다문화가족의 구성원으로서 다음 각 목의 어느 하나에 해당

하는 자를 말한다.

　가. 「재한외국인 처우 기본법」 제2조 제3호의 결혼이민자

　나. 「국적법」 제4조에 따라 귀화허가를 받은 자

　3. "아동·청소년"이란 24세 이하인 사람을 말한다.

　제3조(국가와 지방자치단체의 책무) ① 국가와 지방자치단체는 다문화가족구성원이 안정적인 가족생활을 영위하고 경제·사회·문화 등 각 분야에서 사회구성원으로서의 역할과 책임을 다할 수 있도록 필요한 제도와 여건을 조성하고 이를 위한 시책을 수립·시행하여야 한다.

　제3조의2(다문화가족 지원을 위한 기본 계획의 수립) ① 여성가족부장관은 다문화가족 지원을 위하여 5년마다 다문화가족정책에 관한 기본 계획(이하 "기본 계획"이라 한다)을 수립하여야 한다.

　제3조의4(다문화가족정책위원회의 설치) ① 다문화가족의 삶의 질 향상과 사회통합에 관한 중요 사항을 심의·조정하기 위하여 국무총리 소속으로 다문화가족정책위원회(이하 "정책위원회"라 한다)를 둔다.

　② 정책위원회는 다음 각 호의 사항을 심의·조정한다.

　1. 제3조의2에 따른 다문화가족정책에 관한 기본 계획의 수립 및 추진에 관한 사항

　2. 제3조의3에 따른 다문화가족정책의 시행계획의 수립, 추진실적 점검 및 평가에 관한 사항

　3. 다문화가족과 관련된 각종 조사, 연구 및 정책의 분석·평가에 관한 사항

　4. 각종 다문화가족 지원 관련 사업의 조정 및 협력에 관한 사항

　5. 다문화가족정책과 관련된 국가 간 협력에 관한 사항

　6. 그 밖에 다문화가족의 사회통합에 관한 중요 사항으로 위원장이 필요하다고 인정하는 사항

　③ 정책위원회는 위원장 1명을 포함한 20명 이내의 위원으로 구성하고, 위원장은 국무총리가 되며, 위원은 다음 각 호의 사람이 된다.

　1. 대통령령으로 정하는 중앙행정기관의 장

　2. 다문화가족정책에 관하여 학식과 경험이 풍부한 사람 중에서 위원장이 위촉하는 사람

　④ 정책위원회에서 심의·조정할 사항을 미리 검토하고 대통령령에 따라 위임된 사

항을 다루기 위하여 정책위원회에 실무위원회를 둔다.

⑤ 그 밖에 정책위원회 및 실무위원회의 구성 및 운영 등에 필요한 사항은 대통령령으로 정한다.

제8조(가정폭력 피해자에 대한 보호·지원) ① 국가와 지방자치단체는「가정폭력방지 및 피해자보호 등에 관한 법률」에 따라 다문화가족 내 가정폭력을 예방하기 위하여 노력하여야 한다.

② 국가와 지방자치단체는 가정폭력으로 피해를 입은 결혼이민자등을 보호·지원할 수 있다.

③ 국가와 지방자치단체는 가정폭력의 피해를 입은 결혼이민자등에 대한 보호 및 지원을 위하여 외국어 통역 서비스를 갖춘 가정폭력 상담소 및 보호시설의 설치를 확대하도록 노력하여야 한다.

④ 국가와 지방자치단체는 결혼이민자등이 가정폭력으로 혼인관계를 종료하는 경우 의사소통의 어려움과 법률체계 등에 관한 정보의 부족 등으로 불리한 입장에 놓이지 아니하도록 의견진술 및 사실확인 등에 있어서 언어통역, 법률상담 및 행정지원 등 필요한 서비스를 제공할 수 있다.

제10조(아동·청소년 보육·교육) ① 국가와 지방자치단체는 아동·청소년 보육·교육을 실시함에 있어서 다문화가족구성원인 아동·청소년을 차별하여서는 아니 된다.

② 국가와 지방자치단체는 다문화가족구성원인 아동·청소년이 학교생활에 신속히 적응할 수 있도록 교육지원대책을 마련하여야 하고, 특별시·광역시·특별자치시·도·특별자치도의 교육감은 다문화가족구성원인 아동·청소년에 대하여 학과 외 또는 방과 후 교육 프로그램 등을 지원할 수 있다.

③ 국가와 지방자치단체는 다문화가족구성원인 18세 미만인 사람의 초등학교 취학 전 보육 및 교육 지원을 위하여 노력하고, 그 구성원의 언어발달을 위하여 한국어 및 결혼이민자등인 부 또는 모의 모국어 교육을 위한 교재지원 및 학습지원 등 언어능력 제고를 위하여 필요한 지원을 할 수 있다.

④「영유아보육법」제10조에 따른 어린이집의 원장,「유아교육법」제7조에 따른 유치원의 장,「초·중등교육법」제2조에 따른 각급 학교의 장, 그 밖에 대통령령으로 정하는 기관의 장은 아동·청소년 보육·교육을 실시함에 있어 다문화가족구성원인 아동·청소년이 차별을 받지 아니하도록 필요한 조치를 하여야 한다.

제12조(다문화가족지원센터의 설치·운영 등) ① 국가와 지방자치단체는 다문화가족지원센터(이하 "지원센터"라 한다)를 설치·운영할 수 있다.

② 국가 또는 지방자치단체는 지원센터의 설치·운영을 대통령령으로 정하는 법인이나 단체에 위탁할 수 있다.

③ 국가 또는 지방자치단체 아닌 자가 지원센터를 설치·운영하고자 할 때에는 미리 시·도지사 또는 시장·군수·구청장(자치구의 구청장을 말한다. 이하 같다)의 지정을 받아야 한다.

④ 지원센터는 다음 각 호의 업무를 수행한다.

1. 다문화가족을 위한 교육·상담 등 지원사업의 실시
2. 결혼이민자등에 대한 한국어교육
3. 다문화가족 지원서비스 정보제공 및 홍보
4. 다문화가족 지원 관련 기관·단체와의 서비스 연계
5. 일자리에 관한 정보제공 및 일자리의 알선
6. 다문화가족을 위한 통역·번역 지원사업
7. 다문화가족 내 가정폭력 방지 및 피해자 연계 지원
8. 그 밖에 다문화가족 지원을 위하여 필요한 사업

⑤ 지원센터에는 다문화가족에 대한 교육·상담 등의 업무를 수행하기 위하여 관련 분야에 대한 학식과 경험을 가진 전문인력을 두어야 한다.

⑥ 국가와 지방자치단체는 제3항에 따라 지정한 지원센터에 대하여 예산의 범위에서 제4항 각 호의 업무를 수행하는 데에 필요한 비용 및 지원센터의 운영에 드는 비용의 전부 또는 일부를 보조할 수 있다.

⑦ 제1항, 제2항 및 제3항에 따른 지원센터의 설치·운영 기준, 위탁·지정 기간 및 절차 등에 필요한 사항은 대통령령으로 정하고, 제5항에 따른 전문인력의 기준 등에 필요한 사항은 여성가족부령으로 정한다.

제13조의2(다문화가족지원사업 전문인력 양성) ① 국가 또는 지방자치단체는 다문화가족지원 및 다문화 이해교육 등의 사업 추진에 필요한 전문인력을 양성하는 데 노력하여야 한다.

② 여성가족부장관은 제1항에 따른 전문인력을 양성하기 위하여 대통령령으로 정하는 바에 따라 대학이나 연구소 등 적절한 인력과 시설 등을 갖춘 기관이나 단체를

전문인력 양성기관으로 지정하여 관리할 수 있다.

③ 국가 또는 지방자치단체는 제2항에 따라 지정된 전문인력 양성기관에 대하여 예산의 범위에서 필요한 경비의 전부 또는 일부를 지원할 수 있다.

④ 제2항에 따른 전문인력 양성기관의 지정 기준 및 절차 등은 대통령령으로 정한다.

제16조(민간단체 등의 지원) ① 국가와 지방자치단체는 다문화가족 지원사업을 수행하는 단체나 개인에 대하여 필요한 비용의 전부 또는 일부를 보조하거나 그 업무수행에 필요한 행정적 지원을 할 수 있다.

② 국가와 지방자치단체는 결혼이민자등이 상부상조하기 위한 단체의 구성·운영 등을 지원할 수 있다.

2 출입국관리법

1) 개요

「출입국관리법」은 대한민국 국민과 외국인의 대한민국에의 출입국관리에 필요한 사항을 규정하기 위해 제정된 법률(일부개정 2008.12.19 법률 제9142호)이다. 「출입국관리법」은 대한민국에 입국하거나 대한민국으로부터 출국하는 모든 국민 및 외국인의 출입국관리와 대한민국에 체류하는 외국인의 체류관리 및 난민의 인정절차 등에 관한 사항을 규정함을 목적으로 한다.

대한민국에 출국 또는 입국하고자 하는 자는 출입국항에서 출입국관리 공무원의 출입국심사를 받아야 한다. 법무부 장관은 일정한 자에 대하여는 출입국을 금지할 수 있다. 누구든지 외국인을 불법으로 출입국시킬 목적으로 선박 등이나 여권 또는 사증·탑승권 등을 제공하여서는 안 된다. 출입국관리 공무원은 일정기간 동안 외국인 승무원의 상륙허가를 할 수 있다. 외국인은 그 체류자격과 체류기간의 범위 내에서 대한민국에 체류할 수 있다.

외국인이 90일을 초과하여 대한민국에 체류하게 되는 경우에는 체류지를 관할하는 출입국관리사무소장 또는 출장소장에게 외국인등록을 하여야 한다. 사무소장·출장소장 또는 외국인보호소장은 일정한 외국인을 대한민국 밖으로 강제퇴거시킬 수 있다. 강제퇴거명령을 받은 자는 국적 또는 시민권을 가진 국가로 송환한다. 사무소장 또는 출장소장은 대한민국에 체류하는 외국인이 일정한 사유에 해당하는 경우에는 출국권고나 출국명령을 할 수 있다. 법무부 장관은 대한민국 안에 있는 외국인에 대하여 난민임을 인정할 수 있다.

선박 등이 출입국항에 출입항할 때에는 출입국관리 공무원의 검색을 받아야 한다. 선박 등의 장 또는 운수업자는 입국 또는 상륙을 허가받지 않은 자의 입국·상륙방지 등 일정한 사항을 준수하여야 한다. 출입국관리 공무원은 직무 집행상 무기를 사용할 수 있으며, 필요한 조사를 할 수 있다. 법무부 장관은 사증발급, 입국허가 등과 관련하여 초청자 기타 관계인에게 그 외국인의 신원을 보증하게 할 수 있다. 대한민국 국민이 북한을 거쳐 출입국하는 경우에는 북한으로 가기 전 또는 남한으로 온 뒤에 출입국심사를 한다. 외국인의 남한·북한 왕래절차에 관하여는 특별한 사정이 있는 경우를 제외하고는 출입국절차의 규정을 준용한다. 출입국사범에 관한 사건은 사무소장·출장소장 또는 외국인보호소장의 고발이 없는 한 공소를 제기할 수 없으며, 사무소장 등은 통고처분을 할 수 있다.

2) 주요 내용

제1조(목적) 이 법은 대한민국에 입국하거나 대한민국에서 출국하는 모든 국민 및 외국인의 출입국관리를 통한 안전한 국경관리, 대한민국에 체류하는 외국인의 체류관리와 사회통합 등에 관한 사항을 규정함을 목적으로 한다.

제2조(정의) 이 법에서 사용하는 용어의 뜻은 다음과 같다.

1. "국민"이란 대한민국의 국민을 말한다.

2. "외국인"이란 대한민국의 국적을 가지지 아니한 사람을 말한다.

3. "난민"이란 「난민법」 제2조제1호에 따른 난민을 말한다.

4. "여권"이란 대한민국정부·외국정부 또는 권한 있는 국제기구에서 발급한 여권 또는 난민여행증명서나 그 밖에 여권을 갈음하는 증명서로서 대한민국정부가 유효하다고 인정하는 것을 말한다.

5. "선원신분증명서"란 대한민국정부나 외국정부가 발급한 문서로서 선원임을 증명하는 것을 말한다.

6. "출입국항"이란 출국하거나 입국할 수 있는 대한민국의 항구·공항과 그 밖의 장

소로서 대통령령으로 정하는 곳을 말한다.

7. "재외공관의 장"이란 외국에 주재하는 대한민국의 대사(大使), 공사(公使), 총영사(總領事), 영사(領事) 또는 영사업무를 수행하는 기관의 장을 말한다.

8. "선박등"이란 대한민국과 대한민국 밖의 지역 사이에서 사람이나 물건을 수송하는 선박, 항공기, 기차, 자동차, 그 밖의 교통기관을 말한다.

9. "승무원"이란 선박 등에서 그 업무를 수행하는 사람을 말한다.

10. "운수업자"란 선박등을 이용하여 사업을 운영하는 자와 그를 위하여 통상 그 사업에 속하는 거래를 대리하는 자를 말한다.

10의2. "지방출입국·외국인관서"란 출입국 및 외국인의 체류 관리업무를 수행하기 위하여 법령에 따라 각 지역별로 설치된 관서와 외국인보호소를 말한다.

11. "보호"란 출입국관리공무원이 제46조제1항 각 호에 따른 강제퇴거 대상에 해당된다고 의심할 만한 상당한 이유가 있는 사람을 출국시키기 위하여 외국인보호실, 외국인보호소 또는 그 밖에 법무부장관이 지정하는 장소에 인치(引致)하고 수용하는 집행활동을 말한다.

12. "외국인보호실"이란 이 법에 따라 외국인을 보호할 목적으로 지방출입국·외국인관서에 설치한 장소를 말한다.

13. "외국인보호소"란 지방출입국·외국인관서 중 이 법에 따라 외국인을 보호할 목적으로 설치한 시설로서 대통령령으로 정하는 곳을 말한다.

14. "출입국사범"이란 제93조의2, 제93조의3, 제94조부터 제99조까지, 제99조의2, 제99조의3 및 제100조에 규정된 죄를 범하였다고 인정되는 자를 말한다.

15. "생체정보"란 이 법에 따른 업무에서 본인 일치 여부 확인 등에 활용되는 사람의 지문·얼굴·홍채 및 손바닥 정맥 등의 개인정보를 말한다.

제3조(국민의 출국) ① 대한민국에서 대한민국 밖의 지역으로 출국(이하 "출국"이라 한다)하려는 국민은 유효한 여권을 가지고 출국하는 출입국항에서 출입국관리공무원의 출국심사를 받아야 한다. 다만, 부득이한 사유로 출입국항으로 출국할 수 없을 때에는 관할 지방출입국·외국인관서의 장의 허가를 받아 출입국항이 아닌 장소에서 출입국관리공무원의 출국심사를 받은 후 출국할 수 있다.

② 제1항에 따른 출국심사는 대통령령으로 정하는 바에 따라 정보화기기에 의한 출국심사로 갈음할 수 있다.

③ 법무부장관은 출국심사에 필요한 경우에는 국민의 생체정보를 수집하거나 관계 행정기관이 보유하고 있는 국민의 생체정보의 제출을 요청할 수 있다.

④ 제3항에 따라 협조를 요청받은 관계 행정기관은 정당한 이유 없이 그 요청을 거부해서는 아니 된다.

⑤ 출입국관리공무원은 제3항에 따라 수집하거나 제출받은 생체정보를 출국심사에 활용할 수 있다.

⑥ 법무부장관은 제3항에 따라 수집하거나 제출받은 생체정보를 「개인정보 보호법」에 따라 처리한다.

제4조(출국의 금지) ① 법무부장관은 다음 각 호의 어느 하나에 해당하는 국민에 대하여는 6개월 이내의 기간을 정하여 출국을 금지할 수 있다.

1. 형사재판에 계속(係屬) 중인 사람

2. 징역형이나 금고형의 집행이 끝나지 아니한 사람

3. 대통령령으로 정하는 금액 이상의 벌금이나 추징금을 내지 아니한 사람

4. 대통령령으로 정하는 금액 이상의 국세·관세 또는 지방세를 정당한 사유 없이 그 납부기한까지 내지 아니한 사람

5. 「양육비 이행확보 및 지원에 관한 법률」 제21조의4 제1항에 따른 양육비 채무자 중 양육비이행심의위원회의 심의·의결을 거친 사람

6. 그 밖에 제1호부터 제5호까지의 규정에 준하는 사람으로서 대한민국의 이익이나 공공의 안전 또는 경제질서를 해칠 우려가 있어 그 출국이 적당하지 아니하다고 법무부령으로 정하는 사람

② 법무부장관은 범죄 수사를 위하여 출국이 적당하지 아니하다고 인정되는 사람에 대하여는 1개월 이내의 기간을 정하여 출국을 금지할 수 있다. 다만, 다음 각 호에 해당하는 사람은 그 호에서 정한 기간으로 한다.

1. 소재를 알 수 없어 기소중지 또는 수사중지(피의자중지로 한정한다)된 사람 또는 도주 등 특별한 사유가 있어 수사진행이 어려운 사람: 3개월 이내

2. 기소중지 또는 수사중지(피의자중지로 한정한다)된 경우로서 체포영장 또는 구속영장이 발부된 사람: 영장 유효기간 이내

③ 중앙행정기관의 장 및 법무부장관이 정하는 관계 기관의 장은 소관 업무와 관련하여 제1항 또는 제2항 각 호의 어느 하나에 해당하는 사람이 있다고 인정할 때에는

법무부장관에게 출국금지를 요청할 수 있다.

④ 출입국관리공무원은 출국심사를 할 때에 제1항 또는 제2항에 따라 출국이 금지된 사람을 출국시켜서는 아니 된다.

⑤ 제1항부터 제4항까지에서 규정한 사항 외에 출국금지기간과 출국금지절차에 관하여 필요한 사항은 대통령령으로 정한다.

제6조(국민의 입국) ① 대한민국 밖의 지역에서 대한민국으로 입국(이하 "입국"이라 한다)하려는 국민은 유효한 여권을 가지고 입국하는 출입국항에서 출입국관리공무원의 입국심사를 받아야 한다. 다만, 부득이한 사유로 출입국항으로 입국할 수 없을 때에는 지방출입국·외국인관서의 장의 허가를 받아 출입국항이 아닌 장소에서 출입국관리공무원의 입국심사를 받은 후 입국할 수 있다.

② 출입국관리공무원은 국민이 유효한 여권을 잃어버리거나 그 밖의 사유로 이를 가지지 아니하고 입국하려고 할 때에는 확인절차를 거쳐 입국하게 할 수 있다.

③ 제1항에 따른 입국심사는 대통령령으로 정하는 바에 따라 정보화기기에 의한 입국심사로 갈음할 수 있다.

④ 법무부장관은 입국심사에 필요한 경우에는 국민의 생체정보를 수집하거나 관계 행정기관이 보유하고 있는 국민의 생체정보의 제출을 요청할 수 있다.

⑤ 제4항에 따라 협조를 요청받은 관계 행정기관은 정당한 이유 없이 그 요청을 거부해서는 아니 된다.

⑥ 출입국관리공무원은 제4항에 따라 수집하거나 제출받은 생체정보를 입국심사에 활용할 수 있다.

⑦ 법무부장관은 제4항에 따라 수집하거나 제출받은 생체정보를 「개인정보 보호법」에 따라 처리한다.

제7조(외국인의 입국) ① 외국인이 입국할 때에는 유효한 여권과 법무부장관이 발급한 사증(査證)을 가지고 있어야 한다.

② 다음 각 호의 어느 하나에 해당하는 외국인은 제1항에도 불구하고 사증 없이 입국할 수 있다.

1. 재입국허가를 받은 사람 또는 재입국허가가 면제된 사람으로서 그 허가 또는 면제받은 기간이 끝나기 전에 입국하는 사람

2. 대한민국과 사증면제협정을 체결한 국가의 국민으로서 그 협정에 따라 면제대상

이 되는 사람

3. 국제친선, 관광 또는 대한민국의 이익 등을 위하여 입국하는 사람으로서 대통령령으로 정하는 바에 따라 따로 입국허가를 받은 사람

4. 난민여행증명서를 발급받고 출국한 후 그 유효기간이 끝나기 전에 입국하는 사람

③ 법무부장관은 공공질서의 유지나 국가이익에 필요하다고 인정하면 제2항제2호에 해당하는 사람에 대하여 사증면제협정의 적용을 일시 정지할 수 있다.

④ 대한민국과 수교(修交)하지 아니한 국가나 법무부장관이 외교부장관과 협의하여 지정한 국가의 국민은 제1항에도 불구하고 대통령령으로 정하는 바에 따라 재외공관의 장이나 지방출입국·외국인관서의 장이 발급한 외국인입국허가서를 가지고 입국할 수 있다.

제8조(사증) ① 제7조에 따른 사증은 1회만 입국할 수 있는 단수사증(單數查證)과 2회 이상 입국할 수 있는 복수사증(複數查證)으로 구분한다.

② 법무부장관은 사증발급에 관한 권한을 대통령령으로 정하는 바에 따라 재외공관의 장에게 위임할 수 있다.

③ 사증발급에 관한 기준과 절차는 법무부령으로 정한다.

제10조(체류자격) 입국하려는 외국인은 다음 각 호의 어느 하나에 해당하는 체류자격을 가져야 한다.

1. 일반체류자격: 이 법에 따라 대한민국에 체류할 수 있는 기간이 제한되는 체류자격
2. 영주자격: 대한민국에 영주(永住)할 수 있는 체류자격

제10조의2(일반체류자격) ① 제10조 제1호에 따른 일반체류자격(이하 "일반체류자격"이라 한다)은 다음 각 호의 구분에 따른다.

1. 단기체류자격: 관광, 방문 등의 목적으로 대한민국에 90일 이하의 기간(사증면제협정이나 상호주의에 따라 90일을 초과하는 경우에는 그 기간) 동안 머물 수 있는 체류자격

2. 장기체류자격: 유학, 연수, 투자, 주재, 결혼 등의 목적으로 대한민국에 90일을 초과하여 법무부령으로 정하는 체류기간의 상한 범위에서 거주할 수 있는 체류자격

② 제1항에 따른 단기체류자격 및 장기체류자격의 종류, 체류자격에 해당하는 사람 또는 그 체류자격에 따른 활동범위는 체류목적, 취업활동 가능 여부 등을 고려하여 대통령령으로 정한다.

제10조의3(영주자격) ① 제10조 제2호에 따른 영주자격(이하 "영주자격"이라 한다)을 가진 외국인은 활동범위 및 체류기간의 제한을 받지 아니한다.

② 영주자격을 취득하려는 사람은 대통령령으로 정하는 영주의 자격에 부합한 사람으로서 다음 각 호의 요건을 모두 갖추어야 한다.

1. 대한민국의 법령을 준수하는 등 품행이 단정할 것

2. 본인 또는 생계를 같이하는 가족의 소득, 재산 등으로 생계를 유지할 능력이 있을 것

3. 한국어능력과 한국사회·문화에 대한 이해 등 대한민국에서 계속 살아가는 데 필요한 기본소양을 갖추고 있을 것

③ 법무부장관은 제2항제2호 및 제3호에도 불구하고 대한민국에 특별한 공로가 있는 사람, 과학·경영·교육·문화예술·체육 등 특정 분야에서 탁월한 능력이 있는 사람, 대한민국에 일정금액 이상을 투자한 사람 등 대통령령으로 정하는 사람에 대해서는 대통령령으로 정하는 바에 따라 제2항제2호 및 제3호의 요건의 전부 또는 일부를 완화하거나 면제할 수 있다.

④ 제2항 각 호에 따른 요건의 기준·범위 등에 필요한 사항은 법무부령으로 정한다.

제12조(입국심사) ① 외국인이 입국하려는 경우에는 입국하는 출입국항에서 대통령령으로 정하는 바에 따라 여권과 입국신고서를 출입국관리공무원에게 제출하여 입국심사를 받아야 한다.

② 제1항에 관하여는 제6조제1항 단서 및 같은 조 제3항을 준용한다.

③ 출입국관리공무원은 입국심사를 할 때에 다음 각 호의 요건을 갖추었는지를 심사하여 입국을 허가한다.

1. 여권과 사증이 유효할 것. 다만, 사증은 이 법에서 요구하는 경우만을 말한다.

1의2. 제7조의3제2항에 따른 사전여행허가서가 유효할 것

2. 입국목적이 체류자격에 맞을 것

3. 체류기간이 법무부령으로 정하는 바에 따라 정하여졌을 것

4. 제11조에 따른 입국의 금지 또는 거부의 대상이 아닐 것

④ 출입국관리공무원은 외국인이 제3항 각 호의 요건을 갖추었음을 증명하지 못하면 입국을 허가하지 아니할 수 있다.

⑤ 출입국관리공무원은 제7조제2항제2호 또는 제3호에 해당하는 사람에게 입국을

허가할 때에는 대통령령으로 정하는 바에 따라 체류자격을 부여하고 체류기간을 정하여야 한다.

⑥ 출입국관리공무원은 제1항이나 제2항에 따른 심사를 하기 위하여 선박 등에 출입할 수 있다.

제14조(승무원의 상륙허가) ① 출입국관리공무원은 다음 각 호의 어느 하나에 해당하는 외국인승무원에 대하여 선박등의 장 또는 운수업자나 본인이 신청하면 15일의 범위에서 승무원의 상륙을 허가할 수 있다. 다만, 제11조 제1항 각 호의 어느 하나에 해당하는 외국인승무원에 대하여는 그러하지 아니하다.

1. 승선 중인 선박등이 대한민국의 출입국항에 정박하고 있는 동안 휴양 등의 목적으로 상륙하려는 외국인승무원

2. 대한민국의 출입국항에 입항할 예정이거나 정박 중인 선박 등으로 옮겨 타려는 외국인승무원

② 출입국관리공무원은 제1항에 따른 신청을 받으면 다음 각 호의 서류를 확인하여야 한다. 다만, 외국과의 협정 등에서 선원신분증명서로 여권을 대신할 수 있도록 하는 경우에는 선원신분증명서의 확인으로 여권의 확인을 대신할 수 있다.

1. 제1항 제1호에 해당하는 외국인승무원이 선원인 경우에는 여권 또는 선원신분증명서

2. 제1항 제2호에 해당하는 외국인승무원이 선원인 경우에는 여권 및 대통령령으로 정하는 서류. 다만, 제7조 제2항 제3호에 해당하는 사람인 경우에는 여권

3. 그 밖의 외국인승무원의 경우에는 여권

③ 출입국관리공무원은 제1항에 따른 허가를 할 때에는 승무원 상륙허가서를 발급하여야 한다. 이 경우 승무원 상륙허가서에는 상륙허가의 기간, 행동지역의 제한 등 필요한 조건을 붙일 수 있다.

④ 제3항 후단에도 불구하고 제1항제2호에 해당하는 승무원 상륙허가에 관하여는 제12조를 준용한다.

⑤ 지방출입국·외국인관서의 장은 승무원 상륙허가를 받은 외국인승무원에 대하여 필요하다고 인정하면 그 상륙허가의 기간을 연장할 수 있다.

⑥ 제3항에 따라 발급받은 승무원 상륙허가서는 그 선박등이 최종 출항할 때까지 국내의 다른 출입국항에서도 계속 사용할 수 있다.

⑦ 외국인승무원의 지문 및 얼굴에 관한 정보의 제공 등에 관하여는 제12조의2를 준용한다. 다만, 승무원이 선원이고 상륙허가 절차상 지문 및 얼굴에 관한 정보를 제공하는 것이 곤란한 경우에는 그러하지 아니하다.

제14조의2(관광상륙허가) ① 출입국관리공무원은 관광을 목적으로 대한민국과 외국 해상을 국제적으로 순회(巡廻)하여 운항하는 여객운송선박 중 법무부령으로 정하는 선박에 승선한 외국인승객에 대하여 그 선박의 장 또는 운수업자가 상륙허가를 신청하면 3일의 범위에서 승객의 관광상륙을 허가할 수 있다. 다만, 제11조제1항 각 호의 어느 하나에 해당하는 외국인승객에 대하여는 그러하지 아니하다.

② 출입국관리공무원은 제1항에 따른 상륙허가 신청을 받으면 다음 각 호의 서류를 확인하여야 한다.

1. 외국인승객의 여권

2. 외국인승객의 명부

3. 그 밖에 법무부령으로 정하는 서류

③ 제1항에 따른 관광상륙허가의 허가서 및 상륙허가기간의 연장에 관하여는 제14조제3항 및 제5항을 준용한다. 이 경우 "승무원 상륙허가서"는 "관광상륙허가서"로, "승무원 상륙허가"는 "관광상륙허가"로, "외국인승무원"은 "외국인승객"으로 본다.

④ 제1항에 따른 관광상륙허가를 받으려는 외국인승객의 지문 및 얼굴에 관한 정보 제공 등에 관하여는 제12조의2를 준용한다. 다만, 외국인승객의 관광상륙허가 절차상 지문 및 얼굴에 관한 정보의 제공이 곤란한 경우에는 그러하지 아니하다.

⑤ 제1항부터 제4항까지에서 규정한 사항 외에 관광상륙허가의 기준과 절차에 관하여 필요한 사항은 대통령령으로 정한다.

제15조(긴급상륙허가) ① 출입국관리공무원은 선박등에 타고 있는 외국인(승무원을 포함한다)이 질병이나 그 밖의 사고로 긴급히 상륙할 필요가 있다고 인정되면 그 선박등의 장이나 운수업자의 신청을 받아 30일의 범위에서 긴급상륙을 허가할 수 있다.

② 제1항의 경우에는 제14조 제3항 및 제5항을 준용한다. 이 경우 "승무원 상륙허가서"는 "긴급상륙허가서"로, "승무원 상륙허가"는 "긴급상륙허가"로 본다.

③ 선박등의 장이나 운수업자는 긴급상륙한 사람의 생활비·치료비·장례비와 그 밖에 상륙 중에 발생한 모든 비용을 부담하여야 한다.

제16조(재난상륙허가) ① 지방출입국·외국인관서의 장은 조난을 당한 선박등에 타

고 있는 외국인(승무원을 포함한다)을 긴급히 구조할 필요가 있다고 인정하면 그 선박등의 장, 운수업자, 「수상에서의 수색·구조 등에 관한 법률」에 따른 구호업무 집행자 또는 그 외국인을 구조한 선박등의 장의 신청에 의하여 30일의 범위에서 재난상륙허가를 할 수 있다.

② 제1항의 경우에는 제14조제3항 및 제5항을 준용한다. 이 경우 "승무원 상륙허가서"는 "재난상륙허가서"로, "승무원 상륙허가"는 "재난상륙허가"로 본다.

③ 재난상륙허가를 받은 사람의 상륙 중 생활비 등에 관하여는 제15조제3항을 준용한다. 이 경우 "긴급상륙"은 "재난상륙"으로 본다.

제16조의2(난민 임시상륙허가) ① 지방출입국·외국인관서의 장은 선박등에 타고 있는 외국인이 「난민법」 제2조 제1호에 규정된 이유나 그 밖에 이에 준하는 이유로 그 생명·신체 또는 신체의 자유를 침해받을 공포가 있는 영역에서 도피하여 곧바로 대한민국에 비호(庇護)를 신청하는 경우 그 외국인을 상륙시킬 만한 상당한 이유가 있다고 인정되면 법무부장관의 승인을 받아 90일의 범위에서 난민 임시상륙허가를 할 수 있다. 이 경우 법무부장관은 외교부장관과 협의하여야 한다.

② 제1항의 경우에는 제14조 제3항 및 제5항을 준용한다. 이 경우 "승무원 상륙허가서"는 "난민 임시상륙허가서"로, "승무원 상륙허가"는 "난민 임시상륙허가"로 본다.

③ 제1항에 따라 비호를 신청한 외국인의 지문 및 얼굴에 관한 정보의 제공 등에 관하여는 제12조의2를 준용한다.

제17조(외국인의 체류 및 활동범위) ① 외국인은 그 체류자격과 체류기간의 범위에서 대한민국에 체류할 수 있다.

② 대한민국에 체류하는 외국인은 이 법 또는 다른 법률에서 정하는 경우를 제외하고는 정치활동을 하여서는 아니 된다.

③ 법무부장관은 대한민국에 체류하는 외국인이 정치활동을 하였을 때에는 그 외국인에게 서면으로 그 활동의 중지명령이나 그 밖에 필요한 명령을 할 수 있다.

제18조(외국인 고용의 제한) ① 외국인이 대한민국에서 취업하려면 대통령령으로 정하는 바에 따라 취업활동을 할 수 있는 체류자격을 받아야 한다.

② 제1항에 따른 체류자격을 가진 외국인은 지정된 근무처가 아닌 곳에서 근무하여서는 아니 된다.

③ 누구든지 제1항에 따른 체류자격을 가지지 아니한 사람을 고용하여서는 아니 된다.

④ 누구든지 제1항에 따른 체류자격을 가지지 아니한 사람의 고용을 알선하거나 권유하여서는 아니 된다.

⑤ 누구든지 제1항에 따른 체류자격을 가지지 아니한 사람의 고용을 알선할 목적으로 그를 자기 지배하에 두는 행위를 하여서는 아니 된다.

제20조(체류자격 외 활동) 대한민국에 체류하는 외국인이 그 체류자격에 해당하는 활동과 함께 다른 체류자격에 해당하는 활동을 하려면 대통령령으로 정하는 바에 따라 미리 법무부장관의 체류자격 외 활동허가를 받아야 한다.

제21조(근무처의 변경·추가) ① 대한민국에 체류하는 외국인이 그 체류자격의 범위에서 그의 근무처를 변경하거나 추가하려면 대통령령으로 정하는 바에 따라 미리 법무부장관의 허가를 받아야 한다. 다만, 전문적인 지식·기술 또는 기능을 가진 사람으로서 대통령령으로 정하는 사람은 근무처를 변경하거나 추가한 날부터 15일 이내에 대통령령으로 정하는 바에 따라 법무부장관에게 신고하여야 한다.

② 누구든지 제1항 본문에 따른 근무처의 변경허가·추가허가를 받지 아니한 외국인을 고용하거나 고용을 알선하여서는 아니 된다. 다만, 다른 법률에 따라 고용을 알선하는 경우에는 그러하지 아니하다.

③ 제1항 단서에 해당하는 사람에 대하여는 제18조제2항을 적용하지 아니한다.

제22조(활동범위의 제한) 법무부장관은 공공의 안녕질서나 대한민국의 중요한 이익을 위하여 필요하다고 인정하면 대한민국에 체류하는 외국인에 대하여 거소(居所) 또는 활동의 범위를 제한하거나 그 밖에 필요한 준수사항을 정할 수 있다.

제23조(체류자격 부여) ① 다음 각 호의 어느 하나에 해당하는 외국인이 제10조에 따른 체류자격을 가지지 못하고 대한민국에 체류하게 되는 경우에는 다음 각 호의 구분에 따른 기간 이내에 대통령령으로 정하는 바에 따라 체류자격을 받아야 한다.

1. 대한민국에서 출생한 외국인: 출생한 날부터 90일

2. 대한민국에서 체류 중 대한민국의 국적을 상실하거나 이탈하는 등 그 밖의 사유가 발생한 외국인: 그 사유가 발생한 날부터 60일

② 제1항에 따른 체류자격 부여의 심사기준은 법무부령으로 정한다.

제28조(출국심사) ① 외국인이 출국할 때에는 유효한 여권을 가지고 출국하는 출입국항에서 출입국관리공무원의 출국심사를 받아야 한다.

② 제1항의 경우에 출입국항이 아닌 장소에서의 출국심사에 관하여는 제3조제1항

단서를 준용한다.

③ 제1항과 제2항의 경우에 위조되거나 변조된 외국인의 여권·선원신분증명서에 관하여는 제5조를 준용한다.

④ 제1항과 제2항의 경우에 선박등의 출입에 관하여는 제12조 제6항을 준용한다.

⑤ 외국인의 출국심사에 관하여는 제3조 제2항을 준용한다.

⑥ 출입국관리공무원은 제12조의2 제1항 또는 제3항에 따라 제공 또는 제출받은 생체정보를 출국심사에 활용할 수 있다.

제29조(외국인 출국의 정지) ① 법무부장관은 제4조 제1항 또는 제2항 각 호의 어느 하나에 해당하는 외국인에 대하여는 출국을 정지할 수 있다.

② 제1항의 경우에 제4조 제3항부터 제5항까지와 제4조의2부터 제4조의5까지의 규정을 준용한다. 이 경우 "출국금지"는 "출국정지"로 본다.

제31조(외국인등록) ① 외국인이 입국한 날부터 90일을 초과하여 대한민국에 체류하려면 대통령령으로 정하는 바에 따라 입국한 날부터 90일 이내에 그의 체류지를 관할하는 지방출입국·외국인관서의 장에게 외국인등록을 하여야 한다. 다만, 다음 각 호의 어느 하나에 해당하는 외국인의 경우에는 그러하지 아니하다.

1. 주한외국공관(대사관과 영사관을 포함한다)과 국제기구의 직원 및 그의 가족

2. 대한민국정부와의 협정에 따라 외교관 또는 영사와 유사한 특권 및 면제를 누리는 사람과 그의 가족

3. 대한민국정부가 초청한 사람 등으로서 법무부령으로 정하는 사람

② 제1항에도 불구하고 같은 항 각 호의 어느 하나에 해당하는 외국인은 본인이 원하는 경우 체류기간 내에 외국인등록을 할 수 있다.

③ 제23조에 따라 체류자격을 받는 사람으로서 그 날부터 90일을 초과하여 체류하게 되는 사람은 제1항 각 호 외의 부분 본문에도 불구하고 체류자격을 받는 때에 외국인등록을 하여야 한다.

④ 제24조에 따라 체류자격 변경허가를 받는 사람으로서 입국한 날부터 90일을 초과하여 체류하게 되는 사람은 제1항 각 호 외의 부분 본문에도 불구하고 체류자격 변경허가를 받는 때에 외국인등록을 하여야 한다.

⑤ 지방출입국·외국인관서의 장은 제1항부터 제4항까지의 규정에 따라 외국인등록을 한 사람에게는 대통령령으로 정하는 방법에 따라 개인별로 고유한 등록번호(이하

"외국인등록번호"라 한다)를 부여하여야 한다.

3 외국인근로자의 고용 등에 관한 법률(외국인고용법)

1) 개요

「외국인고용법」은 외국인근로자를 체계적으로 도입·관리함으로써 원활한 인력수급 및 국민경제의 균형 있는 발전을 도모함을 목적으로 하는 법으로, 2003년 8월 제정되었다. 「외국인고용법」은 외국인근로자를 체계적으로 도입·관리함으로써 원활한 인력수급 및 국민경제의 균형 있는 발전을 도모함을 목적으로 하는 법으로, 2003년 8월 제정되었다. 이 법에서 '외국인근로자'란 대한민국의 국적을 가지지 않은 사람으로서 국내에 소재하고 있는 사업 또는 사업장에서 임금을 목적으로 근로를 제공하고 있거나 제공하려는 사람을 말한다. 다만, 출입국관리법 제18조 제1항에 따라 취업활동을 할 수 있는 체류자격을 받은 외국인 중 취업분야 또는 체류기간 등을 고려하여 대통령령으로 정하는 사람은 제외한다.

이 법은 외국인근로자 및 외국인근로자를 고용하고 있거나 고용하려는 사업 또는 사업장에 적용한다. 다만, 선원법의 적용을 받는 선박에 승무(乘務)하는 선원 중 대한민국 국적을 가지지 않은 선원 및 그 선원을 고용하고 있거나 고용하려는 선박의 소유자에 대하여는 적용하지 않는다. 외국인근로자의 입국·체류 및 출국 등에 관하여 이 법에서 규정하지 않은 사항은 '출입국관리법'에서 정하는 바에 따른다.

외국인근로자의 고용관리 및 보호에 관한 주요 사항을 심의·의결하기 위하여 국무총리 소속으로 외국인력정책위원회를 두며, 정책위원회는 ▷외국인근로자 관련 기본계획의 수립에 관한 사항 ▷외국인근로자 도입 업종 및 규모 등에 관한 사항 ▷외국인근로자를 송출할 수 있는 국가의 지정 및 지정취소에 관한 사항 ▷그 밖에 대통령령으로 정하는 사항 등을 심의·의결한다. 그리고 고용노동부장관은 이와 같은 사항이 포함된 외국인근로자 도입계획을 정책위원회의 심의·의결을 거쳐 수립, 매년 3월 31일까지 대통령령으로 정하는 방법으로 공표하여야 한다.

한편, 외국인근로자의 고용 등에 관한 법률에 따라 2004년 8월부터 외국인 고용허가제가 시행되었으며, 이전부터 시행돼온 산업연수제는 2007년 1월 1일부터 추가적인 산업연수생 도입을 중단하고 고용허가제로 일원화되면서 사실상 폐지된 바 있다.

2) 주요 내용

제1조(목적) 이 법은 외국인근로자를 체계적으로 도입·관리함으로써 원활한 인력 수급 및 국민경제의 균형 있는 발전을 도모함을 목적으로 한다.

제2조(외국인근로자의 정의) 이 법에서 "외국인근로자"란 대한민국의 국적을 가지지 아니한 사람으로서 국내에 소재하고 있는 사업 또는 사업장에서 임금을 목적으로 근로를 제공하고 있거나 제공하려는 사람을 말한다. 다만, 「출입국관리법」 제18조 제1항에 따라 취업활동을 할 수 있는 체류자격을 받은 외국인 중 취업분야 또는 체류기간 등을 고려하여 대통령령으로 정하는 사람은 제외한다.

제3조(적용 범위 등) ① 이 법은 외국인근로자 및 외국인근로자를 고용하고 있거나 고용하려는 사업 또는 사업장에 적용한다. 다만, 「선원법」의 적용을 받는 선박에 승무 (乘務)하는 선원 중 대한민국 국적을 가지지 아니한 선원 및 그 선원을 고용하고 있거나 고용하려는 선박의 소유자에 대하여는 적용하지 아니한다.

② 외국인근로자의 입국·체류 및 출국 등에 관하여 이 법에서 규정하지 아니한 사항은 「출입국관리법」에서 정하는 바에 따른다.

제4조(외국인력정책위원회) ① 외국인근로자의 고용관리 및 보호에 관한 주요 사항을 심의·의결하기 위하여 국무총리 소속으로 외국인력정책위원회(이하 "정책위원회"라 한다)를 둔다.

② 정책위원회는 다음 각 호의 사항을 심의·의결한다.

1. 외국인근로자 관련 기본 계획의 수립에 관한 사항

2. 외국인근로자 도입 업종 및 규모 등에 관한 사항

3. 외국인근로자를 송출할 수 있는 국가(이하 "송출국가"라 한다)의 지정 및 지정취소에 관한 사항

4. 제18조의2 제2항에 따른 외국인근로자의 취업활동 기간 연장에 관한 사항

5. 그 밖에 대통령령으로 정하는 사항

③ 정책위원회는 위원장 1명을 포함한 20명 이내의 위원으로 구성한다.

④ 정책위원회의 위원장은 국무조정실장이 되고, 위원은 기획재정부·외교부·법무

부·산업통상자원부·고용노동부·중소벤처기업부의 차관 및 대통령령으로 정하는 관계 중앙행정기관의 차관이 된다.

⑤ 외국인근로자 고용제도의 운영 및 외국인근로자의 권익보호 등에 관한 사항을 사전에 심의하게 하기 위하여 정책위원회에 외국인력정책실무위원회(이하 "실무위원회"라 한다)를 둔다.

⑥ 정책위원회와 실무위원회의 구성·기능 및 운영 등에 필요한 사항은 대통령령으로 정한다.

제8조(외국인근로자 고용허가) ① 제6조 제1항에 따라 내국인 구인 신청을 한 사용자는 같은 조 제2항에 따른 직업소개를 받고도 인력을 채용하지 못한 경우에는 고용노동부령으로 정하는 바에 따라 직업안정기관의 장에게 외국인근로자 고용허가를 신청하여야 한다.

② 제1항에 따른 고용허가 신청의 유효기간은 3개월로 하되, 일시적인 경영악화 등으로 신규 근로자를 채용할 수 없는 경우 등에는 대통령령으로 정하는 바에 따라 1회에 한정하여 고용허가 신청의 효력을 연장할 수 있다.

③ 직업안정기관의 장은 제1항에 따른 신청을 받으면 외국인근로자 도입 업종 및 규모 등 대통령령으로 정하는 요건을 갖춘 사용자에게 제7조 제1항에 따른 외국인구직자 명부에 등록된 사람 중에서 적격자를 추천하여야 한다.

④ 직업안정기관의 장은 제3항에 따라 추천된 적격자를 선정한 사용자에게는 지체없이 고용허가를 하고, 선정된 외국인근로자의 성명 등을 적은 외국인근로자 고용허가서를 발급하여야 한다.

⑤ 제4항에 따른 외국인근로자 고용허가서의 발급 및 관리 등에 필요한 사항은 대통령령으로 정한다.

⑥ 직업안정기관이 아닌 자는 외국인근로자의 선발, 알선, 그 밖의 채용에 개입하여서는 아니 된다.

제9조(근로계약) ① 사용자가 제8조제4항에 따라 선정한 외국인근로자를 고용하려면 고용노동부령으로 정하는 표준근로계약서를 사용하여 근로계약을 체결하여야 한다.

② 사용자는 제1항에 따른 근로계약을 체결하려는 경우 이를 한국산업인력공단에 대행하게 할 수 있다.

③ 제8조에 따라 고용허가를 받은 사용자와 외국인근로자는 제18조에 따른 기간

내에서 당사자 간의 합의에 따라 근로계약을 체결하거나 갱신할 수 있다.

④ 제18조의2에 따라 취업활동 기간이 연장되는 외국인근로자와 사용자는 연장된 취업활동 기간의 범위에서 근로계약을 체결할 수 있다.

⑤ 제1항에 따른 근로계약을 체결하는 절차 및 효력발생 시기 등에 관하여 필요한 사항은 대통령령으로 정한다.

제10조(사증발급인정서) 제9조 제1항에 따라 외국인근로자와 근로계약을 체결한 사용자는 「출입국관리법」 제9조 제2항에 따라 그 외국인근로자를 대리하여 법무부장관에게 사증발급인정서를 신청할 수 있다.

제14조(건강보험) 사용자 및 사용자에게 고용된 외국인근로자에게 「국민건강보험법」을 적용하는 경우 사용자는 같은 법 제3조에 따른 사용자로, 사용자에게 고용된 외국인근로자는 같은 법 제6조 제1항에 따른 직장가입자로 본다.

제17조(외국인근로자의 고용관리) ① 사용자는 외국인근로자와의 근로계약을 해지하거나 그 밖에 고용과 관련된 중요 사항을 변경하는 등 대통령령으로 정하는 사유가 발생하였을 때에는 고용노동부령으로 정하는 바에 따라 직업안정기관의 장에게 신고하여야 한다.

② 사용자가 제1항에 따른 신고를 한 경우 그 신고사실이 「출입국관리법」 제19조 제1항 각 호에 따른 신고사유에 해당하는 때에는 같은 항에 따른 신고를 한 것으로 본다.

③ 제1항에 따라 신고를 받은 직업안정기관의 장은 그 신고사실이 제2항에 해당하는 때에는 지체 없이 사용자의 소재지를 관할하는 지방출입국·외국인관서의 장에게 통보하여야 한다.

④ 외국인근로자의 적절한 고용관리 등에 필요한 사항은 대통령령으로 정한다.

제18조(취업활동 기간의 제한) 외국인근로자는 입국한 날부터 3년의 범위에서 취업활동을 할 수 있다.

제20조(외국인근로자 고용의 제한) ① 직업안정기관의 장은 다음 각 호의 어느 하나에 해당하는 사용자에 대하여 그 사실이 발생한 날부터 3년간 외국인근로자의 고용을 제한할 수 있다.

1. 제8조 제4항에 따른 고용허가 또는 제12조제3항에 따른 특례고용가능확인을 받지 아니하고 외국인근로자를 고용한 자

2. 제19조 제1항에 따라 외국인근로자의 고용허가나 특례고용가능확인이 취소된 자

3. 이 법 또는 「출입국관리법」을 위반하여 처벌을 받은 자

4. 그 밖에 대통령령으로 정하는 사유에 해당하는 자

② 고용노동부장관은 제1항에 따라 외국인근로자의 고용을 제한하는 경우에는 그 사용자에게 고용노동부령으로 정하는 바에 따라 알려야 한다.

제22조(차별 금지) 사용자는 외국인근로자라는 이유로 부당하게 차별하여 처우하여서는 아니 된다.

제23조(보증보험 등의 가입) ① 사업의 규모 및 산업별 특성 등을 고려하여 대통령령으로 정하는 사업 또는 사업장의 사용자는 임금체불에 대비하여 그가 고용하는 외국인근로자를 위한 보증보험에 가입하여야 한다.

② 산업별 특성 등을 고려하여 대통령령으로 정하는 사업 또는 사업장에서 취업하는 외국인근로자는 질병·사망 등에 대비한 상해보험에 가입하여야 한다.

③ 제1항 및 제2항에 따른 보증보험, 상해보험의 가입방법·내용·관리 및 지급 등에 필요한 사항은 대통령령으로 정한다.

제24조의2(외국인근로자 권익보호협의회) ① 외국인근로자의 권익보호에 관한 사항을 협의하기 위하여 직업안정기관에 관할 구역의 노동자단체와 사용자단체 등이 참여하는 외국인근로자 권익보호협의회를 둘 수 있다.

② 외국인근로자 권익보호협의회의 구성·운영 등에 필요한 사항은 고용노동부령으로 정한다.

4 결혼중개업의 관리에 관한 법률(결혼중개업법)

1) 개요

「결혼중개업법」은 현대사회에서 만남의 기회가 한정된 성인남녀에게 결혼을 위한 상담 및 알선 등 관련 서비스를 제공하는 결혼중개업과 관련하여 최근에 특히 국제결혼이 급격히 증가하면서 사회문제가 발생하고 있으므로, 이에 대한 법적규율을 마련함으로써 건전한 결혼문화의 형성에 기여하려는 것이다.

「결혼중개업법」은 하위법으로 시행령(대통령령), 시행규칙(여성가족부령), 행정규칙(여성가족부고시) 등이 있다.

2) 주요 내용

제1조(목적) 이 법은 결혼중개업을 건전하게 지도·관리하고 결혼중개업 이용자의 피해를 예방하여 그 이용자를 보호함으로써 건전한 결혼문화 형성에 이바지함을 목적으로 한다.

제2조(정의) 이 법에서 사용하는 용어의 정의는 다음과 같다.

1. "결혼중개"란 결혼을 위한 상담 및 알선 등의 행위를 말한다.

2. "결혼중개업"이란 수수료·회비, 그 밖의 금품을 받고 결혼중개를 업으로 행하는 것을 말한다.

3. "국내결혼중개업"이란 대한민국의 국적을 가진 사람을 대상으로 하는 결혼중개업을 말한다.

4. "국제결혼중개업"이란 대한민국의 국적을 가진 사람과 외국인을 대상으로 하는 결혼중개업을 말한다.

5. "결혼중개업자"란 제3조 제1항에 따라 결혼중개업의 신고를 하거나 제4조 제1항에 따라 결혼중개업의 등록을 한 자를 말한다.

제2조의2(실태조사) ① 여성가족부장관은 결혼중개업의 운영실태 및 이용자의 피해사례 등 결혼중개 실태조사를 3년마다 실시하고 그 결과를 공표하여야 한다.

② 제1항에 따른 실태조사의 방법·내용 등에 필요한 사항은 여성가족부령으로 정한다.

제3조(국내결혼중개업의 신고) ① 국내결혼중개업을 하고자 하는 자는 보증보험금 및 중개사무소 등 대통령령으로 정하는 기준을 갖추어 특별자치시장·시장(「제주특별자치도 설치 및 국제자유도시 조성을 위한 특별법」에 따른 행정시장을 포함한다. 이하 같다)·군수·구청장(자치구의 구청장을 말한다. 이하 같다)에게 신고하여야 한다. 신고한 사항 중 여성가족부령으로 정하는 중요사항을 변경하고자 할 때에도 또한 같다.

② 특별자치시장·시장·군수·구청장은 제1항에 따른 신고 또는 변경신고를 받은 날부터 30일 이내에 신고수리 여부를 신고인에게 통지하여야 한다.

③ 특별자치시장·시장·군수·구청장이 제2항에서 정한 기간 내에 신고수리 여부 또는 민원 처리 관련 법령에 따른 처리기간의 연장을 신고인에게 통지하지 아니하면 그 기간(민원 처리 관련 법령에 따라 처리기간이 연장 또는 재연장된 경우에는 해당 처리기간을 말한다)이 끝난 날의 다음 날에 신고를 수리한 것으로 본다.

④ 특별자치시장·시장·군수·구청장은 제1항에 따른 신고를 수리한 경우(제3항에 따라 신고를 수리한 것으로 보는 경우를 포함한다) 신고를 한 자에 대하여 신고필증을 내주어야 한다.

⑤ 제1항에 따른 신고사항·신고절차, 제4항에 따른 신고필증의 교부 등 신고에 관하여 필요한 사항은 여성가족부령으로 정한다.

제4조(국제결혼중개업의 등록) ① 국제결혼중개업을 하고자 하는 자는 제24조에 따른 교육을 받고 제24조의3에 따른 자본금 요건 및 보증보험금, 중개사무소 등 대통령령으로 정하는 기준을 갖추어 중개사무소를 두고자 하는 지역을 관할하는 특별자치시장·시장·군수·구청장에게 등록하여야 한다. 등록한 사항 중 여성가족부령으로 정하는 중요사항을 변경하고자 할 때에도 또한 같다.

② 특별자치시장·시장·군수·구청장은 제1항에 따른 국제결혼중개업을 등록한 자에 대하여 등록증을 내주어야 한다.

③ 제1항에 따른 등록사항·등록절차, 제2항에 따른 등록증의 교부 등 등록에 관하여 필요한 사항은 여성가족부령으로 정한다.

제10조의5(부정한 방법의 모집·알선 등의 금지) 국제결혼중개업자는 다음 각 호의 어느 하나에 해당하는 행위를 하여서는 아니 된다.

1. 속임수나 부정한 방법으로 국제결혼 대상자를 모집하거나 알선하는 행위
2. 부당한 수수료·회비, 그 밖의 금품을 징수하는 행위

제14조의2(국제결혼중개업자의 업무제휴) ① 국제결혼중개업자가 결혼중개를 하면서 결혼당사자의 모집 등과 관련하여 외국 현지에서 활동하는 업체 등과 업무제휴를 할 때에는 서면으로 계약을 체결하여야 한다.

② 국제결혼중개업자가 제1항에 따라 업무제휴 계약을 체결하는 때에는 업무제휴를 하는 업체 등이 다음 각 호의 사항을 준수하도록 하는 내용을 포함하여야 한다.

1. 제10조에 따른 결혼중개계약서의 작성 등

2. 제11조제1항에 따른 외국 현지 법령의 준수

3. 제12조제1항에 따른 거짓·과장된 표시·광고의 금지

4. 제13조에 따른 개인정보의 보호

③ 국제결혼중개업자는 제1항에 따른 업무제휴를 제6조 및 제7조에 해당하는 자와 할 수 없다.

제13조(개인정보의 보호) 결혼중개업에 종사하거나 종사하였던 자는 그 업무를 통하여 알게 된 개인정보를 이용자의 의사에 반하여 다른 사람에게 제공 또는 누설하거나 결혼중개 외의 용도로 사용하여서는 아니 된다.

제24조의2(결혼중개업 이용자의 피해 예방을 위한 교육) ① 여성가족부장관 또는 특별자치시장·시장·군수·구청장은 국제결혼중개업 이용자의 피해를 예방하기 위하여 교육을 실시하거나 법인 또는 단체에 위탁하여 실시할 수 있다.

② 제1항에 따른 교육 내용·방법 및 신청절차 등에 필요한 사항은 여성가족부령으로 정한다.

문화다양성 관련법의 목적과 제정일자는 <표 9-1>과 같다.

| 표 9-1 | 문화다양성 관련법

관련	목적	제정일자
국적법	대한민국의 국민이 되는 요건을 정함.	1948. 12. 20.
출입국관리법	대한민국에 입국하거나 대한민국에서 출국하는 모든 대한민국 국민(선원을 제외한다. 이하 국민이라 한다)과 외국인의 출입국의 공정한 관리와 대한민국에 체류하는 외국인의 거주 및 등록에 관하여 규정함.	1963. 3. 5.
외국인고용법	외국인근로자를 체계적으로 도입·관리함으로써 원활한 인력수급 및 국민경제의 균형 있는 발전을 도모함.	2003. 8. 16.
재한외국인 처우 기본법	재한외국인에 대한 처우 등에 관한 기본적인 사항을 정함으로써 재한외국인이 대한민국 사회에 적응하여 개인의 능력을 충분히 발휘할 수 있도록 하고, 대한민국 국민과 재한외국인이 서로를 이해하고 존중하는 사회환경을 만들어 대한민국의 발전과 사회통합에 이바지함.	2007. 5. 17.
결혼중개업법	결혼중개업을 건전하게 지도·관리하고 결혼중개업 이용자의 피해를 예방하여 그 이용자를 보호함으로써 건전한 결혼문화 형성에 이바지함.	2007. 12. 14.
다문화가족지원법	다문화가족구성원이 안정적인 가족생활을 영위하고 사회구성원으로서의 역할과 책임을 다할 수 있도록 함으로써, 이들의 삶의 질 향상과 사회통합에 이바지함.	2008. 3. 21.
난민법	「난민의 지위에 관한 1951년 협약」(이하 "난민협약"이라 한다) 및 「난민의 지위에 관한 1967년 의정서」(이하 "난민의정서"라 한다) 등에 따라 난민의 지위와 처우 등에 관한 사항을 정함.	2012. 2. 12.

자료: 김보기 외(2020c: 340).

문화다양성 관련 법제도의 연혁은 <표 9-2>와 같다.

| 표 9-2 | 문화다양성 관련 법제도의 연혁

연도	분류	정부의 프레임 관점
1963	「출입국관리법」 제정	주로 외국인근로자를 통제하고 관리하며 경제적 편익에 따라 제한적으로만 유입하는 정책이 시행됨.
1993	산업연수제 시행	
1999	「재외동포의 출입국과 법적 지위에 관한 법률」 제정	
2003	「외국인근로자의 고용 등에 관한 법률」 제정	
2004	위 법에 따라 고용허가제 시행	
2005	국무조정실 주관, '국제결혼이주여성 대책마련을 위한 관계부처회의' 개최	대부분의 정책과 법이 결혼이주여성의 지원과 동화의 내용으로 제정 및 시행됨.
	보건복지부, '결혼이주여성에 대한 전국적인 실태조사' 실시	
2006	여성가족부, '결혼이민자가족 실태조사 및 중장기 지원정책 방안연구' 시행	
	법무부 출입국관리국이 '출입국·외국인정책 본부'로 개편	
2007	법무부, 「재한외국인처우기본법」 제정	
	국무총리실 주관, '결혼이주여성가족의 사회통합 지원 관계부처회의' 개최	
2008	외국인정책위원회 제1차 외국인정책 기본 계획 확정	
	보건복지부, 「다문화가족지원법」 제정, 시행	

자료: 김보기(2020c: 304).

PART IV

문화다양성의
현장과 실제

문화다양성 상담

✽ **개요**
  문화다양성 상담은 문화적 배경, 가치관, 생활양식의 차이로 인해 어려움을 겪는 내담자가 전문적인 훈련을 받아서 문화적인 역량과 상담 능력을 가진 상담자에게 조언을 구하여, 서로 신뢰하는 마음으로 편안하게 이야기를 주고받으며, 문화적인 적응문제를 포함한 여러 가지 어려움을 해결해 가는 상호작용의 과정이다. 여기에서는 문화다양성 상담을 학습하고자 한다.

문화다양성 상담

1 문화다양성 상담의 개념

1) 문화다양성 상담의 정의

상담의 문화다양성 접근방법은 제2차 세계대전 후 신생국들의 출현을 맞아 서로 다른 문화와 그 독특성을 인정하자는 취지로 싹텄지만, 1960년대 이르러 백인들로부터 인종차별을 받는 북미 흑인들의 인권운동으로 급격히 발달했다. 법 아래 동등한 정치적 정의실현의 구현을 위해 다문화주의자들은 교육과 상담과정에서 문화 차이로 인한 피해사례에 주요 관심을 두며, 인권존중의 시민정신으로 다양성을 향한 교육의 필요성이 대두되었다.

문화다양성 상담(치료, Cultural Diversity Counseling, Therapy)은 조력하는 역할이자 과정으로 정의될 수 있다. 내담자의 생활경험 및 문화적 가치와 일관된 상담목표와 양식들을 사용한다. 내담자의 정체성을 개인, 집단, 그리고 보편적 측면을 포함하는 것으로 인정하고, 조력과정에서 개인적, 문화 특수적 전략과 역할을 사용하며, 내담자와 내담자 체계를 평가하고 진단하며, 치료할 때 개인주의와 집단주의 간 균형을 맞춘다. 즉, 상담과 심리치료에서 문화다양성 접근은 내담자의 문화적 경험과 가치들을 존중하고, 내담자의 전통적 문화의 기반 위에서 새 문화가치를 수용하며, 발전적인 자아를 형성할 수 있도록 돕는다(조원탁 외, 2020: 323).

　일반적으로 상담이란 내담자(client)가 전문적인 훈련을 받은 상담자(counselor)에게 조언을 구하여, 서로 신뢰하는 마음으로 편안하게 이야기를 주고받으며, 적응문제를 포함한 여러 가지 어려움을 해결해 가는 상호작용의 과정이라고 정의할 수 있다. 이러한 상담의 정의를 기반으로 문화다양성 상담을 정의하면, 문화다양성 상담은 문화적 배경, 가치관, 생활양식의 차이로 인해 어려움을 겪는 내담자가 전문적인 훈련을 받아서 문화적인 역량과 상담 능력을 가진 상담자에게 조언을 구하여, 서로 신뢰하는 마음으로 편안하게 이야기를 주고받으며, 문화적인 적응문제를 포함한 여러 가지 어려움을 해결해 가는 상호작용의 과정이다(임신웅, 2020: 349).

　문화다양성 상담은 국가의 형성단계부터 다문화사회로 출발한 미국을 비롯해 이민자들의 사회구성비가 높은 서구 선진국들을 중심으로 발전하여 오늘에 이르렀다. 사회적인 필요와 요구에 따라 상담 및 심리치료에서 문화적 차이에 관한 문제가 비중 있게 다루어지고 있으며, 상담의 실제는 변화하는 사회문화적, 정치경제적 환경과 그 안에서 영향을 주고받으며 변화하는 내담자에 대한 정확한 이해를 바탕으로 제공되어야 한다. 문화다양성 상담에서는 내담자에 대한 문화적 이해가 무엇보다 중요하며, 이를 바탕으로 상담의 내용과 형식이 마련될 수 있다. 또한 의식하지 못하는 가운데 내담자에게 영향을 미칠지도 모르는 상담자 자신의 문화적 가치와 편견을 인식하는 것이 중요하다. 특별히 비서구사회나 다민족사회에 대해 많은 실천가들은 치료의 방식에서 심리치료의 서구적 패러다임만이 활용되는 것에 이의를 제기하기도 한다.

　점차 다원화되어가는 사회에서 보편성과 함께 문화적 독특성, 세계관과 변화된 환경, 그에 따른 스트레스와 반응을 명확하게 이해하는 것이 중요하다. 따라서, 이러한 문화적 이해를 바탕으로 한국의 실정에 맞는 문화다양성 상담이 준비되고 전문적인 영역으로 정착되어야 한다. 농촌지역의 결혼이민여성들이 가구생활에서 적응하는 과정은 한국의 사회문화적 배경 및 위계적인 가족구조라는 외부환경에서 살아남기 위한 투쟁이었다. 따라서, 서양을 중심으로 연구되고 있는 문화다양성 상담을 그대로 적용하기보다는 다문화가정의 상황과 가족기능을 고려한 이론적 모델과 연구를 근거로 한 상담이 필요하다.

　한국사회에서 문화다양성 상담은 결혼이주여성의 가정폭력 피해 위주로 진행되고 있다. 따라서, 한국적 문화다양성 상담은 대상과 상담영역의 확대가 필요하다. 그 대상은 결혼이주여성과 자녀가 급선무로 우선시하지만, 남편, 시부모까지 확대되어야 한다. 그리고 상담의 영역도 예방적 차원의 접근은 물론 이들이 경험하는 적응상의 어려움과 심리적인 문제를 해결하는 방향으로 준비되어야 한다(조원탁 외, 2020: 331-332).

2) 문화다양성 상담의 유형

문화다양성 상담의 유형은 내담자의 발달연령, 구성인원, 조력욕구, 문제내용에 따라 다음과 같다(임신웅, 2020: 352-353).

첫째, 내담자의 발달연령에 따라 아동상담(3~12세), 청소년상담(13~18세), 성인상담(19~60세), 노인상담(60세 이상)으로 구분하는 데, 이는 일반상담뿐만 아니라, 문화다양성 상담에서도 동일하다. 다만, 문화적인 배경, 가치관, 인종, 언어, 종교, 생활양식 등에서 자국민들과 크게 차이를 보이는 다문화 구성원일 경우에는 내담자의 발달연령과 더불어 다양한 문화적 배경을 고려하여 상담해야 한다. 특히, 성인상담의 경우에는 내담자의 발달연령뿐 아니라, 한국에 온 배경, 문화적 특성, 경제적 수준, 연령에 따른 기대수준 등을 다양하게 고려해야한다.

둘째, 내담자의 구성인원에 따라 개인상담, 집단상담이라고 하는 데, 문화다양성 상담에서도 동일하게 구분할 수 있다. 문화다양성 상담에서도 개인의 문화적인 배경과 문화적 역량을 고려한 개인상담을 진행하며, 학교에서 학생들을 대상으로 하는 문화다양성 집단상담을 비롯하여 문화다양성 교육의 한 부분으로써 문화다양성 집단상담을 진행한다. 문화다양성 집단상담의 경우에 내담자의 연령, 문제의 유형, 문제의 심각성 등에 따라 내담자의 숫자가 달라질 수 있지만, 일반적으로 내담자를 8~12명으로 구성하는 것이 바람직하다.

셋째, 내담자의 조력욕구에 따라 문제예방상담, 발달과 성장상담, 문제해결상담으로 구분한다. 문제예방상담은 미래에 일어날 수 있다고 예상되는 것을 사전에 예방조치하여 곤란을 겪지 않도록 하기 위한 상담이다. 문화다양성 상담의 경우에도 문제예방 성격의 상담인 경우가 많은데, 주로 미래 예방적인 차원의 성격을 강하게 지니고 있는 문화다양성 교육을 통해 이루어진다. '발달과 성장상담'이란 내담자가 지닌 잠재력을 개발하여 성장을 도모하고자 하는 상담이다. 문화다양성 상담의 경우에 문화적인 배경, 가치관, 인종, 언어, 종교, 생활양식 등의 차이로 인해 잠재력을 개발하지 못하고 있는 내담자가 많다. 따라서, 문화다양성 상담을 통해 내담자가 잠재력을 발견하여 개발할 수 있는 방법을 제시해 주고, 지원정책을 소개해 주거나 관련 기관과 연계해 주어야 한다.

이때 내담자가 용기를 얻을 수 있도록 격려하고 지지해 주는 것이 매우 중요하다. 문제해결상담은 상담자가 내담자의 문제 해결을 위해 조력하는 상담활동을 말한다. 문화다양성 상담에서는 주로 문화적인 배경, 가치관, 인종, 언어, 종교, 생활양식 등의 차이로 인한 어려움 해결, 심리치료, 실질적인 도움을 받을 수 있는 기관과의 연결을 통해 문제해결상담을 한다.

넷째, 내담자의 문제내용에 따라 정신건강상담, 진로상담, 성상담, 성장상담, 비행상담, 학습상담, 가족상담, 위기상담, 종교상담으로 구분했다. 이처럼 상담은 내담자의 심리·정서적인 요소뿐만 아니라, 진로, 성, 학습, 가족문제, 종교 등 내담자의 생활전반에 대해 관여하게 된다. 문화적인 배경, 가치관, 인종, 언어, 생활양식 등에서 한국의 본토인들과 큰 차이가 나는 다문화 구성원일수록 심리적·정서적인 요소뿐 아니라, 내담자의 생활 전반에 다양한 어려움이 가중되어 있는 경우가 많으므로 문화다양성 상담에 있어서 이런 다양한 영역의 전반적인 상담들이 더욱 필요하다.

상담의 유형은 <표 10-1>과 같다.

| 표 10-1 | 상담의 유형

구분	내용
상담자의 발달연령	아동상담, 청소년상담, 성인상담, 노인상담
내담자의 구성인원	개인상담, 집단상담
내담자의 조력욕구	문제예방상담, 발달과 성장상담, 문제해결상담
내담자의 문제내용	정신건강상담, 진로상담, 성상담, 성장상담, 비행상담, 학습상담, 가족상담, 위기상담, 종교상담

자료: 임신웅(2020: 352-353) 재인용.

3) 문화다양성 상담의 원리

문화다양성 상담은 문화적 배경, 가치관, 생활양식의 차이로 인해 어려움을 겪는 내담자(client)가 전문적인 훈련을 받아서 문화적인 역량과 상담 능력을 가진 상담자(counselor)에게 조언을 구하여, 서로 신뢰하는 마음으로 편안하게 이야기를 주고받으며, 문화적인 적응문제를 포함한 여러 가지 어려움을 해결해 가는 상호작용의 과정이다. 이를 위해 문화다양성 상담자가 문화다양성 상담을 진행할 때에는 다음과 같은 원리를 따라야 한다.

(1) 진정성을 가진 '개별화'의 원리

문화다양성 상담자는 다양한 문화적인 배경을 가진 내담자들을 똑같이 획일적으로 대해서는 안 되며, 문화적인 배경, 가치관, 인종, 언어, 종교, 생활양식 등의 개성과 개인차를 고려하여 내담자에게 진정성 있는 상담을 전개해야 한다. 이를 위해 문화다양성 상담자는 내담자 및 내담자와 같은 문화적 배경을 가진 집단에 대한 편견을 버려야 한다. 또한 내담자에게 관심을 갖고 내담자의 말을 경청하고, 내담자의 행동에 주의를 기울여 세심하게 관찰하여 내담자의 감정변화를 민감하게 포착해야 한다. 그리고 문화다양성 상담자와 내담자 사이에 견해의 차이가 있을 때에는 내담자의 문화적 역량에 맞추어 적절하고 친절하게 상담을 진행해야 한다.

(2) 공감적 이해를 통한 '라포 형성'의 원리

라포(rapport)는 사람과 사람 사이, 상담자와 내담자 사이에서 상호이해와 공감을 통해 형성되는 신뢰관계와 유대감을 의미한다. 서로의 관심사를 공유하고 공감하며, 상대방에 대해 존중하며 배려하고 이해하며, 같은 경험을 통해 공감대를 만들어 갈 때 라포가 형성되어 간다. 라포가 많이 형성될수록 깊이 있는 상담이 가능하며, 보다 장기적인 신뢰관계로 발전할 수 있다.

문화적인 배경, 가치관, 인종, 언어, 종교, 생활양식 등의 차이로 인해 타인과 관계를 맺는데 익숙하지 않으며, 사회적인 거리감을 가지고 있는 사람들을 상담할수록 라포를 형성해 가는 것이 매우 중요하다. 따라서, 문화다양성 상담자는 내담자가 마음을 열고 상담에 적극적으로 참여할 수 있도록 우호적이고 온화한 분위기를 만들도록 노력해야 한다. 또한 문화다양성 상담자는 내담자가 기대했던 반응을 보이지 않을지라도 인내심을 가지고 경청해야 하며, 내담자의 정서변화에 민감하여 적절하게 반응하고, 내담자의 반응에 적극적으로 관여해야 한다.

일반적으로 NLP(신경언어프로그래밍, Neuro-Linguistic Programming)에서는 신뢰가 커지는 과정을 다음과 같이 5단계로 설명한다.

1단계: 내담자의 흐름에 맞춰서 커뮤니케이션을 진행한다.

2단계: 라포가 형성된다.

3단계: 상담자가 내담자를 상담자의 흐름으로 끌어들인다.

4단계: 서로 상대방에게 영향을 준다.

5단계: 서로의 생각과 감정을 지지해 주는 공감대가 형성된다.

(3) 무조건적 긍정적 존중을 통한 수용의 원리

수용(acceptance)은 다른 사람 또는 다른 집단의 사상, 문화, 제도, 관습, 주장·요구 등을 상대방의 입장에서 생각하고 이해하여, 있는 그대로 받아들여서 공감하는 것을 말한다. 수용(acceptance)의 자세를 가진 문화다양성 상담자는 자신의 문화적인 배경을 가지고 내담자에 대해 편견을 갖거나 차별하지 않으며, 온정적이며, 내담자에게 관심을 갖고, 내담자를 존중하여 정중한 태도를 갖고 경청하며, 변함없는 중립성과 확고하고 긍정적인 태도를 가지며, 내담자의 생활을 이해하여 효과적인 상담을 해 주려는 의지를 가지며, 내담자의 행동이나 특성에 따라 상담자의 말·표정·행동에 거부반응을 보이거나 비판하지 않는다. 특히, 문화다양성 상담은 다양한 사상·문화·제도·관습·주장·요구 등을 가진 내담자를 상담하기 때문에 문화다양성 상담자는 항상 수용적인 자세를 가져야 하며, 무조건적 긍정적 존중의 태도를 가져야 한다.

(4) 자기결정의 원리

문화다양성 상담은 문화적 배경, 가치관, 생활양식의 차이로 인해 어려움을 겪는 내담자가 전문적인 훈련을 받아서 문화적 역량과 상담 능력을 가진 상담자(counselor)에게 조언을 구하여, 서로 신뢰하는 마음으로 편안하게 이야기를 주고받으며, 문화적인 적응문제를 포함한 여러 가지 어려움을 해결해 가는 상호작용의 과정이기 때문에, 기본적으로 내담자에게 문화다양성 상담자의 조언이나 도움을 통해 자신의 힘으로 문제를 해결해 나갈 수 있는 능력이 있다는 것을 전제로 한다. 따라서, 문화다양성 상담에서는 모든 최종결정권을 내담자가 갖는데, 이것을 '자기결정의 원리'라고 한다.

물론 문화다양성 상담을 할 때, 상담자와 내담자의 의견이 다를 수 있고, 상담자의 입장에서 생각할 때 내담자가 내린 결정이 이해가 되지 않을 때가 있다. 그러할지라도 일방적으로 지시를 내리기 보다는 내담자가 충분히 생각하고 결정할 수 있도록 조언해 주고, 격려해 주며, 기다려 주어야 한다.

(5) 비밀보장의 원리

상담은 상담자와 내담자가 서로 신뢰하는 마음으로 함께 어려움을 해결해 가는 과정이다. 따라서, 신뢰적인 관계를 형성하기 위해서 상담자는 어떤 경우에라도 상담을 통해 알게 된 내담자의 비밀을 보장해 주어야 한다. 특히, 문화다양성 상담에서 상담자는 내담자가 자신의 비밀을 이야기할 수 있는 유일한 존재인 경우가 많은데, 문화다양성 상담자가 섣불리 문제를 해결하려고 타인에게 내담자의 비밀을 이야기할 경우에 상담자와 내담자의 신뢰 관계가 깨지는 것은 물론' 내담자의 어려움이 더 가중되기도 한다. 따라서, 문화다양성 상담자는 내담자의 비밀을 항상 철저히 보장해 주어야 한다.

다만, 내담자가 자신이나 타인을 해칠 위험이 있을 때, 아동학대나 성폭력 등 범죄에 대한 내용을 알고 대처해야 할 때, 내담자의 보호자 요청이 있을 때, 내담자가 용인했을 때, 법적으로 공개를 명했을 때, 상담사가 수습기간에 슈퍼바이저의 지도를 받고 있을 때 등 부득이한 경우에는 내담자에게 비밀유지의 한계를 이야기해 주고, 조심스럽고 지혜롭게 제한적인 범위 내에서 내담자의 비밀을 공개할 수 있다.

2 문화다양성 상담자의 자질과 역할

상담자들은 사람에게 도움을 주었던 경험이 많이 있거나, 혹은 다른 사람의 이야기를 잘 듣거나, 도움이 되었다고 사람들이 말해줬기 때문에 상담을 전공하게 된 경우가 많다. 그래서 자신이 문화적으로 민감하다고 암묵적으로 생각한다. 그러나 그것은 일반적인 생활에서 사람을 도왔던 측면이 있는 것이고, 상담장면에서는 내담자에게 민감하게 반응하기 어려운 부분들이 있다. 따라서, 상담자로서 민감성을 키울 수 있도록 노력해야 한다. 문화다양성에 대한 상담자의 자질은 다음과 같다(방기연, 2020: 25-30).

1) 낮춤과 포용의 미덕

문화적으로 민감한 상담자의 태도는 겸손과 비판적 사고이다.

첫째, 한국사회는 겸손이 강조되는 문화이다. 즉, 겸손해야지 잘난 척 하면 안 된다고 배웠기 때문에, 일상에서 겸양의 태도를 취하려고 한다. 겸손(humility)은 '땅, 흙(부식토)'을 뜻하는 'humus'라는 라틴어와 관련이 있다. 결국 겸손의 뜻은 땅처럼 자신을 낮추고 사물을 포용하는 것을 뜻한다. 상담자가 겸손한 태도를 취한다는 것은 차이를 열등한 것으로 판단하는 것을 막아 준다. 겸손하면 다른 관점, 믿음, 행동, 전통이 자기 자신의 것처럼 가치가 있음을 인정한다. 나아가 세상에 접근하는 대안적 방법을 배우는 것의 유익함을 이해한다. 한국문화는 어느 면에서 서열중심문화이다. 누군가를 만나면 "이 사람이 나보다 돈은 많지만, 학벌은 나보다 별로야. 나는 이 사람보다 무엇은 조금 더 낫고, 이 부분은 내가 조금 부족해."를 평가한다. 나와 다른 것을 열등한 것으로 해석하지 않는 태도가 겸손이다.

둘째, 비판적 사고(critical thinking)이다. 비판적 사고는 가정을 확인하고, 도전하며, 맥락의 영향을 검토하고, 대안을 생각하며, 조사하는 능력을 포함한다. 비판적 사고는 한 사람을 진실로 이끌 수 있으며, 자신이 가진 가정에 대해 계속해서 질문하도록 도와주면서, 자명한 것처럼 보이는 것을 뛰어넘는 설명을 찾도록 돕는다. 타인을 잘 이해하기 위해서는 자신이 가진 가정에 대해서 계속해서 질문해야 한다. 상담자가 내담자를 만났을 때 내담자가 이러이러할 것이라고 가정하는 부분이 많다. 가정은 자동적으로 일어나기 때문에 일어나지 않게 할 수는 없다. 다만, 그 가정이 일어날 때 계속해서 '정말 그럴까?'라고 질문을 해야 한다. 자명한 것처럼 보이는 것, 진실처럼 보이는 것, 누구나 다 동의할 것처럼 보이는 것을 뛰어넘는 설명을 찾으려 해야 한다. 현재는 여러 기관에서 결혼이주여성에게 도움을 주고 있다. 한국어 교사들이 결혼이주여성의 집을 방문하여 한국어를 가르친다. 한국어를 가르치기 위해 방문하는 교사보다 결혼이주여성의 학력이 더 높을 수도 있다. 단지 결혼이주여성이 현재 한국보다 경제적으로 어려운 나라의 출신이고, 한국어를 아직 능숙하게 하지 못할 뿐이지, 학력은 높을 수 있다. 결혼이주여성의 출신국이 경제적으로 한국보다 상황이 좋지 않다고 해서, 그 여성이 교육수준이 낮을 것이라고 가정해서는 안 된다. 이렇게 일반적으로 사실로 여겨지는 것의 진위를 변별하는 것이 비판적 사고능력이다. 그래서 내담자에 대해서 이해한다고 믿고 있는 것이 정말로 내담자의 경험 또는 입장인지 끊임없이 질문해야 한다. 그래야 내담자를 오해하거나, 오해로 인해 내담자에게 상처 주는 것을 피할 수 있다.

2) 사회적 편견과 고정관념

편견은 누구나 가지고 있다. '나는 편견 없는 사람이야'라고 이야기하지 않는 것이 바람직하다. 왜냐하면 편견이라는 것은 가정(assumption)과 같기 때문이다. 그래서 어떤 상황에서든지 누구라도 가정이 없는 백지상태로 존재하지 않는다. 편견은 특정방법으로 생각하며, 행동하고, 느끼는 경향으로 보는 것이 바람직하다.

편견이 꼭 나쁜 것만은 아니다. 편견으로 인해 상황을 빨리 정확하게 판단할 수 있는 경우도 있다. 편견은 범주화(categorization)와 일반화(generalization)라는 두 가지 인지과정을 거친다.

첫 번째 인지과정은 범주화이다. 대인관계를 할 때 만나는 대상을 여성과 남성으로 범주화한다. 개인이 여성과 남성을 만나서 취하는 대인관계 행동은 다를 수 있다. 존중하는 태도를 각 개인의 범주화한 문화적 요인에 따라 적절하게 조절해야 할 때가 있다. 이렇게 각 문화적 요인에 적절한 대인행동을 수행하는 것은 두 번째 인지과정인 일반화이다. 여성이라고 해서 모두 같은 대인행동에 존중받는다고 느끼지는 않는다. 다만, 여성이라면 이런 대인행동에 존중받을 것이라고 일반화하는 것이다.

범주화와 일반화 두 과정 속에서 편견을 가지게 되는데, 내담자에 대해서 잘못된 가정을 하지 않기 위해서 상담자가 내담자의 문화에 대해서 가정하지 않는 것이 필요하다. 그런데 실제로 가정하지 않는 것은 불가능하다. 그렇기 때문에 가정한다는 것을 빨리 인식하고 그 가정에 대해서 검증하는 절차, 즉 비판적 사고과정을 거치는 것이 중요하다.

편견에는 개인적 수준의 편견뿐만 아니라, 사회 전체가 암묵적으로 가지고 있는 사회적 편견도 있다. 한국사회는 탈북주민에 대한 편견 또는 고정관념을 가지고 있다. 자유를 찾아서 또는 식량난으로 힘들어서 탈북하였기 때문에, 남한에 와서 살면서 탈북민들이 행복할 것이라고 가정한다.

그런데 이민자가 그 사회에 적응해서 어느 정도의 지위와 경제력을 가지고 자리를 잡기까지는 상당한 기간이 필요하다. 탈북민이 남한에 이주하였을 때 적응하고 자신이 원하는 목표에 도달할 때까지 고생했던 시간들이 있다. 상담자는 탈북민이 남한에 왔기 때문에 행복할 것이라고 가정하는 것이 편견은 아닌가 확인하는 작업을 하여야 한다.

사회적 편견은 고정관념이 되며, 고정관념은 소수집단에게는 통제력으로 느껴질 수 있다. 힘이 있는 집단이 통제를 행사하는 방법 중에 하나가 고정관념이다. 많은 사람들이 특정 집단 내에서 어떻게 행동하는지, 그들이 선호하는 것이 무엇인지 그리고 그들의 역량이 무엇인지를 정의하는 것이 고정관념이다.

결혼이주여성은 한국의 가족문화에 적응하는 것을 힘들어 한다. 결혼이주여성이 자란 모국 가족문화와 한국 가족문화에는 차이가 있다. 결혼이주여성에게 한국 가족문화를 수용하고 적응하기를 기대하지만, 결혼이주여성의 남편에게 부인 모국 가족문화를 이해하고 그 문화에 적응하기를 기대하지는 않는다. 두 사람이 만나서 결혼했을 때에는 동등한 관계라면 문화의 차이점에 대해서 서로 공부하고, 수용하고, 어디까지 내가 양보할 수 있는지 접점을 찾아야 한다. 하지만 결혼이주여성은 한국문화에 적응하도록 강요받는다. 결혼이주여성은 한국에서 살기로 결심하고 결혼하였으므로, 특히 한국의 가족문화에 적응해야 한다는 고정관념이 작용하기 때문이다. 또한 결혼이주여성이 적응하는 데 어려움을 경험하는 것은 당연시하지만, 이들이 적응해야 하는 한국 가족문화 중에 수정이 필요한 부분이 있는지는 검토하지 않는 경우가 많다.

3 문화다양성 상담 역량

문화다양성 상담이 내담자가 문화다양성 상담자의 조언이나 도움을 통해 자신의 힘으로 문제를 해결해 나갈 수 있다는 것을 전제로 할지라도, 문화다양성 상담자의 역량에 따라 상담의 질과 결과가 많이 달라진다. 따라서, 문화다양성 상담자는 뛰어난 '문화다양성 상담 역량(Cultural Diversity Counseling Competence)'을 갖출 것이 요구된다. 문화다양성 상담자가 갖추어야 할 상담 역량은 다음과 같다(임신웅, 2020: 356-359).

1) 문화적 유능성 : 인식

문화다양성 상담자는 문화적 감수성을 가지고 다양한 문화에 대해 민감하게 인식해야 하여, 주류문화의 잘못된 편견, 고정관념 등을 파악하고 버릴 수 있는 자세를 가져야 하며, 다양한 문화들의 차이점·유사점, 독특성·공통성의 가치를 인정하고 존중하는 방향으로 변화할 수 있어야 한다. 또한 상담자 자신의 가치, 고정관념·편견 등이 내담자에게 미칠 수 있는 다양한 영향을 인식해야 하며, 문화적인 배경, 가치관, 인종, 언어, 종교, 생활양식 등에서 상담자와 내담자 사이에 존재하는 차이를 거부감 없이 받아들일 수 있어야 하고, 차이를 이탈로 보지 않는 마음가짐이 필요하다. 그리고 내담자를 다른 상담자에게 의뢰하게 해야 하는 상황에 민감해야 하며, 항상 자신의 생각과 말과 행동을 성찰하는 자세를 가져야 한다.

2) 문화적 유능성 : 지식

문화다양성 상담자는 다양한 문화를 가진 내담자들을 효과적으로 상담하기 위해서 다양한 역사적, 사회적, 종교적, 정치적, 경제적 배경에 대해 지속적으로 관심을 가져야 한다. 또한 이러한 여러 가지 배경들이 개인이나 집단의 행동에 어떻게 영향을 미치는지 파악하고, 이에 대해 상담자를 포함한 자국민이 편견과 차별을 가지고 있지 않은지 살펴야 한다.

문화다양성 상담자가 내담자에 대한 문화적 지식을 가지고 있을 때, 내담자와 라포를 형성하는 데 도움이 되며, 상담자가 내담자의 문화를 고려하여 질 높은 상담을 진행해 가는 데 유용하다. 또한 문화다양성 상담자는 사회가 다양한 문화적 집단, 특히 소수집단과 비주류집단의 치료와 예방에 대해 어떤 지원체계를 가지고 있는지 파악하고 있어야 하며, 다양한 어려움을 가진 내담자들에게 어떤 제도와 정책이 문제해결의 장애가 되는지 알고 있어야 한다. 이 밖에도 문화다양성 상담자는 상담과 치료에 대한 일반적인 특징과 지식 및 정보를 지속적으로 파악하여 내담자에게 가장 적합한 지식과 정보를 제공할 수 있어야 한다.

3) 문화적 유능성 : 기술

문화다양성 상담자는 무엇보다도 수용능력을 가지고 있어야 한다. 이를 위해 상담자 자신의 문화적 특징을 유지하면서도 내담자의 문화적 정체성을 환영하고 이해하고 배려하여, 내담자가 상담자가 기대한 것과는 다른 방식의 행동을 보일지라도, 긍정적인 태도로 수용하며, 장점을 찾아낼 수 있는 열린 자세가 필요하다. 또한 문화다양성 상담자는 상담의 전문가로써 다양한 언어적. 비언어적인 상담기술을 통해 내담자와 메시지를 정확하고 충분하게 주고받을 수 있어야 하며, 가장 적합하고 효과적인 방법으로 상호작용을 하며 상담을 진행할 수 있어야 한다. 이때 상담자가 확신하는 심리상담 이론을 지나치게 맹신하여 내담자에게 순응할 것을 강요하지 말아야 하며, 다양한 문화를 가진 내담자들의 특성에 맞게 개별화된 개입을 실시할 수 있어야 하고, 내담자에게 가장 필요하고 적절한 제도적 개입을 실시하는 기술을 갖추고 있어야 한다. 또한 문화적으로 다양한 내담자에 대하여 상담자 자신이 가진 조력방식과 한계점의 영향을 예상할 수 있어야 한다.

4 다문화가정 상담

1) 다문화가정 상담 개요

20세기 후반 이후 한국사회는 다문화사회로 급속히 전환되고 있다. 다른 문화적 배경을 가진 외국인들이 국내에서 활동할 뿐만 아니라, 결혼을 통해 입국하여 살고 있는 이민자들이 소수 특정한 사람들에 그치지 않고 농촌 및 일부 지역에서도 일반화된 현상이 되었다. 이들은 서로 언어적, 문화적 배경이 다른 다문화가정을 형성하고 있으며, 이로 인한 또 다른 어려움을 안고 살아가고 있다.

지금까지 다문화가정을 돕는 프로그램이 주로 언어교육이나 문화교육에 집중되어 이루어졌으나, 최근 발생하는 다양한 다문화가정의 문제는 위기상담적 개입으로 해결해야 할 필요성이 커지고 있다. 다문화가정은 일반상담과는 달리 다문화적 역동성을 이해하며 진행되어야 하고, 내담자에 대한 문화적 차원의 배경, 가치관, 가족 제도 및 체계와 역사를 알고 접근해야 상담의 효과를 기대할 수 있다. 다문화가정을 위한 상담은 개인의 심리적 문제나 관계적인 어려움이 단순한 개인심리의 내적인 요인이나 관계적인 상이성에서 파생되는 것뿐만 아니라, 문화적 갈등요인이 내재되어 있다는 사실을 알아야 한다.

다문화가정의 갈등 유형은 의사소통의 장애 및 오해, 경제적 활동에 대한 차이, 의식주에 해당하는 기본적인 일생생활 및 가치관의 차이, 풍습의 차이에서 오는 갈등, 가족관계의 어려움 등 매우 다양하다. 따라서, 다문화가정 상담자는 단순히 전통적인 상담자의 역할만이 아니라, 좀 더 확장된 복지적 개념을 가지고 상담에 임해야 할 필요가 있다. 다문화가정 상담자는 사례에 따라 다양한 역할을 수행해야 한다. 때때로 다문화가정 상담자는 개인의 심리적 문제를 다루어 주는 심리치료사의 역할, 가족의 구조와 관계적 역기능을 분석하고 개입하는 가족치료사의 역할, 문화적 차이나 갈등의 요인을 중재하는 교사의 역할, 문화적 적응을 위해 필요한 사회적 자원을 연결하는 복지사의 역할을 수행하여야 한다.

2) 다문화가정 상담사의 자질과 역할

다문화가정 상담자가 되기 위한 전문적 자질을 살펴보면, 첫째, 인간발달과 가족관계 및 문화적 영향에 대한 이해이다. 둘째, 다양한 가족상담 이론에 대한 지식, 그리고 셋째는 공식적 과정으로서의 다문화가정 상담을 구조화하고 효율적인 절차와 개입 기술을 통해 체계적으로 진행할 수 있는 능력 등이다.

다문화가정 상담자가 전문적인 자질을 갖추기 위해서는 위의 세 가지 영역에 대한 적절한 학습과 훈련이 필요하다. 이를 위해 다문화가정 상담자는 가족발달단계이론, 가족체계이론, 가족발달의 과제, 다양한 가족상담의 이론, 의사소통이론, 가족과 문화이론 등에 대한 전문적 지식을 습득해야 한다. 또한 다문화가족들을 위한 기관에서의 현장실습과 상담실무를 통한 훈련과정을 필요로 한다. 더 나아가 다문화가정 상담사례에 대한 전문가의 지도감독은 다문화가정 상담전문가로서 성장하는 매우 중요한 요소라고 할 수 있다.

다문화가정 상담자가 문화다양성에 대해 유능한 상담자의 전제조건은 다음과 같다 (김경식 외, 2019: 73-74).

첫째, 다문화가정 상담자는 내담자의 문화내적인 요인을 고려해야 한다. 다문화가정 상담자는 내담자의 문화적 배경이 아시아권에 속한 결혼이주민이기에 표면적으로 유사한 문화적 특성을 보일지라도, 문화내적인 면에서 한국문화와 상이한 배경과 가치관 그리고 독특한 특성을 가지고 있다는 점을 유념해야 한다.

둘째, 다문화가정 상담자는 우선적으로 자신의 가치관과 인간행동의 기본 과정을 이해하고 내담자가 자신의 세계관과 어떻게 다른지에 대해 문화적 인식을 할 수 있어야 한다. 이를 위해 상담자는 타문화에 대한 학습자적인 태도를 취해야 한다. 상담자가 내담자의 모든 문화적 특성과 가치를 이해하거나 알 수는 없으나, 문화적 차이로 인해 상담현장에서 발생할 수 있는 왜곡된 해석을 방지하기 위해 내담자의 문화를 이해하려는 열린 태도가 있어야 한다.

셋째, 다문화가정 상담자는 문화적으로 효율적이고 적절한 상담서비스를 제공하기 위해서 내담자에 대한 적절한 평가를 할 수 있어야 한다. 심리검사 등 내담자를 평가하거나 진단하는 도구들은 때때로 문화적 편향성을 지니고 있음을 인식하여야 한다. 더 나아가 다문화가정 상담자는 내담자의 문화적 특성에 적합한 상담적 환경이나 문화적 가치관을 염두에 두고 적합한 상담기법을 적용할 수 있어야 한다.

넷째, 다문화가정 상담자는 타문화권의 배경을 가진 내담자에게 교육자적 권위가 있는 인물로 여겨질 수도 있다. 따라서, 다문화가정 상담자는 비윤리적 의존관계에 빠지지 않도록 조심하여야 한다. 이와 함께 다문화가정 상담자는 때때로 내담자가 겪고 있는 어려움이나 문화적 적응에 대한 교육적 회기를 적극적으로 활용함으로써 구조화된 상담관계를 효과적으로 활용할 수 있는 창의적 상담과정을 이끌어 갈 수 있어야 한다.

다섯째, 타문화권의 배경을 가진 내담자의 문제는 단순히 심리적 어려움만으로 국한되어 있지 않다. 따라서, 다문화가정 상담자는 사회복지적 차원이나 법률적 지원 등 삶의 위기를 해결할 수 있는 다양한 실제적 자원을 연계하는 사회적 연결망에 대한 접근(social network approach)을 확충할 수 있어야 한다.

여섯째, 다문화가정 상담자는 다문화내담자가 표출하는 어려움을 단순히 다문화내담자 또는 부부만의 심리적 문제로 국한하기보다는 좀 더 체계론적 관점에서 볼 수 있어야 한다. 많은 경우 부부관계가 구조상으로는 핵가족이나 심리적으로는 확대가족으로서 의사결정에 있어서 가부장적 직계가족 및 지역사회의 견해와 관습 등의 외부적 용인이 매우 중시된다. 따라서, 다문화가정 상담자는 내담자에 대한 심리적 접근은 물론이고 확대가족의 참여를 고려해야 한다.

일곱째, 다문화가정 상담자는 국내에 거주하는 타문화권 출신 내담자들이 속한 문화공동체와 밀접한 관계를 유지할 수 있어야 한다. 내담자가 속한 문화공동체는 내담자가 겪는 어려움과 부적응을 극복하기 위한 매우 적절한 자원이 될 수 있으며, 다문화가정 상담자에게는 문화적 이해에 대한 인식을 확충할 수 있는 자원이 된다.

다문화가정 상담자는 다음과 같은 역할을 수행해야 한다(김경식 외, 2019: 74-75).

첫째, 다문화가정 상담자는 사람들이 서로 다른 견해를 가질 수 있다는 인식과 다른 사람이 지니고 있는 가설과 가치관에 대한 명확한 이해를 위해 노력해야 한다.

둘째, 다문화가정 상담자는 자신의 문화적 특성을 고수하면서도 다른 세계관을 환영하고 이해하며 칭찬할 수 있는 능력을 함양하도록 노력해야 한다.

셋째, 다문화가정 상담자는 개인과 상황에 영향을 주는 자료들과 역사적, 사회적, 종교적, 정치적, 경제적 힘의 영향에 대한 인식을 할 수 있어야 한다.

넷째, 다문화가정 상담자는 특정한 심리적 이론에 대한 순응의 강요가 아닌 특정한 사람의 삶의 상황에 융통성 있게 반응할 수 있는 능력을 습득하여야 한다.

다섯째, 다문화가정 상담자는 잘못된 가설과 편견 그리고 정보를 발견하고 버릴 수 있는 자세를 지녀야 한다.

여섯째, 다문화가정 상담자는 차이점과 유사점, 그리고 특성과 공통성의 가치를 인정해야한다.

일곱째, 다문화가정 상담자는 다른 사람들의 역사적 전통에 대한 가치를 탐구하고 자신의 전통에 적용해 볼 수 있어야 한다.

여덟째, 다문화가정 상담자는 이전에 인식하지 못했던 의미와 실체의 새로운 영역을 발견하려는 호기심이 필요하다.

3) 다문화가정 자녀 상담 시 고려사항

문화다양성 상담자가 내담자와 상담을 할 때, 일정한 방향성이 없이 순간적인 감정과 미시적인 판단에 의해 상담을 하면 오히려 내담자를 혼란스럽게 할 수 있으며, 어려움을 더 키울 수도 있다. 이로 인해, 다양한 어려움을 겪고 있는 한국사회의 다문화가정 자녀들을 상담하는 상담자에게는 항상 염두에 두고 고려하며, 일정한 지향점을 가지고 나아가는 올바른 방향성이 있어야 한다. 다문화가정 자녀상담 시 고려사항은 다음과 같다(임신웅, 2020: 366-369).

(1) 결혼이민자의 자국문화 고려

다문화가정 자녀들을 상담할 때는 결혼이민자의 문화를 함께 고려하여, 이 자녀가 현재 보이고 있는 행동이 결혼이민자의 입장에서는 어떻게 이해되고 평가되는지를 파악해야 한다. 그 이유는 상담자가 이상하게 생각하는 다문화가정 자녀의 행동이 결혼이민자의 문화에서는 올바른 것으로 이해되는 경우도 있기 때문이다. 만약에 결혼이민자가 가르친 행동에 대해 상담자가 교정을 요청한다면, 다문화가정의 자녀는 매우 혼란스러워 할 것이며, 이는 정체성의 혼란을 가져다줄 수 있다. 만약에 다문화가정의 자녀가 현재 보이고 있는 행동이 결혼이민자의 문화에서는 올바른 것으로 판단되나 한국의 학교 및 한국사회에서 생활하는 데 오해를 불러일으키거나 어려움을 가중시키는 것이라면, 상담자는 다문화가정의 자녀와 부모에게 이 부분을 충분히 설명해 주고 현명한 판단을 내리게 해야 한다.

(2) 지속적 언어습득 프로그램 시행

다문화가정의 자녀가 겪고 있는 여러 가지 문제들 중에 상당수가 언어적인 문제, 즉 한국어의 미숙함과 연관이 있다. 한국어 능력이 부족하면 의사소통에 어려움을 겪을 뿐 아니라, 대인관계에 어려움이 따르고, 수업의 내용을 이해하고 학습발달을 이루어 가는 데도 어려움을 겪는다. 이러한 문제들이 부정적인 정서를 갖게 할 뿐 아니라, 놀림과 소외와 학교폭력의 원인이 되기도 하여 결국 사회적응에 지장을 준다. 따라서, 문화다양성 상담자는 다문화가정 자녀가 겪고 있는 다른 모든 문제보다 앞서서 또는 병행하여 지속적으로 언어 발달을 이루어갈 수 있도록 지원해야 한다.

(3) 저소득층 및 소외계층의 특성 파악

가정에서 생활하는 다문화가정의 자녀는 자신이 학교생활을 하면서 겪고 있는 문화적인 차이와 여러 가지 어려움들 외에도 저소득층 또는 소외계층이 겪어야 하는 어려움을 동시에 겪고 있다. 따라서, 한국적 상담을 하는 문화다양성 상담자는 문화적인 차이에 대한 심리적·정서적인 부분의 상담뿐 아니라, 한국 다문화가정이 처한 어려운 경제적 형편에서 오는 특성과 이로 인해 다문화가정 자녀들이 겪어야 하는 이중적 어려움의 특성들을 잘 고려하면서 상담을 진행해 가야 한다.

(4) 돌봄과 훈육 사이의 합리적 판단

다문화가정 자녀를 사회적인 편견과 차별로부터 보호하기 위해서 각별한 관심과 애정을 기울이다보면, 다문화가정 자녀가 교사의 관심과 보살핌에 기대어 과제를 게을리 하거나, 수업에 태만하게 임하거나, 학교 및 학급의 규칙을 위반하고도 당연시하거나, 동료 학생들 앞에서 군림하려고 하는 경우가 있다. 이는 다문화가정 자녀뿐 아니라, 교사에게 지속적으로 각별한 관심과 애정을 받고 있는 학생들에게서 종종 나타나는 현상이다. 이럴 때 교사가 잘못된 행동에 대해 지속적으로 묵인하거나 방치하게 되면, 오히려 다문화가정의 자녀가 잘못된 길로 가는 것을 방치하는 결과를 초래하게 된다. 따라서, 교사는 한국적 상담을 효율적으로 실시함으로써 위로와 격려 또는 훈육과 교칙 적용을 상황에 맞게 합리적으로 판단하여 지혜롭게 병행해야 한다.

(5) 사회적인 지지체계 활용 병행

현재 한국정부를 비롯한 여러 기관들이 다문화가정 자녀들을 지원하기 위해 다양한 법과 정책 및 지원프로그램을 실행하고 있다. 전국 지방자치단체에 산재한 다문화가족지원센터만 해도 총 219개(2019년 기준)나 되며, 다문화가족지원센터에서는 여성가족부의 지원을 받아 다문화가족구성원들이 한국에서 안정적인 가족생활을 영위하고, 사회구성원으로서의 역할과 책임을 다할 수 있도록 지원사업들을 펼치고 있다. 즉, 다문화가족을 위한 교육·상담, 결혼이민자 및 자녀를 위한 한국어 교육 및 다문화자녀 방과 후 돌봄사업, 다문화가족 지원서비스 정보제공 및 홍보, 다문화가족지원 관련 기관·단체와의 서비스 연계, 일자리에 관한 정보제공 및 일자리의 알선, 다문화가족을 위한 통역·번역 지원사업, 그 밖에 다문화가족 지원을 위하여 필요한 사업 등이다. 따라서, 문화다양성 상담자는 한국정부와 기관 및 민간단체가 다문화가정 자녀들을 지원하는 다양한 서비스를 파악하여 내담자인 다문화가정 자녀와 부모에게 가장 적합한 지원 서비스를 연계해 주는 역할을 해야 한다. 이렇게 상담과 지원을 병행함으로써 보다 효과적이고 효율적인 한국적 문화다양성 상담을 실행할 수 있다.

(6) 강점 개발 중심의 관점 보유

2006년 4월 한국정부가 '다문화, 다민족 사회로의 전환'을 선언하면서, 결혼이주여성 및 다문화가정 자녀들을 위한 지원정책을 체계적으로 실행해 왔다. 하지만 다문화주의 정책보다 동화주의에 가까운 사회통합정책들을 많이 실행해 왔다. 이에 따라, 다문화가족들이 가진 생리적 욕구와 안전의 욕구는 일정 정도 해결해 줄 수 있었지만, 사회적 욕구·존경의 욕구, 자아실현의 욕구를 충족하도록 이끌어주기에는 부족한 면이 있었다. 따라서, 한국정부는 다문화가족들을 사회적 약자로 여기고 돌봄에 집중하는 사회통합 정책들을 실행하기보다는 실제로 살아가는 데 도움이 되는 효율적인 지원정책과 함께 다문화가족들의 강점을 개발해 주는 방향으로 정책을 펼쳐가야 한다.

한국적 문화다양성 상담을 실행하는 문화다양성 상담자도 내담자인 다문화가족 및 다문화가정의 자녀들을 돌봄의 대상으로만 여길 것이 아니라, 다문화가족 및 다문화가정의 자녀들이 갖고 있는 다양한 문화적 경험적·언어적·개인적 특성과 자질 등의 강점을 개발해 주어, 이들이 한국사회에서 긍정적인 역할을 수행하면서 보람을 느끼고 살아갈 수 있도록 인도해 주어야 한다. 이럴 때에 다문화가족 및 다문화가정의 자녀들이 한국사회에서 사회적 욕구·존경의 욕구, 자아실현의 욕구를 충족하며 행복한 삶을 영위해 갈 수 있고, 그들이 글로벌시대에 한국의 큰 인적자산이 될 수 있다.

5 문화다양성 상담의 진행과정

문화다양성 상담의 진행과정을 살펴보면 다음과 같다(임신웅, 2020: 372- 373).

1단계에서 '상담자의 문화적 역량을 점검하며 높여간다'는 것은, 상담자가 인간의 상호작용에서 벌어지는 많은 일들 속에 포함된 문화적 차이를 알아차리고, 수용하고, 존중하게 되는 것을 말한다. 또한 문화적 차이로 인해 갈등이 발생할 때, 소수집단의 입장에 서서 그들의 필요를 충족시킬 수 있는 자원과 문화적 지식을 지속적으로 개발해 가는 것을 의미한다.

2단계에서 '문화적으로 적절한 상담관계를 형성한다'는 것은, 내담자가 상담자에게 무엇을 요구하는지, 내담자가 상담자와 어떤 관계를 맺기 원하는가를 탐색하여 적절한 관계를 설정하고, 이에 맞게 알맞은 라포를 형성하며 상담을 진행해 가는 것을 의미한다. 다만, 상담자가 내담자와 사적인 관계를 맺거나 지나치게 친밀한 관계를 형성하거나 상담 이후의 관계를 약속하는 것은 하지 말아야 한다.

3단계에서 '내담자의 세계를 이해하면서 문제를 진단한다'는 것은, 내담자가 겪고 있는 어려움의 내용, 강도, 빈도, 문제를 일으키는 원인과 맥락 등을 개인적인 수준에서 진단할 뿐 아니라, 이주민으로써 겪는 여러 가지 어려움들과 문화적·정치적·종교적 요인들까지도 진단하는 것이다. 특히, 개인적인 수준에서 문제를 진단하기 위해서 가정환경, 병리적 문제, 특별한 문화적 차이 등을 내부자적 관점에서 진단해야 하며, 필요에 따라서는 표준화된 심리검사를 통해 내담자의 성격·방어기제·문제행동의 요인 등을 파악해야 할 때도 있다.

4단계에서 '필요한 도움을 충분히 받을 수 있도록 지지체제를 구축한다'는 것은, 내담자가 직면한 문제에 매몰되지 않고, 문제를 해결해 가며, 긍정적인 정체성을 가지고 사회에서 역할을 수행해 갈 수 있도록 도와주는 여러 개인이나 집단을 만들어 주는 것을 의미한다. 이는 주로 개인 간의 협력이나 기관들과의 연계를 통해 이루어진다. 교사 및 동료 학생들을 포함한 학내 지지체제, 학부모 지지체제, 지역사회 및 기관과의 지지체제 등을 구축해 주어야 한다.

5단계에서 '심리상담을 실시한다'는 것은, 전문적인 훈련을 받은 상담자가 내담자와 마음을 열고 상담을 목적으로 깊은 대화를 나누는 것을 말한다. 이를 통해, 상담자가 내담자의 심리적인 상태를 보다 세밀하게 알 수 있고, 내담자에게 가장 알맞은 상담기법 및 지원체제를 구축할 계획을 세울 수 있다. 일반적으로 개인심리상담을 하는 경우가 많지만, 상황에 따라서, 집단상담으로 접근하는 것이 더 효과적이고 효율적일 수 있다.

6단계에서 '의사결정에 함께 참여한다'는 것은, 심리상담 과정의 의사결정, 지원체제 선택, 심리상담의 지속여부 선택 등의 의사결정을 할 때, 다문화가정 학부모 내담자가 참여하는 것을 말한다. 다문화가정 학부모 내담자가 의사결정에 자유롭게 참여할 수 있도록 의사결정 전에 가족의 승인을 얻는 것이 좋으며, 필요하다면 가족구성원 중에 일부를 상담과정 및 의사결정과정에 참여시키는 것도 고려해야 한다.

7단계에서 '상담이 끝난 후에도 추수지도(follow-up)를 실시한다'는 것은 정해진 상담과정이 종결된 후에도 상담자가 내담자의 문제해결과 성장을 위해 계속해서 노력하

는 것을 말한다. 특히, 다문화가정 학부모나 자녀들은 상담에서 내려진 결론을 실행해
가는 과정에서 예상치 못했던 어려움에 직면할 수 있다. 따라서, 상담자는 계속해서
내담자의 진전을 검토하고, 그들이 계속해서 상담을 해야 할 필요성을 느낄 때에는
상담을 다시 진행할 수 있다는 것을 알려주어야 한다.

상담진행과정은 <표 10-2>와 같다.

| 표 10-2 | 상담진행과정

단계	진행과정 내용
1단계	상담자의 문화적 역량을 점검하며 높여간다.
2단계	문화적으로 적절한 상담관계를 형성한다.
3단계	내담자의 세계를 이해하면서 문제를 진단한다.
4단계	필요한 도움을 충분히 받을 수 있도록 '지지체제'를 구축한다.
5단계	심리상담을 실시한다.
6단계	의사결정에 함께 참여한다.
7단계	상담이 끝난 후에도 추수지도를 실시한다.

자료: 임신웅(2020: 372).

6 문화다양성 상담기법

문화다양성 상담자는 문화다양성 상담을 하는 전문가로서 효과적이고 효율적인 문
화다양성 상담을 할 수 있는 상담기법(counseling skill)을 갖추어야 한다. 문화다양성
상담기법은 다음과 같다(임신웅, 2020: 369-371; 김경식 외, 2019: 86-95).

1) 공감이해

'공감적 이해'란 상대방의 사적인 세계를 마치 자신의 것처럼 느끼는 것을 말한다.
따라서, 문화다양성 상담에서의 공감적 이해란, 상담자가 다문화가정 부모와 자녀의 입
장이 되어서 이들의 세계를 이해하고 마치 상담자의 일처럼 느끼는 것이다. 문화다양
성 상담자가 내담자에게 공감적 이해의 자세를 보여 주면 대부분의 내담자는 자신이
상담자에게 이해 받는다는 느낌을 갖게 되고, 이는 상담에서 절대적으로 중요한 라포
를 형성하는 요인이 되어 내담자가 상담자를 신뢰하고 상담에 참여할 수 있게 한다.

2) 존중

'존중'이란 행동결과에 상관없이 한결같은 믿음으로 내담자를 전적으로 믿고 신뢰하는 것을 말한다. 따라서, 문화다양성 상담에서의 존중은 다양한 문화를 가진 내담자가 기존의 문화체계에서는 이해되지 않거나 거부당할 행동을 할지라도, 한결같은 믿음으로 상대방의 존재를 전적으로 믿고 신뢰하는 것을 말한다. 내담자가 자신의 행동 여부와 상관없이 상담자가 항상 자신을 존중해 준다는 것이 믿어질 때, 상담자가 원하는 것을 선택하고 행동해야 한다는 의무감과 가식적인 행동에서 벗어나 마음을 열고 진심으로 상담에 참여하게 된다.

3) 순수성

'순수성(일치성)'이란 상담자가 순간순간 경험하는 자신의 감정이나 태도를 내담자에게 있는 그대로 진솔하게 인정하고 개방하는 것을 말한다. 따라서, 문화다양성 상담에서의 순수성은 문화다양성 상담자가 다양한 문화를 가진 내담자들과 함께 상담을 진행하면서, 느끼고 경험하는 상담자의 감정이나 태도를 내담자에게 있는 그대로 진솔하게 인정하고 개방하는 것을 말한다. 이러한 상담자의 순수성을 통해 내담자도 상담자에게 순수성을 갖게 된다. 그러나 상담자는 순수성을 유지하면서도, 내담자의 치료와 성장을 촉진하기 위해서 높은 수준의 자각, 자기수용, 자기신뢰, 인간에 대한 애정을 갖는 것이 중요하다.

4) 질문

'질문'은 상담과정에서 내담자의 문제, 내담자가 처한 상황, 내담자의 변화가 능성을 탐색하기 위해 사용한다. 문화다양성 상담에서도 상담자가 내담자의 문제, 내담자가 처한 다양한 상황, 내담자의 변화가능성을 탐색하여 내담자에게 있는 여러 가지 문제들을 극복하고, 문화적 역량을 갖게 하는 데 사용한다.

상담자가 내담자에게 동일한 내용에 대해서 질문을 하더라도, 개방적인 질문으로 하느냐 폐쇄적인 질문으로 하느냐에 따라서, 내담자의 대답과 자기탐색 정도가 달라진다. 상담영역의 확장, 정보의 탐색, 진솔성 및 신뢰관계의 확보 등을 위해서는 개방적인 질문이 효과적이며, 내담자와 충분히 상담을 진행한 후에 내담자에게 정보의 확실성을 보장받고 싶거나 내담자의 결단을 촉구해야 할 때는 폐쇄적인 질문을 하는 것도 필요하다.

5) 재진술

'재진술'이란 어떤 상황이나 사건 등에 대해서 내담자가 말하는 내용을 상담자가 그대로 반복해 줌으로써, 내담자가 자신이 한 말을 객관적인 입장에서 더 깊이 생각하고 느끼고 확신할 기회를 갖게 하는 것이다. 한국어로 원활하게 의사소통을 하지 못하는 내담자와 상담을 할 경우에 재진술을 통해 내담자가 상담자의 말을 정확히 듣고 이해했는지 확인할 수 있으며, 상담자가 내담자의 말을 정확히 듣고 이해했는지 확인할 수 있다. 내담자가 한국어로 정확히 표현하기 어려웠던 내용을 상담자가 재진술해 줌으로써 내담자가 한국어를 습득하는 데도 도움을 줄 수 있다.

재진술을 할 때는 핵심적인 내용에 초점을 맞추어 간결하게 표현해야 하며, 상담자의 가치판단을 주입시키려고 하기 보다는 내담자가 말한 내용을 있는 그대로 표현해 주어야 하며, 상담자가 내담자의 말을 정확하게 표현한 것인지에 대해서 내담자의 피드백을 구해야 한다.

6) 구조화

'구조화(structuring)'는 효율적인 상담을 하기 위해서 상담자가 내담자에게 상담과정, 상담방식, 제한조건, 방향, 상담 시간과 공간, 내담자의 행동, 상담자의 역할 등에 대해 구체적인 정보를 주는 것을 말한다. 다만, 구조화를 진행할 때, 내담자가 지키기 어려운 사정이 있다면, 상담자의 여건이나 효과적인 상담과정을 방해하지 않는 범위 내에서 서로 적절하게 조율하여 결정할 수 있다. 상담 초기에 구조화가 부드럽고 확고하게 이루어지면 내담자는 상담자가 체계적인 계획을 가지고 있다는 것을 알고 상담자를 신뢰하게 된다.

7) 역할연습

'역할연습'이란 내담자가 겪고 있는 현실적인 문제의 장면을 상담자와 내담자가 실제에 가깝게 연출하는 '모의행동'과정을 말한다. 이러한 역할연습을 통해 내담자는 자신의 현실적인 상황을 보다 객관적으로 생각하고 느낄 수 있게 되며, 자신의 숨겨진 감정이나 생각을 행동으로 옮겼을 때 어떤 일이 발생할 것인지를 미리 예측해 볼 수 있게 된다.

8) 확장과 초점 맞추기

(1) 확장

위기에 처한 내담자는 소용돌이에 빠져서 정서적, 행동적, 인지적 반응이 점점 더 엄격해져 위기에 적응할 수 있는 자신의 능력을 제한하게 된다. 반응과 대안은 줄어들게 되고, 위기를 통제하려고 노력하면서 기능의 폭이 더 좁아진다. 이런 이유로 위기상담자는 다른 정서적, 인지적 관점과 행동의 대안이 고려될 수 있도록 내담자의 좁은 시각을 확장(expansion)하고, 제한된 정서와 지각을 개방하고, 위기를 다른 관점에서 볼 수 있도록 돕고, 위기에 대한 해석을 달리하도록 도와야 한다.

인지의 제한과 그로 인한 정서적·행동적 반응의 압박은 위기를 더욱 재난으로 여기고, 자신을 더 깊고 심각한 위기로 몰아가고, 심지어 불행한 결과로 고통 받는다고 본다. 이것은 흑백논리이고, 이것 아니면 저것인 '당위적' 사고이며, 강력한 강화능력을 갖고 있어서 비합리적인 추측을 재난의 측면으로 재빨리 묶어 버린다. 내담자가 비합리적인 운영방법을 마음에 두게 되면, 심리적으로 가리개를 한 것과 같아 환경을 지각할 때 오로지 위기만을 포함하는 협소한 시각을 갖게 된다. 위기해결을 위한 그들의 노력은 일반적으로 효과적이지 않은 한두 개의 행동적 해결책으로 줄어들게 된다. 이런 행동이 효과가 없음에도 불구하고, 다른 대안을 모르기 때문에 그것들을 계속 반복한다.

위기에 처한 사람들은 종종 새롭고 다른 행동을 만들어 낼 수 없을 뿐 아니라, 과거에 비슷한 상황에서 효과적이던 행동을 잊어버린다. 정상적인 상황에서 대부분의 사람들은 사건의 의미를 지각하도록 하는 환경적 단서를 이해할 수 있다. 그러나 위기 상황에서 이 능력은 위태로워지고 사람들은 단서를 잘못 읽고 잘못 해석한다. 환경을 잘못 읽고, 잘못 해석함으로써 내담자의 신념은 구속을 받게 되어 그들은 더욱 사건에 대한 비합리적 진술을 하며, 그들의 반응은 점점 더 협소하고 더 부적응적인 정서 태도와 행동반응을 하게 된다. 내담자는 사건에 대해 다른 해석이 있다는 것을 인정하지 않는데, 그런 내담자는 위기를 해결하는 방법을 오직 한 가지로 보기 때문에 함께 일하기가 힘들다. 그들은 다른 대안이 있을 수 있다는 것에 마지못해 동의하지만, "그래요. 그렇지만 그것은 나에게는 해당되지 않아요."라고 말하면서 그 대안을 도외시할 것이다. 이전 내담자에게는 다른 관점을 갖도록 시도함으로써 지각에서의 모순을 지적한다.

(2) 초점 맞추기

'초점 맞추기'는 확장의 반대 개념으로, 위기에 처한 내담자의 통제력 상실과 신경질적인 반응을 차단하는 것이다. 이 기법은 기본적으로 객관적 사실이나 실제 상황에 근거하지 않은 인지적 반응을 설명하는 데 사용된다. 위기에 대해 지나치게 협소한 지각을 갖고 있는 내담자, 위기에 대하여 과잉일반화, 재난화, 과장, 개인화, 낙인, 흑백논리 등 지나치게 확대되고 왜곡된 반응을 하는 내담자들이 위기에 대해 보다 침착하고 합리적인 방식으로 초점을 맞출 수 있도록 돕는 것이다. 초점 맞추기의 핵심은 내담자가 자신의 왜곡된 지각을 조정하고 수정하도록 돕는 것이다. 위기개입에서 중요한 점은 위기사건과 관련하여 나타나는 주변의 다양하고 불필요한 간섭과 개입, 심리적 불안, 두려움, 공포, 위축감, 분노 등과 관련된 상황으로 인한 혼란스럽고 복잡한 것들에서 좀 떨어져서 위기를 위기 자체로만 볼 수 있도록 왜곡된 생각을 떨쳐내고 마음의 평온을 먼저 찾는 것이다.

Chapter **11**

문화다양성 교육

* **학습목표**
  1. 다문화가정의 실태 파악
  2. 문화다양성 교육의 차별화
  3. 문화다양성 교육 대상별 내용 파악

* **학습내용**
  1. 문화다양성 교육의 개념
  2. 문화다양성 교육 유형
  3. 문화다양성 교육 영역
  4. 문화다양성 대상자별 교육
  5. 문화다양성 교육단계
  6. 문화다양성 교육방향

* **개요**
  문화다양성 교육은 여러 차원의 다양성을 포괄하기 위해 가장 빈번하게 확장된 용어로, 인종, 문화, 언어, 사회계층, 젠더 및 장애를 포함하는 광의의 개념이다. 여기에서는 문화다양성 교육의 이론과 실제를 학습하고자 한다.

문화다양성 교육

1 문화다양성 교육의 개념

1) 문화다양성 교육의 정의

국제결혼의 일상화로 결혼이민자가 다수 발생함에 따라, 다문화가족 자녀의 출생이 많아지고 있다. 다문화가정 아동의 성장에 따라 다문화가족은 한국사회의 중요한 구성원으로서 위치하고 있으며, 사회발전에 기여할 것으로 예상된다(김동진 외, 2018: 281). 이에 따라, 문화다양성 교육이 교육이념이자 실천전략으로 출현한 지 꽤 오랜 시간이 경과하였음에도 불구하고, 문화다양성 교육은 여전히 모호한 개념으로 받아들여지고 있다. 문화다양성 교육의 개념을 한마디로 정의하기도 쉽지 않으며, 문화다양성 교육의 특성을 명료하게 이해하는 데도 어려움이 따른다. 이는 부분적으로 문화다양성 교육에 대한 오해에서 비롯된 것이지만, 실제로 현실에서 문화다양성 교육이 다양한 양상으로 전개되어 왔기 때문이기도 하다(구정화 외, 2018: 122).

뱅크스(Banks, 2015)에 따르면, 미국 문화다양성 교육의 역사는 소수인종 및 민족문제에 주목하던 단계를 지나 여성과 장애인 및 그 외 소수집단들로까지 관심범위가 확장되는 방향으로 발전해 왔다.

슬리터(Sleeter, 2011)에 따르면, 문화다양성 교육은 여러 차원의 다양성을 포괄하기 위해 가장 빈번하게 확장된 용어로, 인종, 문화, 언어, 사회계층, 젠더 및 장애를 포함하는 광의의 개념(an umbrella concept)이다.

이처럼 문화다양성 교육의 개념은 사회변화를 포섭하면서 여전히 진화하고 있다. 몇 십 년에 걸친 발전과정에서 문화다양성 교육은 현재 인종, 민족, 언어, 계층, 성, 장애 등 한 사회의 다양성을 모두 아우르는 매우 포괄적인 개념으로 정의되고 있다.

일부에서는 문화다양성 교육을 국제이해교육의 하위영역으로 다루려는 경향이 있는데, 이는 문화다양성 교육의 개념을 협소화하고 올바로 이해하지 못한 데서 비롯된 것이다. 또한 문화다양성 교육을 국제이해교육의 하위영역으로 다루는 것은 국내의 불평등과 부정의 상태를 강화할 소지가 있고 자국 내의 문제와 갈등상황을 희석시킬 위험이 있으므로, 문화다양성 교육을 따로 분리하여 개념화할 필요가 있다(조원탁 외, 2020: 307). 문화다양성 교육은 다양한 문화적 특성들 간의 관계를 중심문화와 주변문화로 구분함이 없이 인식하게 하는 것이다. 어떤 문화든지 문화적 가치에서 동등한 자격을 가지며, 다만 서로 다른 차이를 지니고 있을 뿐이라는 사실을 강조한다.

문화다양성 교육의 역사적 전개과정을 통해 알 수 있듯이, 다른 많은 교육 개념들처럼 문화다양성 교육의 개념 역시 출현 당시부터 미리 확정되어 있었던 것은 아니다. 문화다양성 교육을 도입한 여러 국가들은 각 사회가 문화다양성 교육을 도입한 배경과 당면한 교육문제의 양상에 따라 서로 상이한 문화다양성 교육 담론을 형성해 왔다. 한 사회 내에서도 여러 집단의 요구와 현실의 문제에 대응하는 과정에서 서로 다른 사회관과 교육관을 가진 학자 또는 정책 담당자들은 문화다양성 교육의 개념을 다양한 방식으로 재해석해 왔다. 이와 같이 문화다양성 교육의 개념은 사회적 맥락의 다양성과 관점의 차이를 반영하며 역사적으로 발전해 온 것이다. 이렇게 볼 때, 문화다양성 교육 개념을 둘러싼 혼란은 사회적으로 중요한 이슈가 발전해나가는 과정에서 목격되는 자연스러운 현상으로 이해될 수 있다.

그럼에도 불구하고, 문화다양성 교육 개념의 모호함은 학문적으로나 현실적으로 많은 문제를 야기하기도 한다. 동일한 용어를 다른 의미로 해석하면서 문화다양성 교육을 둘러싼 의사소통에 혼란이 빚어질 수 있다. 더 나아가 문화다양성 교육 관련 주체들이 자신이 문화다양성 교육을 한다고 할 때, 그것이 무엇을 의미하는지를 정확하게 이해하지 못하는 상태에서 실천에 몰두하면서 '문화다양성 교육 아닌 문화다양성 교육', 또는 '방향을 상실한 문화다양성 교육'이 전개되는 문제가 종종 나타나고 있다. 따라서, 문화다양성 교육의 실천에 대한 논의에 앞서 우선 문화다양성 교육과 아닌 것의 경계를 명확히 하고, 연구자 및 실천가로서 자신이 지향하는 문화다양성 교육이 무엇인지를 확인하는 작업이 선행될 필요가 있다.

한국에서 아직까지 문화다양성 교육의 개념을 정립하기 어려운 것은 문화다양성 교육의 교육이념, 내용측면, 교육단위 등에 대한 논의가 선행되어야 하기 때문이다. 문화다양성 교육은 교육이념 상 단일성과 다양성 사이에서 민족정체성 이념이 문화다양성 교육에서 어떻게 다루어져야 할 것인가에 대한 혼란을 겪고 있으며, 내용적 측면에서는 '소수자 적응교육', '소수자 정체성교육', '소수자 공동체교육', '다수자 대상의 소수자 이해교육' 등으로 구분되어 있다. 또한 교육단위 편성측면에서 분리교육과 통합교육의 쟁점의 문제가 존재한다. 즉, 누구를 대상으로 무엇을 어떤 방식으로 문화다양성 교육을 구현할 것인가에 대한 과제가 있다(공소원, 2020: 36).

문화다양성 교육은 다문화역량의 함양을 목표로 하고 있음을 알 수 있다. 즉, 문화다양성 교육이란 민족, 인종, 계층, 성별, 문화, 지역 등의 차이에서 나타나는 다문화사회의 다양성에 대한 인식을 기초로 해서 교육과정과 교과과정, 그리고 교육적 관계에 있어서 서로 다른 문화적 배경을 이해하고, 존중하면서 상호 평등한 기회와 수평적 소통관계를 형성하는 교육이다(이종복 외, 2014: 252).

문화다양성 교육은 인종이나 성, 민족, 그리고 사회계층 간의 차이에 대한 이해와 자민족 중심적인 사고와 편견을 극복하고 자신들의 개인적인 배경뿐만 아니라, 국내에 거주하는 다른 집단의 배경까지 이해하도록 돕는 교육이다. 또한 다양한 배경을 가진 동들이 공평한 교육적 기회를 가질 수 있도록 교육과정의 변화를 시도하는 총체적인 노력도 포함하고 있다. 따라서, 문화다양성 교육은 한 지역이나 국가에서 다민족, 다문화가 공존하는 여러 문화권의 사람들이 조화롭게 살아가기 위한 교육이다. 예컨대, 문화다양성 교육은 다양한 문화나 사고방식이 존재하는 것을 당연한 것으로 간주하고, 서로 다른 문화로 인한 행동이나 사고방식의 차이를 수용하고 이해할 것을 강조하고 있는 교육이다.

그러므로 문화다양성 교육은 모든 사람들에게 문화, 언어, 성별, 인종, 사회계층, 장애와 관련된 주제를 다루면서 다문화에 대한 지식, 기술, 태도를 길러주는 교육이다.

2) 문화다양성 교육의 필요성

오늘날 세계는 문명사적 전환기를 맞이하여 급속한 변화를 맞이하고 있다. 세계화, 정보화가 가속화됨으로써 국가 간의 인적·물적 교류를 증대시킴으로써, 모든 한국인으로서 세계의 모든 사람들과 더불어 공존할 수 있는 새로운 가치관과 태도, 사고방식과 행동양식을 요구하고 있다. 다문화시대를 맞이하여 과거 단일민족 문화의 환상에서 벗어나 다문화주의적 입장에서 세계를 인식하고 다인종·다문화 세계에 살아갈 청소년 세대들에게 새로운 다문화교육이 요청되고 있다(최충옥 외, 2012: 41). 한국사회가 당면한 문명사적 변화는 농경사회에서 산업사회를 거쳐 지식정보사회에로의 전환이며, 큰 구조적 변화와 인식의 변화를 요구하고 있다. 한국사회는 세계화, 정보화 추세로 다문화사회에 돌입하여 더욱 가속화될 전망이다. 이러한 상황 속에서 문화다양성 교육은 문화의 다양성을 존중하고 학생들이 스스로 자아정립과 삶의 방식, 사회적 관계를 형성하는 과정에서 자신들이 속해 있는 문화뿐만 아니라, 서로 다른 문화에 대한 교육의 필요성을 인식하는 데서 출발한다(조원탁 외, 2020: 307).

오늘날은 다양성의 가치가 존중되는 사회이다. 사회구성원들의 다양성을 인정하고, 타인종과 타문화를 편견 없이 받아들일 수 있는 다문화적 역량을 갖춘 사람이 필요한 시대가 된 것이다. 그러나 단일민족을 긍지와 자부심으로 여겨 왔던 한국사회는 그동안 다문화사회를 맞을 준비나 대비가 거의 없었다. 이러한 결과로, 소수문화를 이해하기보다는 일방적으로 한국문화를 주입하고 이들을 동화시키려고 함으로써 충돌을 빚고 있다. 이에 일부에서는 현대사회의 다문화적 상황을 합리적으로 인식하고, 이에 대처할 수 있는 태도를 취할 수 있도록 문화다양성 교육을 실시하고 있다. 문화다양성 교육을 통하여 자신이 소속된 집단의 문화는 물론 다양한 하위집단의 문화를 비판적으로 성찰하고 재조명할 수 있는 능력을 배양하기 위해 노력하고 있다. 특히, 다음 세대를 이끌어갈 청소년들이 피부색과 민족, 국가, 종교나 성별을 벗어나 인류의 보편적 가치인 평등, 생명의 존엄성, 인간의 권리 등에 대하여 올바로 이해하고 세계 속의 한국을 추구해 나가려면, 그들에게 다문화사회를 이해하고 준비시키는 교육을 확대하여 실시할 필요가 있다. 인종, 민족 등에 대한 편견이나 선입견 등에서 벗어나 한국사회 구성원 모두를 존중할 수 있는 개방성과 민감성을 높여 주는 교육이 요구된다.

한편, 교육이 급격한 변화 속에서 사회에 기여하기 위해서는 새로운 사회문제에 대한 인식을 촉진하고, 다양한 성원의 사회정의를 구현하기 위한 해법을 개발하는 것이 필요하다. 한국사회 및 학교는 다문화시대에 새로운 사회통합의 원리를 모색하여 다양한 인종과 문화가 공존할 수 있는 사회로 재탄생해야 하는 시대적 요구에 부응해야 한다. 청소년들이 자문화중심주의, 배타주의, 편견을 극복하고 다문화적 자질을 함양하도록 하는 것이 다문화시대의 당면과제인 것이다. 즉, 다른 문화에 대한 고정관념이나 편견, 차별이 다른 사람에게 미치는 부정적 영향을 인식하고 다른 문화에 대한 긍정적 수용과정을 통하여 성숙한 문화시민이 되도록 교육할 필요가 있다(조원탁 외, 2020: 305-306).

다문화가정 자녀는 단지 외국인이 아닌 한국사회와 함께 살아갈 사회구성원으로서, 세계화시대에 경쟁력을 갖춘 글로벌 인재로 성장할 수 있는 잠재적 가능성을 가지고 있다. 다문화가정이 한국사회의 한 축을 이루며 살아갈 수 있도록 지원하는 것과 미래를 이끌어 갈 아이들이 열린 사고와 넓은 시야를 가질 수 있도록 교육하는 것은 매우 시급한 일이며, 사회통합의 핵심적인 요소가 될 수 있다. 따라서, 다른 인종과 다른 문화를 존중하고 이해하는 다문화주의적 사회환경을 조성하고, 세계화시대의 글로벌 인재양성을 디딤돌로 삼아 다른 모습·같은 우리가 되어 조화로운 사회, 바람직한 다문화사회가 이루어져야 한다(이종복 외, 2014: 255).

아직 한국의 문화다양성 교육의 전반적인 수준은 선진국들에 비해 초보단계이다. 그 이유는 한국에서의 다문화사회가 급속하게 진행되었으나, 한국사회의 준비가 부족했기 때문이다. 한편, 정부에서도 자성의 목소리를 내고 있다. 교육부에서 밝힌 「2019년 문화다양성 교육지원계획」에 따르면, 기존의 다문화학생 지원 중심의 문화다양성 교육에서 비다문화 학생들을 대상으로 차별이나 편견을 방지하고 상호문화 이해교육을 위한 방식으로 확장할 필요성을 제기하였으며, 개인의 문화적 배경과 관계없이 교육기회의 보장이 필요하다고 보았다. 또한 3대 추진과제 중 문화다양성 교육지원체계 내실화를 꼽으며 문화다양성 교육의 중요성을 역설하였다. 구체적으로 중앙-지역별 문화다양성 교육지원단을 운영하며, 문화다양성 교육은 대상에 따라 학생, 교원, 학부모와 지역주민별로 진행된다. 다문화 학생과 비다문화 학생을 통합하여 문화다양성 교육을 실시하고, 교원들을 대상으로 특화된 직무연수를 실행하며, 예비교원의 교직과목에 문화다양성 교육내용을 추가, 학부모와 지역을 대상으로 정책홍보와 교육 참여가 확대된다(공소원, 2020: 37). 따라서, 최근에 이르러서야 학계와 언론, 정부의 각 부처와 광역시·도 교육청의 학습프로그램이나 학습자료를 개발 및 보급하는 일이 확대되기 시작하였고, 실천현장도 점점 확산되고 있다.

3) 문화다양성 교육 시 고려사항

한국사회가 다른 인종이나 문화에 대해 배타적인 이유는, 상대방의 입장에서 생각하는 문화상대주의의 경험이 부족하기 때문이다. 특히, 교육현장에 이러한 문제를 간과하고 있기 때문에 상호공존의 깊은 의미를 피부로 느끼지 못하고 있다. 따라서, 문화다양성 교육을 할 때에는 보다 올바른 다문화적인 정보를 얻을 수 있는 풍부한 교실환경을 제공해 주고 자신과 다른 많은 사람들과 함께 살고 있음을 인식시켜 주는 일이 필요하다. 문화다양성 교육의 내용을 선정하고 교육할 때 고려사항은 다음과 같다(이종복 외, 2014: 264-265).

(1) 상호의존성

다양한 활동들을 통하여 학생들이 서로 도움을 주고받으며 생활하고 있음을 알도록 유도해야 한다. 다른 사람에게 도움을 줄 수 있고, 동시에 기꺼이 도움을 받을 수 있는 능력을 길러주는 교육내용이 고려되어야 한다.

(2) 유사점 인식

학생들이 다른 사람들을 두려워하거나, 불신하지 않는 능력을 갖도록 지도하며, 다른 문화의 사람들을 보는 시각에 편견을 가지지 않는 교육내용이어야 한다.

(3) 다양성 인식

학생들이 주변상황에서 만나게 되는 다양한 문화와 그 문화에 속한 사람들을 통하여 다양성을 이해하고 인식할 수 있는 교육내용이어야 한다. 또한 모든 사람이 다른 문화를 소유한다는 것을 인식하게 하는 것이 필요하며, 동질성에 대한 가정으로써 사용하는 '우리'라는 말보다 '우리' 내에서의 각 개인은 다를 수 있음을 인식하도록 해주는 것이 좋다. 뿐만 아니라, 문화의 다양성을 학습할 때에는 학급 내에서 교사와 학생들 사이의 다양성에 대한 탐색으로부터 시작하는 것도 좋은 방법이 될 수 있다.

(4) 인권존중

개인의 가치에 존경심을 갖도록 지도한다. 결국 개인은 인종이나 민족, 성, 계급, 학벌에 상관없이 인간이라는 이유만으로도 모두 소중하므로 존중되어야 하기 때문이다.

(5) 반차별적 접근

다른 능력, 문화, 성을 교육과정을 통해서 보여 주며 풍요로움과 다양함을 경험하도록 지도한다. 무능력, 문화, 사회적 차이, 종족과 성 등에 대하여 차별하지 않는 태도를 갖도록 하며, 다양한 교육경험을 통해 개성과 생활 경험을 표현할 기회를 제공하고 격려한다.

2 문화다양성 교육 유형

문화다양성 교육 유형 구분 중 가장 대표적인 3유형을 바탕으로 문화다양성 교육의 다양한 양상을 서술하고자 한다. 그 내용은 다음과 같다.

1) 깁슨의 5유형

깁슨(M. A. Gibson)은 1976년 발표된 그의 논문 「다문화교육에 대한 인류학적 관점: 주제 이슈(Anthropological perspectives on multicultural education: Theme Issue)」에서 다문화교육의 5가지 유형을 주장하고 있다.

(1) 소수집단 학생교육

소수집단 학생교육(Education of the Culturally Different, Benevolent Multiculturalism)은 소수집단 학생들에게 동등한 학습기회를 제공하는 것을 목적으로 한다. 이 유형은 소수집단 학생들이 주류집단의 문화가 지배하는 학교에서 겪는 어려움에 주목하며, 소수집단 학생들이 학업에 실패하는 주된 이유가 소수인종집단 학생들의 가정문화(home culture)가 학교문화(school culture)와 불일치하기 때문이라고 주장한다. 이러한 문제를 해결하기 위해서는 소수집단 학생들과 그 가정을 변화시키기보다는 학교문화가 바뀌어야 한다고 생각한다. 이 유형에서 문화다양성 교육의 대상은 학업 실패를 경험하는 소수집단 학생들이며, 문화다양성 교육의 목표는 소수집단 학생들의 학업성취도를 향상시키는 것이다.

(2) 문화 차이 이해교육

문화 차이 이해교육(Education about Culturally Different, Cultural Understanding)은 모든 학생들에게 문화 차이와 다양성의 가치를 가르치는 것을 목적으로 한다. 이 유형에서는 한 사회의 문화적 다양성이 사회발전에 긍정적인 힘이자 가치있는 자산이라고 강조하며, 주류집단으로의 동화(assimilation)는 물론 소수집단의 분리주의(separatism)에도 반대한다. 학교에서는 다양한 문화공존의 가치와 다른 문화 구성원을 존중하는 태도를 가르쳐야 한다. 이를 통해 모든 학생들이 자기문화에 대해 긍정적인 정체성을 형성하고, 다문화적인 사회가치를 인정하며, 문화적으로 다양한 사회에서 살아갈 능력을 갖추도록 도와야 한다. 또한 인종차별 및 편견을 감소시키고 사회정의를 증진하는 데 기여해야 한다. 이 유형에서 문화다양성 교육의 대상은 다수집단과 소수집단에 속한 모든 학생들이며, 문화 차이의 이해, 다양성의 존중, 차별과 편견 감소를 문화다양성 교육의 주요 목표로 삼는다.

(3) 문화다원주의 교육

문화다원주의 교육(Education for Cultural Pluralism)은 소수집단 학생들의 권한을 강화하고, 문화다원주의를 보존하고 확장하는 것을 목표로 한다. 이 유형에서는 주류사회에 대한 동화(assimilation)와 융합(fusion)을 모두 바람직하지 않은 것으로 보며, 한 사회 내의 차별과 억압을 없애기 위해 소수집단의 권한을 강화하고 다수집단의 권한을 약화시켜 집단 간 힘의 균형을 유지하는 데 관심이 있다. 이런 관점에서 한 사회 내에서 문화다양성을 유지하는 것이 특정 소수집단의 생존을 위해 필수적이라고 보며, 학교교육 프로그램을 통해 문화다원주의를 유지, 확대해야 한다고 주장한다. 이 유형은 단기적으로는 소수종족집단의 문화를 보호하고 소수집단의 권한을 증진시키고자 노력하지만, 궁극적으로는 주류집단구성원의 권한을 약화시키고 변화시켜야 한다고 본다.

(4) 두 문화교육

두 문화교육(Bicultural Education)은 학생들이 두 개의 문화 속에서 성공적으로 생활할 수 있도록 가르치는 것을 목표로 한다. 이 유형 역시 동화 및 융합의 관점에 반대한다. 대신 소수집단이 자기 집단의 고유한 문화를 보존하면서 일종의 대안문화이자 제2의 문화로서 주류문화에도 적응해야 한다고 본다. 두 문화교육은 소수집단 학생들뿐 아니라, 주류집단 학생들에게도 적용된다. 이 유형은 모든 학생들을 대상으로 자신이 속한 문화와 그 외의 문화 속에서 성공적으로 살아갈 수 있는 능력을 키워주고자 한다.

(5) 일상적인 인간 경험으로서의 문화다양성 교육

일상적인 인간경험으로서의 문화다양성 교육(Multicultural Education as the Normal Human Experience)은 모든 사회구성원들에게 한 사회의 다양한 문화를 충분히 누릴 수 있는 역량을 키워주는 것을 목적으로 한다. 이 유형에서는 교육과 문화에 대한 인류학적 관점에 기초하여 문화다양성 교육의 범위를 학교교육으로만 한정하지 않는다. 또 문화를 인종이나 종족집단과 동일시하지 않는다. 특정 종족집단의 구성원도 다양한 문화와 관련된 역량을 지니고 있다. 깁슨은 이 유형이 학생들을 종족 정체성에 따라 획일화하지 않고, 다른 종족집단 학생들 사이의 차이점뿐만 아니라, 유사성도 탐색하도록 돕는다고 강조한다(Gibson, 1976: 16). 이 유형에서는 문화를 소수문화와 주류문화라는 이분화된 도식으로 구분하는 것에 반대한다. 이 유형은 모든 학생들이 자신이 발휘할 수 있는 문화적 역량의 범위를 인식하고, 문화다양성을 충분히 누릴 수 있도록 돕고자 한다.

2) 그랜트와 슬리터의 5유형

그랜트와 슬리터(Carl A. Grant and Christine E. Sleeter)는 2012년 그들의 저서 『성취와 평등을 위한 다문화교육(Doing Multicultural Education for Achievement and Equity)』에서 다문화교육의 5가지 유형을 주장하고 있다.

(1) 소수집단 학생들을 위한 교육

첫 번째는 소수집단 학생들을 위한 교육(Teaching the Exceptional and the Culturally Difference)으로, 1960년대에 등장한 이 접근법은 능력 및 인종, 종족 특성이 다른 소수집단 학생들이 주류사회에서 더 효과적으로 성공할 수 있도록 돕는 것을 목표로 한다. 이를 위해 소수집단 학생들에게 학교 및 사회에서 성공하는 데 필요한 요소를 가르칠 때, 이들의 문화적 배경, 언어, 학습 양식 및 능력 등의 차이를 고려하여 가르치고자 한다. 이 접근법은 소수집단 학생들이 학업 실패를 경험하는 이유가 학교에서 성공하는 데 필요한 문화가 결핍되어 있기 때문이라는 기존 주장에 반대하며 등장한 것이다. 이와는 달리, 소수집단 학생들은 가정문화와 학교문화 차이

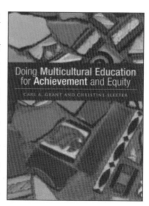

『성취와 평등을 위한 다문화교육』 (2007년 출판)

로 인해 학교에서 어려움을 겪고 있으며, 학교가 이러한 문화적 차이를 수용해야 한다. 이 접근법에 따르면, 소수집단 학생들에게 주류집단 학생들과 동일한 인지적 기능과 지식을 가르치되, 다만 가르치는 방식에 있어서 소수집단 학생들의 문화적 차이를 반영하여 가르쳐야 한다.

(2) 인간관계 접근법

두 번째는 인간관계 접근법(Human Relations)으로, 이 접근법은 모든 학생들을 대상으로 소수집단에 대한 편견과 고정관념을 감소시키며 이질 집단 학생들 사이의 긍정적 감정을 증진시키는 것을 목표로 한다. 이 접근법 역시 1960년대에 등장했지만, 거슬러 올라가 제2차 세계대전 이후에 전개된 '문화 간 문화교육 운동(Intercultural Education Movement)'에 뿌리를 두고 있다. 이 접근법에서는 모든 학생들에 대한 긍정적인 감정, 집단 정체성의 증진, 소수집단 학생들의 자부심, 고정관념의 감소, 편견과 차별의 제거와 관련된 교육활동에 초점을 둔다. 이를 위해 개인 간 차이와 유사성, 다양한 집단의 사회적 기여, 소수집단에 대한 정확한 정보 등을 교육내용으로 다룬다. 교수전략으로는 타자에 대한 수용을 돕기 위해 협동학습, 역할놀이, 간접 및 직접경험 등을 주로 활용한다. 첫 번째 유형이 인지적 영역에서의 변화에 초점을 둔다면, 인간관계 접근법은 정의적 영역에서의 변화를 강조한다.

(3) 단일집단 접근법

세 번째는 단일집단 접근법(Single Group Studies)으로, 이 접근법은 소수집단 학생들이 자신의 집단을 존중하고 사회적 지위를 향상시키는 데 필요한 지식과 신념을 갖는 것을 목표로 한다. 이 접근법은 소수인종집단이 처한 억압적 상황을 인식하고 이들 집단의 정체성을 제고하며, 소수집단의 사회적 지위를 향상시키기 위해서 사회적 행동을 촉구하려는 노력 속에서 발전하였다. 이를 위해 교육과정에 흑인, 인디언, 여성 등 특정 집단의 역사와 문화에 대한 내용을 포함할 것을 주장하고 소수집단의 희생과 고통을 가르친다. 단일집단 연구접근법은 위 두 유형과는 달리, 학교에서 제공되는 지식이 중립적이라기보다는 집단 간 권력관계를 반영하는 정치적인 것이라고 주장한다. 또한 소수집단을 다수집단에 적응시키기보다는 주류사회를 변화시키려고 한다. 교수법과 관련해서는 토론 및 자기성찰의 방법을 통해 주류집단의 시각과는 다른 소수집단의 관점에서 현상을 인식할 기회를 제공한다.

(4) 문화다양성 교육

네 번째는 문화다양성 교육(Multicultural Education)으로, 1970년대 초에 출현한 문화다양성 교육 접근법은 학교가 다양성을 수용하고 학생들에게 동등한 교육기회를 제공하는 것을 목표로 한다. 이 접근법은 인종, 언어, 문화, 젠더(gender), 장애, 그리고 사회계층 등과 연관되어 있다. 이 접근법에서는 억압받는 집단에 대한 편견과 차별의 감소, 모든 집단의 동등한 기회보장과 사회정의를 위한 행동, 집단 간 동등한 권력분배, 모든 학생들에게 도움이 되는 방향으로 학교교육과정을 변화시키는 것 등을 목표로 설정하고 있다. 학교교육의 변화를 위해서는 교육과정 내용뿐만 아니라, 교사들의 인적구성 및 관점에도 변화가 필요하다. 교사들은 모든 학생들이 높은 수준의 학업성취를 달성할 수 있도록 학생들의 독특한 학습 양식을 찾아내고, 학생들이 가정에서 배운 지식을 학교에서 활용할 수 있도록 노력해야 한다. 이 유형에 따르면, 제시한 세 유형들과는 달리, 학교교육의 일부가 아니라, 학교교육 전반이 다양성을 반영하는 방향으로 바뀌어야 한다.

(5) 다문화 사회정의 교육

다섯 번째는 다문화 사회정의 교육(Multicultural Social Justice Education)으로 이 접근법은 학생들이 인종, 계층, 성, 능력 등에서 소수집단에 속한 사람들의 이익을 위해 사회적 행동에 참여하도록 준비시키는 것을 목표로 삼는다. 이 접근법은 앞서 제시한 문화다양성 교육접근법을 사회적 행동의 차원으로 확장한 것으로, 1990년대에 이르러 하나의 접근법으로 인정을 받았다. 교육과정 및 교수 전략은 네 번째 문화다양성 교육유형과 매우 유사하지만, 억압 및 사회 구조적 불평등에 대한 문제를 더 직접적으로 교육의 내용으로 다룬다는 점에서 다른 접근법들과 차이가 있다.

문화다양성 교육의 5유형의 특징을 목표, 대상, 성격을 중심으로 비교하면(Grant and Sleeter, 2012), 첫 번째 유형은 학업성취도의 향상이라는 인지적 측면에 초점을 맞추고, 두 번째 유형은 태도변화라는 정의적 측면을 강조한다. 하지만 두 유형은 모두 기존의 주류사회를 인정한다는 점에서는 유사하다. 이에 비해, 세 번째, 네 번째, 다섯 번째 유형은 모두 주류사회에 대한 비판적 관점을 내포하고 있다. 다만, 세 번째 유형은 특정 집단의 고통에 주목하지만, 네 번째와 다섯 번째 유형은 다양한 집단에 대한 관심을 포괄한다. 그러나 다섯 번째 유형은 사회비판적 시각과 참여적 행동을 강조한다는 점에서 세 번째 유형과 성격상 유사한 측면이 있다(박윤경, 2008: 109).

3) 캐스태그노의 이데올로기 4유형

캐스태그노(A. E. Castagno)는 2009년 그의 논문 「다문화교육의 이해: 문학에서 발견된 다양한 유형의 종합(*Making Sense of Multicultural Education: A Synthesis of the Various Typologies Found in the Literature*)」에서 정치 이데올로기와 연계된 다문화교육 4유형을 주장하고 있다.

(1) 보수주의적 다문화교육

보수주의적 다문화교육은 단일문화주의적(monocultural) 관점을 지니고 동화주의적 다문화주의를 추구한다. 보수주의는 사회 기득권층의 이데올로기로, 급진적이거나 근본적인 사회변화를 거부하고, 관리가능하고 점진적인 변화만을 추구한다. 보수주의는 사회의 다문화화가 사회 불안과 불안정을 야기한다고 이해하고, 급속한 다문화화를 경계하며, 다문화현상에 대해서도 동화주의정책으로 대응한다. 보수주의적 다문화교육은 보수주의적 다문화주의의 이러한 성향을 교육에 적용한다.

(2) 자유주의적 다문화교육

자유주의적 다문화교육은 특정 사회에 존재하는 인종적이고 문화적인 차이와 차별을 인종 간 그리고 문화 간 정치, 경제, 사회, 문화적 불평등의 결과물이 아니라, 불충분한 교육기회, 즉 교육기회 불평등의 결과물로 이해한다. 자유주의가 사유재산권을 중시하고 결과적 평등이나 실질적 평등을 추구하는 것이 아니라, 단순한 기회의 평등을 추구하는 이데올로기라는 점을 이해하면 자유주의적 다문화교육의 이러한 특징은 이해하기 어렵지 않다.

(3) 좌파 – 자유주의적 다문화교육과 좌파 – 실재론적 다문화교육

좌파 – 자유주의적 다문화교육과 좌파 – 실재론적 다문화교육은 집단 간의 문화적 차이와 차별에 깊은 관심을 지닌다. 이들은 문화 간 불평등이 심각하게 존재하는 현 상황에서 문화 간 차이와 공존만을 강조하는 것은 허울뿐인 주장이라고 인식한다. 특히, 문화 간 '공존'을 강조하는 것은 문화 간에 실질적으로 존재하는 불평등과 차별이 존재하는 현실을 은폐하는 역설적인 결과를 가져온다고 비판한다. 좌파 – 자유주의적 다문화교육과 좌파 – 실재론적 다문화교육은 문화 간 차이와 공존을 공허하게 외치는 것보다 문화 간 불평등을 드러내고, 이를 극복할 수 있는 방안을 가르치는 교육이 더 중요하다고 주장한다.

(4) 비판적 교육

비판적 다문화교육 혹은 저항적 다문화교육(resistance multicultural education)은 기본적으로 변혁지향적인 정치의식에 기초한 교육으로, 학생들에게 사회정의와 사회비판 의식을 중시해서 가르친다. 이들은 학생들이 자신들의 정치적이고 사회경제적인 지위를 바르게 인식하게 하고 사회 불평등의 기원과 조건 그리고 그것의 변혁을 위한 비판적 의식을 함양하는 데 주력한다. 예컨대, 서구사회에서 비판적 다문화교육과 저항적 다문화교육은 백인중심주의 문화에 대한 의문과 비판적 검토 그리고 이런 상황의 극복방안 등을 가르치는데 중점을 둔다. 비판적 다문화교육과 저항적 다문화교육은 학생들로 하여금 사회 불평등과 차별을 생산하고 확대재생산하는 사회적 구조와 권력관계에 관한 비판적인 인식을 지니게 하고, 이를 바탕으로 해방과 평등지향적인 실천을 추구하게 만드는 교육이다.

3 문화다양성 교육 영역

역사적으로 서로 경합하며 등장해 온 문화다양성 교육유형들이 갖는 여러 특성들은, 현재 문화다양성 교육의 여러 관심 영역에 반영되어 있다. 이 부분에서는 뱅크스(James A. Banks)와 베넷(Christine I. Bennett)이 구분한 문화다양성 교육의 여러 영역을 검토함으로써, 문화다양성 교육 이론 및 실천의 성격을 특징짓는 핵심적인 요소들을 설명하고자 한다.

1) 뱅크스의 영역 구분

뱅크스는 2015년 그의 저서 『문화다양성 및 교육: 기초, 커리큘럼 및 교육(*Cultural Diversity and Education: Foundations, Curriculum, and Teaching*)』에서 문화다양성 교육의 영역을 내용 통합, 지식 구성 과정, 편견 감소, 평등 교수법 및 학교문화 개선의 다섯 영역으로 구분한다.

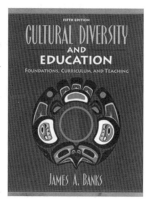

『문화다양성 및 교육』
(2015년 출판)

(1) 내용 통합

내용 통합(Content Integration) 영역은 교육과정 및 교과서를 구성하거나 교육자료를 선정할 때, 다양한 문화 및 집단과 관련된 사례와 내용을 추출하여 활용하는 것과 관련된 영역이다. 문화다양성 교육에서는 사회의 다양한 집단과 구성원의 역사, 문화, 가치와 관련된 내용을 교육과정에 반영하고자 한다. 문화다양성 교육의 관심범위를 가장 좁게 설정할 때 흔히 내용 통합을 떠올린다. 이로 인해 사회나 국어 등을 제외한 많은 교과들이 문화다양성 교육과는 관련이 없다는 오해가 발생하기도 한다. 이 영역에서는 교육과정과 교과서의 내용 선정 및 내용 통합 방식에 특히 관심을 기울인다.

(2) 지식구성과정

지식구성과정(Knowledge Construction Process) 영역은 암묵적·문화적 가정, 관점 및 편견들이 지식이 구성되는 과정에 영향을 미친다는 사실을 학생들에게 이해시키고, 지식에 대한 비판적 해석능력을 개발하는 것과 관련된 영역이다. 문화다양성 교육은 지식이 중립적이지 않으며, 한 사회 내의 권력관계를 반영하여 구성되는 것이다. 따라서, 학교에서는 학생들이 지식이 구성되는 과정, 지식 생산자들의 목적과 관점을 확인하는 방법, 스스로 현실을 해석하는 방법들을 가르쳐야 한다. 예를 들어, 콜럼버스의 신대륙 발견을 아메리카 원주민의 관점에서 재해석하는 수업을 통해 지식의 가치내재적인 속성을 비판적으로 인식하도록 돕는다. 지식구성과정에 대한 비판적 접근을 통해 학생들은 지식의 복수성(multiplicity)을 이해할 수 있을 뿐만 아니라, 하나의 사회현상에 대해서 입장에 따라 다수의 다른 시각이 존재할 수 있다는 점을 이해하는 데 도움을 받을 수 있다.

(3) 편견 감소

편견 감소(Prejudice Reduction) 영역은 교수법과 자료를 활용하여 학생들이 다른 문화집단에 대해 긍정적이고 우호적인 태도와 가치를 발달시키도록 돕는 것과 관련된 영역이다. 편견 형성에 대한 연구결과에 따르면, 2~3세 정도의 어린아이부터 피부색의 차이를 인식할 뿐만 아니라, 외모, 성, 인종, 나이 등 여러 영역에 대한 편견을 형성한다. 소수집단에 대한 편견을 감소시키고 집단 간의 긍정적인 태도 형성을 돕기 위해 문화다양성 교육에서는 다양한 편견 감소 전략을 활용해 왔다. 예를 들어, 다른 인종이나 종족의 얼굴모양의 다양성을 인지할 기회를 제공하거나, 비주류 인종집단의 피부색에 대한 선호를 강화하는 방법, 소수집단과 관련된 내용을 교육과정에 포함하고, 인종, 민족적으로 이질적인 집단을 구성하여 협동학습을 하는 전략들이 대표적이다.

(4) 평등교수법

평등교수법(Equity Pedagogy)의 영역은 소수집단 학생들의 학업성취를 돕기 위해 교사가 자신의 교수법을 수정하는 것과 관련된 영역이다. 이는 소수집단 학생들의 학업실패가 가정문화와 학교문화의 차이에서 비롯된 것이라는 관점을 반영한 것이다. 평등교수법에서는 다양한 집단의 학습양식(learning style)을 교수법에 반영하고 협동학습을 적용하고자 노력한다. 이를 위해서 교사가 다양한 학생들의 문화적 배경을 이해하고, 이들의 특성을 교수 전략에 반영할 수 있는 능력을 갖출 것을 강조한다.

(5) 학교문화 개선

학교문화 개선(Empowering School Culture and Social Structure) 영역은 다양한 배경을 지닌 학생들이 학교에서 교육적 평등과 문화적 능력을 경험할 수 있도록 학교의 문화와 조직을 재구조화하는 과정과 관련이 있다. 이 영역에서는 학교를 구조적 변화의 기본 단위로 설정한다. 학교가 다문화적인 공간으로 변화되기 위해서는 ① 교직원의 태도, 인식, 신념 및 행동, ② 공식적인 교육과정 및 교과내용, ③ 학교가 선호하는 교수·학습방법, ④ 학교 언어, ⑤ 교수·학습 자료, ⑥ 평가 절차, ⑦ 학교문화와 잠재적 교육과정, ⑧ 상담 프로그램 등에 대한 점검과 개선이 필요하다.

2) 베넷의 문화다양성 교육 구성요소

베넷은 2018년 그의 저서 『포괄적 다문화교육: 이론과 실제(*Comprehensive Multicultural Education: Theory and Practice*)』에서 문화다양성 교육의 구성요소를 평등교수법, 교육과정 개혁, 다문화적 역량, 사회정의 교육의 네 영역으로 구분한다.

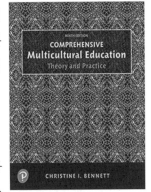

『포괄적 다문화교육』
(2018년 출판)

(1) 평등교수법

평등교수법(Equity Pedagogy)의 영역에서는 모든 학생들에게 공평하고 동등한 교육기회를 제공하는 것에 초점을 둔다. 특히, 소수종족집단이나 빈곤층 학생들의 교육기회 확대 및 학업성취도

향상에 관심을 기울인다. 이를 위해 학교의 전반적인 교육환경을 변화시키고자 한다. 평등교수법은 학생에 대한 교사의 기대, 학생집단편성과 교수전략, 학교교육정책 및 관행, 학교와 지역공동체의 관계, 교실환경 등에 반영되어 있는 잠재적 교육과정의 변화를 시도한다. 교사는 소수집단 학생들에게 교육기회를 공평하게 제공하기 위해 긍정적인 교실 분위기를 만들고, 학생들의 문화에 적합한 교수기법을 사용하기 위해 노력해야 한다.

(2) 교육과정 개정

교육과정 개정(Curriculum Reform) 영역에서는 주류집단 중심적인 교육과정의 문제점을 파악하고 변화시키는 데 초점을 둔다. 즉, 다종족적이고 글로벌한 관점을 교육과정 내용에 포함하여 단일종족 중심적이며 주류집단 중심적인 기존 교육과정의 내용을 확장하고자 한다. 이러한 활동을 위해서는 다양한 집단들의 문화적 차이, 역사, 사회적 공헌에 대한 이해가 요구된다. 동시에 이를 표현할 수 있는 새로운 지식이 필요하다. 교육과정 영역에서는 교육과정의 내용을 변화시키는 것은 물론, 이러한 내용을 주류와 비주류를 포함한 모든 학생들에게 가르치는 것까지를 목표로 삼는다.

(3) 다문화적 역량

다문화적 역량(Multicultural Competency) 영역에서는 학생들이 다양한 문화 속에서 다양한 방식으로 생각하고, 사고하고, 행동할 수 있는 능력을 개발하는 데 초점을 둔다. 이 영역에서는 학생들이 자기문화에 대한 정체성을 가지고 있으면서도, 문화적 특성이 다른 구성원들과 상호작용하는 방법을 배우고, 동시에 다른 문화적 환경에서도 유능하게 활동할 수 있는 능력을 신장하고자 한다. 다문화적인 역량이 있는 학생들은 인종, 문화적으로 다른 특성을 가진 구성원들과 상호작용하는 방법을 배우고 그들을 편안하게 대할 수 있다.

(4) 사회정의 교육

사회정의 교육(Teaching toward Social Justice) 영역에서는 일상생활에서 인종차별, 성차별, 계급차별 등 각종의 차별에 대항하는 행동능력을 키우는 데 초점을 둔다. 사회정의 교육은 특정 집단에 대한 편견과 고정관념을 제거하고 차별적 사고와 행위의 근원을 이해하는 데 주안점을 둔다. 결국 사회정의 교육은 사회적 평등을 가져올 수 있는 사회적 행동에 대해 고려하는 것이다. 이를 위해 학생들은 불평등한 사회구조 및 대중문화 속에 나타나는 인종, 문화, 계급, 성 등의 이미지들에 대해 신중하게 탐구한다.

4 문화다양성 대상자별 교육

1) 학교 대상 문화다양성 교육

학교에서의 문화다양성 교육은 공식적인 교육과정을 바탕으로 다분히 체계적이고 지속적이며, 그 효과 또한 매우 크다. 따라서, 학교에서의 문화다양성 교육은 보다 밀도 있게 다양한 영역으로 프로그램이 만들어져야 하며, 체계적인 교육훈련을 통한 다문화 인식교육이 이루어져야 할 의무를 가진다. 현존하는 편견과 불평등에 대한 적극적 개선 노력을 강조하는 방향으로 교육과정 및 사회구조의 전면 개혁이 이루어져야 하며, 이를 위해서는 교육과정의 근본적 변화를 강조하는 사회행동(social action) 접근법이 유용하다(Banks, 2015).

먼저, 다문화 학교교육의 내용적 측면에서 다루어야 할 부분들을 살펴보면, 한국의 문화다양성 교육은 날로 증대되는 사회다원화에 대응하기 위한 전략으로 다양한 문화요소들을 백화점식으로 나열하기보다는 이질적인 문화를 관통하는 보다 보편적이고 핵심적인 원리와 가치들(민주주의, 인권, 평등, 사회정의, 세계시민의식 등)을 강조하는 데 역점을 두어야 한다.

문화다양성 교육에 있어서 다음과 같은 내용체계를 강조하고 있다(김경식 외, 2017: 75–76).

첫째, 소수자 적응교육으로서 기존의 주류사회가 새로운 이주민를 받아들이는 첫 단계에서 사회통합을 위해 가장 보편적으로 행해지는 교육으로 동화주의자(assimilationist)의 관점에 기초하여 주류사회로의 동화에 초점을 맞추는 것으로써, 소수자 적용교육은 기초학습능력과 한국문화 정체성 함양, 한글 능력 향상과 한국문화 이해의 심화 등이 교육의 주된 내용이 되어야 한다.

둘째, 소수자 정체성 교육으로서, 다문화주의자(multiculturalist)의 관점에 기초하여 이들이 자존감을 회복하고 자신이 속한 문화집단에 자부심을 가지도록 하는 데 관심을 기울이는 교육이 이루어져야 한다.

셋째, 소수자 공동체교육으로서 소수자들의 정서적 지지를 위한 정서적 지원망 확보와 소수인종 문화집단 간 또는 소수집단 내에 갈등이 생길 때 요구되는 교육으로서 집단 간 이해를 도모하여 긴장과 갈등을 경감시키고 이들의 집단 간 사고의 지평을 확장시켜 주는 데 초점을 두는 교육이다.

넷째, 다수자 대상의 소수자 이해교육으로서 다수자를 대상으로 소수자에 대한 차별과 편견의식을 극복하고자 하는 데 초점을 맞추는 것이다. 소수자에 대한 편견 제거와 차별 철폐를 이루려면 다수의 인식 변화를 꾀할 수 있는 반편견교육(non-biased education)이 동시에 이루어져야 한다. 따라서, 국가 교육과정을 통해 가장 적합한 교육내용으로 제시해야 한다.

다문화 학교교육의 방법론적 측면을 살펴보면, 문화다양성 교육을 어떻게 실행해야 하는지에 대해서 다음과 같이 강조하고 있다(김선미, 2009: 55-62).

첫째, 문화다양성 교육은 성별, 종교, 직업, 서로 다른 관심과 능력의 차이 등 인종적, 민족적 다름에서 오는 문화적 차이를 통해서 이루어져야 한다는 것이다.

둘째, 문화다양성 교육은 다문화적인 태도, 정의적 특성을 위한 교육 자체만을 목적으로 교육프로그램을 운영하거나, 언어, 문화교육 등을 통해서 문화다양성 교육을 실행할 수도 있지만, 무엇보다도 문화다양성 교육이 모든 교과목에 접목되어 교실의 교과목 수업 속에서 또한 학생들의 생활실천과 연계하여 이루어지도록 해야 한다.

셋째, 문화다양성 교육은 체험활동 위주의 교수학습법을 통하여 성취되어야 한다. 즉, 학생들의 가치체계와 태도의 형성 등과 같은 정의적인 영역의 학습은 지식의 학습을 보조적으로 활용하여 직접 체험해 보면서 느끼고 활동을 통해 경험으로 이루어질 때 가장 효과적일 수 있다는 것이다.

문화다양성 교육에 대해 교육목적, 교육내용, 교육방법 측면은 다음과 같다(김용신, 2009: 13-25).

첫째, 교육목적 측면에서 가장 중요한 것은 한국사회의 특수한 분단 상황과 다문화

상황에서 비롯되는 민족주의적 단일성과 문화적 다양성의 갈등과 조정과제이다. 따라서, 북한이탈주민이나 재외동포 자녀를 대상으로 하는 민족정체성 교육과 외국인근로자와 국제결혼가정 자녀를 대상으로 하는 문화다양성 교육의 이론적·경험적 조정과정이 필요하다.

둘째, 교육내용 측면에서 문화다양성 교육은 대부분 한국문화, 한국어 교육 등 소수자의 적응을 중시하는 내용으로 구성되어 있으며, 소수자의 정체성 문제에 관심을 기울이는 교육이 이루어져야 한다.

셋째, 교육방법 측면에서는 분리교육과 통합교육의 문제가 거론될 수 있다. 기본적으로 한국의 문화다양성 교육은 방과 후 학교 등을 통한 분리교육이 실행되고 있어 의사소통과 문화 차이로 인한 정서적 불안, 학력 부적응 등이 나타나는 등 궁극적으로 분리교육의 근본 한계를 인식하고, 다문화 협력 학급과의 통합, 문화적 소수자 대안학교와 일반 대안학교 간 통합 등의 방법이 고려되어야 한다.

2) 교사 대상 문화다양성 교육

학교현장에서 문화다양성 교육목표를 실천하기 위해서는 세계화의 흐름을 이해하고, 다문화적 소양과 교수학습 능력을 갖춘 교사의 역량강화가 무엇보다 중요하다. 이는 급격하게 확대되고 있는 다문화사회에서의 문화다양성 교육의 주체는 교사일 수밖에 없으며, 보다 체계적인 문화다양성 교육의 선봉 역할은 교사의 몫이기 때문이다. 학교현장에서 가장 강력한 목소리를 가진 교사의 교육적 힘은 결국 문화다양성 교육의 성공과도 밀접하게 관련된다. 따라서, 문화다양성 교육을 위해서는 교사의 지식이나 태도 가치는 물론 교육적 힘을 발휘할 수 있는 교사의 자질과 능력이 절실히 요구된다. 이에 문화다양성 교육이 교사에게 요구하는 전문성의 요소는 자신의 문화적 태도에 대한 반성 능력, 사회의 문화적 다양성에 대한 이해, 다문화가정 출신 학습자의 특성에 대한 지식, 문화다양성 교육 자료를 개발하고 활용할 수 있는 능력과 효과적인 교수전략 탐색 능력 및 교수에 대한 자신감, 소수자에 대한 관용과 배려, 다문화적 갈등상황 해결 능력 등을 강조하고 있다.

문화다양성 교육의 핵심은 교사의 다문화 감수성에 있으며, 교사들에게 다른 문화를 직접 접하고 공부할 수 있는 기회를 제공하거나, 관련 연수를 통하여 다문화 감수성 훈련이 이루어져야 한다. 아울러 학생들에게 불평등, 인종주의, 편견에 민감한 정서를 갖도록 북돋우며 일상생활에서의 편견적이고 차별적인 상황 등을 비판적으로 성찰할 수 있는 능력을 키워주는 교육은 교사 스스로의 인식변화와 방법론적인 훈련이 선행되어야 한다.

다문화 교사교육에 대한 방향성과 방법은 다음과 같다(장원순, 2009: 57–79).

첫째, 다문화 교사교육은 지식과 기능, 가치태도가 균형 있게 이루어져야 한다. 문화는 겉으로 드러나는 부분보다도 보다 중요한 것이 심층문화이며, 이는 대부분 정서와 느낌, 가치관과 밀접하게 연관되어 있다. 이들은 단지 지식교육을 통하여 얻어지기보다는, 느끼고 감동하고 체험하는 과정에서 얻어지는 것이다. 따라서, 다문화 교사교육 과정에는 많은 실습과 체험, 여행, 견학 등이 강조되고 포함되어야 한다.

둘째, 다문화교사 교육과정에서 강조해야 하는 것 중 하나는 일방적 가르침이 아니라, 가르침과 동시에 배워야 한다. 이는 교사와 학생 그리고 학생과 학생 간에서도 마찬가지이다. 이러한 과정을 통하여, 교사와 학생은 교차문화(cross–culture) 학습과정과 공존, 존중, 다양성의 인정이라는 가치태도를 습득할 수 있을 것이다.

셋째, 다문화 교사교육의 토대로서의 민주시민교육이 강조되어야 한다. 다문화 교사는 학습자들이 한국사회의 시민으로서 행동할 수 있도록 이에 필요한 자질을 교육해야 한다. 이를 통하여, 이들은 한국사회에 일원으로 소속감을 느끼게 될 것이다. 그리고 민주시민 교육과정은 민주적으로 이루어져야 한다.

넷째, 다문화 교사교육은 유관기관과의 긴밀한 협조 속에 이루어져야 한다. 가깝게는 교육대상자들이 실습할 수 있는 초·중등학교, 문화다양성 교육센터, 사회복지기관과 긴밀히 협조해야 하며, 더 나아가서는 언어교육기관, 각국 문화원, 대사관 등과도 협조체제가 이루어져야 한다.

다섯째, 외국인근로자, 결혼이민자, 북한이탈주민들이 교육에 적극 참여하여 교사·교육대상자들에게 그들의 목소리를 제시하거나, 자신들의 역사와 문화들에 대하여 교육할 수 있도록 시간과 공간을 배려해야 하다. 이를 통하여 진정한 의미의 문화통합과 발전이 가능할 것이다.

3) 다문화가정 대상 부모교육

문화다양성 교육은 일반가정과 다문화가정 모두에서 요구된다. 이 두 구성원 모두가 함께 살아가야 하는 한국사회의 일원이기 때문이다. 따라서, 일반 학부모들에게는 다문화 이해교육을 통해 자신의 자녀와 다문화가정 자녀들이 함께 어울리는 것을 자연스럽게 받아들일 수 있도록 하는 것이 중요하다. 외국인주민·다문화가정 학부모들에게는 정주국인 한국문화의 이해교육을 통해 그 자녀로 하여금 한국사회에 잘 적응하도록 지도할 수 있게 한다. 한편, 한국인 다문화가정 학부모들은 그들 배우자의 한국 적응을 도울 뿐만 아니라, 그들 나라의 언어와 문화도 익힘으로써 부부간의 갈등을 줄이고 화합할 수 있도록 해야 할 것이다.

문화다양성 교육의 일환으로 이루어지는 부모교육은 개별 다문화가정이나 지역사회 내의 문화다양성교육센터, 결혼이주민지원센터, 지역사회복지관, 건강가정지원센터, 종교기관, 기타 유관기관 등을 통해서도 실시될 수 있지만, 문화다양성 교육의 차원에서 부모교육을 실시하는 장소를 학교로 선정할 때, 특별히 다음과 같은 측면에서 주목할 만한 의미와 가치를 지니게 된다(김경식 외, 2017: 79-80).

첫째, 자녀들이 다니는 학교와 학교에서 이루어지는 교육활동에 대한 이해를 도모할 수 있다. 즉, 자녀가 속해 있는 학교의 물리적 환경, 자녀와 상호작용하는 또래나 교사의 인적 상호작용 환경, 교육의 운영시스템과 관련된 구조적 환경 등에 대한 폭넓은 이해를 높임으로써, 가정과 학교 간의 유기적인 공조 및 협력체제기반을 구축할 수 있다.

둘째, 자녀에 대한 이해를 높일 수 있다. 그동안 주로 가정의 울타리 안에서만 자녀들을 보아 온 부모들에게 가정 밖의 환경인 학교라는 공간을 통해서 자녀를 바라보게 하는 것은 사뭇 다른 경험을 하게 할 수 있다. 즉, 학교에서 교사나 또래들로부터 받는 평가를 통해 부모는 자녀에 대한 객관적인 시각을 가질 수 있고, 자녀에 대한 이해를 바탕으로 부모자녀 관계를 향상시킬 수 있다.

셋째, 접근성이 높은 학교에서의 부모교육을 통해 다문화가정 부모들의 사회적 적응을 도울 수 있다. 즉, 학교에서의 부모교육은 다문화가정의 외국인 부모들이 어려움을 겪고 있는 언어소통의 문제와 이질감 극복의 문제를 해소하는 효과적인 방편이 될 수 있을 것이다.

넷째, 다문화가정의 부모들을 인적자원으로 활용할 수 있다. 이제는 다문화가정의 부모들을 무엇인가 가르쳐야 할 교육의 대상으로 바라보는 제한된 시각에서 탈피할 필요가 있다. 이들을 다른 언어나 다른 문화의 효과적인 전달자, 교육매체로 보고 다문화가정 부모들의 자원적 가치를 고려하고 반영하여 학교교육에 적용해 볼 수 있다.

다섯째, 다문화가정의 자녀에게는 자아정체성 강화의 효과를, 일반가정의 자녀에게는 반편견교육의 효과를 도모할 수 있다. 학교에서 실시하는 다문화가정의 부모교육이나 부모참여는 다문화가정 자녀들로 하여금 모국문화에 대한 자부심을 심어주고 교직원과 학생들에게는 다른 문화를 경험해 봄으로써 자연스럽게 서로 다름을 이해하고 '차이'를 '차별'로 귀인하는 잘못을 범하지 않게 하며, 다양한 사회구성원이 조화롭게 더불어 살아가는 공동체 의식을 함양하도록 할 수 있다.

4) 다문화가정 대상 자녀교육

문화다양성 교육에 있어서 주된 교육대상자는 다문화가정의 학생들이다.

첫째, 다문화학생은 국제결혼가정과 외국인가정의 자녀로 구성되며, 국제결혼가정 자녀는 친부모 중 한 명만 외국 국적인 경우이고, 외국인가정자녀는 친부모 둘 다 외국 국적인 경우를 의미한다. 국제결혼가정 자녀를 구분하면, 국내출생과 중도입국 자녀로 나눌 수 있다. 국내출생 자녀는 한국인과 결혼한 외국인 배우자 사이에서 태어난 자녀 중 국내에서 출생한 자녀를 의미하며, 중도입국 자녀는 국제결혼가정 자녀 중 외국에서 태어나 부모와 함께 중도에 국내로 입국한 자녀를 말한다. 이러한 다문화학생들은 다문화사회에서 주류가 아닌 비주류로서, 미성숙한 아이들이 감당하기에는 다소나마 많은 어려움에 직면해 있는데, 이러한 어려움을 해소해 주는 교육적 조치나 배려는 매우 중요한 의미를 가진다.

실제적으로 다문화사회에서 비주류로서 생활한다는 것은 매우 고달픈 일이다. 그 구체적 어려움이란 바로 언어능력의 부진으로 인한 학습부진, 다른 문화적 배경에서 성장한 탓에 빚어지는 정체성 상실, 같은 또래 다수자집단에게 당하는 집단 따돌림 등으로 인한 문제이다. 실제 다문화가정 아이들이 겪고 있는 적응의 어려움은 다음과 같다(김경식 외, 2017: 81−82).

첫째, 언어문제이다. 한국어의 습득이 단기간에 해결될 수 없음으로 지속적인 교육이 필요하다.

둘째, 부모의 가치관이다. 교육열과 같은 사회문화적 가치관이 다를 때, 한국사회에 적응하는 데 어려움이 있다. 이에 따라, 가정에서의 다양한 지원의 결핍으로 인해 학교생활에서 소외당하거나 부적응의 형태로 나타나고 있다는 것이다.

셋째, 문화적 차이에 따른 갈등도 교육에 영향을 미친다. 자아정체성은 한 개인이 '자기가 누구이며 어디에 있었으며 어디로 향해 가고 있는가?'에 대한 사항이며, 자신에 대한 명확한 인식으로 자신의 삶에서의 동일성과 연속성을 확보하려는 것이다. 특히, 청소년기에는 동년배와 가족 이외의 지도자들과의 새로운 동일시를 통해서 자아정체감이 형성된다.

이처럼 다문화가정 학생들이 학교적응과정에서 겪는 어려움은 대단히 종합적이고 복합적인 문제로 나타나고 있으며, 이러한 문제해결과정에서 보다 지속적이고 체계적인 다양한 지원이 이루어지지 않는다면, 문화다양성 교육이나 다문화정책 실행은 실패로 돌아갈 확률이 높다. 뿐만 아니라, 다문화사회에서 문화다양성 교육에 대한 각계각층의 목소리는 현장감을 상실한 공허한 메아리에 불과할 것이다. 따라서, 다문화가정 아이들이 학교적응과정에서 겪는 어려움을 해결하기 위한 기본적인 방안을 제시할 필요가 있다.

다문화가정 아이들의 학교부적응 해결의 다방면적 대안을 제시하고 있다. 그 내용은 다음과 같다(김보기 외, 2020C: 402).

첫째, 다문화가정 자녀들의 부모가 가진 사회문화적 자본이 교육적, 사회적으로 활용 가능한 것으로 전환될 수 있도록 해야 한다.

둘째, 다문화가정 자녀들이 다니고 있는 학교가 위치한 지역 여건을 고려해야 할 것이며, 다문화가정 자녀들의 분포 특성도 고려하여 지원 주체 간의 충돌이 없도록 지역사회의 지원센터와 학교와의 유기적 연계가 필요하다.

셋째, 다문화가정 자녀의 적응정도 및 생활환경에 따라 지원방식을 달리 해야 한다. 예컨대, 보충학습지도나 숙제지도 등을 위해서는 이러한 지도가 필요한 일반 학생들도 함께 모아 지도하는 것도 한 방법일 것이다. 즉, 이들이 다문화가정 자녀라서 지도를 받는 것이 아니라, 기본학습 능력을 배양하기 위해 지원이 필요하기 때문에 지도를 한다는 방향으로 진행되어야 한다.

결론적으로 다문화가정의 아이들이 겪는 문제점을 교육적으로 인식해야 하며, 실질적으로 다문화가정 및 다문화가정 자녀 지원정책이 체계적으로 이루어져야 한다. 결국 다문화가정 지원정책은 다문화가정 부모에 대한 지원정책만이 아니라, 다문화가정 자녀에 대한 교육지원정책이 되어야 한다. 뿐만 아니라, 모든 이주 아동이 각자의 문화적 정체성을 기반으로 하여 한국문화를 주체적으로 수용할 수 있도록 하는 교육이 되어야 한다.

5 문화다양성 교육단계

문화다양성의 교육단계는 6단계로 구분할 수 있다. 그 내용은 다음과 같다(장한업, 2020: 312-314).

1단계 : 문화개념 자체를 소개하는 단계

이 단계의 교사나 강사는 수업시간에 다룰 문화내용을 어느 특정 문화와 연결시키지 않고 있는 그대로 소개해야 한다. 예를 들어, 그날의 주제가 만약 '인사하기'라고 가정한다면, 학습자에게 사람들이 만나면 무엇을 가장 먼저 하는지, 인사를 한다면 왜 인사를 하는지를 질문함으로써 바로 이어서 다룰 문화내용에 대해서 생각할 준비를 시켜 주어야 한다. 그날의 주제가 만약 '선물하기'라면, 학습자에게 사람들이 고마움을 어떻게 표하는지' 선물로 고마움을 표한다면 언제, 어떤 선물을 하는지 등을 물어볼 수 있다.

2단계 : 자기문화를 인식하는 단계

인간은 자기문화를 아주 어려서부터 접했기 때문에 이 문화를 매우 자연스럽게 여긴다. 실제로 태어나면서부터 문화를 내면화한 개인은 그것이 조건화된 것이라는 사실을 인식조차 못한다. 자기문화는 공기에 비유할 수 있다. 이는 다른 사람이나 다른 문화를 만났을 때도 마찬가지이다. 사람들은 이렇게 오랫동안 내면화된 자기문화를 기준으로 다른 문화를 보고 평가한다. 이는 만약 자기문화를 제대로 인식하지 못하면 다른 문화를 제대로 보기 어렵다는 것을 의미한다. 따라서, 다른 문화를 제대로 인식하려면 자기문화부터 낯설게, 비판적으로 바라볼 수 있어야 한다.

3단계 : 타인문화를 발견하는 단계

자기문화와 어느 정도 거리를 두었으면 이제는 타인문화에 대해서 알아볼 차례이다. 이 단계에서 교사는 다른 문화와 관련된 글, 그림, 사진, 사물, 광고, 기사 등을 보여 주고, 학습자는 이 자료에 나오는 외국문화에 대해서 친근감, 생소함, 문화충격 등다양한 반응을 보일 수 있다. 교사는 학습자에게 어떤 느낌을 받았는지, 그런 느낌을가지게 한 것이 무엇이었는지를 말하게 할 수 있다.

4단계 : 자기문화와 타인문화를 비교해 보는 단계

사람들은 다른 문화를 접하면 자연히 자기문화와 비교를 하게 된다. 두 문화를 비교하면 차이점과 공통점을 발견할 수 있다. 문화다양성 교육은 차이점보다 공통점에좀 더 큰 비중을 둔다. 여기에는 크게 두 가지 이유가 있다. 하나는 차이점은 구별이나 차별로 이어지고, 공통점은 연대와 통합으로 이어질 가능성이 많기 때문이다. 또다른 하나는 바로 확인할 수 있지만, 공통점은 좀 더 많은 성찰을 필요로 하기 때문이다. 한편, 타인문화를 접하면 자신의 문화를 좀 더 잘 알 수 있다. 타인문화는 거울의역할을 해 주며, 자신의 문화적 조건화를 잘 인식하게 해 준다.

5단계 : 문화상대화 단계

문화상대주의란 각 문화적 요소는 그것이 속하는 문화적 맥락과 관련지어 살펴보아야 제대로 파악할 수 있다는 이론을 말하는 데, 본질적으로 중심에서 벗어나기를 통해 문화의 민족중심주의적 관점을 약화시키고자 한다. 이 단계에서 중요한 것은, 자기문화와 타인문화가 다를 경우, 여기에는 나름대로의 이유가 있다는 것을 이해하고 인정하는 것이다. 그런데 문화다양성 교육은 이 문화상대주의를 절대시하지는 않는다.다시 말해서 아무리 문화상대주의라도 인권과 같은 보편적인 가치를 침해해서는 안된다. 예를 들어, 일부 이슬람교도, 아프리카 원주민, 아메리카 원주민이 하는 할례문화는 문화상대주의 입장에는 수용 가능하지만, 인권이라는 보편적 가치의 입장에서는그렇지 않다.

6단계 : 타인문화를 존중하는 단계

타인문화는 처음에는 이상하거나 비정상적으로 보일 수 있지만, 그 문화를 그것이 발생한 맥락 속에서 이해하면 정상적인 것으로 여겨질 수 있다. 이런 단계에 이르면, 타인문화도 자신의 문화와 동등한 가치를 가진 것으로 여겨지고, 비로소 존중의 대상의 될 수 있다. 여기서 한 가지 강조하고 싶은 것은, 타인문화와 관련해서 '관용'이라는 용어의 사용은 가능한 한 지양해야 한다. 이 용어는 타인문화가 마음에 들지는 않지만, 그냥 참고 견딘다는 의미를 내포하고 있기 때문이다.

6 문화다양성 교육방향

문화다양성 교육의 실행과정에서 제기되는 한국사회의 문화다양성 교육에 대한 시사점을 살펴보면 다음과 같다(김경식 외, 2019: 83–85).

첫째, 한국사회의 다문화에 대한 논의의 가장 큰 특징은, 그 대상의 편향성이다. '다문화'에 대한 논의라고 하기에는 여전히 논의의 내용에 민족주의적 사고가 강하게 작동하고 있다. 한국사회의 '다문화'에 대한 논의와 관련 정책들이 탈북자들이나 결혼이주여성과 그 자녀의 교육문제 등 궁극적으로 한국인으로 포함되는 대상에 관심이 집중되어 있다.

둘째, 현장에서의 문화다양성 교육에 대한 내용구성과 방향성 문제를 들 수 있다. 학교를 비롯한 각종 현장에서 이루어지는 문화다양성 교육 프로그램의 경우, 주로 결혼이민자와 그 자녀들의 언어교육과 문화체험에 치우쳐 있어서 문화다양성 교육을 지나치게 협소하게 이해하고 있는 측면이 있다.

셋째, 문화다양성 교육대상 범위의 한정성이다. 문화다양성 교육은 이주민들을 위한 교육이라는 의미만을 지니지 않는다. 문화다양성 교육을 대상에 따른 범주로 이주민 또는 소수자를 대상으로 하는 문화다양성 교육은 학교와 사회 적응을 위한 교육적 지원과 배려를 중심으로, 정주자(다수자)를 대상으로 하는 문화다양성 교육은 타자를 받아들이고 평등과 공존의 삶을 모색하는 데 중심을 두는 교육이어야 한다.

다문화가정 자녀교육은 학교와 '학교 밖' 교육을 아우르는 다문화 학습망(multicultural learning network)의 형태로 학교 밖에서 이루어지는 문화다양성 교육과 연계하여 이루어져야 한다. 다문화가정 자녀교육은 국제결혼가정과 외국인근로자 자녀만을 대상으로 하는 교육이 아니라, 모든 이를 위한 교육의 일환이 되어야 한다. 뿐만 아니라, 다문화가정 자녀교육은 학교교육을 통한 교육과 일반인을 위한 사회교육을 포괄해야 한다. 물론 다문화가정의 자녀들이 경험하는 학습부진, 생활부적응, 사회적 통합에 따른 소외와 차별을 극복하기 위한 인권적 차원의 특별한 관심과 배려가 필요한 것은 두말 할 필요가 없다.

다문화가정 학생의 바람직한 학교생활적응을 돕기 위해 일반가정 학생과 담임교사 등을 대상으로 실시하는 지속적이고 일관성 있는 다문화 이해교육이 필요하며, 실질적인 다문화가정 학생의 올바른 학교생활적응을 위해 맞춤형 지원교육과 주말 학교교육 프로그램의 개발과 적용이 필요하다. 맞춤형 지원교육 프로그램의 경우 다문화가정 학생의 학력향상과 심리적·정서적 문제를 해결할 수 있는 프로그램이어야 한다.

주말 학교교육 프로그램의 경우, 다문화가정 학생의 독특한 문화, 민족정체성과 언어를 잃지 않고 주류의 삶의 양식을 수용할 수 있는 교육적 프로그램이 마련되어야 하며, 나아가 다문화가정 학생을 포함한 가족구성원들의 올바른 정착을 위한 여러 환경을 마련해야 한다.

결론적으로 다문화교육은 각 개인이 다양한 문화적 맥락에서 오는 다양한 관점에서 사회적, 정치적, 경제적인 생활을 경험하고 인식하며, 이로부터 오는 다양성을 자각, 존중하게 되고 궁극적으로 다양한 문화집단 간의 조화로운 상호교류를 증진하도록 돕는 개념이다. 이것은 다원주의 패러다임의 시대에, 그리고 세계적으로 다양한 집단과의 상호교류가 더욱 긴밀해지고 있는 현 시점에서 더욱 간절히 요청되고 있는 교육과제이다.

Chapter **12**

문화적 역량과
사회복지실천

❋ **학습목표**

　1. 문화적 역량의 이론적 토대 마련

　2. 문화적 역량의 내용 파악

　3. 문화적 역량의 사회복지실천방안

❋ **학습내용**

　1. 문화 간 차이의 극복

　2. 문화적 역량 교육

　3. 사회적 지지체계 강화

　4. 문화적 역량 증진을 위한 법제도 개선

　5. 통합적 접근

❋ **개요**

　문화적 역량은 주류문화와 차별성을 갖는 다른 소수집단의 문화를 가진 인구집단의
독특한 욕구를 이해하고 이에 반응하는 능력을 의미하며, 동시에 다른 문화를 가지고
있는 사람들의 욕구에 반응할 수 있는 작업을 실행할 수 있는 능력이다. 여기에서는
이주민들을 위한 문화적 역량과 사회복지실천을 학습하고자 한다.

Chapter 12

문화적 역량과 사회복지실천

문화적 역량(cultural competence)은 주류문화와 차별성을 갖는 다른 소수집단의 문화를 가진 인구집단의 독특한 욕구를 이해하고 이에 반응하는 능력을 의미하며, 동시에 다른 문화를 가지고 있는 사람들의 욕구에 반응할 수 있는 작업을 실행할 수 있는 능력이다. 즉, 문화적 역량은 다른 문화를 가진 집단의 욕구를 이해하고, 거기에 적절히 반응하며, 이를 실행할 수 있는 능력을 말한다(임신웅, 2020: 30-31 재인용).

최근 세계화로 인해 다원화되고 있는 현대사회에 적응하기 위해서 개인에게 필요한 역량 규명이 활발하게 이루어지고 있다. 특히, 21세기가 문화의 시대라고 할 만큼 개인과 조직, 국가경쟁력에 문화가 중요한 요소로 등장하면서 문화적 역량에 대한 관심이 증가하여 핵심 역량 가운데 하나로 간주하게 되었다.

결혼이주여성을 비롯한 이주민들의 문화적 역량을 증진시키기 위한 다문화 사회복지실천 방안은 다양하게 접근할 수 있다. 이주민들이 자국문화와의 충돌 속에서 한국사회에 적응하기 위해서는 구체적이고 실효성 있는 대책들이 방안으로 제시될 수 있다. 사회복지실천에 있어서 문화적 역량은 다음과 같다.

1 문화 간 차이의 극복

다문화가족을 위한 사회복지실천현장으로는 결혼이민자가족지원센터와 외국인근로자센터가 있고, 북한이탈주민의 정착지원을 위해 지역사회복지관과 인권센터 등 북한이탈주민후원회가 지원하는 민간단체협의회 소속단체가 있으며, 코시안(Kosian, 'Korea'와 'Asian'의 합성어) 및 외국인 자녀와 가족 지원을 위해 혼혈아동기관과 복지시설이 운영되고 있다. 이러한 실천현장의 전문인력으로는 사회복지사나 건강가정사, 또는 다른 전공자가 담당하고 있는데, 정규과정에서의 교육은 물론 실무자 대상의 재교육 차원에서도 교육과 훈련이 이루어지고 있지 않은 것으로 보고되고 있다.

최근 결혼이민자가족지원센터에서 현장 실무자들과의 인터뷰를 통해 조사된 바를 보면, 실천현장에서 가장 큰 어려움으로는 전문인력의 부족과 사업비의 예산 부족, 이들 가족에 대한 접근의 어려움인 것으로 나타났다. 아울러 대상자의 문화적 특성에 대한 이해 부족과 언어로 인한 의사소통 문제, 결혼이민자들이 한국생활에 적응하는 초기에 가족들의 협조를 이끌어내지 못하고 있는 점들을 들었다. 심한 경우, 감금수준 상태에 있거나 가정폭력을 당하는 경우가 있는 것 같으나 확인이 어렵고, 신고하기가 매우 애매한 경우에 가족들이 도움 또는 개입을 거부하거나 본인과 연락이 되지 않는 상황들이 발생하고 있다. 이들 가족 대상의 교육과 프로그램이 필요하고 지속적인 사례관리가 필요한 가족이 많으나, 대개의 경우 1명의 담당인력으로는 사례관리가 역부족일 때가 많다.

다문화가족이 새로운 사회에서 경험하는 문화 간 차이나 언어장벽으로 인한 어려움은 당연한 것일 수 있다. 하지만 무엇보다도 이들을 힘들게 하는 것은 정보의 부족과 가족의 폐쇄적인 태도로 인해 사회로부터 단절되고 소외된 채 살아간다는 점이다. 이들이 경험하는 열외(on the outside)의 느낌, 자신에 대한 부족한 느낌, 부적절하다는 느낌은 한국사회가 갖고 있는 다문화가족에 대한 편견과 고정관념의 결과이다.

다문화가족에 대한 사회복지서비스가 증가되면서 사회복지실천현장도 많은 도전이 되고 있다. 사실 실질적인 도움을 제공하자면, 클라이언트 집단 중 많은 부분을 차지하는 국가 출신이 있다면 그 국가의 언어로 소통이 가능한 직원이나 자원봉사자 등 인적자원이 필요하게 된다. 그러나 현재 우리 실정은 아직 그 필요성에 대해서조차 실감하지 못하거나 인력부족의 문제로 이중언어자 등 충분한 인적자원을 확보하지 못하고 있다. 2000년대 중반 이후 다문화정책이 국가의 정책으로 채택되면서 각 부처별 전담부서의 신설과 함께 관련 정책들이 경쟁적으로 추진 중에 있다. 그 결과, 한편에서는 이주민에 대한 사회적 포용과 개방성을 목표로 하는가 하면, 다른 한편에서는 이주민에 대한 체계적인 관리와 법적지위의 제한적 허용을 전제하에 정책을 실시하고 있다. 여러 부서가 이주민 대상 한국어교육에 참여함으로써 업무의 중복의 문제가 거론되고 있을 뿐만 아니라, 지방자치단체나 시민단체에서 다루어져야 할 정책이나 프로그램이 중앙정부 차원에서 추진되는 등의 난맥상을 보이고 있다(이종복 외, 2014: 75).

문화 간 차이를 극복하는 방안으로 다음과 같이 제시한다.

첫째, 개인경험과 문화적 가치의 일치를 제안한다.

효과적인 문화 간 차이를 극복하기 위해서는 문화적으로 다양한 내담자를 위해 그들의 인종, 문화, 민족, 성별, 성적 지향의 배경에 부합하는 개입양식을 사용하고 목표를 설정하는 것이다. 예를 들어, 개입체계, 지역사회복지 프로그램, 지역사회 옹호활동, 힘의 차이를 최소화하기, 사회정책 권한 수행활동은 특정 내담자 집단에게 효과적으로 사용될 수 있다.

둘째, 문화 간 차이의 극복 방안으로 인종적·민족적 소수집단과 인구사회학적 집단이 다르기 때문에 문화 특수적 전략이 요구된다.

특히, 한국사회는 백인과 흑인, 선진국가 국민과 저개발국가 국민, 한국인과 조선족 등 상응하는 인종 및 민족을 분리시키려는 전략을 오랫동안 펼치고 있다. 즉, 한국사회는 인종·민족 차별을 벗어나지 못하고 있다. 이는 결혼이주여성들에게도 적용되고 있다. 그러나 세계는 보편적임을 한국사회는 인식하여야 한다.

셋째, 다양성과 다원성을 중시한다.

한국사회에서 합리적인 생활세계를 가로막는 불합리한 요소로서는 성·학연·지연·혈연 등에 의한 차별, 가족 및 지역이기주의, 가부장적 권위주의, 위계적 관계 등이다. 한국인의 정체성은 가족에서부터 이기적 자아, 지역적 차원에서는 집단정체성, 정치공동체 차원에서는 민족정체성으로 형성된다. 즉, 혈연, 지연, 학연에 따른 차별이라는 굴레를 형성하는데, 이들은 모두 배타적일 뿐 공공성이 부족하다.

2 문화적 역량 교육

1) 교육인력 양성

최근 다문화가족 대상의 서비스기관이 점차 증가하고 있지만, 이들에게 문화적으로 민감한 서비스를 제공할 수 있는 전문인력은 매우 부족한 실정이다. 다양한 문화적 배경의 클라이언트와의 효과적인 사회복지실천을 위해 요구되는 것은 무엇인가? 그것은 문화다양성의 가치를 인정하고 클라이언트의 문화에 대한 이해를 바탕으로 실천기술을 훈련함으로써 문화적 역량을 갖추는 것이다. 문화적 역량훈련은 사회복지교육 차원에서의 다양성 교육과 밀접한 관련이 있다. 시민교육은 모든 인종·민족, 언어, 문화, 종교적 배경을 지닌 학생들이 자신과 다른 배경을 지닌 타 집단의 사람들과 조화롭게 공존하고 상호작용하며, 자신이 속한 지역사회, 국가, 세계를 더욱 도덕적이고 평등한 민주사회로 발전시키기 위한 지식, 기능, 가치와 태도를 습득하도록 도와주어야 한다. 특히, 그동안 사회적으로 차별받고 소외되었던 유색인종·소수집단 학생들이 한 사회의 시민으로서 그 사회에 활발하게 참여하고, 국가와 세계를 보다 정의롭고 인간적인 공동체로 변화시킬 수 있도록 교육해야 한다(전숙자, 2009: 20).

사회복지 전문직은 그 어느 전문직보다도 한국사회의 문화다양성을 인식하고 다문화가족에게 효과적인 서비스를 제공하기 위해 문화적 역량을 키우고자 노력해야 한다. 강점시각을 갖고 일하는 사회복지 전문직은 다문화가족이 한국사회에서 공존할 수 있도록 이들과의 파트너십을 형성하고 문화적으로 민감한 실천을 할 수 있도록 사회복지교육과 실천현장에서의 신속한 대응이 요청된다.

그 첫 단계가 문화적 역량을 증진시킬 수 있는 교과과정과 인력양성을 위한 모델개발이 그것이다. 기존의 교과목에 다양성의 이슈를 추가적으로 다루고 특정 문화집단의 이해와 관련 실천기술을 다루는 교과목을 개발할 필요가 있다. 더 나아가서는 사회복지교육 차원에서 국제적 기준에 맞는 다양성 교육이 추진되어야 한다. 실무자에 대한 보수교육과 기관 내 훈련과 자문(in-service training), 학회 차원의 연수과정도 고려해 볼만하다.

미국사회복지교육협의회(Council Social Work Education, CSWE)는 이미 1968년 각 대학에 학생모집과 교수의 충원, 교육과정 개발 시 문화다양성을 반영하도록 요구하였다. 현재는 거의 모든 사회복지 전공과목에 문화적 다양성을 반영한 교과과정을 운영하고 있으며, 이에 부합하는 전문인력 개발과 실무교육에 주력하고 있다. 현장실습에 문화와 민족의 다양성에 관한 이슈를 다루고, 이에 대한 지식수준과 민감성을 높일 수 있는 방안을 모색하며, 집단 고정관념과 편견을 최소화하고, 인종주의적 태도나 정책을 지양하는 방안을 강구하는 것을 포함한다(한인영·김유정, 2006: 117).

다문화 사회복지실천에서 문화적 역량이 중요한 반면, 문화적으로 유능해 지는 것은 장기간의 정서적으로 요구되는 과정을 요한다. 정서적인 영역에서 문화적 역량을 훈련하기 위해서는 강의 위주의 교육보다는 개인의 생각과 태도를 인식하고 변화할 수 있도록 하는 질문하기, 사례연구, 역할극, 시뮬레이션, 게임, 집단 토의 등의 워크숍 형태의 다양한 훈련방법이 요청된다(김연희, 2007: 13). 또한 인종차별에 대한 자신의 태도와 신념을 잘 아는 것 못지않게 그로 인한 고통과 상처를 이해하는 것이 필요하다. 문화적 역량을 갖춘다면 자기 인식이 높아지고 문화적으로 민감하며, 무비판적인 사고를 증진할 수 있는 장점이 있다. 인종차별에 맞서자면 무엇보다도 다인종, 다문화와의 접촉이 전제되어야 하고 이들과 공동의 목표와 협력관계를 유지하기 위해 인종 간의 평등한 관계가 형성되어야 하며, 정확한 정보와 지식을 교환하고 강한 소속감 등이 요청된다(최현미, 2006: 151).

결론적으로 전문인력 양성을 위해 기존의 사회복지 과목에 문화다양성에 관한 내용이 다루어져야 하며, 다문화주의의 이해를 위한 문화인류학 관련 과목과 문화와 사회복지, 아시아 문화연구 등의 과목 개발이 필요하다. 훈련방법으로는 무엇보다도 다문화가족 복지현장에서 이루어지는 현장실습 외에도 문화적 민감성 향상을 위한 워크숍이나 해당 문화들에 대해 배울 수 있는 워크숍, 결혼이민자들의 출신국가 방문 및 체험, 한글지도자양성 프로그램이 필요하다.

2) 증진대책

문화적 역량을 증진시키기 위한 대책은 다음과 같다.

첫째, 사회복지사들에 대한 클라이언트 교육을 강화해야 한다.

무엇보다도 다문화가족과 일하는 사회복지사들은 다문화가족과 문화 간 차이에 대한 이해 부족, 과다한 업무와 관련 지식 부족, 슈퍼비전의 부재와 기관 차원의 지원의 부족, 관련 기관 및 실무자 간 정보 공유와 네트워크의 결여 등으로 현장에서 동기가 낮거나 부담스러워 한 것을 알 수 있었다. 이것은 다문화실천현장에서 실무자에 대한 지원과 교육이 얼마나 절실하고 중요한지를 의미한다. 다문화사회로 급속히 진전되는 변화 속에서 자신의 문화 정체성을 숙고하고 문화적 차이를 수용 및 존중하는 문화적 인식의 성장으로까지 연계될 수 있도록 다양한 형태의 지속적인 훈련과정이 개발되어야 할 것이다. 이를 위해서 사회복지사협회와 같은 전문조직차원에서 사회복지사 보수교육과 같은 형태로 문화적 역량 교육 및 훈련을 제공하는 방법 등을 모색할 수 있어야 한다.

둘째, 가족중심 사례관리의 슈퍼비전체계 구축이 필요하다.

다문화실천현장에서는 결혼이주여성의 배우자와 시부모, 자녀를 포함하는 다문화가족중심 실천에 대한 요구가 증가하고 있고, 다문화가족 사례관리의 중요성에도 불구하고, 인력 부족뿐만 아니라, 전문성의 부족으로 사례관리 접근이 불가능한 상황이다. 결혼이주여성은 입국 초기부터 문화·사회·언어·결혼 등 복합적인 어려움에 대면해야 하기 때문에 이들을 위한 지속적이고 장기적인 지원방안이 필요하다. 다문화가족중심 사례관리 실천을 위해 사례관리 원칙을 적용하고, 사례회의를 통해 전문성을 유지할 수 있도록 슈퍼비전 체계를 확보하는 것이 무엇보다도 중요하다. 문화적 역량증진 프로그램에 참여한 성원들은 소속 기관에서 다문화가족의 욕구를 사정하고, 그들에게 맞는 사례관리를 적용하기 위한 새로운 노력이 시도되고 있음을 확인할 수 있었다. 앞으로 다문화가족을 위한 사업수가 많아지면서 함께 활동하는 방문지도사나 상담사, 통·번역사 등 준전문가의 개입을 관리하고 슈퍼비전을 제공함으로써 통합적인 서비스 제공이 가능하고, 기관과 실무자에 대한 다문화가족의 신뢰도와 서비스 만족도를 높일 수 있을 것이다.

셋째, 다문화가족 관련 실무자들과 사례와 경험을 나누고, 지식과 정보를 상호 공유할 수 있는 네트워크를 구성할 수 있는 집단프로그램의 개발이 필요하다.

이는 정보공유, 유대감 형성, 사업의 연대 등 정기적인 지역사회실무자협의회와 같은 네트워크 구성은 시작단계에 있는 다문화사회복지실천에서 절실히 요구되는 것이다. 이와 같이 다문화가족과 일하는 전문가에게 가장 절실히 요청되는 문화적 역량 강화를 위해 지역사회 내 실무자 간의 교육집단이나 자조집단 형태로 운영할 것이다. 전문가 개인 차원의 노력에서 벗어나 집단네트워크를 통해 시너지 효과가 있고, 집단

역동성을 활용함으로써 교육효과를 높이고 다문화실천현장의 전문화에 기여할 수 있을 것이다. 기존의 경우처럼 지역사회 내 다문화 관련기관 간 행사참여나 반나절 교육에서 탈피하여 정보교환과 자원연계, 다문화가족옹호와 행동개입 등 실질적인 협력과 네트워킹을 가능하게 할 것이다.

3 사회적 지지체계 강화

1) 타문화에 대한 배려

국제결혼을 통해서 한국에 거주하고 있는 결혼이주여성들은 언어소통의 어려움과 자국문화와 한국문화의 환경 차이, 또한 생활습관이나 사고방식의 차이 등 문제점을 경험하게 된다. 특히, 한국어를 모르는 상태에서 결혼한 경우 결혼 초기에는 의사소통 때문에 부부간 아니면 가족 간에 오해가 생기게 된다. 또한 한국의 전통적인 문화인 남편 중심 생활문화로 인해 문화 간 갈등을 일으키기가 쉽다.

결혼이주여성들은 문화 간 차이나 의사소통 때문에 시댁 부모와 관계에 오해가 생기고 부부간 경제문제 등 여러 가지 어려움을 겪고 있지만, 이러한 어려움을 해결하기 위해 다문화가정 지원기관들을 이용하는 것보다 친구 도움을 요청하는 경우가 많다. 가장 가까이에서 도움을 줄 수 있는 대상이 남편밖에 없어서 남편이랑 보내는 시간이 많고 남편에 대한 만족도가 다문화가족에게 매우 중요한 역할을 한다.

결혼이주여성 중 대부분이 한국어를 몰라서 의사소통문제를 겪고 있는데, 이를 해결하기 위해 관계부처, 지방자치단체, 결혼이민자 가족지원센터 등과 연계, 한국어 및 한국문화 등의 교육을 강화하기로 하였다. 즉, 2006년에 여성가족부에서는 결혼이민자 가족지원센터를 시, 군, 구에 51개소 운영을 추진하였고, 다문화가정 사회적응 촉진을 위해 여성 결혼이민자의 한국사회 조기 적응과 정착지원을 위해 한국어 교육인 EBS 언어문화교육 프로그램을 운영하고, 문화다양성 교육요소를 교육수요에 맞춰서 교육과정과 교과서에 반영하기로 하였다. 자녀교육에 있어서 자녀들의 실제 학교급이 높을수록 학업에 대한 어려움을 더 많이 느낀다는 조사결과가 있다. 뿐만 아니라, 가구소득 또한 다문화가족 자녀의 학업효능감을 저하시키는 것으로 나타나 공부방, 지역아동센터, 청소년 방과 후 아카데미 등 공공영역에서의 학습지원이 충분히 제공될 필요가 있음을 보여준다. 이러한 측면에서 현재 다문화가족 자녀를 위한 학습서비스가 주로 초등학교에 집중되어 있는 것 또한 개선될 필요가 있다. 학습지원이 초등교육으로 제한되어서는 안 되며, 중학교와 고등학교 과정까지 확대되어 지속적인 학습지원이 연계될 필요가 있다. 아울러 저소득층 자녀의 학업고충이 심한 만큼 이러한 서비스가 사교육에 제약이 많은 저소득층에 집중될 필요가 있다. 학업성취도는 다음 단계로의 진학과 나아가 진로와 직업에 지대한 영향을 미치므로 학교공부는 학교생활에 중요한 측면이라고 할 수 있다. 조사의 한계로 다문화가족 자녀의 학업성취도를 알아볼 수는 없으나, 사회적 포부수준을 간접적으로 보여주는 희망교육수준에 나타난 다문화가족 자녀의 포부수준은 그다지 높아 보이지 않는다. 다문화가족 자녀의 희망교육수준은 청소년 일반과 비교했을 때에도 4년제 대학교 이상의 비율은 22.0%p 낮은 반면, 전문대 이하의 졸업 희망률은 두 배 이상 높다.

문화 간 차이나 의사소통 때문에 다문화가정 속에 갈등이 생기는 것은 당연하지만, 이러한 갈등을 부부가 서로 이해하면서 긍정적인 미래를 세우고 사회활동에 참여함으로 안전하게 해결할 수 있다. 따라서, 다문화주의적인 이해를 함께 가지고 서로 맞춰가는 것이 성공적인 적응에 꼭 필요하며, 이와 동시에 또 다른 다양한 도움이 중요하게 이용될 수 있다.

2) 문화적응 지원정책

다문화가족지원센터에서 결혼이주여성들의 사회적응에 도움을 주기 위해서 한국어교육과 부부간 가족통합교육, 육아교육자조모임 등 종합서비스를 제공하고 있으며, 다문화가정에 사회적응 및 경제적 자립지원을 도모할 수 있는 서비스전달체계 운영으로 지원한다. 뿐만 아니라, 다양한 측면에서 결혼이주여성에게 필요한 서비스를 제공하고 있다.

(1) 다문화가정 지원프로그램

첫째, 한국어교육은 한국 입국 후 5년 이상 안 되는 결혼이민자와 그들의 자녀(만 19세 미만)를 대상으로 하여 1~4단계로 어휘, 문법, 화용, 문화란 구성으로 한국어교육을 운영한다.

둘째, 부모교육을 위해서 생애주기별 각 1회 지원하고, 임신 중이나 출산 후 12개월 이하, 육아기(12개월 초과~48개월 이하), 아동기(48개월 초과, 만 12세 이하)를 대상으로 하여 자녀양육지원을 위한 부모교육, 가족상담 및 정서지원 서비스, 한국생활에 필요한 정보를 제공한다.

셋째, 의사소통이 어려운 결혼이주여성들을 위해 통역, 번역을 전문적으로 할 수 있는 인력을 채용하여 통역·번역 서비스를 제공한다(다문화가족지원센터). 결혼이주여성들의 문제점을 해결할 수 있도록 여성부는 결혼이주여성에게 한국어교육, 한국사회적응교육뿐만 아니라, 자녀양육법을 지도하는 전문인력을 채용해서 자녀 학교생활적응에도 도움이 된다. 문화체육관광부는 결혼이주여성의 문화 차이를 줄이기 위해 문화예술교육프로그램과 사회문화예술교육, 예술치유시법 사업연구를 실시하지만, 다문화가정 자녀들에게 '문화소외계층'으로 더욱더 많은 문화예술교육 프로그램 지원 및 한국어 한국문화교육실시가 필요하다.

결혼이주여성 대상 교육과 병행하여 배우자 및 가족 대상 다문화 인식교육이 반드시 병행되어야 하며, 가족캠프 및 부부캠프도 활용할 수 있다. 결혼이민자가정을 대상으로 정서적 사회적 능력과 기능을 향상시킬 수 있는 체계적이고 효과적인 프로그램이 실시되어야 하고, 이에 앞서 다양한 프로그램이 개발될 필요가 있다. 육아 및 접근성 등의 현실적인 여건상의 문제로 집합교육에 참가하기 어려운 결혼이민자가정을 직접 방문하여 한국어교육, 가족교육, 상담, 자녀지원, 출산전후도우미 지원 등을 제공하는 서비스를 확대 강화한다. 특히, 농촌지역의 경우 의료시설의 부족으로 모성건강관리가 제대로 되지 않고 있어, 지역병원, 보건소 등과 지원시스템을 구축하여 교육프로그램에 임신, 출산 등에 대한 정보교육과 함께 간단한 건강검진, 산부인과 진료 및 임부체크 등을 실시하여야 한다.

(2) 결혼이주여성을 대상으로 한 정책과제의 복지와 인권적 측면

첫째, 적절한 통역서비스 제공

현재 운영되고 있는 여성 긴급전화 1366은 영어, 러시아어에 제한되어 있는 3자 통역서비스가 몽골어, 베트남어, 중국어, 일본어 등의 언어권으로 확대되어야 하며, 피해자 상담이 원활하게 이루어질 수 있도록 해당언어 구사 가능한 상담원이나 통역사를 배치해야 한다.

둘째, 피해여성들을 위한 쉼터 지원

결혼이주여성의 특수성을 고려하여 별도의 쉼터 지원이 필요하다. 기존의 쉼터에서 한국인들과 함께 생활할 경우 차별피해 사례가 보고되었다.

(3) 법제도적 측면

첫째, 인권침해 방지를 위한 제도적 장치가 필요하다.

외국인 여성에 대한 폭력이 발생했을 경우, 수사 및 재판 과정에서 인권침해가 일어나지 않도록 조처해야 한다. 이를 위하여 우선, 외국인 여성이 폭력의 범죄대상이 된 경우에도 강제퇴거의 불안 없이 소송을 수행할 수 있도록 체류를 보장할 필요가 있다. 「출입국관리법」 제25조의2에 의하면, 결혼이민자에 대한 특칙으로 「가정폭력범죄의 처벌 등에 관한 특례법」 제2조 제1호에서 가정폭력이란 가정구성원 사이의 신체적, 정신적 또는 재산상 피해를 수반하는 행위를 말한다. 또한 가정폭력을 이유로 법원의 재판, 수사기관의 수사 또는 그 밖의 법률에 따른 권리구제 절차가 진행 중인 대한민국 국민의 배우자인 외국인이 체류기간 연장허가를 신청한 경우, 그 권리구제 절차가 종료할 때까지 체류기간 연장을 법무부장관이 허가할 수 있다고 규정한다.

「형사소송법」은 국어에 통하지 아니하는 자를 위하여 「형사소송법」 제180조에서 통역인으로 하여금 통역하도록 규정하고 있다. 또 대한민국 국민의 배우자인 외국인인 경우, 국민과 유사한 지위를 가지고 있다고 볼 수 있으므로(헌재 1994. 12. 29. 93헌마 120, 헌판집 6−2, 477, 480), 「헌법」 제12조의 형사절차상의 기본권이 보장되므로 인권침해 방지를 위한 헌법상의 제 권리가 보장된다(임희선 외, 2017: 271). 또한 1990년 3월 16일 국회에서 비준 동의되고 1990년 7월 1일부터 발효된 「시민적 및 정치적 권리에 관한 국제규약(B규약)」에 의하면, 외국인에게는 고문을 받지 않을 자유, 신체의 자유와 안전에 대한 권리, 신속한 형사재판을 가질 권리, 형사민사재판을 받을 권리가 보장된다(임희선 외, 2017: 271). 다만, 법리적으로는 충분한 보장이 이루어진 것처럼 보이지만, 실제 현실에서 외국인 여성의 권리가 보장되도록 하여야 한다.

둘째, 간이영주권 취득이 허용되어야 한다.

일정한 조건이 충족된 외국인 여성에게 자신들이 원한다면 정체성을 지키며 한국에서 살 수 있도록 영주비자를 주는 데 있어서 조건을 완화하여 줄 필요가 있다. 현행

'출입국관리법 시행령' 제12조 별표1에 따르면, 영주의 체류자격을 취득할 수 있는 조건은 일반귀화의 요건과 거의 동일하다. 영주의 체류자격 요건에는 「국적법」에서 인정하는 간이귀화제도와 같은 제도가 없다. 「국적법」에 따르면, 특히 결혼을 원인으로 대한민국에 귀화하려는 외국인에게는 일반귀화 5년 대신에 혼인한 상태로 2년 혹은 배우자와 혼인한 후 3년이 지나고 혼인한 상태로 대한민국에 1년 이상 계속하여 주소가 있는 외국인에게 대한민국 국적을 부여할 수 있다. 「국적법」은 이렇게 간이귀화제도를 두어 특히, 결혼을 원인으로 한 외국인에게 귀화조건을 완화하고 있음에도 영주를 규정하고 있는 부분에서는 이와 같은 규정이 없다. 영주의 영역에서도 같은 기간의 이익을 결혼한 외국인에게 보장하여 줄 필요가 있다. 구체적인 방법으로는, 영주의 체류자격(F−5)에 국민의 배우자 항목을 추가하여 결혼 후 2년 그리고 결혼 상태로 3년이 지나고 혼인한 상태로 대한민국에 1년 이상 계속하여 주소가 있는 자의 요건을 추가할 것을 제안한다.

셋째, 여성 관련법과 사회복지 관련법이 적용되어야 한다.

「성폭력방지특별법」, 「가정폭력방지법」, 「성매매방지법」 등 여성 관련법과 「모성보호법」, 「기초생활보장법」 등 사회복지 관련법의 적용대상을 국제결혼으로 이주한 외국인 여성들에게도 적용하여 수혜를 받을 수 있게 해야 한다.

넷째, 지방자치단체의 결혼이민자에 대해 체계적으로 관리되어야 한다.

지역에 거주하는 결혼이민자에 대한 정확한 실태파악이 이루어져 체계적인 관리가 이루어져야 한다.

(4) 향후 10년 비전 슬로건

다문화센터에서 다문화가정들을 위한 정책을 실행하고 있지만, 향후 지금보다 더 많은 도움을 주기 위한 향후 10년 비전 슬로건 공모 결과를 살펴보면 다음과 같다.

첫째, 10년의 어색함은 그만, 10년의 어울림은 시작!(다문화에 대한 거부감을 줄이고 다문화가족도 한국사회의 떳떳한 일원임을 자랑스럽게 생각하고 함께 어울림의 시작이 되었음을 대내외에 선포)

둘째, '다름'을 인정한 10년, '하나됨'을 이뤄갈 10년(지난 10년간 이룬 성과는 다문화가족이 '틀린' 존재에서 '다른' 존재로 변화했다는 점이며, 향후 10년은 같은 대한민국 국민으로 하나된 대한민국을 만들어가자는 의미)

셋째, 우리 모두 다르지만 대한민국으로 하나입니다(다양한 문화의 사람들이 한국이라는 이름으로 하나가 된다는 의미).

넷째, 다문화 꽃이 피었습니다(다문화가족을 위한 웃음꽃, 이야기꽃이 활짝 열린다는 뜻으로 다문화, 다인재, 다재다능한 대한민국을 함께 꽃피운다는 의미).

다섯째, 다함께 맞잡은 두 손, 더 가까이 맞닿을 10년(다문화가족정책으로 모두가 함께 두 손을 맞잡고 소통한다면 향후 10년은 우리 모두 더 가까이 맞닿아 있을 것이란 이미)

여섯째, 열린 문화! The 커진 한국!(다양한 문화가 다 열려있는 대한민국을 통해 더 커지고 행복한 대한민국을 만들자는 뜻)

사회적 지지체계의 강화를 위한 대안 모색은 다음과 같다(김보기 외, 2020c: 366-367).

첫째, 현대사회의 젠더 관점에서 모성은 여성 개인이 전적으로 책임질 영역이 아니라, 사회구성원 전체가 책임을 공유하고 함께해야 할 영역이다. 따라서, 다양한 조건과 상황에 놓여있는 자녀양육의 주체가 되는 여성, 남성 그리고 가족 모두의 지원이 필요하다.

둘째, 결혼이주여성들은 가족문화 중에서도 가부장적인 문화와 더불어 남녀불평등 문화의 차이에 가장 큰 갈등을 경험하고 있었다. 이런 문화적인 갈등을 극복하기 위해서 한국의 부계위주의 일방적인 교육은 강요된 동화의 결과를 낳아 진정한 통합을 이루기 어렵다. 결혼이주여성들을 위한 교육은 가족단위로 하되, 두 문화가 서로 다름을 인정하고 존중하는 교육이 이루어져야 한다. 결혼이주여성이 경험하는 어려움과 적응전략은 가족이나 친지와의 상호작용의 영향을 받음을 알 수 있다.

셋째, 결혼이주여성들은 사회적인 지지체계로부터 고립되어 있으나, 지지체계는 이들의 적응전략에 긍정적인 영향을 미치는 것을 알 수 있었다. 결혼이주가족이 안정적으로 정착하기 위해서 지역사회 차원의 지지체계를 개발하고, 이와 연계하여 문화 프로그램 및 각종 교육 프로그램의 지원이 절실히 요구된다. 이런 프로그램을 통하여 결혼이주여성들은 자국 출신들과 긴밀한 유대관계를 형성하고 상호 지지를 얻고 있음을 알 수 있었다.

넷째, 이주여성들의 가족에 대한 다양한 문화의 차이를 이해하고 수용하며 배려하여, 그들이 한국사회에서 타자화 또는 배제의 시선을 받는 차별이 없도록, 즉 다문화적 사회통합체계를 강화하는 것이 요구된다.

4 문화적 역량 증진을 위한 법제도 개선

「다문화가족지원법」 제3조의3, 특히 3의2에는 다문화가족 구성원의 경제·사회·문화 등 각 분야에서 활동 증진에 관한 사항을 기본 계획에 수립하도록 규정되어 있으며, 동법 제12조 제2항에도 전문인력의 보수교육을 규정하고 있다. 또한 이를 구체화하기 위한 하위법체계인 '다문화가족지원법 시행규칙' 제9조 제3항에 "보수교육에는 다문화사회의 이해, 다문화가족정책, 비영리기관의 운영관리 등이 포함되도록 하고"라고 규정되어 있다. 그러나 여기에서 말하는 '다문화사회의 이해'는 다문화 현상을 어떤 목표지향점 없이 그대로 받아들인다는 의미를 가진다. 그러나 「다문화가족지원법」의 제정 취지에 따를 때, 이러한 목표지향점이 없는 용어는 제도의 취지를 충분히 반영할 수 없다. 다문화사회를 이해하는 것을 넘어 다문화사회가 가지는 문제점을 알고 그 문제를 극복하기 위한 어떤 적극적인 용어설정이 필요하다. 다문화사회의 이해가 그 자체로 필요하다면 이 단어가 가진 의미 이상의 적극적이고 구체적인 용어를 그와 별도로 찾아야 한다.

이에 대한 대안을 제시하면 다음과 같다.

첫째, '다문화가족지원법 시행규칙' 제9조 제3항에 기존의 "다문화사회의 이해, 다문화가족 정책, 비영리기관의 운영관리 등"에 "문화적 역량 증진"이라는 독립된 항목을 삽입하여야 한다. 만약 이러한 구체적인 문구가 삽입되면 이제 여성가족부장관은 보수교육을 편성할 때 "문화적 역량 증진"을 위하여 필요한 내용을 반드시 교육내용으로 편성하여야 한다. 그렇게 된다면 보수교육 대상자들은 필연적으로 다문화가족의 문화역량을 키워주는데 필요한 내용을 교육으로 받게 되고, 그 결과로 결혼이민여성들의 한국사회가 가지고 있는 문화적 역량을 증진되게 될 것이다.

둘째, "한국가족문화의 이해"라는 항목을 삽입하여 다문화사회 이전에 한국가족문화를 결혼이주여성들이 이해할 수 있도록 법제적 뒷받침이 필요하다. 한국의 가족문화는 가장 가까운 이웃인 일본과도 다르고, 많은 다문화가족을 이루는 여성 출신국의 가족문화와 다르다. 즉, 한국사회만의 가부장제도, 시어머니 특성, 가족관계 등이 결혼이주여성들에게는 생소할 것이다. 따라서, "한국가족문화의 이해"라는 내용을 교육과정으로 편성하여 그들의 입장에서 한국문화를 이해하고 받아들일 수 있도록 효과적인 교육을 시행하도록 보수교육 대상자를 교육시켜야 한다.

셋째, "결혼이주여성 상담"을 추가하여 보수교육 대상자들이 직접 결혼이주여성과 상담하면서 그들이 한국사회와 한국가정에서 겪는 고민이나 스트레스를 해소할 수 있는 능력을 키워줄 필요가 있다. 문화 속에서 살아가는 동물인 인간은 문화적 갈등상황에서 극단적인 상황에까지 몰릴 수 있다. 이러한 문제를 극복하는 방법은 전문가와 직접 상담하면서 자신의 문제를 토로하는 것이라는 사실은 일반적으로 알려져 있다. 여기서 중요한 것은 전문상담사의 능력으로 그 능력에 따라 상담의 효과는 배가된다. 따라서, 결혼이주여성들이 가지는 문화적 갈등을 극복할 수 있는 보수교육 대상자들의 상담능력이 중요하다.

5 통합적 접근

한국사회가 다문화사회로 발전함에 따라 결혼이주여성들이 사회 각 방면에 진출하면서 겪게 되는 문화충돌로 인한 사회문제가 되고 있다. 이러한 점에 초점을 맞추어 결혼이주여성들의 문화접촉 시 발생하는 문제점을 해결하기 위해 문화적 역량의 증진을 위해 다문화 사회복지실천 방안을 제시하고자 한다.

국제질서가 세계화의 급속한 진척에 따라 교류의 활성화로 이루어지면서 다문화사회는 각 국가가 겪는 국제사회의 한 양태로 발전하고 있다. 한국사회도 어떤 선진국가에 비해서 결코 뒤지지 않는 다문화사회로 변신하고 있다. 이미 다문화가정의 비율은 한국사회에서 상당한 폭으로 증가하고 있는 실정이다. 특히, 여기서 결혼이주여성 문제는 여러 사회문제를 야기하고 있다. 예를 들어, 결혼이주여성들이 자국문화와는 현저히 다른 임신·출산 과정에 있어서의 문화적응문제를 비롯하여, 가족관계, 부부관계, 자녀교육, 음식문화 등 다문화가정에서 발행하는 다양한 문화 간 차이에 대한 문화적응이 절실히 요구된다.

여성들의 문화적응문제를 해결할 수 있는 방법 중에서 가장 중요한 방법은 남편이 도와주고 이해해줄 것이다. 더불어 남편만 아니라, 시댁식구들이 다 함께 이해하고 도와주면서 다 같이 노력해야 한다. 그래야 결혼이주여성은 한국사회 속 한 가정의 구성원으로써 사회에 참여하면서 가정을 꾸리기 때문에 사회적, 심리적, 문화적 적응에 대한 관심과 노력이 그 가정의 식구들에게 가장 필요하다고 본다.

문화 간 차이나 의사소통 때문에 다문화가정 속에 갈등이 생기는 것은 당연하지만, 이러한 갈등을 부부가 서로 이해하면서 긍정적인 미래를 세우고 사회활동에 참여함으로 안전하게 해결할 수 있다. 따라서, 다문화주의적인 이해를 함께 가지고 서로 맞춰가는 것이 성공적인 적응을 위해서 꼭 필요하며, 이와 동시에 또 다른 다양한 도움이 중요하게 이용할 수 있다.

문화다양성의
사례연구

❋ **학습목표**
1. 각국의 문화다양성 특징 파악
2. 각국의 정책 사례 연구
3. 각국의 적용 사례연구
4. 한국의 문화다양성 사례연구

❋ **학습내용**
1. 국가별 문화다양성 적용 사례
2. 한국의 문화다양성 사례

❋ **개요**
문화다양성에는 언어·의상·관습·전통·도덕·종교 등의 모든 문화적 차이를 포함한다. 오늘날 교통과 정보통신의 발달로 세계화 현상이 확산되면서, 한편으로는 문화독점이나 문화 획일화 현상이 나타나게 되었다. 여기에서는 문화다양성의 사례를 학습하고자 한다.

Chapter 13

문화다양성의 사례연구

1 국가별 문화다양성 적용 사례

문화다양성이란 이민자가 본디 가지고 있던 그들의 고유문화를 존중하고 인정하는 것을 말한다. 이민자가 본국에서 누리던 문화를 이민국에서도 그대로 누릴 수 있다는 것을 의미한다. 문화다양성을 국가정책으로 채택하고 있는 나라는 많으나, 주로 영미권 국가에서 통용되고 있다. 각국의 문화다양성 적용 사례를 살펴보면 다음과 같다.

1) 영국

영국은 유럽에서 문화다양성이 가장 활발하게 정책적으로 받아들여지고 있는 나라이다. 국민 개개인의 인종차별이 사회문제로 대두되고 있지만, 사회적 소수와 관련된 제도적 장치의 마련이라는 측면에서 보면 유럽에서 가장 앞선 국가이기도 하다. 영국이 문화다양성을 받아들인 데에는 영국의 성립과 이민자 유입이라는 복잡한 배경을 가지고 있다.

첫째, 영국의 성립이다. 영국의 정식 국호는 'England'가 아닌 'United Kingdom of Great Britain and Northern Ireland'(대브리튼과 북아일랜드 연합왕국)이다. 국호에서도 알 수 있듯이, 영국은 원래 단일국가나 단일민족으로 이루어진 국가가 아니다. 즉, 애

초부터 다문화 국가였다. 앵글로 색슨(Anglo-Saxon), 웨일즈(Wales), 스코틀랜드(Scotland), 북아일랜드(Northern Ireland) 등으로 이루어진 영국은 지금도 고유의 문화를 지키며 공존하고 있다. 1812년 대영제국의 식민부는 각 민족의 문화를 공존하게 그대로 놔두는 다문화정책과 이 '다문화'가 이외의 다른 인종 문화들보다 우수하다고 여기는 문화정책적 전략을 동시에 추구하였다. 즉, 영국 문화우월주의 다문화정책이다. 영국을 이루는 각 민족들의 문화다원적인 면은 인정함으로써, 서로 대등하게 공존하지만, 영국적인 문화가 그 개별민족의 다원성 위에 반드시 존재해야 한다.

둘째, 제국주의이다. 대영제국이 해체된 후, 영국과 영연방의 식민지로부터 다양한 문화를 가진 이민자가 유입되었다.

셋째, 경제이민자이다. 제2차 세계대전 이후, 영국의 산업은 급격하게 발달하였다. 영국정부는 부족한 노동력을 보충하기 위해 일찍부터 적극적인 이민정책을 시행하였다.

이러한 세 가지 배경을 바탕으로 영국은 문화다양성 정책을 추진하여 나아갔다. 1960년대까지 영국의 주류문화로 이민자를 흡수하는 문화적 동화정책을 추진하였으나, 여러 가지 많은 사회문제를 일으켰다. 사실 완벽하게 다른 두 문화가 한 문화로 통합되는 것은 불가능하다. 그래서 영국은 사회적 소수와 관련된 제도적 장치 마련을 통한 다민족 다문화정책으로 변경하고, 지금까지 이 정책을 실행하고 있다. 그러나 영국의 문화다양성 정책은 2001년 미국의 9·11 테러사건 이후, 영국적 특징 강화를 통한 사회통합을 강조하는 분위기가 형성되었다. 2011년 캐머런 총리(David Cameron, 2010~2016)는 문화다양성 정책이 실패하였다고 자인하였다. 영국은 지금 문화다양성 정책을 폐지할 것인지, 아니면 기존의 문화다양성 정책을 유지하면적 부분적 개혁을 시도할 것인지를 놓고 논쟁을 벌이고 있다.

2) 캐나다

2015년 11월, 캐나다 총선에서 승리한 저스틴 트뤼도(Justin Trudeau) 내각(2015~)은 역사상 최초로 성비균형(남녀 각 15명)이자 장애인, 이민자, 원주민 그리고 성소수자가 포함하여 구성되었다. 이는 정책적으로만 평등과 문화다양성을 천명한 것이 아닌 실제로 그들이 캐나다사회 주역임을 단적으로 나타내주고 있다. 캐나다는 가장 문화다양성 정책이 활발하게 이루어지는 나라이다.

캐나다가 처음부터 문화다양성 정책을 추진했던 것은 아니다. 캐나다정부도 영국과 마찬가지로 70년 이상 백인우호주의정책을 추진하였다. 그러나 산업화로 인한 숙련된 노동력이 필요하게 되자, 캐나다 연방정부가 적극적으로 문화다양성 정책을 추진하게 되었다. 캐나다의 문화다양성 정책이 다른 나라의 다문화주의정책과 다른 점은 정부가 통합을 조성하는 데 많은 예산을 지출했다는 점에서 찾아 볼 수 있다. 연방정부를 다문화주의정책을 공식적으로 알림으로써, 기존의 캐나다 주민을 이민자를 배척하거나 동화시켜야 하는 대상이 아닌 자랑스러운 국가의 구성요소로 여기도록 하였다. 이는 캐나다인과 이민자와 소수자의 연대를 강화하게 하였다.

| 그림 13-1 | 캐나다 자유당 트뤼도의 무지개 내각(2015)

피엘 트뤼도 총리(Pierre Trudeau)는 장기간 총리(1968~1980)로 재직하면서 "비록 두 개의 공식 언어가 있다 해도 공식 문화는 존재하지 않으며, 따라서, 어떤 인종도 다른 인종에 대해 우월하지 않다."고 하였다. 캐나다는 문화다양성 정책을 통해 지금의 나라로 만들 수 있었다. 캐나다인에게 문화다양성 정책은 정체성과 같은 맥락이다. 캐나다는 앞으로도 문화다양성 정책을 고수할 것으로 예상된다.

3) 호주

호주는 캐나다와 더불어 문화다양성 정책으로 유명한 국가이다. 호주는 전국적 조직망을 갖춘 스펙트럼이민자정보센터를 통해 문화다양성 정책을 실질적으로 운영하고 있다. 이 정보센터는 이민자의 잠재력을 최대한으로 끌어내겠다는 목적 아래, 신규 이민자, 기존 이민자, 망명자들을 위한 모든 서비스를 제공한다.

호주도 영국이나 캐나다와 마찬가지로 백인우호주의정책을 펼쳤으나, 후에 문화다양성 정책으로 변경하였다. 호주의 백인우호주의정책은 이민정책이 아닌 사회 모든 정책에 노골적으로 반영되었었다. 그러나 이러한 백인우호주의정책은 호주의 인구 증대에 방해되었을 뿐만 아니라, 이민자 집단과 백인들 간의 심각한 갈등도 초래하였다. 결국 1972년부터 백인우호주의정책은 폐기되었고, 1978년 프레이저(Malcolm Fraser, 1930~2015) 총리는 문화다양성 정책을 호주정부의 공식 입장으로 채택하였다.

그러나 호주의 문화다양성 정책은 캐나다의 문화다양성 정책과 상당히 다르다. 캐나다가 이민자를 국가 구성요소로 여겨 자랑스러워했다면, 호주는 이민자를 국가 구성을 위해 불가피하게 받아들여야 하는 국가 이익의 관점에서 보았다. 즉, 호주가 발전하기 위해서는 이민자가 필요하기에 문화다양성 정책이 필요했다. 따라서, 호주정부는 문화다양성 정책을 세울 때 호주 외부에서 들어온 이민자의 문화만 고려하며, 원래 호주에 살고 있던 원주민의 문화는 고려하지 않는다. 즉, 전정한 문화다양성 정책이라고 볼 수 없다.

호주는 영국문화우월주의 및 백인우호주의에서 선별적인 대규모 이민정책으로, 그리고 현재 국가가 철저히 통제하고 관리하는 문화다양성 정책을 추진하고 있다. 이제 호주는 문화다양성에서 통합주의로의 변화를 꿈꾸고 있다. 통합주의란 어떤 특정한 가치 아래 다른 문화가 통합되는 것으로, 어떤 문화가 우월하기에 그 문화에 동화되어야 한다는 동화주의와는 다르다. 호주는 공정하고 포괄적이며, 친 통합적인 사회를 위해 다양한 배경을 가진 호주인에게 정부의 서비스를 제공하여, 자신을 가치 있게 여기고 정부의 사회통합에 참여하도록 하는 것을 목표로 하고 있다.

4) 미국

미국은 시작부터 이민자의 나라였기에 미국만의 독특한 문화다양성을 만들어 갔다. 이를 '문화의 용광로(melting pot of cultures)'라고 부른다. 문화용광로는 홍콩, 말레이시아, 스페인, 멕시코, 오스트리아 등을 꼽을 수 있는데, 도시의 대표적인 예로는 뉴욕을 들 수 있다. 윌슨(Natashya Wilson)은 2009년 그의 저서 『뉴욕의 문화용광로(*New York's Melting-Pot Culture*)』에서 문화용광로로 뉴욕을 설명하고 있다.

| 그림 13-2 | 문화용광로를 상징하는 뉴욕 거리

자료: Wilson(2009).

문화용광로라고 부르는 미국의 문화다양성에는 4가지 특징이 있다(김보기 외, 2020c: 123).

첫째, 유럽에서 이민 온 사람들은 구세계의 삶의 방식을 벗어던지고 미국인이 되고자 하였다.

둘째, 미국화는 큰 장해물 없이 매우 빠르게 그리고 수월하게 진행되었다.

셋째, 미국은 이민자들을 하나의 인종, 하나의 문화로 녹였다.

넷째, 이민은 미국을 노역, 복종, 빈곤 등 구세계의 억압으로부터의 해방으로 받아들였다.

캐나다가 각자의 문화를 인정하는 모자이크식(mosaic) 문화다양성이라면, 미국은 그 모든 문화를 하나로 녹여 그 원형을 찾아볼 수 없는 용광로식 문화다양성이다. 건국 부터 1960년까지 미국은 많은 문화를 '미국'이라는 용광로 속에서 녹여 왔다. 물론 이 관점은 정책적이며, 이고 현실적으로는 영국계 문화가 지배적이며, 인종·문화 간의 갈등이 빈번하게 일어나 정부는 이 갈등을 적극적으로 관리하고 있다.

1970년대부터 미국은 용광로식 문화다양성에서 벗어나, 섞여도 고유의 맛이 살아 있는 '샐러드 볼' 또는 서로 다른 소리를 내지만, 화음을 만드는 '심포니(symphony)'라 는 새로운 문화다양성 정책을 실시하고 있다. 그러나 2001년 9·11테러 사건 이후로, 미국의 이민정책은 이전과는 달리 엄격해졌으며, 외국인이나 이민자에 대한 각종 규 제조치를 취하고 있다.

미국의 무지개내각(rainbow cabinet)

뎁 할랜드
(Deb Haaland)
연방 하원의원

무지개내각은 정치 좌익 성향에서 우익 성향에 이르기까지, 모든 이념적 스펙트 럼에 걸친 다양한 정당 출신자들로 각료를 구성한 내각을 일컫는다.

미국 내무부 장관에 흔히 '인디언'이라고 불렸던 원주민 출신이 처음으로 발탁될 예정이다. 환경보호청(EPA) 역시 최초로 흑인 수장이 청장에 지명될 것으로 알 려지면서 차기 미 정부의 '무지개 내각'의 틀이 한층 굳건해졌다.

워싱턴포스트(WP) 등 미 주요 매체에 따르면 조 바이든 미 대통령 당선인은 뉴 멕시코주에 지역구를 둔 뎁 할랜드 하원의원을 내무부 장관 후보로 지명할 것으 로 알려졌다. 원주민이 미 내각 각료에 기용되는 것은 이번이 처음이다. WP는 이번 인선을 두고 "미 정부와 원주민 관계에서 역사적 전환점을 맞는 일"이라며 의미를 부여했다. 또한 바이든 당선인은 마이클 리건 노스캐롤라이나주 환경품 질부 장관을 EPA 청장으로 내정한 것으로 전해졌다(아시아경제, 2020년 12월 18일).

이외에도 일본과 대만 역시 문화다양성을 채택하고 있다. 하지만 일본의 다문화공 생 정책은 외국인 이민자들을 유형별로 차별화하며, 일본인 혼혈 등 특정 유형을 우 선적으로 지원하고 있다. 또한 대만은 1국가 2체제라는 상황 아래 대륙인(중국 본토인) 에게는 국적 취득 할당제, 취업기회 제한 등의 제약을, 그리고 중국인이 아닌 외국인 노동자에 대해서는 차별적 배제정책을 적용하고 있다. 이 두 나라는 모두 문화다양성 을 표방하고 있으나, 실제로 문화다양성을 적용하고 있다고 보기에는 무리가 있다. 한 국도 공식적으로는 문화다양성을 채택하고 있다. 한국이 캐나다와 같은 이상적인 문 화다양성 국가가 되기 위해서는 신규 이민자 정착지원 및 적응 프로그램과 같은 단일화되고 전문화된 조직이 필요하다. 따라서, 문화다양성이 최선의 이민정책으로 자리 잡기에는 많은 난관이 있다.

2 한국의 문화다양성 사례

1) 한국의 문화다양성 개요

한국사회의 문화다양성 정책을 구분하면, 협약을 비준하기 이전과 이후로 나눌 수 있다. 그러나 한국사회에서 문화다양성 관련 정책은 문화다양성협약 비준 전부터 시작되었다. 단지 문화다양성이라는 주제 아래에 있지 않았을 뿐이었다. 한국은 2005년에 문화다양성협약에는 찬성하였지만, 비준은 5년이나 지난 2010년에 이루어졌다. 한국정부는 2010년에 유네스코 문화다양성협약에 110번째로 비준한 당사국이 되었다. 이후 국민의 문화다양성 역량을 증진하기 위해 유네스코의 "문화다양성선언" 및 "문화다양성협약"을 구체적으로 이행하기 위한 법률인「문화다양성 보호와 증진에 관한 법률(2014)」(이하「문화다양성법」)을 제정하고 시행령을 발표하였다(이수진, 2019: 18). 한국의 문화다양성 비준은 문화다양성협약 채택에 비해 다소 늦게 출발했지만, 비준을 한 후에는「문화다양성법」을 제정하고,「문화다양성 국가보고서 및 연차보고서」작성을 통해 한국사회에서 문화다양성의 증진과 보호를 실현하기 위해 노력하였다.

문화다양성협약은 소수자에 대한 차별금지, 예술가들을 위한 정책, 다문화사회 관련 정책 등 많은 분야의 다양성이 포함되어 있다. 한국사회에서도 이미 소수자에 대한 차별금지 정책이 제도화되어 왔다. 즉, 장애인과 여성, 아동, 노인 등 소수자들을 위한 법률이 제정되었고, 그에 따른 제도들도 시행되어 왔다. 사회적 약자이기도 한 이들이 한국사회에서 평등하게 함께 살아갈 수 있도록 법률을 제정하여 다양성을 보호하고 있다. 문화다양성협약 비준인 2010년 이전 소수와 관련된 법률을 찾아보면,「장애인고용촉진 및 직업재활법」,「장애인기업 활동 촉진법」,「장애인복지법」,「여성발전기본법」(현재「양성평등법」),「여성기업지원에 관한 법률」,「아동복지법」,「청소년기본법」,「청소년활동진흥법」,「아동·청소년의 성보호에 관한 법률」등이 있다.

예술·문화 부분에서도 식민지시대와 한국전쟁 이후 시작된 전통문화의 보존부터 시작하여 빠르게 변해가고 있는 현재의 예술문화까지 한국사회에서 모두가 공평하게 문화를 즐기고 누릴 수 있도록 하였다. 이런 예술과 문화를 공평하게 누릴 수 있도록, 예술가의 입장에서는 예술을 창조할 수 있는 지원이 이루어졌다. 문화를 누리고 경험하는 일반인의 입장에서도 예술과 문화가 쉽고 편할 수 있도록 관련된 제도가 시행되었다. 예를 들어, 「문화산업진흥 기본법」에 의하여 문화산업 관련 정책 등이 시행되고, 문화와 관련해서 「문화기본법」, 「문화예술교육지원법」 등이 있다. 물론 제도의 시행이 만족할만한 수준은 아니라고 해도, 꾸준히 개선되어 왔다(김보기 외, 2020c: 288).

문화다양성협약에 비준한 2010년 이후, 한국은 문화다양성 정책을 시행하였다. 이미 문화다양성협약이 채택된 2005년 이전에도 문화다양성 정책이라고 불리지는 않았지만, 문화다양성 정책의 한 부분이라고 할 수 있는 다문화정책, 문화산업정책, 문화복지정책 등이 시행되고 있었다. 한국은 문화다양성협약 이후 「문화다양성의 보호와 증진에 관한 법률」(2014. 5. 28. 제정)을 제정하였다. 이 법을 통하여 문화다양성 정책이 시행될 수 있도록 하였다. 특히나 법이 제정되고 난 후인 2014년 이후부터는 동법 제9조 ①에 의해 문화체육관광부는 연차보고서를 국회에 제출해야 한다. 연차보고서가 제출되는 2015년 이후로는 문화다양성 연차보고서를 통해 정부에서 시행하고 있는 문화다양성 정책을 더 명확하게 구분할 수 있게 되었다. 또한 한국문화관광연구원의 정책연구보고서를 통하여서도 문화다양성 정책 현황에 대해 자세하게 알 수 있다.

문화다양성은 모든 사회구성원의 다양한 문화적 표현을 수용하고 문화 간 융합을 통해 새로운 문화창조에 이바지하는 것을 목적으로 한다. 한국사회에서 문화적 차이를 만드는 주요 요인으로 민족, 국적, 성별, 성적 지향, 세대 같은 사회문화적 범주와 함께 종교, 소득, 혼인, 전통, 지역, 예술취향에 따른 다양한 소수자의 특성을 대상으로 문화정책을 확대하고 이들에 대한 국민들의 인식을 제고시키는 정책이 요구되고 있다(김면, 2017: 41).

결론적으로 사회문화적 차이에 집중하였던 초기의 문화다양성 정책의 시기를 지나 이제는 더 넓게 개인적인 범주 역시 소수문화로 인정하고, 다양성에 포함해야 한다는 것을 명시하고 있다. 이를 통해, 한국의 문화다양성 정책은 시간이 지날수록 문화다양성협약의 문화다양성 개념에 조금씩 가까워지고 있다. 또한 다양한 소수문화를 대상으로 한 문화정책과 함께 한국사회 안에서 인식을 제고시키는 정책이 시행되어야 함을 보여 주고 있다.

2) 문화다양성 주요 사례

(1) 전통문화

1945년 일제강점기로부터 해방된 후 한국 전통문화에 관한 정책은 주로 문화재 보호의 차원에서 이루어졌고, 1972년 「문화예술진흥법」의 제정과 함께 본격적인 문화예술정책이 시작되었다. 제5공화국에서는 과거의 문화유산과 전통적인 문화예술을 보존하고 계승하는 것을 그 목표로 하였다. 제6공화국의 문화정책은 전통문화의 창달을 위해 정책을 시행하였다. 문민정부의 전통문화정책은 문화창달을 통해 국민의 삶의 질을 향상시켜 선진 문화복지국가를 목표로 하였다(정갑영, 1995: 109–111).

| 그림 13-3 | 2020 명원세계차박람회(COEX)

문화다양성협약에서도 명시된 전통문화는 한국에서의 문화다양성의 시초라고 할 수 있다. 힘들고 어려웠던 식민지와 전쟁을 통하여 어려운 시기를 보내야 했지만, 새로운 정부가 들어서게 되고 문화정책으로 시행된 것은 전통문화의 보존이었다. 또한 문화다양성협약 역시 전통문화의 중요성에 대해 언급하고 있다. 문화체육관광부에서 주관하는 전통문화 진흥사업은 전통·생활문화를 보존·육성하고 활성화하기 위해 2002년부터 진행되었으며, 전통서당문화 활성화, 전통문화 인성교육, 한복진흥원 건립 착수, 명원세계차박람회, 한복 콜라보 패션쇼 등의 지원을 포괄하는 사업이다. 2002년부터 진행된 문화체육관광부에서 주관하는 전통문화 진흥사업의 대상은 한국인만이 아닌 외국인들까지 포괄하는 사업이다.

문화재 보호를 중심으로 전통문화정책은 문화다양성협약에서 보게 되면 보호, 홍보, 교육, 보급 및 계승, 박물관으로 분류할 수 있다. 보호사업으로는 문화체육관광부의 '문화재지킴이 운영 및 협약기관 참여·협력 활성화' 사업, 충청남도의 '천안 마을역사 아카이브 구축사업' 등이 있다. '문화재지킴이 운영 및 협약기관 참여·협력 활성화' 사업은 문화재청이 국민참여 문화재 보호기반을 조성하기 위해 민관협력체계를 구축하고 문화재의 효율적 보존 관리를 도모하기 위해 시작한 사업이다. 충청남도의 '천안 마을역사 아카이브 구축사업'은 천안 전통마을 조사를 통한 유·무형 자료조사 개발을 통해 사라지는 마을의 전통문화 및 주민 삶의 터전에 대한 기록 보전사업이다.

홍보에는 인천광역시의 '세계문화유산 관리 및 홍보 사업', 충청남도의 '부상 장마당 놀이사업', 경상북도의 '종가문화 포럼' 등이 있다. 인천광역시의 '세계문화유산 관리 및 홍보 사업'은 세계문화유산인 사적 제137호 강화 부근리 지석묘(고인돌)를 관리 및 홍보하기 위해 추진하는 사업이다. 이 사업으로 선사 체험, 고인돌 버스투어 운영, 찾아가는 선사학교 운영, 리플렛 제작 등의 세계유산 활용 및 홍보활동 등을 진행하고 관광객을 유치하였다. 충청남도의 '보부상 장마당 놀이 사업'은 보부상의 가치·문화 확산을 통해 지역민의 문화향유권을 제고하기 위해 시작되었다. 경상북도는 종손, 종부, 유림, 학계 등을 대상으로 경북 종가문화의 계승 발전방향을 모색하고 가치를 확산시키고자 종가음식 박람회 등을 개최하는 '종가문화 포럼'을 시행하였다.

| 그림 13-4 | 종가음식(경북 안동)

　　교육에는 인천광역시의 '무형문화재 영상기록화사업', 경상북도의 '벗내농악 계승발전사업' 등이 포함된다. 인천광역시의 '무형문화재 영상기록화사업'은 인천무형문화재 제24호 꽃맞이굿을 대상으로 하는 무형문화재 전승과 우수성을 알리기 위한 홍보 및 교육 자료로 활용하기 위해 추진되었다. 경상북도의 '빗내농악 계승발전 사업'은 김천시에서 지역 무형문화재인 빗내농악을 보전하기 위해 정기교육, 찾아가는 농악교실로 교육하였다.

| 그림 13-5 | 빗내농악(경북 김천금릉)

보급 및 계승에는 문화체육관광부의 '전통스토리 계승 및 활용 사업', 전라북도의 '조선왕조실록 포쇄'가 있다. 문화체육관광부의 '전통스토리 계승 및 활용사업'은 만 56세 이상 70세 이하 여성 어르신들을 선발 후 일정 교육을 통해 전국 유아교육기관에 파견하여 유아를 대상으로 선현 미담을 들려주는 프로그램을 운영하는 것이다. 전라북도의 '조선왕조실록 포쇄'는 조선왕조실록 포쇄를 진행하며, 실록포쇄사관 행렬 및 포쇄 재현, 기념식 및 부대행사 등의 프로그램으로 구성된 조선왕조실록 포쇄를 재현하여 기록문화의 전통성을 계승하기 위해 노력하였다.

박물관 사업은 문화체육관광부의 '다문화꾸러미 개발 및 운영 사업', 국립국어원의 '한국 수화 관련 사업' 등이 포함된다. 문화체육관광부의 '다문화꾸러미 개발 및 운영 사업'은 아동, 청소년, 다문화강사, 교사 등을 대상으로 문화다양성 교구재·교육을 개발하고 운영하여 문화다양성 교육기반을 조성하였다. 국립국어원의 '한국 수화 관련 사업'은 2016년 「한국수화언어법」 제정에 따라 한국 수어에 대한 인식 제고를 위한 영상과 홍보 책자를 제작 후, 지하철 송춘 및 배포하는 사업(홍보 소책자의 경우, 초·중·고 11,799개교에 배포)이다.

(2) 다양성예술

예술 분야 지원정책에는 전라북도에서 개최한 아시아현대미술전이 있다. 2015년 첫 아시아현대미술전에 아시아 14개국 청년 미술가 36명과 20,742명의 관람객이 참가하며, 전북 미술과 아시아 미술관의 국제교류를 활성화하였다. 이를 통하여 아시아의 현대미술이 알려지게 되고, 전라북도의 예술을 알릴 수 있는 기회가 되었다. 또한 다양한 국가의 문학작품을 경험할 수 있도록, 도서관에서 누구나 동아시아 문학작품들을 읽고 배울 수 있게 하는 정책도 있다.

현대예술 지원정책은 과거의 문화뿐만 아니라, 현재의 예술도 역시 문화다양성의 한 부분으로 보호하고 발전되어야 한다는 취지이다. 문화다양성 국가보고서에서도 '문화다양성 관련 문화예술정책'을 보면 창조성, 성과, 배포 및 보급, 그리고 참여와 향유가 보고서 내용에 포함되어야 한다고 제시되어 있다. 다양성 예술은 예술가 지원, 예술 분야 지원, 네트형성 지원으로 분류할 수 있다.

| 그림 13-6 | 아시아현대미술전 포스터(2015)

자료: 전북도립미술관 홈페이지(2022).

(3) 문화산업

한국문화산업의 시초는 1999년 제정된 「문화산업진흥기본법(문화산업법)」이다. 이 법이 처음 제정되었을 때에는 문화산업의 전반적이고 일반적인 부분이 중요하다는 것을 알 수 있다. 한국의 문화산업이 국가 주요 사업이 되고, 이에 따른 지원과 발전을 위해 이 법은 제정되었다. 문화산업 범위에 디지털문화콘텐츠 관련 사업(제2조), 불법 복제품의 유통을 방지하고, 디지털콘텐츠에 대한 규정을 마련하였다(제12조, 제13조, 제18조). 이 전에는 지방자치단체가 문화산업기반시설을 확충하고 비용을 정부로부터 보조 받을 수 있었지만, 이때부터는 문화체육관광부장관이 지정하고 예산을 지원할 수 있도록 하였다(제21조). 문화산업단지 조성도 국토건설부장관과 문화체육관광부장관의 협의가 아닌 문화체육관광부장관이 조성계획을 수립할 수 있도록 하고(제25조), 문화산업의 발전을 지원하기 위해 한국문화콘텐츠진흥원의 설립근거를 마련하였다(제31조). 이 법의 목적인 문화산업의 지원 및 육성에 필요한 사항을 정하여 문화산업발전의 기반을 조성하고 경쟁력을 강화함으로써 국민의 문화적 삶의 질 향상과 국민경제 발전에 이바지하였다. 점차 변화하는 문화콘텐츠에 따라 문화산업 역시 달라지고, 이에 따라 법률도 개정된다는 것은 한국의 문화산업이 시대에 맞게 이루어지고 있다는 것을 의미한다.

　문화산업정책으로는 서울특별시의 '미래유산 보존 및 활용사업', 전라남도의 '설화발굴 및 문화관광자원화 사업', '남도문예 르네상스 구체화 연구' 등이 있다. 전라남도의 '설화발굴 및 문화관광자원화 사업'은 고령화로 사라져가고 있는 도내 구전설화를 수집·정리하여 보존하여 문화콘텐츠로 재창조하였다. 또한 '남도문예 르네상스 구체화 연구'를 시행하여 명맥을 잃어가고 있는 예향 남도의 우수 문화예술 유산을 새 시대에 맞춰 재조명하고 부활시켜 '남도문예 제2의 전성기'를 위한 핵심 콘텐츠 개발 및 정책적 방안을 모색하였다.

| 그림 13-7 | '남도문예르네상스' 시군특화사업 공모로 진행하는 전남 보성의 「토요상설 락」

(4) 이민자문화

결혼이주여성으로 인해 다문화가정이 증가하게 되고, 외국인근로자 등 많은 외국인이 한국사회 안으로 유입되었다. 이들의 수가 증가하면서 한국사회도 이제는 다문화사회로 진입하게 되고, 한국사회로의 통합을 위해 「다문화가족지원법」 등이 제정되고, 이민정책을 펴게 되었다.

이주민정책 초기에는 주로 외국인근로자를 통제하고 관리하며 경제적 편익에 따라 제한적으로만 유입하는 정책이 시행되었다. 또한 결혼이주여성에 관심이 증가하며, 대부분의 정책과 법이 결혼이주여성의 지원과 동화의 내용으로 제정 및 시행되었다. 다문화 정책이 통합을 기반으로 한국사회에서 이루어져야 하지만, 관심에 비하여 정책은 제대로 이루어지지 않았다. 결혼이주여성에게 관심을 가지기 시작한 시점은 문화다양성협약이 채택될 시기였다. 다양한 문화의 존중과 보호를 위해 세계적으로 노력하고 있을 때, 한국 역시 다른 문화에 관심을 가지게 되었다. 하지만 다문화정책에 갇혀 통합이 아닌 차별과 배제의 정책을 시행하였다.

문화다양성 정책은 이민자의 문화를 다양성의 일부분으로 바라보고, 그 다양성을 존중하고, 인정해야 하는 것에 집중하고 있다. 외국인에게만 집중된 다문화정책과 다르게 문화다양성은 국내·외 동포들을 포함하여 북한이탈주민까지 다양성이라는 이름으로 보호한다. 국제결혼가정의 아이들 역시 한국에 통합되어야 하는 대상으로 바라보고, 차별하기보다는 통합을 위한 정책을 시행하고 있다.

사회통합을 위하여 서로의 문화를 존중하고 증진하기 위한 정책으로는 문화체육관광부의 '문화예술제', 여성가족부의 '다문화가족 자녀의 건강한 성장 및 글로벌 인재 육성사업', 행정자치부의 '북한이탈주민지원사업', 그리고 대전광역시의 '다문화 Talk Talk' 등이 있다. 문화체육관광부의 '문화예술제'는 1980년부터 시작된 근로자 문화예술제이다. 대상은 일반근로자, 외국인근로자, 특수형태근로자 등 모든 근로자를 포함한다. 이는 분류하기보다는 함께 모두가 즐길 수 있도록 하기 위함이다. 여성가족부의 '다문화가족자녀의 건강한 성장 및 글로벌 인재 육성사업'은 언어발달지도사를 배치하여 교육 및 양육 지원 등 단계적으로 성장할 수 있도록 도와주는 사업이다. 언어교육, 방문교육서비스, 이중언어 가족환경조성사업을 진행하였다. 행정자치부의 '북한이탈주

민지원사업'은 북한이탈주민과 이북도민 간 가족결연 캠프 프로그램을 운영하고, 한국
문화정서과정, 전통문화계승과정, 이북도민기업체 연수, 이북도민 체육대회 등 화합을
위한 사업이다. 다문화이해교육 '다문화 Talk Talk'를 통한 다문화 감수성 및 수용성
향상을 위한 다문화 이해교육을 청소년, 중장년, 군인, 직장인(보육관련 종사자, 사회복
지기관 종사자) 등을 대상으로 진행하였다.

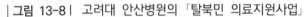

| 그림 13-8 | 고려대 안산병원의 「탈북민 의료지원사업」

(5) 문화복지

문화복지정책은 본격적으로 김영삼정부인 1996년 문화체육부에 설치된 문화복지기
획단이 '문화복지 중장기 실천계획'을 수립하면서 문화복지 관련 정책이 구체화되기
시작하였다(박종현, 2015: 67). 정책 3개 과제는 '기본적 문화 공간의 확충', '국민문화 향
수기회 확대', '함께 누리는 문화복지 실현'이었고, '기본권으로서의 문화권 보장', '생
산적·예방적 복지의 추구', '참여 활성화로 복지공동체 형성' 등이 제시되었다(김세훈·
조현성, 2008: 48-50).

김대중정부에서는 정책적 문화복지국가를 목표로 하여 문화예술교육 프로그램을 제
공하고 문화자원봉사를 활성화시키는 정책을 제시하였다. 노무현정부에서는 선별적
문화복지정책에 중점을 두었는데, 저소득층·노인·외국인근로자, 낙후지역에 있어 문
화향유 기회확대를 정책적으로 구현하였다(김세훈·조현성, 2008: 47). 이명박정부에서는
'품격 있는 문화국가', '잘 사는 한국인'을 목표로 국민 모두의 문화향유에서 더 나아가
사회취약계층의 문화복지도 지원하는 정책을 실시하였다(박종현, 2015: 68). 박근혜정부

에서는 '문화가 있는 삶', '문화융성' 등의 슬로건으로 문화정책을 제시하였다(임학순·채경진, 2013: 2-5). '문화가 있는 삶'은 문화권을 기본권으로 보고 국민들이 일상생활에서 문화활동을 하고, 문화적 욕구를 충적하며, 개인문제를 해결하는 것을 의미한다. '문화융성'은 전통문화와 문화재의 보존·계승하고 문화예술의 창작이 활발하게 이루어지도록 하는 것과, 다양한 문화에 접근이 용이하고, 복지를 증진시키는 것, 마지막으로 문화예술의 부가가치 창조의 세 가지를 도모하는 것을 말한다(김창규, 2014: 775-776).

결론적으로 문화복지정책들을 통해 문화격차가 해소되거나, 소외지역, 또는 저소득층 등에게 많은 혜택을 주었다. 문화복지 관련 정책은 문화복지를 통해 모든 국민이 문화를 즐기고 누릴 수 있도록 정책들이 시행되었다.

| 그림 13-9 | '문화가 있는 삶'의 일환인 전남 장수의 '물 위에 핀 예술꽃 향연' 공연

(6) 교육·교류

문화다양성을 보호하고 증진하기 위한 방법의 하나로 교육이 있다. 문화다양성협약의 제4장 제10조 '교육과 공공인식'을 살펴보면, 문화다양성 이해와 증진을 위한 교육프로그램의 협력이 명시되어 있다. 한국은 문화다양성협약의 비준국이므로 문화다양성 증진을 위한 교육을 시행할 의무가 있다. 전체적으로, 이를 통해 교육현장에서 학생들의 문화다양성 역량을 증진하기 위하여 문화다양성 교육이 필수적임을 알 수 있다(이수진, 2019: 18–19).

문화다양성 교육은 다양한 문화를 이해하고 존중하는 것에 목적이 있다. 문화다양성 교육을 통하여 인식이 바뀌고, 인식이 바뀌게 되면 생각이 달라진다. 다름을 존중하는 것이 문화다양성의 큰 특징이라고 할 수 있다. 문화다양성교육의 분야는 원주민들을 위한 문화다양성교육, 소수자들을 위한 사회통합교육, 문화예술교육, 소수문화교육, 전통문화교육 등 많은 분야로 나눠질 수 있다.

관련 정책을 살펴보면, 2016년 교육부는 인식개선 및 가치 확산 유형의 정책사업과, 세계시민교육 확산사업, 문화다양성 관련 교육내용이 포함된 중학교도덕과·사회과, 고등학교 통합사회 교수학습자료 개발, 다문화 학생 맞춤형 교육 지원, 학교 구성원의 다문화 이해제고 등의 사업을 시행하였다(김면, 2017: 69). 문화다양성 관련 교육내용이 교과에 반영된 것은 2015년 개정에서부터이다. 초등과정에서는 다양한 삶(의식주, 가족)의 모습을 통해 다른 문화를 존중하는 태도 등을 학습하고 증등과정에서는 문화를 바라보는 다양한 관점, 사회적 소수자(약자) 지원정책 등을 학습한다. 특히, 고등학교 공통과목인 '통합사회'를 신설하여 많은 학생들이 문화다양성교육을 학습할 수 있도록 하였다. 문화체육관광부에서는 효율적인 문화다양성 인식제고 및 가치 확산 교육을 교육부와 연계하여 문화다양성 연구학교 운영·지원 사업을 하고, 문화다양성 교육 프로그램을 개정교육과정과 연계하여 커리큘럼 개발 및 적용, 문화다양성 연구학교 담당자(교사 등) 네트워크 워크숍을 지원하였다.

문화다양성 연구학교 추진 과제에서는 각 학년에 알맞은 문화다양성 요인 가치들을 선별하여 각각의 프로젝트를 실시하였다. 문화다양성 요인 가치에는 '세대, 계층, 인종, 지역, 삶의 양식 등에 따른 차이 이해 및 다양성 존중' 등이 있다(김면, 2017: 57).

문화다양성 보호 및 증진을 위해서는 양자·다자간 협력관계를 확대·구축해야 한다.

문화다양성 측면에서 국제교류는 문화다양성 증진과 보호를 위한 '국제연대'에 그 목적을 두고 외부의 노력이 필요한 국가연대(선진국 – 개도국, 개도국 – 개도국 등)의 내용을 제시하는 것이다. 이 같은 혁신적인 협력관계는 개발도상국의 실질적 요구에 따라 문화활동, 문화상품, 및 문화서비스의 교류뿐만 아니라, 기반시설, 인적자원, 정책의 개발에 역점을 두고 있다(김규원, 2014: 27). 가장 대표적인 형태의 국제협력정책으로 정부 간 양자 협력조약 체결을 통해 협력 파트너와의 연대를 강화하고, 호혜적 프로그램을 기획하는 것이다(류정아, 2016: 40).

문화다양성은 소수자만을 위한 것이 아닌 주류들도 포함되는 것이다. 주류이기 때문에 같은 것이 아닌, 개인으로 각각의 다양성을 인정해야 하는 것이 문화다양성인 것이다. 하지만, '우리'라는 개념이 강한 한국사회에서는 이렇게 개인으로 인정하는 것이 쉽지 않다. 그렇기 때문에 이런 주류, 즉 다수를 위한 교육(원주민 교육)이 필요하다. 교육부의 '세계시민교육 확산사업'과 경기도의 '문화예술적 관점에서의 상호문화 이해활동' 등이 있다.

교육부의 '세계시민교육 확산사업'은 문화다양성 관련 교육내용이 포함된 중학교 도덕과·사회과, 고등학교 통합사회 교수학습자료 개발, 다문화 학생 맞춤형 교육지원, 학교 구성원의 다문화 이해제고 등의 사업이다. 경기도의 '문화예술적 관점에서의 상호문화 이해활동'을 통해 다양한 문화와 가치를 체험하는 기회를 제공하고, 타문화를 존중하고, 편견 없이 바라보는 인식 확산을 도모하였다.

문화다양성협약에 의하면, 국내뿐 아니라, 국제적으로 교류가 이루어지고, 좋은 정책들은 공유해야 한다. 또한 국제교류를 통하여 국제적인 측면에서도 문화를 잘 이해하게 되고, 개발도상국의 경우에는 그 국가의 문화를 보호하거나 전개시킬 수 있다. 유네스코 문화다양성 관련 국제교류정책으로는 문화체육관광부의 '해외 작은 도서관 조성지원 사업'과 울산광역시의 '지역문화 예술작품해외공연' 등이 있다.

문화체육관광부의 '해외 작은 도서관 조성지원 사업'은 아프리카, 아시아, 중남미 등 교육·문화 인프라가 열악한 저개발국가를 대상으로 작은 도서관 10개관을 조성하고, 도서, PC 문구류 등의 자료를 지원하여 어린이 및 청소년들의 교육을 지원한다. 울산광역시의 '지역문화 예술작품 해외공연'을 통해 울산지역 순수예술 창작품의 해외공연과 문화교류 행사를 오스트리아, 헝가리 등에서 진행하였다.

| 그림 13-10 |　문화체육관광부의 몽골 16번째 '작은 도서관'(올란바토로)

자료: 문화체육관광부 홈피(2022)

3) 문화다양성 정책 방향

　　문화다양성협약 이후, 한국은 문화다양성협약의 비준을 이행하기 위하여 「문화다양성법」을 제정하고 정책을 시행하였다. 「문화다양성법」이 제정되기 전부터 한국은 다문화사회로 불리며, 다른 이주민들과의 사회통합을 위해 고민하고 있었다. 이렇게 다른 문화를 가진 이주민들의 통합과 더불어 한국의 소수집단에 대한 인식이 점점 더 커지고 있다. 여성, 아동 및 청소년, 노인 등 다양한 문화를 가진 소수집단 및 각 사람의 다름을 인정하는 다양성까지 한국사회는 다양성 인정 또는 다양성 통합에 대해 고민하게 되었다.

　　한국의 문화다양성 정책을 보게 되면, 이주민, 여성, 노인 등의 소수집단에 집중되어 있고, 일회성, 시혜성의 색깔이 짙다. 한국 초기의 문화다양성 개념 시작이 다문화 개념과 혼동되어 명확하게 시작되지 않아서, 문화다양성 정책 역시 다문화 정책과 비슷하게 시행되었다고 할 수 있다. 다름을 인정한다는 것은 한 번에 되지 않고, 무한정 재정적인 지원을 한다고 다름이 자동으로 인정되는 것은 아니다. 물론 재정적으로 어려운 상황에 있는 이들을 지원하는 것은 옳지만, 단지 다름으로 지원을 한다는 것은 이해하기 어려운 일이다. 또한 예술분야에 대한 지원이 적다는 것을 알 수 있다. 예술가를 위한 지원도 일회성이 아니라, 체계적인 정책을 시행해야 하는 것이 중요하다(김보기 외, 2020c: 308).

　지금 한국의 문화다양성은 과도기라고 할 수 있다. 문화다양성 개념에 대한 이해도 모호하고, 한국에 있는 이주민들에게 집중할 수밖에 없는 상황이었지만, 비준을 한 후에는 협약을 이행하기 위해 많은 노력을 하였다. 법을 제정하고, 정책을 연구하고, 만들며, 한국사회에 문화다양성에 대한 인식을 변화시키려고 하였고, 문화다양성 정책으로 한국사회 안에 다양한 문화가 공존할 수 있도록 많은 노력을 하였다.

　그럼에도 불구하고, 아직까지 한국사회에서는 '문화다양성'에 대한 개념은 명확히 정립되지 않았고, 중앙정부 및 지방자치단체에서는 아직 다문화 정책과 같이 진행하거나 중복되는 정책들을 만들고 있으며, 소수에 대한 교육만을 강조하고 있다. 한국사회만이 가지고 있는 이런 문제들이 조금씩 해결이 된다면, 한국사회가 다양한 문화가 함께 살아갈 수 있게 되고 문화다양성협약도 이행할 수 있게 된다.

참고문헌

1. 국내 문헌

1) 단행본

강혜영(2020). 『다문화와 건강: 문화다양성과 문화역량』. 서울: 현문사.

강희성 외(2021). 『사회복지와 문화다양성』. 경기: 양성원.

구정화(2018). 『다문화교육의 이해와 실천』. 경기: 정민사.

국회입법조사처(2009). 「다문화정책의 추진실태와 개선방향」. 서울: 국회국회입법조사처.

권붕 외(2018). 『사회복지개론』. 경기: 수양재.

권재일 외(2010). 『다문화사회의 이해』. 경기: 동녘.

김경식 외(2017). 『다문화사회와 다문화교육』. 서울: 신정.

김경식 외(2019). 『다문화사회의 이해』. 서울: 신정.

김광억 외(2005). 『종족과 민족: 그 단일과 보편의 신화를 넘어서』. 경기: 아카넷.

김근홍 외(2013). 『사회문제론』. 서울: 신정.

김동진(2018). 『다문화복지론』. 경기: 공동체.

김범수 외(2010). 『다문화사회복지론』. 경기: 양서원.

김병조 외(2015). 『한국의 다문화 상황과 사회통합』. 경기: 한국학중앙연구원출판부.

김보기 외(2016). 『사회문제론』. 경기: 양서원.

김보기 외(2020a). 『사회복지실천기술론』. 서울: 교학도서.

김보기 외(2020b). 『가족상담 및 치료』. 서울: 교학도서.

김보기 외(2020c). 『사회복지와 문화다양성』. 서울: 동문사.

김보기 외(2021a). 『가족상담 및 가족치료』. 서울: 조은.

김보기 외(2021b). 『사회복지실천기술론』. 서울: 정원.

김보기 외(2022a). 『사회복지정책론』. 서울: 박영스토리.

김보기 외(2022b). 『복지국가론』. 서울: 동문사.

김보기 외(2022c). 『인간행동이해를 위한 심리학』. 서울: 박영스토리.

김선미(2008). 『다문화교육의 이해』. 서울: 한국문화사.

김성곤(2002). 『다문화시대의 한국인』. 서울: 열음사.

김순양(2013). 『한국 다문화사회의 이방인』. 서울: 집문당.

김양미(2020). 『사례와 법제로 살펴보는 다문화사회와 문화다양성』. 고양. 경기: 지식공동체.

김영철 외(2021). 『정신건강론』. 서울: 조은.

김영철 외(2022a) 『인간행동과 사회환경』. 서울: 박영스토리.

김영철 외(2022b) 『사회복지실천론』. 서울: 박영스토리.

김영철 외(2022c) 『장애인복지론』. 서울: 박영스토리.

김용만(2015). 『다문화 한국사』. 서울: 살림.

김제선(2022). 『문화다양성과 다문화 사회복지』. 경기: 어가.

김진열 외(2019). 『한국사회 다문화현상의 이해』. 서울: 높이깊이.

김태수(2009). 『한국사회의 외래인 배제』. 경기: 인간사랑.

김혜란·최은영(2013). 『성서에서 만나는 다문화 이야기』. 대전: 대장간.

김혜영 외(2021). 『사회복지와 문화다양성』. 서울: 학지사.

문용식(2005). 『문화이해』. 서울: 예영커뮤니케이션.

문화콘텐츠기술연구원(2009). 『한국사회의 소수자들: 결혼이민자』. 서울: 문화콘텐츠기술연구원.

박경일(2020). 『사회복지정책론』. 경기: 공동체.

박병현(2008). 『사회복지와 문화』. 서울: 집문당.

박성혁(2016). 『다문화관련 법률 및 제도』. 서울: 집문당.

박원진 외(2018). 『지역사회복지론』. 경기: 수양재.

박종현(2006). 『기독교와 문화』. 서울: 크리스천헤럴드.

박주현 외(2022). 『다문화사회의 이해와 실천』. 서울: 창지사.

박한준·김보기(2014). 『사회복지정책과 이데올로기』. 경기: 한국선교연합회.

방기연(2020). 『다문화상담』. 경기: 공동체.

배경임 외(2022). 『다문화 사회 지역사회와 사회통합』. 경기: 공동체.

백선기(2004). 『대중문화: 그 기호학적 해석의 즐거움』. 서울: 커뮤니케이션스.

석동현 외(2022). 『저출산 고령화 한국이민정책론』. 서울: 박영사.

석인선(2019). 『한국사회의 다문화현상 이해』. 부산: 석당.

성정현(2020). 『사회복지와 문화다양성』. 경기: 공동체.

송윤선 외(2019). 『다문화가족복지와 상담』. 경기: 공동체.

송형철 외(2018). 『발달심리학』. 경기: 양성원.

신재흡(2021). 『다문화사회와 교육』. 서울: 동문사.

양명득(2009). 『다문화 사회 다문화 교회』. 서울: 한국장로교출판사.

양옥경 외(2019). 『통일과 사회복지』. 서울: 한국장로교출판사.

양춘 외(2003). 『현대사회학』. 서울: 민영사.

오경석 외(2007). 『한국에서의 다문화주의』. 경기: 한울아카데미.

우수명 외(2021). 『사회복지와 문화다양성』. 파주. 경기: 양서원.

원용진(2016). 『대중문화의 패러다임』. 서울: 한나래.

유네스코(2010). 『다문화사회의 이해』. 서울: 동녘.

유흥옥 외(2011). 『다문화교육』. 파주. 경기: 양서원.

이근홍(2015). 『인간행동과 사회환경』. 고양. 경기: 공동체.

이기용 외(2022). 『다문화사회와 교육』. 파주. 경기: 양성원.

이성미(2012). 『다문화정책론』. 서울: 박영사.

이성순(2017). 『다문화사회복지론』. 경기: 양서원.

이정은(2021). 『사회복지와 문화다양성』. 고양. 경기: 공동체.

이종복 외(2014). 『다문화사회의 이해와 복지』. 경기: 양서원.

이종열 외(2013). 『한국 다문화사회의 이슈와 정책』. 서울: 조명문화사.

이찬욱(2014). 『한국사회와 다문화』. 서울: 경진출판.

임신웅(2020). 『새로운 다문화사회의 이해』. 경기: 교육과학사.

임은미·구자경(2019). 『다문화 사회정의 상담』. 서울: 학지사.

장수한 외(2017). 『인간행동과 사회환경』. 경기: 공동체.

장윤수·김영필(2016). 『한국 다문화사회와 교육』. 경기: 양서원.

장인실(2022). 『다문화교육』. 서울: 학지사.

장하성(2007). 『다문화 청소년이해론』. 경기: 양서원.

장한업(2020). 『상호문화교육』. 서울: 박영사.

전숙자 외(2009). 『다문화사회의 새로운 이해』. 서울: 그린.

정서영 외(2017a). 『인간행동과 사회환경』. 경기: 양서원.

정서영 외(2017b). 『상담이론과 실제』. 경기: 양서원.

정서영 외(2018). 『상담심리학』. 경기: 양성원.

정서영 외(2020). 『상담이론과 실제』. 서울: 하나의학사.

정은(2014). 『인간행동과 사회환경』. 서울: 학지사.

정태석 외(2014). 『사회학』. 서울: 한울아카데미.

조경자 외(2021). 『이민·다문화복지론』. 서울: 동문사.

조원탁 외(2016, 2020). 『다문화사회의 이해와 실천』. 경기: 양서원.

지은구 외(2016). 『최신사회문제론』. 서울: 학지사.

차윤경(2011). 『다문화』. 서울: 대교.

천정웅 외(2015). 『현대사회와 문화다양성 이해』. 경기: 양서원.

최명민 외(2015). 『문화적 다양성과 사회복지』. 서울: 학지사.

최선화 외(2014). 『사회문제와 사회복지』. 경기: 양서원.

최성환(2021). 『문화다양성과 교육』. 서울: 경진.

최순자(2022). 『상호주의적 관점 다문화 이해와 실제』. 경기: 공동체.

최영은(2016). 『다문화사회의 국가 정체성과 다문화 정책』. 경기: 북코리아.

최옥채 외(2015). 『인간행동과 사회환경』. 경기: 양서원.

최충옥 외(2012). 『다문화교육의 이론과 실제』. 경기: 양서원.

최현미 외(2008). 『다문화가족복지론』. 경기: 양서원.

최혜지(2019). 『이주민의 사회적 배제』. 서울: 집문당.

한신애 외(2018). 『사회복지행정론』. 경기: 수양재.

허영식(2015). 『다양성과 간문화』. 서울: 박영사.

현승일(2012). 『사회학』. 서울: 박영사.

홍문종 외(2011). 『한국 다문화사회의 쟁점과 진단』. 서울: 역락.

황미혜·손기섭(2018). 『한국의 다문화 역사 이야기』. 경기: 한국학술정보.

2) 논문

강현정(2009). "노년기 사회적 배제". 한서대학교 대학원. 박사학위논문.

김규식(2017). "여성 결혼이민자 한국사회 정착화 과정 및 지원정책 연구". 가천대학교 대학원. 박사학위논문.

김명희(2019). "중앙아시아 이주노동자의 한국생활 적응에 관한 사례연구". 경인교육대학교 교육전문대학원. 석사학위논문.

김미영(2013). "저소득 가정의 사회적 배제, 가정자원 및 탄력성의 구조방정식 모형". 숙명여자대학교 대학원. 박사학위논문.

김민정(2014). "농촌 결혼이주여성의 고부갈등 경험: 중국, 베트남, 필리핀 결혼이주여성의 시부모와의 동거경험을 중심으로". 한서대학교 대학원. 박사학위논문.

김병조 외(2015). 『한국의 다문화상황과 사회통합』. 경기: 한국학중앙연구원출판부.

김보기(2007). "칼빈주의 문화관의 문화모형". 서울기독대학교 대학원. 박사학위논문.

김선녀(2013). "한국 이주 몽골인의 문화적 역량과 문화적응스트레스의 관계: 사회적지지의 조절효과를 중심으로". 서울기독대학교 대학원. 박사학위논문.

김수진(2019). "사회적 배제, 가정생활스트레스, 우울의 종단적 관계: 노인부부가구의 성별차이를 중심으로". 이화여자대학교 대학원. 박사학위논문.

김용신(2009). "한국사회의 다문화교육 지향과 실행전략". 『사회과교육』 Vol.48 No.1: 13-25.

김용신(2011). "다문화 소수자로서 외국인 노동자의 이주 정체성 = 글로벌 정의는 가능한가?".
　　『사회과교육』 Vol.50 No.3 : 17-27.

김정식(2015). "여성결혼이민자의 삶의 질 결정요인: 문화적응스트레스, 사회적지지, 부부적응 중
　　심으로", 서울기독대학교 대학원. 박사학위논문.

김한식(2017). "노인들의 세계시민의식이 다문화 감수성에 미치는 영향에 관한 연구". 동국대학교
　　대학원. 박사학위논문.

김현아(2007). "새터민의 적응유연성 척도개발". 『상담학 연구』 8(1) : 63-83.

김현아(2013). "북한이탈 성인학습자의 진로탐색 이행과정 연구: 사이버대학 경험자를 중심으로".
　　『진로교육연구』 26(2): 156-159.

김형준(2017). "여성결혼이민자의 사회적 지위와 생활만족도에 영향을 미치는 요인". 중앙대학교
　　행정대학원. 석사학위논문.

노사정(2019). "결혼이주여성 한국생활적응 실태분석 및 지원정책 개선방안 연구". 동국대학교 대
　　학원. 석사학위논문.

명진(2016). "한국과 일본의 이주민 사회통합정책 비교 연구". 전남대학교 대학원. 박사학위논문.

문진영(2004). "사회적 배제의 국가 간 비교연구: 프랑스, 영국, 스웨덴을 중심으로", 『한국사회
　　복지학』, Vol.56 No.3 : 253-277.

박동욱(2022). "사회통합과 헌법: 국민연금의 헌법적 의무를 포함하여". 서울시립대학교 대학원.
　　박사학위논문.

박찬욱(2013). "사회통합의 방향: 한국정치의 과제". 『저스티스』 134(2) : 61-93.

배지연 외(2006). "사회적 배제와 우울에 관한 탐색적 연구". 『노인복지연구』 통권 33호 : 7-27.

서범석(2010). "다문화교육정책의 현황과 발전방향 탐색". 한양대학교 대학원. 박사학위논문.

서현자(2018). "다문화 이주민의 한국생활적응에 영향을 미치는 요인에서 사회적 지지의 매개효
　　과 연구". 대한신학대학원대학교. 박사학위논문.

송형주(2015). "세계화 시대 이주여성과 이민정책". 고려대학교 대학원. 박사학위논문.

신광영(2010). "사회적 배제에 대한 개념적 논의". 『한국사회학연구』. 제2호 : 1-28.

심창학(2001), "사회적 배제 개념의 의미와 정책적 함의: 비교관점에서의 프랑스를 중심으로",
　　『(계간)한국사회복지학』, No.44 : 178-208.

유진희(2014). "다문화가정 이주여성의 경제활동 참여경험에 관한 연구". 숭실대학교 대학원. 박
　　사학위논문.

이수진(2019). "문화다양성에 기반한 유아 다문화교육 프로그램 개발 및 효과". 대구대학교대학
　　원. 박사학위논문.

이승림(2018). "인권침해가 이주노동자의 삶의 질에 미치는 영향 연구". 중부대학교 대학원. 박사
　　학위논문.

이척희(2020), "노인문제 해결을 위한 노인의 경제적 배제의 극복에 대한 사회복지 정책 방안 연구", 『산업진흥연구』, Vol.5 No.1 : 125－136.

정예리(2011). "해체가족 여성결혼이민자와 그 자녀의 삶: 필리핀 여성을 중심으로". 중앙대학교 대학원. 박사학위논문.

정정순(2011). "결혼이주여성의 임신·출산과 문화적응". 인제대학교 대학원. 박사학위논문.

조인수(2018). "북한이탈주민의 직업문화충돌과 직업적응과의 관계 분석". 경기대학교 대학원. 박사학위논문.

최혜지(2011). "다문화 실천인력의 다문화 경험과 문화적 역량에 대한 탐색적 고찰". 『정신보건과 사회사업』 37 : 405－439.

하진기(2017). "다문화 청소년의 인성제고를 위한 멘토와 멘토링의 상관관계 연구". 동국대학교 대학원. 박사학위논문.

한윤희(2010). "여성결혼이민자의 한국 식생활 적응요인 및 식행동 연구". 한양대학교 교육대학원. 석사학위논문.

2. 외국 문헌

Banks, J. A. and Banks, C. A. M.(2001, 2004). Critical pedagogy, critical race theory and anti－racist education: implications for multicultural education. In C. A. M Banks. (Eds.). *Handbook of research on multicultural education* (2nd ed.). SanFrancisco: Jossey－Bass.

Banks, J. A.(2004, 2015). *Cultural Diversity and Education: Foundations, Curriculum, and Teaching* (6 edition). Routledge.

Banks, J. A.(ed.) and Banks, C. A. M.(ed.)(2019). *Multicultural Education: Issues and Perspectives* (10th Edition). Wiley.

Barro, R(1992). Regional Growth and Mgrarion: A Japan－United States Comparison. *Journal of the International and Japanese Economies, 6* : 312－346.

Bennett, C. I.(2001). Genres of research in multicultural education. Review of *Educational Research, 71* : 171－217.

Bennett, C. I.(2018). *Comprehensive Multicultural Education: Theory and Practice* (9th ed). Pearson.

Berry, J. W. & Sam, D. L.(1997). Acculturation and Adaptation. In J. W. Berry, M. H. Segal & C. Kagitcibasi (Eck). *Handbook of Cross－cultural Psychology. Volume3: Social behavior and applications* (2nd ed.). Needham Heights, MA: Allyn and Raron. do, 291－326.

Berry, J. W. et al.(1988). Comparative studies of acculturative stress. *International Immigration Review, 21* : 491−511.

Berry, J. W. et al.(1989). Acculturation attitudes in plural societies. *Applied Psychology, 38* : 185−206.

Berry, J. W. et al.(2002). *Cross−Cultural Psychology: Research and Applications* (2nd Edition). Cambridge University Press.

Berry, J. W.(1980). Acculturation as varieties of adaptation. In A. Padilla (Ed.). *Acculturation: Theory, models and findings*. Boulder. Co.: Westview : 9−25.

Berry, J. W.(1990). Psychology of acculturation. In J. Berman (Ed.), *Cross−cultural perspectives: Nebraska symposium on motivation*. Lincoln: University of Nebraska Press : 201−234.

Berry, J. W.(1997). Immigration, acculturation, and adaptation. *Applied psychology: An International Review, 46.*

Burchardt, T. J. et. al.(2002), Introduction. *Understanding Social Exclusion*. edited by J. Hills, J. Le Grand and D. Piachaud. Oxford: Oxford University Press, pp.

Castagno, A. E.(2009). Making Sense of Multicultural Education: A Synthesis of the Various Typologies Found in the Literature. *Multicultural Perspectives, 11(1)* : 43−48.

Castles, S. & Mille, M. J.(2003). *The Age of Migration: International Population Movements in the Modern World* (3rd ed.). New York: Guilford press.

Cross, T. L.(1989, 1992). *Towards a Culturally Competent System of Care*. Washington, DC: Georgetown University Child.

de Haas, H.(2020). *The Age of Migration, Sixth Edition: International Population Movements in the Modern World* (Sixth Edition). The Guilford Press.

Diller, J. V. & Moule, J.(2004, 2011). *Cultural competence: A primer for educators* (2 edition). Cengage Learning.

Elder, D.(2007). *Becoming Culturally Competent*. International Symposium of Multicultural Family Center at Pyeongtaek University : 167−182.

Fantini, A, E.(2001). *Exploring Intercultural Competence: A Construct Proposal*. NCOLCTL. Fourth Annual Conference.

Fantini, A. E.(2000). *A central concern: Developing intercultural competence*. In: SIT Occasional papers series, 1, Brattleboro VT: School for international training.

Florida, R(2002). *The Rise of the Creative Class*. Basic Books.

Gibbon, J. M.(1939). *Canadian Mosaic. The Making of A Nation*. McClelland & Stewart.

Gibson, M. A.(Guest Editor).(1976). Anthropological perspectives on multicultural education: Theme Issue. *Anthropology and Education Quarterly, 7(4)*.

Giddens, A.(2009, 2013, 2017, 2021) *Sociology* (8 edition). Cambridge: Polity Press.

Grant, C. A. and Sleeter, C. E.(2012). *Doing Multicultural Education for Achievement and Equity* (2nd Edition). Routledge.

Haas, Hein de, Castles & Mark J. Miller(2020). *The Age of Migration: International Population Movements in the Modern World* (Sixth edition). The Guilford Press.

Inglis(2009). The Contribution of Multicultural Policies to Social Integration. *Ansan Multicultural Forum September* : 9−11.

Kymlicka, W and Banting, Keith(2006). Immigration, Multiculturalism, and the Welfare State. *Ethics and International Affairs, 20(3)*.

Kymlicka, W.(1989). *Liberalism, Community and Culture*. Oxford: Clarendon Press.

Kymlicka, W.(1995). *Multicultural Citizenship: A Liberal Theory of minority Rights*. Oxford, UK: Clarendon Press.

Kymlicka, W.(1999). Liberal Complacencies in Joshua Cohen, Matthew Howard, and Martha C. Nussbaum. eds. *Is Multiculturalism Bad for Women?* Princeton: Princeton University Press.

Kymlicka, W.(2001). *Politics in the Vernacular: Nationalism, Multiculturalism and Citizenship*. Oxford: Oxford University Press.

Kymlicka, W.(2007). *Multicultural Odysseys: Navigating the New International Politics of Diversity*. Oxford. UK: Oxford University Press.

Kymlicka, W.(2010). The Rise and Fall of Multiculturalism?: New Debates on Inclusion and Accommodation in Diverse Societies in Steven Vertovec and Susanne Wessendorf. eds. *The Multicultural Backlash: European Discourses, Policies and Practices*. London: Routledge.

Lewis, O. et al.(1978). *NEIGHBORS: LIVE W/REVOL*. University of Illinois Press.

Lum, D.(2005). *Cultural competence, practical stages, and client systems: A case study approach*. Belmont. CA: Brooks/Cole Thomson Higher Learning.

Lum, D.(2007). *Culturally competent practice: A Framework for Understanding Diverse Groups and Justice Issue*. CA: Brooks/Cole Thomson Higher Learning.

Lum, D.(2008). *The case for Culturally competent Practice in Korea*. 『평택대학교 다문화가족센터 국제 심포지엄자료집』 : 31−42, 61−74.

Mill, J. S.(1972). *Utilitarianism, Liberty, Representative Government*. edited by H. B. Acton.

London: J. M. Dent & Sons Ltd.

Mill, J. S.(2019). *On Liberty*. Independently published.

Miller, D.(1995). *On Nationality*. New York: Oxford University Press.

Miller, D.(2002). Liberalism, Equal Opportunities and Cultural Commitments. 1n Paul Kelly ed. *Multiculturalism Reconsidered: 'Culture and Equality' and its Critics*. Cambridge: Polity Press.

Mills, C. W.(2007). Multiculturalism as/and/or Anti-Racism? in Anthony Simon Laden and David Owen. eds. *Multiculturalism and Political Theory*. New York: Cambridge University Press.

Morgan, L.(1877, 2021). *Ancient Society: Or Researches in the Lines of Human Progress from Savagery, Through Barbarism to Civilization*. Left Of Brain Onboarding Pty Ltd.

OECD(2003). Definition and Selection of competencies: Theoretical and conceptual foundations (DeSeCo)-Sumimary of the final report. OECD Press. Trimble (Eds.). *Counseling across cultures* (4th ed.) : 21-46.

Page, S, E.(2008). *The Difference. How the Power of Diversity Creates Better Groups, Firms, Schools, and Societies*. Princeton. NJ: Princeton University Press.

Parekh, B(1999). A Varied Moral World in Joshua Cohen, Matthew Howard, and Martha C. Nussbaum. eds. *Is Multiculturalism Bad for Women?* Princeton: Princeton University Press.

Parekh, B.(1993). The Cultural Particularity of Liberal Democracy in David Held. ed. *Prospects for Democracy: North, South, East, West*. Cambridge: Polity Press.

Parekh, B.(1998). Cultural Diversity and Liberal Democracy in Gurpreet Mahajan. ed. Democracy, *Difference and Social Justice*. Delhi: Oxford University Press.

Parekh, B.(2005). Dialogue between Cultures in Ramón Máiz and Ferran Requejo. eds. *Democracy, Nationalism and Multiculturalism*. London: Frank Cass.

Parekh, B.(2006). *Rethinking Multiculturalism: Cultural Diversity and Political Theory* (2nd ed). Red Globe Press.

Pyles, L. & Kim, K.(2006). A multilevel Approach to Cultural Competence: A study of the community response to underserved domestic violence victims. *Families in Society, 87(2)* : 221-230.

Redfield, R. et al.(1936). Memorandum on the study of acculturation. *American Anthropologist, 38* : 149-152.

Said, E. W.(1994). *Culture and Imperialism*. Vintage.

Schwartz, S. H.(1994). *Beyond individualism/ collectivism: new cultural dimensions of values.* Thousand Oaks. CA: Sage. 85−119.

Sleeter, C. E. and Grant, C. A.(1987). An analysis of multicultural education in the United States. *Harvard Educational Review, 57*∶ 421−444.

Sleeter, C. E.(1990). An analysis of multicultural education in the U. S. In N. M. Hildago, C. L. McDowell, and E. V. Siddle (Eds.). *Facing racism in education.* Cambridge. MA: Harvard Educational Review.

Sleeter, C. E.(1992). *Keepers of the American dream.* London: Falmer Press.

Sleeter, C. E.(1995). *An analysis of the critiques of multicultural education.* In J.A. Banks and C.A.M. Banks (Eds.). Handbook of research on multicultural education. New York: Macmillan.

Sleeter, C. E.(2020). *Transformative Ethnic Studies in Schools: Curriculum, Pedagogy, and Research.* Teachers College Press.

Storey, J.(1993) *An Introductory Guide to Cultural Theory and Popular Culture.* Univ. of Georgia Pr.

Sue, D. W. et al.(2005, 2016). *Multicultural Social Work Practice* (2 edition). Wiley.

Taylor, C.(1994). *Multiculturalism: Examining the Politics of Recognition.* Princeton University Press.

Taylor, C.(1994). The Politics of Recognition in Amy Gutmann. ed. *Multiculturalism: Examining the Politics of Recognition.* Princeton: Princeton University Press.

Taylor, C.(2012). Interculturalism or multiculturalism? *Philosophy and Social Criticism, 38.* 4−5.

Turner, G.(1992). *British Cultural Sudies: An Introduction.* Routledge, chapman and Hall, Inc.

Tylor, E. B.(1864, 2020). *Primitive Culture: Primitive Culture: Researches into the Development of Mythology, Philosophy, Religion, Language, Art, and Custom. Vol. 1.* hansebooks.

UN Committee on Elimination of Racial Discrimination) Report(2007).

Wallerstein, I.(1979). *The Capitalist World−Economy.* Cambridge: Cambridge University Press.

Weaver, H. N.(2004). *Explorations in Cultural Competence: Journeys to the Four Directions.* Belmont. CA: Brooks Cole.

Williams, R.(1976, 2014). *Keywords: A Vocabulary of Culture and Society.* Oxford University Press.

Wilson, N.(2009). *New York's Melting−Pot Culture.* PowerKids Press.

Wood, P.(2003). *Diversity: the invention of a concept.* Encounter Books.

Wren, T. E.(2012). *Conceptions of Culture: What Multicultural Educators Need to Know.* Rowman & Littlefield Publishers.

3. 기타

국회입법조사처(2009). 「다문화정책의 추진실태와 개선방향」. 서울: 국회.

문화체육관광부 홈피(2022).

법무부·통계청(2020). 「2019년 이민자 체류실태 및 고용조사 결과」.

여성가족부 등(2019). 「결혼이주여성 인권보호대책」.

여성가족부(2018a). 「다문화가족 관련 연도별 통계」.

여성가족부(2019a). 「2018년 전국 다문화가족 실태조사 연구」.

여성가족부(2019b). 「제3차 다문화가족정책 기본계획(2018~22)」.

여성가족부(2019c). 「제3차 다문화가족정책 기본계획(2018~22) 2019년도 시행계획(중앙부처)」.

여성가족부(2022). 「2021년 전국 다문화가족 실태조사 결과」.

통계청(2019a). 「2018년 다문화 인구동태 통계」.

통계청(2019b). 「2018년 전국 다문화가족 실태조사」.

통계청(2019c). 「2018년 전국 다문화가족 실태조사 주요 결과(별첨1)」.

한국여성정책연구원(2019). 「2018년 전국 다문화가족 실태조사 연구」.

통계청(2021a). 「2020년 다문화 인구동태 통계」.

통계청(2021b). 「2021년 이민자 체류실태 및 고용조사 결과」.

통일부(2022). 「2022 통일백서」.

통일부 홈피(2022).

찾아보기

저자소개

박화상

미국 총신대학교 대학원 교육학 석사, 박사
중국 흑룡강성 활빈중이대학원 졸업
북경 인민해방 고등전문학교 침연구 연수
중이부속병원 중국영안 침술원 대표
사) 한국 등대 복지문화교육협회대표 / 사) 대한노인복지진흥회 이사
한국사회복지실천정책학회 교수 / 한국상담복지학회 책임연구원
〈저서〉『사회복지와 문화다양성』

구제영

성결대학교 졸업
침례교 신학대학원 목회학 석사(M.Div)
순복음대학원대학교 사회복지학과 박사
서부아프리카 종족 선교(1998~2007)
하와이 이민자 사역(2008~2017)
안산 이주민 사역(2018~현재)
안산 가정폭력상담사(2019~현재)
순복음대학원대학교 사회복지학과 겸임교수(2021~현재)
〈저서〉『사회복지와 문화다양성』

박미정

가톨릭대학교 음악대학 성악과
순복음대학원대학교 사회복지학과 석사, 박사
강원도 YWCA 부회장
서울 구로구 장애인 평생실습지정기관 운영위원장
녹색 환경감시단 경기남부지부 홍보위원장
한국기독교 심리상담 협회 홍보실장 / 진로체험 전문강사(초·중·고)
웰다잉 지도자 / 음악 심리치료사 / 미술심리상담사(슈퍼바이저)
다나메디컬센터 관리부장 겸 케어복지실장
중앙산부인과병원 홈케어 관리실장
세한대학교 사회복지상담학과 책임교수
〈저서〉『사회복지와 문화다양성』, 『정신건강론』

박현승

미국 Calvin Bible 대학교 대학원 철학박사(Ph.D)
한성대학교 행정대학원 사회복지학과 석사(M.S.W)
경기대학교 일반대학원 사회복지학과 박사(Ph.D)
사) 대한노인복지진흥회 대표이사
힘찬미래복지재단 대표 / 힘찬사회사업 푸드뱅크 대표
베풀고 나누고 돌보는 운동본부 대표
유쾌한 복지교육원 원장 / 한국청소년복지연구소 소장
햇빛요양보호사교육원 교수 / 서울디지털대학교 사회복지학과 교수
안양대학교 대학원 사회복지학과 교수
〈저서〉『사회복지와 문화다양성』, 『사회복지실천론』, 『사회복지학개론』, 『지역사회복지론』

서정자

백석대학교 기독교전문대학원 사회복지학 박사
동국대학교·이화여자대학교·연세대학교 미래교육원 시니어플래너 출강
서울사회복지대학원대학교 평생교육원 생활안전지도교수
공공기관전문면접위원 / NCS전문면접위원 / 취업컨설턴트
각당복지재단 소속 웰다잉 연극단원 / 웰다잉 강사 / 웰라이프 강사
사전연명의료의향서 상담사 / 애도상담사
여성가족부 유해환경감시단 / 생명나눔가디언 자원봉사자
전) 대한웰다잉협회 서울사무국장 / 한국시니어플래너 부회장
〈저서〉『심리학』, 『사회복지와 문화다양성』, 『복지국가론』, 『사회복지행정론』, 『행복한 수다가 치매를 예방한다』,
　　　『나를 찾는 여행 5 액티브시니어』

이평화

서울사회복지대학원 사회복지학과 졸업
서울기독대학교 일반대학원 사회복지학과 졸업
참편한장수요양원 대표 / 사) 더 나눔 이사
즐거운 사회적 협동조합 이사 / 서정대학교 호텔경영과 겸임교수
경기대학교 사회복지학과 강사 / 서울기독대학교 사회복지학과 강사
서울사회복지대학원대학교 푸드아트심리상담과 주임교수
세한대학교 사회복지상담학과 겸임교수
평생교육사 2급, 심리상담사 1급, 청소년지도사 2급, 다문화상담사, 푸드아트상담사,
다문화가정상담지도사 1급
〈저서〉『사회복지와 문화다양성』, 『상담심리학』, 『지역사회복지론』,
　　　『논문 쉽게 풀어쓰는 꿀팁』, 『요양보호사시험에 나오는 것만 요약집』

사회복지와 문화다양성

초판발행   2023년 2월 5일

지은이   박화상·구제영·박미정·박현승·서정자·이평화
펴낸이   노 현

편 집   탁종민
기획/마케팅   조정빈
표지디자인   이소연
제 작   고철민·조영환

펴낸곳   ㈜피와이메이트
           서울특별시 금천구 가산디지털2로 53, 210호(가산동, 한라시그마밸리)
           등록 2014. 2. 12. 제2018-000080호
전 화   02)733-6771
f a x   02)736-4818
e-mail   pys@pybook.co.kr
homepage   www.pybook.co.kr
ISBN   979-11-6519-354-6   93330

정 가   25,000원